HEINZ PRÜLLER

GRAND PRIX STORY 94
Requiem für Senna

VERLAG ORAC WIEN-MÜNCHEN-ZÜRICH

Bildquellennachweis:
Pressefoto Thomas Guggenberger, Lienz: Seiten 33 (1), 36 (1), 73 (2), 76 (1), 77 (1), 80 (1), 119 (1)
Manuela Eder: Seiten 34 (3), 35 (1), 36 (4), 38 (1), 40 (4), 75 (2), 76 (2), 78 (2), 79 (3), 120 (2), 153 (7), 154 (2), 155 (1), 157 (1), 159 (4), 160 (4)
Jad Sherif, Genève: Seite 35 (1)
Marlboro McLaren Honda: Seite 35 (1)
L.A.T.: Seite 113 (1)
Reuter NPS: Seiten 38 (1), 39 (1), 114 (2)
Reuter/S.N.S. Nosko: Seite 79 (1)
Reuter/Desmond Bojlan: Seite 39 (1)
Agence de Presse ARC, Lausanne: Seiten 38 (1), 116 (1), 118 (1), 119 (1), 154 (3), 155 (1)
Gerry Penny: Seite 39 (1)
E. Müllender, Eupen: Seiten 74 (3), 115 (2), 118 (1), 120 (1), 158 (2)
E. P. Froidevaux, Zürich: Seiten 74 (1), 75 (1), 79 (1), 115 (1), 155 (1), 158 (1)
Rudolf Ratzenberger, Salzburg: Seite 75 (2)
Jean-Loup Gautreau: Seite 78 (1)
François Guillot: Seite 119 (1)
ATP/Thill: Seite 156 (3)

Schutzumschlag vorne: ARC, Lausanne (3)
Schutzumschlag hinten: Manuela Eder (3)
Vordere Klappe: Archiv Heinz Prüller

ISBN 3-7015-0326-5

Copyright © 1994 by Heinz Prüller
Alle Rechte vorbehalten
Schutzumschlag und Gestaltung des Bildteiles: Rudolf Kasparek-Koschatko
Lithos: Repro Wohlmuth Ges. m. b. H., Wien
Satz: Friedrich Brandstetter, Wien
Druck und Bindung: Wiener Verlag, Himberg bei Wien

GRAND PRIX STORY 94
Requiem für Senna

Inhaltsverzeichnis

DER MYTHOS BEGINNT	7
SENNA ÜBER LEBEN UND TOD	16
BLICK ZURÜCK: START 1994	24
ÖSTERREICHER — WAS SIE FUHREN	41
INTERLAGOS: „SENNINHA WEINT"	43
SO FUHREN SIE 1994	44
TRIUMPHMARSCH IN AIDA	50
IMOLA: WENN EIN GOTT STIRBT	57
MONACO: KAMPF GEGEN DIE ANGST	83
BARCELONA: SIEG FÜR AYRTON	95
MONTREAL: SCHUMACHERS 5. STREICH	99
MAGNY-COURS: DER „LÖWE" BRÜLLT WIEDER	106
SILVERSTONE: DER AUGENARZT LÄSST GRÜSSEN	124
HOCKENHEIM: ENDICH FERRARI!	132
BUDAPEST: DER BENETTON-KRIEG	148
WENDLINGER: DAS GROSSE COMEBACK	162
SPA: „ICH LÜGE NIE"	173
BERGER, DER HELD VON MONZA	183
SCHUMACHER: DER GIPFELSTURM	194
ESTORIL: SALTO VON DAMON HILL	200
JEREZ: „FROM ZERO TO HERO"	207
JAPAN: GEPOKERT UND GEWONNEN	223
ADELAIDE: WELTMEISTER DURCH K.O.	229

DER MYTHOS BEGINNT

Es war wie eine Himmelsbotschaft. Suzuka, 6. November, eine Stunde vorm Start. Aber plötzlich verebbt aller Boxenlärm, ist es für ein paar Minuten egal, ob Michael Schumacher oder Damon Hill das vorletzte WM-Duell gewinnt.
Andächtige Stille, nur leise, sphärische Musik aus dem Lautsprecher, als der gelb-grün lackierte Helikopter ganz sanft über den Köpfen von 200.000 Japanern in die Arena einschwebt.
Gelb und grün, die Sturzhelmfarben von Ayrton Senna und, natürlich, Brasiliens Nationalfarben.
Der Helikopter fliegt ohne Eile, ohne Hektik, und setzt ganz behutsam vor den Boxen auf — neben Ayrton Sennas McLaren-Honda. Die „Memorial Show" ist mehr als dreidimensional: Zeit und Raum und Senna.
Ayrtons Schwester Viviane, ihrem Bruder in Art und Auftreten sehr ähnlich, entsteigt gemeinsam mit Fabio, dem Cousin und Manager. Tiefe japanische Verneigungen, gefühlvolle Ansprachen, im Gedenken an den größten Rennfahrer aller Zeiten, der in Suzuka alle seine drei WM-Titel gewonnen hat. 1988 durch seine faszinierende Siegesfahrt, 1990 durch Kollision mit Prost, 1991, als er Berger im Ziel generös vorbeiwinkte.
Viviane dankt über Lautsprecher, und sie klingt sehr bewegt:
„Ayrton hat in seinem Leben Hunderte Pokale gewonnen. Aber vom japanischen Volk eine ganz besondere Trophäe bekommen: bestehend aus Ehre, Bewunderung, Respekt und Liebe. Alle anderen Pokale, die goldenen und silbernen, konnte er aus unserer Welt nicht mitnehmen, nur diese, die ihm keiner wegnehmen konnte, nicht einmal der Tod. Das ist eine Trophäe aus unvergänglichen Werten, und diese Werte, wie unser Geist, sterben nie."
Was Ayrton dachte und Viviane sprach, gilt überall, nicht nur in Japan. Jeder Grand Prix 1994 ist ein Requiem für Senna. Und nicht nur jeder Grand Prix.
Los Angeles, das gigantische Rose-Bowl-Stadium, 17. Juli — also zwischen Silverstone und Hockenheim. Aber Michael Schumachers „Schwarzfahrt", die drohende Sperre für seinen Heimat-Grand-Prix

dringen nur als schwaches Echo nach L. A. Vor allem freuen sich Barrichello und Fittipaldi und — neben mir auf der Kommentatorentribüne — der sagenhafte Pele.
Brasilien gewinnt das Elferschießen gegen Italien, ist zum vierten Mal Fußballweltmeister — und plötzlich zaubern die Ballartisten ein riesiges blau-gelbes Transparent hervor:
„Ayrton Senna und wir siegen gemeinsam. Und dann gehört uns die Erde" — was auf portugiesisch viel poetischer klingt.
Am emotionellsten sind Jorginho, streng gottgläubig wie Senna. Und Kapitän Dunga, der ein Fußballinternat für die ärmsten brasilianischen Straßenkinder einrichtet — hilfsbereit wie Senna, dem die Schicksale der Ärmsten immer entsetzlich wehtaten: Laut Statistik werden jeden Tag vier brasilianische Kinder gekidnappt, von der Organ-Mafia verstümmelt, ermordet.
„...und dann gehört uns die Erde." Das Zauberwort in Brasilien ist „Tetra". Seit Anfang 1994 schwärmt alles vom vierten WM-Titel — für Senna und für die Fußballer. Dunga & Co. erzwingen, was das Schicksal Senna nicht mehr vergönnt hatte. Aber Dunga schickt später seinen Dress mit der Nr. 8 für Damon Hill zum Hungaroring: „Gewinn wenigstens du den WM-Titel für Senna!"
Der „Mythos Senna" ist unauslöschlich.
In Monte Carlo: erste Startreihe freigelassen — für Senna und Roland Ratzenberger. In Barcelona ein Denkmal — das Bernie Ecclestone küßte. In Hockenheim die dritte (schnellste) Schikane nach Senna benannt, in Estoril die letzte Kurve, in Jerez die neue Schikane...
„Für mich war er der beste Rennfahrer aller Zeiten. Und einer, der unseren Sport mit soviel Qualitäten vertreten hat, dem gebührt es jedesmal, wenn man auf eine Rennstrecke kommt, an ihn zu denken."
Nicht nur Gerhard Berger hat noch wochenlang das Gefühl, „daß der gelbe Sturzhelm jeden Moment wieder um die Ecke biegt". Senna lebt ja weiter in den Statistiken, Rekorden, Tausenden Stories — und in den Herzen von Millionen. „Es gibt ja praktisch keine Rennstrecke, auf der er nicht gewonnen, wo er nicht dominiert hat — automatisch erinnert man sich."
Der junge Christian Fittipaldi fuhr beim ersten Training danach, in Monte Carlo, mit dem Finger die Ergebniszeilen am Computer durch:

„... und Senna?" fragte er instinktiv. Weil sich alles wehrte, dagegen aufbäumte, daß Senna verunglückt ist.
Genauso bei Karl Wendlinger, der aus dem Koma erwacht, zwar vom Ratzenberger-Unfall wußte, den Senna-Tod im Unterbewußtsein aber total abblockte. Weil nicht sein kann, was nicht sein darf?
Erinnert mich stark an Hockenheim 1968, als der damals Schnellste und Unverwundbarste starb — Jim Clark. Nachdem Alan Rees Jochen Rindt anvertraut hatte: „Vier Fahrer sind so gut, daß ihnen nichts zustoßen kann: Clark, Stewart, Gurney und du." Plötzlich die bange Frage im Fahrerlager: „Wenn nicht einmal Jimmy sicher war — wer von uns dann?"
Requiem für Jim Clark und Ayrton Senna — 26 Jahre nach Jimmy, zwei Monate nach Ayrton. Die erste Bremskurve in Hockenheim wird offiziell in „Jim-Clark-Schikane", die dritte (schnellste) Schikane in „Ayrton-Senna-Kurve" umgetauft.
Jimmys Eltern, reizende Menschen, die ich öfter auf ihrer Schaffarm in Edington Mains besucht habe, sind seit 1981 tot. Aber seine Schwester Matty ist gekommen. Mit ihrem Mann Alec Calder, der in Le Mans Mechaniker am Clark-Salvadori-Auto war — und mit Blumen aus dem eigenen Garten für den Gedenkstein ihres Bruders. Die Pflegekosten hat Bernie Ecclestone übernommen, seit Clarks deutscher Freundin das Geld ausging.
Clarks Schwester ist berührend sympathisch, an diesem Tag aber aufgewühlt. Der angebliche Clark-Freund Chris Wier, der sich in Duns ein Clark-Museum eingerichtet und sich selber als eine Art Nachlaßverwalter, Pokalsammler und Ruhm-Bewahrer ernannt hat, steht unter Betrugsverdacht. „Er hat uns alle getäuscht", sagt Jimmys Schwester bitter.
Ich klettere zur Clark-Familie und Bernie Ecclestone in den Mini-Bus. Hätte Clark jemals auf einer Rennstrecke eine Schikane akzeptiert — außer in Monte Carlo? „No!" protestieren Matty, Alec und Bernie sofort. Stimmt's, daß Clark nur deshalb weitergefahren ist, weil er unbedingt noch Monte Carlo gewinnen wollte — wie mir die Mutter einmal erzählt hat? Ja, sagt Jimmys Schwester, Monte Carlo war seine große, unerfüllte Sehnsucht.
Auch nach Jim Clarks Todessturz im verregneten Formel-2-Rennen

in Hockenheim gab es NIE eine offizielle Erklärung. Ein „slow puncture" (schleichender Plattfuß) war schuld, daß der Lotus an einem Baum zerschellte.

Colin Chapman gestand mir vertraulich: „Die betreffende Reifenfirma hätte es gehaßt, daß ihr Name mit dem Tod des größten Rennfahrers aller Zeiten in Zusammenhang steht."

In allen Rennfahrerverträgen steht der Satz, mit dem Formel-1-Piloten ihre Seele verkaufen: „Das Team verpflichtet sich, dem Fahrer Y für soundsoviel Rennen ein nach bestem Wissen und Gewissen vorbereitetes Auto zur Verfügung zu stellen. Und der Fahrer verpflichtet sich, daß er und seine Angehörigen das Team im Fall eines Unfalls schad- und klaglos halten — ob tödlich oder nicht." *Whether fatal or otherwise,* heißt das im Juristen-Englisch.

Als Mark Donohues Witwe den Reifengiganten Goodyear wegen dem offensichtlichen Reifenplatzer im Zeltweger Warm-up 1975 auf viele Millionen Dollar verklagte, verbot Mario Andretti seiner Frau Dee-Ann: „Was immer mit mir passiert: Du darfst nie, nie, nie vor Gericht! Weil ich im Rennsport auch schöne Zeiten erlebt hab." Der Fall Goodyear—Donohue wurde außergerichtlich geklärt. Und Andretti, Legende ohne Kratzer, ist 53jährig im Oktober 1994 abgetreten.

Was wäre wohl Sennas Wunsch gewesen, was seine Familie unternimmt? Millionenklagen gegen den Seelenverkäufervertrag, wenn die Unfallursache erwiesen ist? Juristisch vielleicht chancenlos. Aber wenn man das Geld hat, die Macht und die richtigen Rechtsanwälte... „Aber das bringt keinem Menschen etwas, darum ist am besten, wie es jetzt ist — daß es ruhig bleibt", glauben viele im Grand-Prix-Business.

Wer im direkten Kontakt zur Senna-Familie steht, der schweigt: „Von mir kein einziges Wort darüber, was passiert und was nicht — und ob etwas passiert." Etwas anders ist es mit den untersuchenden Experten. Die italienischen Luftbehörden, die Absturzursachen klären, die Universität von Bologna — sie alle kommen zur Ansicht: zu 85 Prozent Lenkung gebrochen — aber nur halboffiziell.

Für Oktober ist ein offizielles Abschlußkommunique angekündigt — aber es kommt nie. Weil die Formel 1 nicht will, daß die Unfallursache zu dramatisch aufkommt? Weil Gefahr besteht, daß die Senna-Familie reagiert?

Mythos Senna, heute: Die Startnummer 2 hat der junge Schotte David Coulthard geerbt, später Heimkehrer Nigel Mansell, der in seinem Williams-Vertrag stehen hatte: „No Senna!" Seinen Sponsor Sonax hat Heinz-Harald Frentzen übernommen, und den WM-Titel auf den schnellsten Thron der Sportwelt erbt wohl Schumacher, für den die Uhrenreklame „Dont crack under pressure" jetzt schon zwei Jahre gilt. Und Sennas langjährige Presse-Lady Beatris wechselt für die neue Saison zu Rubens Barrichello — den Senna sehr gemocht hat.
Mittlerweile überfluten Senna-Bücher die Auslagen. „Rund 30 sind bereits erschienen, mehr als über Lady Di", sagt jemand aus der Senna-Familie bitter. Eines schrieb der berühmte französische Universitätsprofessor Jean-Philippe Domecq, der zuvor bereits Romane über Robespierre bzw. Niki Lauda verfaßt hatte — und sich auf esoterische, fast mythologische Art mit Sennas Unglück beschäftigt: „Als wäre ein junger Gott gestorben."
Und immer wieder analysiert der Professor jenen Augenblick, in dem die Imola-Streckenposten auf Sennas Wagen zuliefen, aber plötzlich in zwei Meter Entfernung erstarrten und zurückwichen, „weil sie etwas Verblüffendes, Außergewöhnliches, Schreckliches entdeckt hatten: Der Erzengel lag tödlich getroffen am Boden."
Senna-Bücher überfluten die Auslagen. Von „Ayrton Senna do Brasil" bis zum Märchenbuch, das Senna-Freundin Adriani schrieb: „Kein Buch übers Rennfahren, nur die Story unserer Beziehung als perfektes, phantastisches Märchen." Ayrton, der immer so gern fliegen wollte, als Peter Pan oder „Senninha", die im März 1994 in Sao Paulo präsentierte Comic-Figur mit dem gelben Helm, „halb ich, halb erfunden" — und seine Adriani als Puppenfee.
Wie David Copperfield, der fliegende Magier, und das Top-Model Claudia Schiffer — nur ohne PR-Getrommel.
Adriani ist nervös, gibt keine Interviews, redet nie öffentlich über ihre Beziehung — erst, als ihr Buch herauskommt.
Senna träumte immer vom Fliegen ohne Motor, ohne Hilfe — wie David Copperfield vor dem flatternden Vorhang. Den Flugschein hat er längst, auch das Rating für ein paar Flugzeuge — nur nicht für seinen eigenen Jet. Sein Pilot ist immer noch in London stationiert, unter Vertrag — aber tut nichts.

Jochen Rindt hat sein Traumhaus „Villa Jonin" am Genfer See selber gezeichnet — aber tragischerweise nie drin gewohnt. Senna war es vergönnt, in seinem selbst realisierten Inselparadies mit eigener Farm, Bootshaus usw. zu leben — aber nur ein paar Monate lang. Aber er hat alles noch fertigwerden gesehen. Sehr stolz: „Die eigene Natur — meine große Liebe."

Senna war fast scheu, ein bißl kontaktängstlich — aber immer hatte er ein Riesenherz für Kinder. Er stiftete und spendete mehr, als alle glauben. Auf dem Höhepunkt seiner Traumkarriere boten sie ihm bis 200.000 Franken für Exklusiv-TV-Interviews. Mit mir redete er 1991 in Adelaide 40 Minuten vor laufender TV-Kamera gratis, sagte nur nachher: „Ich gib dir eine Kontonummer — bitte überweis mein Honorar dorthin als Spende."

Charity-Aktionen in Brasilien, eine Senna-Stiftung in England — geschätztes Senna-Vermögen: 200 Millionen Franken.

Williams hat Senna bei „Lloyds" auf 17,5 Millionen Dollar versichert. „Aber bevor die Summe nicht ausgezahlt ist, können wir nicht drüber reden", beteuert Lloyds. Das Geld geht an die Familie.

Und die Geschäftsverträge?

Die Senna-Boote werden seit Anfang 1994 produziert, die Senna-Fahrräder bei „Carrara" seit Ende 1994. Zum Vertrag als Renault-Händler — von Präsident Patrick Faure in Interlagos angekündigt — ist es nicht mehr gekommen. Dafür laufen die Geschäfte mit Audi — wie geplant über seinen Manager-Cousin Leonardo und die Familie. „Aber Ayrton gab seinen Namen, wußte immer alles genau, was passiert, hat seit zwei Jahren alles Business organisiert — und hätte nach seiner Karriere alles übernommen."

Man sah, man spürte: Was für Niki die „Lauda-air", wäre für Senna das big Business geworden. Schon 1978, als wir von Power und Politik sprachen, verriet er mir im Auto vom Dungl-Zentrum zum Wiener Flugplatz: „Ich verdien mit meinen Nebengeschäften bald mehr als mit dem Rennfahren... wobei ja das pure Rennfahren der leichteste Job von allem ist."

Business machte ihm Spaß und wird, dachten wir alle, seine große Zukunft. Wie lange wäre er noch Autorennen gefahren?

„Noch mindestens drei, vier Jahre. Bis 1995 sowieso bei Williams, dann noch ein, zwei Jahre, wenn's mir dort gefällt — aber dann muß ich zu Ferrari, um dort meine Karriere zu beenden. Ich hab's immer gesagt: Ich hör bei Ferrari auf! Ich liebe dieses Team, mit allem Mythos und Folklore — ich hab schon immer von Ferrari geträumt!" hatte er in Imola verraten.

In Brasilien: Riesenschachteln mit Tausenden Briefen und Telegrammen. Die Eltern hatten noch keine Zeit sie zu lesen, schon gar nicht, zu danken: „Wie beantwortest du Beileid?"

Das Monaco-Appartement, das Haus in Quinto do Lago an der portugiesischen Algarve, die Strandvilla in Angra dos Reis, die Farm — alles den Eltern vererbt.

Manche glauben: Bald sind diese Senna-Plätze wie Elvis Presleys „Graceland". Wallfahrtsorte für Senna-Fans, die unverändert in Sao Paulo, Imola, bei Williams in Didcot, auf allen Rennstrecken Blumen niederlegen, seine Spuren küssen.

Drei Monate vor Imola hat Senna die Idee mit seiner Stiftung, seine Schwester unterstützt ihn sofort: Viviane Senna Lalli, die Psychologin, die sich 1988 — seit dem für Ayrton unerklärlichen Monaco-Crash — um die Seele ihres Bruders gekümmert hat.

Im August verläßt Viviane ihre Klinik, gründet die „Ayrton Senna Foundatio". Im Vorstand: Vater, Mutter, Bruder Leonardo, Cousin und Manager Fabio Machado, IMG-McCormack-Mann Julian Jakobi und Rechtsanwalt Brian Clark.

Fabio hat sich immer vor allem um das brasilianische Business gekümmert, Julian ab 1992 ums internationale. Und ums Geldanlegen.

Viele reden von Not und Elend. Aber Senna war schon immer bereit, auch etwas zu tun. Hinter den Schlagworten „Lebensqualität verbessern, individuelle Fähigkeiten entwickeln lassen, arme Kinder in Brasilien und überall in der Welt unterstützen" steckt ein exaktes Programm: Schon bald verabreicht die Senna-Stiftung pro Tag 25.000 Essen an die Straßenkinder von Sao Paulo. Dazu ein Sport- und Erziehungsprogramm, um sie von den Straßen wegzulocken.

Eine Million Dollar kommt von den Lizenzen. Das Dreifache bis 1995. Dazu die Einnahmen von „Senninha", allen Projekten mit dem roten S, der Senna-Mode und aus Erinnerungsprojekten: Fotobücher und Videos.

Senna hätte, glaub ich, keine Klage gewollt. Und die Familie wohl auch nicht: Wie sie lebt, wer sie kennt, ihr gesellschaftlicher Stil, wie alles aufgebaut ist — die war schon vorher sehr vermögend. „Wir sind immer noch im Kontakt mit Frank Williams — und reden regelmäßig mit ihm."
Oder die Szene von Montreal: Ein Fan im Rollstuhl, brasilianische Flagge auf den Knien, wartet vor der Eingangstür zum Briefing auf die Piloten. Alle unterschreiben, nur einer nicht — aus Aberglauben? „Du darfst nicht ungerecht sein", sagt Damon Hill, „vielleicht hat er grad an etwas Wichtiges gedacht."

Als Niki Lauda 1984 im Estoril-Finale Weltmeister wurde, stand ein junger, schüchterner Brasilianer mit ihm und Prost auf dem Siegerpodest: Ayrton Senna. Neun Jahre später rief ihn Lauda in Donington an: „Ayrton, ich gratulier' dir herzlichst. Das beste Rennen, das ich je von dir gesehen hab, wahrscheinlich das beste überhaupt!" Ayrton war stolz und dankbar: Ein Lob, das zählte. Er, der Perfektionist, war privat äußerst liebenswürdig. Wenn er zu jemandem Vertrauen hatte, dann grenzenlos. Aber wehe, jemand war unehrlich zu ihm ...
Zwei Gesichter: Der ernste Senna an einem Formel-1-Wochenende — und der lockere, völlig relaxte Senna zwischendurch. Wir fuhren einmal vom Dungl-Zentrum in Gars nach Wien, flogen dann gemeinsam nach Imola — er hat immer viel erzählt. Manche boten ihm 1,5 Millionen Schilling für Interviews, mit mir redete er oft und gratis: 40 Minuten exklusiv in „Sport am Montag", viele Kilometer von Tonbändern — jetzt ein Requiem für den König der Formel 1.
Er war geschäftstüchtig und hatte schon alle Weichen für die Zukunft gestellt: Autoimporteur, Senna-Boot, Senna-Fahrrad usw. Aber der Ehrgeiz war stärker: „Nicht so sehr wegen der Statistik, sondern für mich: Immer der Beste zu sein."
Er wußte um die Gefahr. Und war stets verärgert, wenn sie jemand verharmloste.
In Mexico City fuhr Marc Surer einmal mit Senna zurück ins Hotel — als Passagier bei Ayrton. Die „Teufelskurve" Peralta quälte beide. „Du mußt etwas dagegen tun", forderte Surer den Superstar auf.

„Dir würde jeder glauben, dir kann keiner vorwerfen, für dich wäre die Kurve zu schwierig, oder du hättest Angst. Wenn du nicht glaubwürdig bist, dann keiner."
Senna dachte lange nach, wie immer, ehe er antwortet: „Du hast recht. Aber ich kann nicht beides — für Sicherheit kämpfen und selber rennfahren. Eines würde unter dem anderen leiden."
Senna mit seiner kritischen Stirnfalte, den seit der Gesichtslähmung aus der Lotus-Zeit nicht mehr ganz gleichgroßen Augen, dem kritischen, aber ehrlichen Blick, dem warmherzigen Händedruck: außergewöhnlicher Rennfahrer, außergewöhnlicher Mensch.
„Driven to perfection": Sein Slogan fürs Rennfahren, seine Geschäfte, die er mit genau der gleichen Akribie vorantrieb, wie er gefahren ist. Unglaublich seine Präzision. Im Aktenkoffer — den ihm Berger 1991 aus dem Hubschrauberflug nach Monza in den Comosee schmiß — steht alles habtacht. Wenn er für einen Grand Prix einpackt: genauso perfekt. Hemd, Hose, Gürtel, Schuhe für Donnerstag, da für Freitag usw. Nur: Als gutem Brasilianer läuft auch bei Ayrton die Uhr ein bißl anders. Wenn er mit seiner „British Aerospace BS 900" um 13 Uhr abfliegen will, plant sein Captain den Slot sowieso schon für 14 Uhr — und geflogen wird dann um 15 Uhr: da ist er echter Brasilianer.
Er verkauft Audi und Ford, importiert Haushaltsgeräte von de Longhi, dem Ex-Lotus-Sponsor, hat Verträge mit TAG-Heuer usw.: „Dont crack under pressure". Er ist auch als Geschäftsmann perfekt und sehr gut organisiert. Für alle: unvorstellbar — daß ihm etwas passiert.
Ewiger Kampf von Audi-Importeur Senna, wenn ihn AMG-Geschäftsführer Domingos mit dem Mercedes abholt: „Da steig ich nicht ein." Domingos: „Du fährst ein Auto, wo die Leute nicht mal zählen können: nur vier Olympische Ringe, statt fünf." Darauf Ayrton: „Und dein komischer Stern hat drei Zacken. Jeder weiß, es sind fünf."
Oft ruft Senna Freunde mitten in der Nacht an, weil er auf die Zeitdifferenz vergißt: „Entschuldig, aber ich komm grad vom Tennisplatz..." Joseph Leberer, Domingos und ein paar wenige andere erleben solche Stories: „Er will die Freundschaft pflegen und irgendwas rüberbringen." Zum Beispiel an Willi Dungls Geburtstag, als Senna — auf deutsch — am Telefon durchkommt: „Blöder Hund", von guten Freunden eingelernt.

Ich erinnere mich noch, wie Gerhard Berger einmal von seinem Schiff aus mit dem Senna-Anrufbeantworter telefoniert: „Please call Mr. Frank Williams." Während der Sommer-Transferzeit immer besonders heiß. Und einmal, in Monza, stecken Senna und Berger allen wichtigen Piloten „dringende Nachrichten" ins Zimmerfach: „Mr. Ron Dennis dringend zurückrufen — auch spät in der Nacht."
Senna macht's glücklich, „zu sehen, wie gut einander Barrichello und Fittipaldi verstehen. Mir tut weh, daß ich das nie hatte — einen brasilianischen Rennfahrerfreund." Mit Nelson Piquet hat's von Anfang an nie funktioniert.
Dafür haben Barrichello und „Fitti" von Anfang an beschlossen: „Wir zwei lassen uns nie gegeneinander ausspielen. Wir halten zusammen!" Was Senna froh, aber ein bißl eifersüchtig macht: „Die zwei sind Freunde, das gefällt mir." Und Gerhard Berger?
„Superbeziehung, ein echter Freund, den ich sehr gern mag — aber er ist leider kein Brasilianer."

SENNA ÜBER LEBEN UND TOD

Eines unserer letzten langen Interviews:
Was braucht ein Champion? Wovon hat ein Supersportler mehr, das andere nicht haben?
SENNA: Egal wo, in welcher Art von Konkurrenz: Diejenigen, die mehr Siege, bessere Ergebnisse, mehr Rekorde schaffen als andere, haben immer etwas ganz Spezielles. Manchmal reines Talent, manchmal harte Arbeit, totale Selbstaufopferung oder Ehrgeiz, manchmal extreme Intelligenz — und manchmal einfach alles zusammen. Aber was wir alle gemeinsam haben: die enorme Leidenschaft für unseren Sport. Ich für mein Rennfahren, der Tennisspieler für sein Tennis, sogar der Schachspieler, der die richtigen Züge tun muß. Vor allem ist es die Leidenschaft, die uns über unsere Gegner stellt.
Sugar Ray Leonard sagte einmal, Boxen sei das Spiegelbild des Lebens, der Schachweltmeister sagte, sein Spiel wäre viel gefährlicher für die Psyche — werfen meine deutschen Kollegen ein.

SENNA: Keine Frage, unser Sport ist körperlich gefährlich. Jedesmal, wenn wir einsteigen, riskieren wir Gesundheit und Leben — rein aus der Natur des Rennfahrens. Andererseits ist es auch ein harter Kampf im Hirn, *a mind game*, weil Rennfahren ja nicht nur heißt: Im Auto sitzen und fahren — das ist noch der leichteste Teil unseres Jobs. Aber alles, was dazugehört: Du bist noch draußen und bereitest deine ganze Karriere vor, mußt durch alle Formeln erfolgreich durch, damit du in die Formel 1 kommst, dann in ein gutes Team, in dem du nicht nur schnell, sondern auch sicher fahren kannst, weil das Auto gut gebaut, gut betreut ist. Dann dein Verhältnis zu den Sponsoren — die ja irgendwie deine Karriere finanzieren. Zu den Medien — was geistig unheimlich anstrengt. Du mußt also sehr oft und sehr viel denken, brauchst viel Geduld. Alles zusammen: Es ist körperlich anstrengend, Formel 1 zu fahren, gefährlich für deinen Körper, deine Gesundheit, dein Leben — aber ist genauso geistiger Streß, alles so aufzubauen, daß du später einmal um den WM-Titel fighten kannst — was aber noch lang nicht heißt, daß du ihn auch wirklich gewinnst. Also: Rennfahren ist eine Kombination sehr starker Elemente — die aber alle verschieden sind.
Niederlagen sind oft körperlicher Schmerz, aber der wird in besondere Motivation umgedreht: Zur Revanche?
SENNA: Klar. Alle starken Charaktere, *tough people*, denken so. Du akzeptierst nicht einfach die Niederlage und sagst: Kann man nix machen. Der Schlag trifft dich, aber den setzt du immer nur in den brennenden Wunsch um, dich der Herausforderung zu stellen, noch sieghungriger — das ist der Charakter aller starken Männer.
Du sagtest einmal: Du stellst dich dar in Sieg und Niederlage?
SENNA: Wir sind alle anders. Verschieden in Persönlichkeit, Erziehung, Background. Und wenn du ein Rennauto fährst, kommt dein Charakter, deine Persönlichkeit im Fahrstil raus. Du fährst sehr aggressiv oder sehr vorsichtig oder ehrgeizig oder, was weiß ich, behutsam. Und wenn du kämpfst, zeigst du den anderen, wie stark du bist: durchs Fahren, durch deine Überholmanöver, wie du einen Grand Prix anführst oder ein Rennen gewinnst — das ist deine Art, dich auszudrücken. Sogar mit Helm, wenn kein Mensch dein Gesicht sehen kann. Wenn du dann oben stehst bei der Siegerehrung, sehen alle, was in dir vorgeht: entweder stehst du ruhig und ausgeglichen da, Gefühle im

Gleichgewicht, weil du grad etwas geleistet hast, daher kannst du jetzt deutlich sichtbar relaxen — oder du spürst eben den großen Frust, weil du es nicht geschafft hast. Dazu der Streß — alles sehr intensiv.

Du bist während eines Grand Prix wahrscheinlich der einsamste Mensch der Welt — trotz Funkkontakt zur Box. Andererseits: so sehr „öffentlicher Besitz" wie kaum ein anderer Sportchampion?
SENNA: Wem die Aufmerksamkeit der Menschen gilt, der ist auch immer ihr Ziel. Du kriegst die Bewunderung der Menschen. Sie wollen dir nahekommen, zulächeln, dir irgend etwas schenken — materiell oder einfach nur einen Kuß, obwohl sie dich nicht kennen — aber weil sie deine Fans sind. Du mußt sehr sensibel sein mit deinen Fans, die ja von überall in der Welt herkommen: verschiedene Sprachen, Kulturen, kleine Kinder bis alte Menschen. Du kannst sehen: Die mögen dich. Aber gleichzeitig spürst du auch, daß sie aggressiv werden — wenn sie nicht deine Fans sind. Du erlebst also sehr gute Dinge, weniger gute, wirst sensibel, fährst deine Antennen aus. Wenn du ein offenherziger Mensch bist, absorbierst du einfach alles Gute, verschließt dich dem Negativen, so daß dich nichts stören, aus der Balance werfen kann. Aber du spürst alles. Die Aggression der Menschen genauso wie *tenderness and love* — Zärtlichkeit und Liebe.

Aber viel mehr als in deine Fans horchst du in dich hinein?
SENNA: Rennfahrer sind extrem. Wir wollen immer weiter, schieben dauernd unser eigenes Limit raus, suchen immer nach Besserem, nach Vorteilen gegen die anderen. Dadurch lernst du auch dich selber besser kennen, deine starken Punkte, aber auch deine Schwächen — und kannst dich besser darstellen.

Eine Frage des Reifens, Älterwerdens?
SENNA: Mit 20 hab ich geträumt und gehofft, Formel 1 zu fahren und zu gewinnen. Mit 33 weiß ich, wie das ist, bin jetzt durch alle Phasen durch, hab drei WM-Titel, viele Rennen gewonnen. Ich weiß also genau, wie man dort hinkommt. Mit 20 glaubte ich nur, ich weiß es, war mir aber nicht sicher, mußte mich danach richten, was ich hoff und glaub — und mußte es sogar mir beweisen. Heute, mit 33, brauch ich das nimmer. Ich weiß, ich kann es, weiß auch wie — aber auch, wieviel Frust es ist, zu wissen: Du kannst es, aber wegen der Umstände, aus technischen Gründen, geht's nicht. Das hab ich 1993 gespürt.

Warum willst du immer weiterfahren? Deine Sehnsucht nach dem Absoluten, den letzten Grenzen, wie du einmal gesagt hast?
SENNA: Sobald du etwas einmal geschafft hast, weißt du: Du kannst es wieder. Aber dann kommt eine Phase, wo es technisch unmöglich ist, gemessen an den Autos der anderen — wie es mir 1993 erging. Und dann hämmert es immer gegen deinen Kopf: Warum machst du das? Warum fährst du immer noch weiter? Ist es das alles wirklich wert? Vielleicht solltest du aufhören, was kriegst du denn wirklich raus? Geld? Geld ist natürlich wichtig, für jeden, aber nicht das Wichtigste, besonders heute. Ich hab die ganzen Jahre genug verdient, brauch also das Geld nicht wirklich. Das *Feeling*, weiterzumachen, *yes or no*, die Sehnsucht, es nochmals zu schaffen, kommt aus dem Herzen. Besieg sie und lerne, mach weiter, überwinde alle Probleme — das ist wahrscheinlich der Grund, weiterzumachen. Das einzige Problem: Wenn du ein Athlet bist, der sich verletzt hat, mußt du sechs Monate aufs Comeback warten — aber das ist dein Problem, du kannst selber dran arbeiten — wir hängen immer von den Maschinen ab. Egal wie fit du bist, psychisch stabil, perfekt vorbereitet, erfahren und technisch kompetent, weil du ja schon gewonnen hast — wenn du nicht das richtige Auto hast, hilft dir gar nichts. Da ist es noch viele Male härter auszuharren, auf bessere Zeiten zu warten — weil es nicht von dir abhängt, du selber nichts dagegen tun kannst — außer warten. Nur die Zeit, und nicht einmal das ist sicher, gibt dir eine neue Möglichkeit, zu zeigen was du kannst. Und das ist für mich das Härteste, weil du nichts dafür kannst. Weil es keine Frage von härter trainieren, mehr testen oder zwei statt 16 Stunden am Tag arbeiten ist — so ging's mir bei McLaren, vor Williams.
Wie der Tiger im Käfig, eingesperrt?
Du mußt also ganz natürlich sein, um wirklich gut zu fahren?
SENNA: Am besten ist immer, wenn du selber perfekt bist. Wenn alles ganz natürlich passiert, kommt und geht, alles in dir fließt — dann kannst du am meisten aus dir rausholen.
Und wann beginnt bei dir dieser Countdown?
SENNA: Normal fängt bei mir das Rennen schon Dienstag oder Mittwoch an, wenn ich mich drauf einstell. Danach kommen verschiedene Phasen. Donnerstag immer noch mental, aber du bewegst dich auch

schon körperlich hin, die Atmosphäre, der Platz, von Freitag bis Sonntag geht es immer tiefer und tiefer, du hast alle Probleme, die zu einem Rennwochenende gehören. Dann steigst du ein, ziehst dir mehr oder weniger das Auto an. In dem Moment, da du zur Startaufstellung fährst, 30 Minuten vorm Start, muß das Gewand Rennauto perfekt passen. Du mußt in totaler Harmonie mit deinem Auto sein. Absolut nichts darf dich jetzt mehr ablenken, auch nicht die geringste Störung. Du mußt dich aber vollständig und total aufs Rennen, aufs Fahren, auf deine Strategie konzentrieren. Aber völlig natürlich, ohne dich zu zwingen. Aber wenn dich irgendwas stört, gehst du plötzlich vor und zurück, wirst unsicher und unentschlossen — und das ist das Schlimmste, das dir passieren kann. Du mußt total zielgerichtet sein, auf vollen Touren, aber ganz klar im Kopf. Dein Ziel muß dir klar sein.

Noch 5 Minuten, noch 3 Minuten, eine Minute, Motor starten. Ab jetzt, sobald der Motor läuft, ist der ganze Ablauf ein total natürlicher. Jetzt hört alles Denken auf, die ganze Vorbereitung schwimmt weg — jetzt kommt der natürlichste Teil deiner selbst raus. Du tust jetzt nur, was du kannst, was du gelernt hast — und wie du es sonst immer tust.

Eine Naturbegabung, oder kannst du das lernen?
SENNA: Du kannst es lernen. Du magst die Naturinstinkte dafür haben, aber ein bißl lose, ungeordnet. Dann finde sie, füg sie so zusammen, daß sie noch immer natürlich sind, nur etwas besser organisiert. Dann kommst du mit Logik genauso durch wie mit Naturinstinkt.
Was du beschreibst, ist das speziell Senna oder gilt das für euch alle?
SENNA: Wir sind da alle verschieden. Alter, Herkunft, Persönlichkeit — und wo halt deine Prioritäten liegen.
Jackie Stewart hat mir einmal gesagt: Wenn du am Start eines Grand-Prix-Rennen stehst, mußt du in Frieden mit dir selbst sein, anders geht's nicht?
SENNA: Im Idealfall ja, aber das schaffst du nicht immer.
Dein Puls bleibt der gleiche? Oder steigt er z. B. in Monaco besonders?
SENNA: Das wechselt ein wenig, abhängig von Tagesform und Situation. Jedes Rennen ist anders, aber du hast auch immer mehr Erfahrung.
Suzuka 1988, dein erster WM-Titel. Damals hast du mir erzählt, du hast das Video des ganzen Rennens, ganz allein für dich, nochmals

ablaufen lassen, ohne Kommentar, du allein mit den Original-Motorgeräuschen. Tust du das immer noch manchmal?
SENNA: Ja, weil das besonders nett ist. Du kriegst dein Rennen übertragen samt Motor, mit allen guten Geräuschen, ohne irgendwelche Stimmen, nichts kann dich stören. Die perfekte Sache, weil du total synchronisiert bist. Du weißt, wo du grad fährst, was genau dir da immer durch den Kopf ging. Was passierte, welche Probleme. Du siehst und spürst alles von außen, weißt aber natürlich, was alles innen passiert ist. Du kannst alles miteinander verknüpfen. Ein enormes Vergnügen — aber sehr, sehr persönlich, fast intim. Weil ich so gern alles richtig mache, ist es nachher um so schöner, alles zu analysieren, durchzudenken — nochmals zu erleben.
Manchmal, öfter oder immer öfter?
SENNA: Leider nicht oft. Sondern immer nur dann, wenn du eine klare Übertragung hast.
Björn Borg hat mir einmal verraten: Er hat sich alle wichtigen Ballwechsel, Punkte und Matchbälle seiner Tennis-Karriere gemerkt. Du auch deine Überholmanöver, Rennen, Siege?
SENNA: Natürlich, das bleibt eine lange Zeit bei dir. Frag mich irgendein Rennen, und ich kann dir wahrscheinlich jedes rekapitulieren — fast jedes. Go-Kart, Formel-Ford, Formel 3, mein erstes Jahr Formel 1. Unglaublich, woran sich der Mensch erinnern kann: Oft an sein ganzes Leben. Und das Rennfahren ist ja mein Leben, nicht nur meine Karriere.
Wenn du abreist, wie lang ist dein Kopf noch beim Rennen?
SENNA: Das Rennen nimmst du mit. Drei Tage lang, bis du komplett wieder im Gleichgewicht bist, Körper und Geist.
Ich hab schon vor zehn Jahren geschrieben: Es gibt den Donnerstag-bis-Montag-Senna, den ernsten gewissenhaften Vollprofi — und den anderen Senna, der von Montag bis Donnerstag seine Späße treibt, Motorboot, Jet-Ski, Modellfliegen, wie ein großes Kind, in einer ganz anderen Welt — immer noch?
SENNA: Natürlich, weil ich das als Ausgleich brauch: völlig andere Dinge außerhalb des Rennfahrens zu tun, die dir viel Einsatz, Konzentration abverlangen — damit möglichst dein ganzer Geist wegdriftet. Denn manchmal mußt du total weg vom Rennfahren sein,

willst nicht einmal dran denken, aber es kommt immer wieder zurück. Außer, du tust etwas anderes ganz intensiv, tauchst total ein, mit großer Freude — dann kommen nicht einmal Gedankenblitze vom Rennfahren. Du bist total weg, und das ist oft notwendig.
Träumst du manchmal noch von Autorennen?
SENNA: Nur ganz selten.
Aber die Sehnsucht nach der Perfektion, nach Vollkommenheit, die dich immer treibt?
SENNA: Du denkst an ein perfektes Rennen, aber du träumst nicht davon, sondern du denkst: Wär das nicht traumhaft, ein perfektes Rennen...
Senna, der Superprofi, in der Welt von High-Tech, Big Business, Power und Politik. Wundert dich oft, was in der Formel 1 passiert?
SENNA: Sich wundern? Überrascht sein? Ist nicht das richtige Wort. In meinem Beruf passiert immer irgendwas Neues, nicht immer unbedingt Erfreuliches, aber immer Neues. Darum bist du immer ein bißl angespannt, voll Erwartung: Was kommt jetzt? Was passiert als nächstes? Vieles ist unvorhersehbar. Du weißt nie, was manche Leute tun — selbst wenn du sie schon seit Jahren kennst.
Bist du vorhersehbar mit allem, was du tust?
SENNA: Auf vielfache Art ja. Die mich kennen, wissen es. Die anderen sehen es vielleicht nicht — aber sonst, ganz sicher.
Aufhören, weiß ich, willst du erst in vier, fünf Jahren?
SENNA: Wahrscheinlich die schwierigste Entscheidung im Leben jedes Rennfahrers ist: Wann soll ich aufhören? Nicht nur ich, sondern aller, weil jeder von uns denkt: Er kann gewinnen und genauso gut sein wie der Beste.
Rennfahren ist ein Ausdruck deines Charakters, deiner Persönlichkeit. Und ein Senna ohne Rennfahren?
SENNA: Wie gesagt, ich bin 33 und nimmer der gleiche wie mit 20. Du änderst dich, wirst reifer, hoffst natürlich, besser zu werden — aber du weißt nie, was in fünf Jahren ist. Du kannst dran denken, es dir vorstellen, aber du weißt es nicht. Nur die Zeit sagt dir, was passiert. Ob du andere Interessen entdeckst, so starke, daß du automatisch dort hingezogen wirst, was auch deine Entscheidung leichter macht. Aber so vieles kann passieren, nur die Zeit gibt dir Hinweise, welche Straße

du gehen sollst und wann — aber das ist eine ganz schwierige Entscheidung.
Es wird dir schwerfallen, nach dem Rennfahren etwas anderes zu finden, das dich so ausfüllt?
SENNA: Natürlich wird's schwierig, weil mein Beruf so intensiv ist. Und etwas Ähnliches, mit dieser Charakteristik, findest du kaum. Schau her: Ich muß mit der Gefahr die ganze Zeit zurechtkommen — mit dem Gefühl..., daß ich unsicher bin. Wenn ich z. B. durch die Kurve von Eau Rouge in Spa fahr, weiß ich nie, ob ich lebend oder tot herauskomm. Und das geht mir durch den Kopf. Nicht erst jede Runde, nicht erst, wenn ich in Eau Rouge bin — dort fahr ich durch ohne zu denken, bleib ganz natürlich, schieb es weg. Aber wenn du einen anderen Beruf suchst, in dem du alle 5 Sekunden in Gefahr bist...
Der Aspekt fürs Publikum: Dein Leben am Limit?
SENNA: Ein Aspekt, aber da sind noch viele andere... Du mußt viel über dich herausfinden, dauernd suchen, fast ohne Ende. Dann erst, wenn du zu dir sagen kannst: Du hast alle deine Fähigkeiten voll entwickelt, dann bist du wirklich fertig, hast dein Ziel erreicht, bist am Ende angekommen.
Ayrton philosophiert immer öfter...
Und sagt auch oft den berühmten Satz: „Ich will ein besserer Mensch sein" — inwiefern?
SENNA: Damit ich mit den Problemen und Schwierigkeiten, die ich tagtäglich antriff, besser fertig werde. Meinen Frust, durch den ich manchmal durchmuß, ohne mir soviel Streß zu machen. Alles lockerer nehmen, auch andere Menschen. Schau, wir arbeiten auf der Rasierklinge, einem dünnen Gipfel, am Maximum — und du bist so von dir besessen, daß du von allen anderen erwartest: Sie müssen auf dem gleichen Level sein wie du. Falls nicht, wirst du schwer damit fertig, willst es nicht akzeptieren — so positiv es auch ist, wenn du andere antreibst. Aber akzeptier lieber, wie die anderen sind, kämpf nicht immer so um alles usw. Überlaß vieles dem Leben — und du wächst am besten.
Ich habe viele Kilometer Tonbandgespräche mit Ayrton. Dieses — zusammen mit den Sport-Chefs geführt — stammt von Spa 1993.

BLICK ZURÜCK: START '94

„Was macht Gerhard?" Ayrton Senna winkt mich bei seinem ersten Williams-Abendessen im „Hotel Palacio" in Estoril an seinen Tisch. Spielt ein bißl mit McLaren und Ron Dennis, sag ich relativ wahrheitsgemäß, bleibt aber sicher bei Ferrari. Senna wiegt jedes Wort ab: „Sag ihm, er soll sich alles sehr gründlich überlegen — und dann seine Entscheidung treffen."
Hat Gerhard längst getan. „Ich wär ja auch blöd, würde ich ausgerechnet jetzt aus dem Ferrari-Boot rausspringen, wenn's zu schwimmen anfängt." Und nach allem, wo er 1993 durchmußte. „Bernie Ecclestone verlangt immer: Die Formel 1 muß spektakulärer werden. Na bitte, sag ich ihm, was zahlst du mir für 1993 an Extraprämien? Ich hab schon dem Rennarzt Professor Watkins gesagt: Dich seh ich öfter als meinen Renningenieur, weil du mich viermal aus dem Auto rausgeholt hast. Aber nur zwei Crashes waren wirklich meine Schuld: Hockenheim und Adelaide."
Inzwischen hat Ferrari seine neue Wunderwaffe „412 T 1" präsentiert. Wie immer sind Maranello und Fiorano die Bühnen. Und wie immer: wie eine Weltpremiere in der Mailänder „Scala" — Berger und Alesi als Pavarotti, nur ohne Schal.
Aber längst hat Senna seine unermüdliche, nie zermürbende Testarbeit bei Williams aufgenommen. „Schöne Ferien in Didcot!" hat ihm Ron Dennis noch giftig zum McLaren-Abschied gewünscht, weil er Sennas Haß auf den europäischen Winter und seine Liebe für den brasilianischen Strand kennt. Aber Senna dementiert: „Es geht nur um ein, zwei Wochen. Im Februar hab ich bei McLaren auch schon meist getestet."
Daß er wieder mit dem irischen Sturschädel Eddie Irvine zusammenkrachen könnte, ist ihm herzlich Wurscht. Wegen seiner ursprünglichen, bedingten 6-Monate-Sperre hatte er zuerst riesigen Haß, gibt sich aber jetzt moderat: „Ich hab bei Williams soviel Arbeit, daß ich mich nur ums Fahren und um die Technik kümmern will, aber nicht um die Politik."
Frage an Max Mosley: Was ist, wenn wieder zwei Piloten „mit Punch" aufeinander prallen — wie reagiert dann die FISA?

MM: „Wenn sie sich im Hinterhof prügeln wollen, meinetwegen. Aber wenn's in Paris auf den Champs d'Elysees, also öffentlich passiert – dann muß ich wieder eingreifen!"
Und sie prügeln sich schon wieder, aber wegen der Abrüstung des technischen Reglements. Und seiner Interpretation. Patrick Head, Konstrukteur und 40-Prozent-Besitzer von Williams: „Wenn das Ergebnis den Weg rechtfertigt, könnten wir 1994 eine sehr offene WM erleben. Aber die Methoden von Mosley sind fragwürdig!"
Besonders schimpft Head auf Ferrari: „Die predigen Wasser und trinken Wein. Ferrari will immer ‚im Interesse des Sports' die Technik reduzieren und die Kosten senken – dabei stecken sie in die Formel 1 mehr Geld als alle anderen!"
Head über John Barnards neue geniale Radaufhängung ohne Unibal-Gelenke: „Die entspricht nicht dem Reglement, das verlangt: Die Beweglichkeit der Räder muß aufgrund der flexiblen Aufhängung zustandekommen."
Ferrari-Konstrukteur John Barnard über das „Fly by wire" bei McLaren, das elektronisch gesteuerte Gaspedal: „Laut neuem Reglement verboten. Und ich bin schon auf die technische Abnahme in Interlagos neugierig. Das gibt am Tag vor Trainingsbeginn einen Riesenwirbel."
Nochmals Head: „Als Charlie Whiting in Montreal alle Autos für illegal erklärte, hat das ganz mies gestunken – *very smelly*. Aber in Suzuka bestätigte uns der FISA-Ingenieur: *Fly by wire* ist erlaubt. Worauf Renault 250.000 Pfund (5 Millionen S) ins neue Gassystem investierte. Und dann kam ein Fax von der FISA, eingeleitet durch einen Brief von Jean Todt, bestätigt durch einen Brief von Mosley: *Fly by wire* ist illegal."
Ken Tyrrells altes Motto: „When the flag drops the bullshit stops" muß 1994, fürchte ich, verlängert werden: Es wird auch nach dem ersten Grand Prix noch öfter stinken.
Inzwischen hat Ayrton Senna bei Williams sein neues Leben begonnen. Und die gleiche Entdeckung gemacht wie Prost: „Ich war auf klinisch-coole Atmosphäre gefaßt, aber was entdecke ich? Ein warmherziges Team." In das er, wegen der Nestwärme, seinen Fahrerbetreuer seit sechs Jahren mitgebracht hat: Den Salzburger Joe Leberer vom Dungl-Biozentrum in Gars.

„Uns verbindet ja nicht nur Kochen und Massieren, sondern eine jahrelange Freundschaft, die für den Fahrer wichtig ist — denn das Geschäft ist eh hart genug. Gewiß, ab und zu ist Senna eine Primadonna. Er ist ein Superstar, aber am Ende ein sehr guter Charakter." Und einer, der Zutrauen braucht.

Denn, wie Patrick Head bei den ersten Testfahrten herausfindet: „Er ist nicht der Typ, der in ein Zimmer voll mit fremden Leuten kommt — und sich sofort wohl fühlt." Dementsprechend findet es Senna auch am allerwichtigsten, „zuerst das Team und alle Leute kennenzulernen. Ich muß mich auf sie einstellen — nicht umgekehrt." Was ihn nicht hindert, schon bei der ersten Sitzprobe festzustellen: „Das Bremspedal ist mir zu weich. Dafür das Gaspedal ein bißl spröde."

Worauf Renault-Rennchef Bernard Dudot lächelt: „So war Senna schon 1987 bei Lotus-Renault. Er ist sehr aufregend, immer eine neue Herausforderung, weil er immer mehr Leistung fordert. Aber wenn du gewinnen willst, brauchst du so einen Piloten!"

Wann hat er wirklich für Williams unterschrieben? Wenn ich die Wahrheit verraten darf: Gleich nach seinem Superrennen im strömenden Regen von Donington, als ihm Niki Lauda zum „besten Rennen, das ich je von dir gesehen hab", gratulierte, begannen die Verhandlungen mit Williams — im Juli unterschrieb er. Nur durfte das Prost damals nicht wissen: Frank Williams hatte „so ein Gefühl, daß Prost aufhört, aber ich wollte nicht, daß er glaubt, wir boxen ihn wegen Senna aus dem Team".

Williams offiziell: „Natürlich hat Ayrton erst im Herbst unterschrieben."

Ein Traum, der mit Verspätung wahr wurde. Williams und Senna in der Zeitmaschine: Schon 1983 hat Ayrton den Williams getestet — sein erstes Formel-1-Auto überhaupt.

Und jetzt, Ayrton?, frag ich den Superstar.

„Wenn ich am Ende der Saison immer noch so happy bin wie in meinen ersten vier Wochen mit Williams, dann haben wir ziemlich gut gearbeitet. Ich muß nur meinen eigenen Weg finden, mit Williams zu kommunizieren. Aber wir haben alle das gleiche Ziel — zu gewinnen. Und zu Williams zu gehen, war für mich ein riesiger Motivationsfaktor. Hab ihn dringend gebraucht."

Das Ende des Tunnels, das er 1993 so oft ersehnt hat, leuchtet ihm in den dunkelblauen Rothmans-Farben. Nach dem John-Player-Lotus, dem Camel-Lotus, dem Marlboro-McLaren für den Nichtraucher Senna der vierte große Zigarettensponsor. Der mehr zahlt als Camel 1993 — rund 400 Millionen Schilling.

„Ich hab Senna immer bewundert", sagt mir Williams. „Und ihn jetzt nicht zu enttäuschen — das ist für uns eine große Herausforderung. Das Team ist konkurrenzfähig, der Renault-Motor war Ende 1993 der beste, warum soll er es anfangs 1994 nimmer sein? Mit Senna und Hill haben wir die stärkste Fahrerkombination. Und wenn wir nicht gewinnen, ist es nicht ihre Schuld, sondern unsere." Mea culpa, Frank, aber doch nicht mit Senna.

Noch ist Ayrton „ein bißl vorsichtig, was er im Team vorfindet, und etwas angespannt. Aber ansonsten ganz außergewöhnlich normal...", staunt Patrick Head.

Aber das gilt im Winter wohl für alle Formel-1-Stars.

Michael Schumacher verliert durch seine Knieoperationen sehr viel Zeit fürs Konditionstraining. Er muß nicht nur aufs gigantische Go-Kart-Rennen in Paris-Bercy — wo Senna fast mehr Applaus bekommt als Prost — verzichten. „Ich kann nicht trainieren, wie ich will, verlier aber auch nicht soviel, wie ich fürchtete. Nur: Jetzt bin ich wirklich ganz, ganz heiß aufs Fahren!"

Das Benetton-Jahr beginnt turbulent. Flavio Briatore hat Schumacher zu Silvester in seine Strandvilla nach Malindi (Kenia) eingeladen, zwei Minuten nach Mitternacht bittet Michael scheinheilig: „Kann ich dich einen Moment sprechen?"

Briatore tut ein paar elegante Schritte nach vorn — und schon fliegt er, vom rekonvaleszenten Schumacher gestoßen, samt weißem Tropenanzug in den eigenen Swimmingpool. Rundherum: Krach, Donner, und am afrikanischen Himmel explodieren die Raketen.

Es kracht noch ein zweites Mal unerwartet: Bei der Präsentation des neuen Benetton-Ford in der Fabrik. Denn im Cockpit des Autos, das den Papiervorhang zerreißt, hockt Jos Verstappen — den Briatore von Footwork und McLaren weggeangelt hat. Der Holländer will von Ron Dennis die Garantie, daß er 1995 Rennen fahren kann, bekommt sie nicht — und macht kehrt.

Mit J. J. Lehto dagegen hat man gerechnet, mit seinem bösen Testunfall in Silverstone nicht. „Aber bis Interlagos bin ich fit." Er irrt.
Thema Schumacher. Michael hat in seinem Vertrag drei Geheimklauseln. Erstens: Er ist von Mercedes an Benetton nur ausgeliehen, muß also, sobald Mercedes als offizieller Schriftzug aufscheint, bei Sauber fahren — aber Peter Sauber ist zu vornehm: „Da müßte ich erst den Vertrag aus der Schreibtischlade holen und nochmals durchlesen..., außerdem ist Michael momentan bei Benetton sehr gut aufgehoben", sagt er mir.
Zweitens: Er muß bei Benetton bleiben, wenn er unter den ersten drei der WM ist — wenn nicht, darf er umsteigen. WM-Dritter 1992, aber nur WM-Vierter 1993: Da wittert McLaren die große Chance, wird lästig, und Benetton muß ordentlich drauflegen. Aus den anfänglichen 300.000 Mark, später erhöht auf eine Million, werden angeblich 18 Millionen für drei Jahre! Die Punkteprämie wird auf 10.000 Dollar verdoppelt. Und immer: 20 Prozent davon für Manager Willi Weber.
Punkt 3: Der Stallgefährte darf nicht mehr verdienen als Schumacher, scheint am harmlosesten — wird aber im September noch ganz heiß.
Von der „wilden 5" zu „Mild seven": Schumachers Benetton-Ford ist das erste der neuen Spitzenautos, das fertig wird. Der McLaren-Peugeot mit den zwei Pedalen, also ohne Kupplung und mit Linksbremse, das zweite. Und der neue Ferrari 412 T 1 das dritte.
„Endlich ein Auto, in dem ich richtig bequem sitzen kann", schwärmt Gerhard Berger auf Anhieb. „Und, genau wie ich's gern hab, mit leichtem Untersteuern." John Barnard hat das Auto rund ums neue, revolutionäre Transversal-Getriebe gebaut. „Jetzt geht vor allem das Hinaufschalten viel rascher."
Die Aerodynamik besticht. Der endlich wieder ganz rote Ferrari ist auffallend schmal, wie ein Projektil auf Rädern, mit hoher Nase wie der Benetton, und von 230 auf 200 Liter verkleinertem Benzintank — wegen der Tankstops, die 1994 wieder erlaubt sind.
„Vielleicht stoppen wir ein-, vielleicht zwei-, vielleicht dreimal", sagt John Barnard, sphinxhaft. Seine genialen Ideen hat er mir einmal verraten, hat er „immer dann, wenn meine Frau mit mir redet: weil ich ihr gar nicht zuhöre". Mit seinen Kreationen ist der Designer-Macho „nie zufrieden, weil ich jetzt schon sechs, sieben Details sehe, die ich

besser machen kann. Aber die haben wir dann am nächsten Auto."
Vor allem hat Ferrari, so scheint's, jetzt endlich „die richtigen Leute auf den richtigen Plätzen". Schon 50 Rennen ohne Erfolg — was für eine Schmach für Ferrari! Eine weitere sieglose Saison, das wissen alle, würden die Tifosi nie mehr verzeihen. „Ferrari muß wieder gewinnen!" hat der elegante Luca di Montezemolo als Motto ausgegeben. Und in stillen Stunden gibt er zu: „Fast hätten wir 1993 schon ans Aufhören gedacht, aber Ferrari wird den Rennsport nie aufgeben! Allenfalls in die Indy-Car-Serie überwechseln — aber Ferrari ohne Rennen ist undenkbar."
Vor allem die Formel 1. Und die ist für Ferrari rot-weiß-rot. „Tu felix Austria", hat mir Enzo Ferrari schon 1986 in einem TV-Interview gesagt, und auf seine Verbindung mit Niki Lauda und Gerhard Berger hingewiesen: „Matrimonia felice." Jetzt wiederholt Montezemolo: „Ferrari ist ja fast schon ein österreichisches Team." Drei Österreicher in Maranello und Fiorano, soviel wie noch nie. Und wie schätzt der blaublütige Luca unsere „Austriaci" ein?
„Gerhard Berger ist sehr schnell, sehr erfahren, nach Senna der Pilot mit den meisten Siegen — 8. Ich weiß nur zu genau, wieviele andere Teams ihn uns gern weggeschnappt hätten." Für 1995 hat Berger schon wieder die besten Karten in der Hand: „Nächstes Jahr wird's für die WM entscheidend sein, wo ich fahr — heuer noch nicht."
Niki Lauda präsentiert, parallel zur Ferrari-Fete, seine „Canadair Herbert von Karajan" in Salzburg, ist aber tags zuvor bei Ferrari. „Seine Intelligenz, seine Erfahrung, sein Stil sind für uns unersetzbar. Niki bleibt natürlich ein ganz wichtiger Mann im Ferrari-Team — als mein Berater. Für den Fulltime-Rennleiterjob hat er ja leider keine Zeit."
Und Gustav Brunner hat Ferrari nach sechs Jahren zurückgeholt: „Als Chef der Weiterentwicklung unseres aktuellen Modells, damit sich John Barnard schon bald ums neue Auto kümmern kann." Ab Sommer kommt der neue Motor — mit 800 PS.
Als Berger-Renningenieur arbeitet Luigi Mazzola, der früher bei Ferrari mit Prost verbandelt war, bei Sauber mit Lehto, ehe er wegen angezettelter Material-Intrigen gehen mußte. Sauber: „Weil er mit Prost gearbeitet hatte, glaubte er, er wäre auch so gut wie Prost..."

Kann, will oder darf er — oder kann, will oder darf er nicht? Alain Prost hält den ganzen Formel-1-Zirkus in Atem oder zum Narren, je nachdem. Das McLaren-Peugeot-Angebot wird täglich erneuert. Ron Dennis hat schon 1981, als er Niki Lauda zum 3-Millionen-Dollar-Comeback verlockte, eine gute Spürnase bewiesen. Niki: „Wann immer ich gerade wirklich über einen Rücktritt vom Rücktritt nachdachte oder sonstwie angreifbar war, klingelte das Telefon — Ron Dennis am Apparat."

Wie Telepathie — und wie jetzt bei Prost. Geld spielt offenbar keine Rolle. Dennis: „Unser Job ist nicht, Profit zu machen, sondern Rennen zu gewinnen!" Zwar glaubt Lauda: „Wozu ist Alain aus dem besten Auto der Welt ausgestiegen, wenn er angeblich wieder fahren will? Da hätte er gleich bei Williams bleiben können. Und wozu soll er sich nochmals alles antun, wenn er fürs Nichtfahren sowieso 8 Millionen Dollar bei Williams kassiert?"

Natürlich könnte ihn McLaren auskaufen — aber dann kostet das „Projekt Prost", Gage inklusive, 25 bis 30 Millionen Dollar. Ist der „Professor" das wirklich wert?

Als Dennis im Jänner beginnt, scharfzumachen, antwortet ihm Prost nicht mehr mit nein, sondern überraschend: „Ich weiß nicht." Das gibt auch Peugeot-Sportchef Jean-Pierre Jabouille — dessen komplizierter Beinbruch in Kanada 1980 den Weg für Prost ins Renault-Cockpit frei gemacht hat — plötzlichen Mut: „Aber du kennst Alain..." Die Unentschlossenheit des Franzosen erleichtert die Sache nicht, regt aber Rons Phantasie an: „Wir verhandeln über verschiedene Möglichkeiten." Zuerst testen, dann unterschreiben. Oder überhaupt nur als Testpilot, zumindest vorläufig, und Ende 1994 die ersten Rennen für McLaren-Peugeot. Mit dem Ziel: WM-Titel 1995.

„Ich will, daß du deinen fünften Titel mit McLaren gewinnst", macht ihm Dennis den Mund wäßrig, verschiebt andauernd die Nennfrist, redet von drei Piloten, und ist sogar bereit, bis zum letztmöglichen Termin auf Prost zu warten — 19. März.

Frank Williams bleibt hart: „Alain ist bis Ende 1994 bei mir unter Vertrag. Ich diskutier sonst nie Vertragsgeheimnisse. Aber es ist ihm untersagt, 1994 für irgendein anderes Team Rennen zu fahren. Wenn er wieder fahren will, muß er zuerst Didcot 81561 anrufen..."

Würdest du Prost für seine dritte Karriere im Weg stehen? „Das kann ich nicht beantworten", trotzt Williams.
Geheim testen dürfte er — aber als offizieller Testpilot? „Er weiß wirklich nicht, was er will", verriet mir Prosts bester Rennfahrerfreund Jean Alesi, „aber Testpilot, also der dritte Mann — das mag Alain sicher nicht!"
Renault ärgern auch nicht. Denn Williams gibt zu: „Renault wäre alles andere als happy, würde Prost in ein Auto steigen, das vom größten Konkurrenten, Peugeot, angetrieben wird. Schon möglich, daß Alain 1993 in einem McLaren glücklicher gewesen wäre. Aber wir hatten zusammen eine phantastische Saison, auch wenn er immer nur so schnell fuhr, wie er wirklich mußte. Ich war wütend, weil er Schumacher in Estoril nicht attackierte — aber er wurde Weltmeister, und mehr wollte er ja nicht."
Und Frank bekräftigt: „Wenn er will, daß wir ihn aus dem Vertrag entlassen, muß er sich bei uns melden. Aber vielleicht will er zuerst testen — und uns dann erst fragen."
Bis dahin wird McLaren ein Superauto hingezaubert und Williams den Preis für Prost astronomisch hochgepeitscht haben. Und falls es trotzdem nicht klappt, hat Dennis vor, drei Piloten offiziell zu nennen. Oder, der letzte Schrei, Johnny Herbert aus seinem Lotus-Vertrag loszusprengen.
Williams-Renault, Benetton-Ford, Ferrari, Sauber-Mercedes sind längst fix, auch Minardi-Ford mit Michele Alboreto und Pierluigi Martini, nachdem die Tifosi schon gezittert hatten: „Ein Jahr ohne italienische Piloten — nachdem 1989 noch 13 von uns in Grand-Prix-Boliden saßen."
Nach der „Hochzeit auf italienisch" gehören dem Ex-Scuderia-Italia-Boss Lucchini und drei Gefolgsmännern 40 Prozent des Teams — Giancarlo Minardi verbleiben 60. Lucchini boxte Alboreto in die neue Squadra, Minardi pushte Martini. De Cesaris und Morbidelli blitzten ab.
Zuvor schon hatte Larrousse den ehemaligen Piquet-Schützling Berretta und Comas bestätigt. Eddie Jordan das Duo Barrichello—Irvine präsentiert. Tyrrell hat schon längst Katayama und Mark Blundell („ich wollte nicht zwischen zwei Stühlen durchfallen") unter Vertrag,

Ligier erst Eric Bernard. Um den zweiten Platz fechten mit viel Einsatz Patrese und Panis. Der Oldtimer frischt seine alten Renault-Beziehungen auf, der Formel-3000-Star kriegt den Sitz.
Bei Footwork ist erst Fittipaldi fix, dann Morbidelli. „Pacific" nennt Belmondo und Gachot. Und das ebenfalls neugegründete „Simtek"-Team hat neben David Brabham noch einen Platz offen: Für Roland Ratzenberger.
Formel 1, die Formel Austria! Wenn 1994 das Ampellicht von rot auf grün wechselt, jagen drei Österreicher auf die Strecke — zum erstenmal seit zehn Jahren! Abenteuer und Schicksale, Sternstunden und Katastrophen, Triumphe und Tragödien.
Und viele Parallelen! Jochen Rindt und Helmut Marko waren Schulfreunde im Internat Bad Aussee — wo Jahre später der bärtige Harald Ertl von deren tollsten Schulstreichen hörte. Rindt war der Bahnbrecher, der Pionier für alle — Lauda der Erfolgreichste. Und Berger schon immer der „logische Nachfolger".
Ihre Schnittpunkte: Ferrari und McLaren. Rindt gewann auf Ferrari 1965 sensationell das 24-Stunden-Rennen von Le Mans, sein großer Durchbruch. Marko gewann als Regazzoni-Ersatz mit Ickx für Ferrari das 1000-km-Rennen von Zeltweg. Worauf Ferrari überlegte, wie man Marko aus seinem BRM-Vertrag auskaufen könnte — dann kam der Steinschlag von Clermont-Ferrand. Und die gigantische Ferrari-Karriere machte Lauda: Der erfolgreichste Ferrari-Pilot aller Zeiten! Wie Lauda, lebte und starb später Gerhard Berger fast für Ferrari — Nürburgring 1976, Imola 1989...
Bei McLaren wurde Lauda trotz Prost 1984 Weltmeister — aber Berger später von Senna überstrahlt. Wie Rindt, fuhr auch Lauda für Brabham — sein „Staubsauger"-Sieg 1978 ist historisch. Die meisten Österreicher hatte John Surtees: Quester, Koinigg, Binder.
Für Lauda und Wendlinger war March das Anfangsteam — Lauda und Marko fuhren beide BRM. Bei Lotus wurde Jochen Rindt von der Technik erschlagen — den jungen Berger schreckte das Risiko nicht ab: „Egal, wie gefährlich. Wenn der Lotus schnell ist, fahr ich ihn!" Ken Tyrrell hatte nie einen Österreicher, bot aber dem 1,87 m großen Wendlinger 1992 an: „Wenn du willst, bau ich für dich jederzeit ein Auto."

yrton Senna am letzten Tag seines Lebens. Sein starker Glaube, dachten alle, macht ihn unzerstörbar. Aber plötzlich ahm der Liebe Gott seine Hand von der Formel I.

Die Superstars der letzten zehn Jahre: Senna, Prost, Mansell, Pique[t] gewannen zusammen 10 WM-Titel. Senna-Freundin Adriane wußte um's Risiko, Senna um seine Millionen Fans: „To all my friends..."

...ie so richtig versöhnt, aber zuletzt keine ...einde: Senna und Prost in der haßerfüll-...en McLaren-Zeit. Dort gewann Senna ...eine meisten Rennen und alle drei WM-...itel. Ron Dennis wünschte ihm giftig: „Schöne Ferien bei Williams in Didcot."

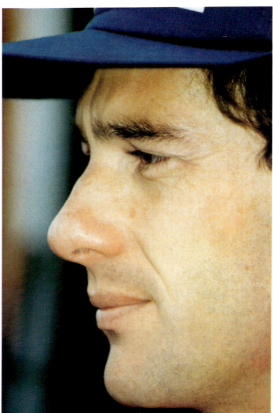

Der totale Perfektionist. Sein Autofahren war Kunst in Vollendung. Seit zehn Jahren wollte ihn Frank Williams, bis es endlich klappte.

Niemand ahnte, wie kurz diese Partnerschaft sein würde. „Magic Senna" war scheu, etwas kontaktängstlich. Als Mensch und Rennfahrer außergewöhnlich. Der erste Weltmeister nach Jochen Rindt 1970, der im Rennwagen starb.

Imola, 1. Mai. Letztes Gespräch Lauda–Senna. Wenige Stunden später trauerte Brasilien, die ganze Welt.
Unfallursache: zu 85 Prozent eine gebrochene Lenkung?

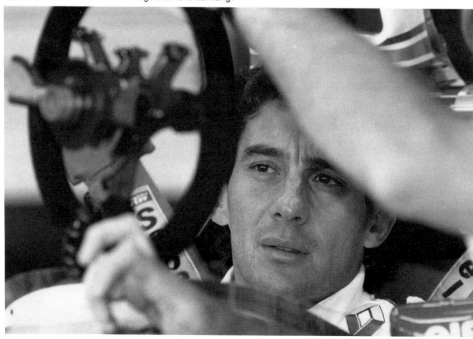

Staatsbegräbnis vor zwei Milliarden im TV. Prost, Emerson Fittipaldi, Barrichello und Berger erweisen Senna die letzte Ehre. Tiefe Anteilnahme, Denkmäler überall: „Rennfahren ist in meinem Blut, Teil meines Lebens."

"RACING, COMPETING, IS IN MY BLOOD, IT'S PART OF ME, IT'S PART OF MY LIFE."
AYRTON SENNA

 CIRCUIT DE CATALUNYA

maiß de 1994

„Er war in Imola anders als sonst." Senna hatte sein Traumhaus, seine Trauminsel fertig, wollte noch drei, vier Jahre Rennen fahren und dann bei Ferrari aufhören – ein unvergessenes Idol.

Aber warum fuhr nie ein Österreicher für Frank Williams? „Ich war Jochens größter Fan. Hätte er überlebt, er wäre sicher eines Tages für mich gefahren — ob er hätte wollen oder nicht!" Lauda pokerte bei seinem großen Comeback 1981 raffiniert zwischen McLaren und Williams, riet aber Berger 1989: „Geh zu Williams!" Aber McLaren zahlte damals viel mehr — das entschied.
Wendlinger mit dem Mercedes-Stern: Auch da schließt sich ein Kreis: Der „rasende Juwelier" Gotfrid Köchert aus der K.u.K. Hofjuwelenlieferanten-Familie saß 1939 als erster Österreicher in einem Silberpfeil — in der Nachwuchsbrigade von Alfred Neubauer, dem legendären Rennleiter. „Dann kam leider der Krieg dazwischen." 1957 wurde der rasende Juwelier Mille-Miglia-Klassensieger — auf Ferrari.

ÖSTERREICHER – WAS SIE FUHREN

JOCHEN RINDT: 1965 Cooper-Climax, 1966/67 Cooper-Maserati, 1968 Brabham-Repco, 1969/70 Lotus-Ford
Verunglückt 1970 in Monza
HELMUT MARKO: 1971/72 BRM
Verletzt 1972 in Clermont-Ferrand
NIKI LAUDA: 1971/72 March-Ford, 1973 BRM, 1974–1977 Ferrari, 1978/1979 Brabham-Alfa, 1982/83 McLaren-Ford, 1984/85 McLaren-Porsche
Erster Rücktritt 1979 in Montreal
Zweiter Rücktritt 1985 in Adelaide
DIETER QUESTER: 1974 Surtees-Ford
Fährt immer noch
HELMUT KOINIGG: 1974 Surtees-Ford
Verunglückt 1974 in Watkins Glen
HARALD ERTL: 1975–1977 Hesketh-Ford
Tödlicher Flugzeugabsturz
HANS BINDER: 1976 Ensign und Wolf, 1977 Surtees-Ford
Heute Holzindustrieller
GERHARD BERGER: 1984 ATS-Ford, 1985 Arrows-Ford, 1986 Benetton-Ford, 1987–1989 Ferrari, 1990–1992 McLaren-Honda, seit 1993 Ferrari
JO GARTNER: 1984/85 Osella-Alfa und Osella-Ford
Verunglückt in Le Mans
KARL WENDLINGER: 1991/92 March, 1993 Sauber-Ilmor, 1994 Sauber-Mercedes
ROLAND RATZENBERGER: 1994 Simtek-Ford

Dafür fährt Berger jedes Jahr über 100.000 Testkilometer — den Ferrari zweieinhalb Mal rund um den Erdball gejagt! Zwar nur 13 WM-Punkte, aber Montezemolo bestätigt ihm: „Ohne deine aufopfernde Testarbeit wären wir nie soweit gekommen. 1994 müssen wir wieder vorn mitfahren!" Darum hat Berger auch Konkurrenzangebote abgelehnt — welche, verrät er zum ersten Mal:
„McLaren will mich immer noch zurückhaben — Ron Dennis hat mit mir in Suzuka bis vier Uhr früh ein paar Gläser getrunken..." Er glaubte: „Mit viel Geld kann ich Berger kaufen." Er glaubt immer noch. „Und Benetton hat mich gefragt: Wenn wir Renault-Motoren kriegen — fährst du dann 1994 für uns?" Auch erledigt.
1993 im Kalender: Nur 15 Tage auf seinem Schiff — aber dafür zehn Tage im Krankenhaus! Die böse Crash-Serie verblaßt — vergessen kann sie Berger nicht: „Ganz komisch: Je öfter Unfälle, um so länger dauern sie für mich — die Zeitlupe wird von Mal zu Mal langsamer. Unglaublich, was man da alles denkt."
Und darum macht ihm auch das neue Reglement — Tankstops vorgeschrieben — etwas Angst: „Ich fuhr einmal bei 38 Grad Hitze das 1000-km-Rennen in Hockenheim. Vor mir ist Winkelhock beim Nachtanken explodiert, hinter mir Stuck."
Auch Ayrton Senna macht sich natürlich viele Gedanken über Boxentricks und Rennspektakel 1994. Aber auch übers Risiko.
„Die Gefahr ist sicher größer. Aber wie groß, ist schwer zu sagen", glaubt Senna nach den ersten Tests. „Bis jetzt weiß es keiner. Das System funktioniert offensichtlich, aber ausgeführt wird es von den Teams und verschiedene Leute tun es auf verschiedene Art — Fehler können uns allen passieren. Das System mag bis zu 100 Prozent failsafe sein, aber wenn's auf den Mann ankommt, der wirklich nachtankt, droht ein potentielles Unglück."
Aber die Rennen werden spannender und ausgeglichener — oder nicht Ayrton?
„Natürlich wird alles aufregender. Durch die Boxenstops werden die Rennen strategischer: Höheres Renntempo, verschiedene Autos in Führung, die Positionen wechselnd" — das alles sieht Senna voraus. „Und darum hat man ja auch das Nachtanken eingeführt: Mehr Spektakel fürs Fernsehen."

Formel-1-Fahren, längst ein Ritt auf der Kanonenkugel. Hoffentlich gilt fürs neue Reglement nicht das Kreditkarten-Motto: Tank jetzt, zahl später, schreib ich im Winter.
Alle diskutieren übers Nachtanken, auch Berger.
„Ich bin davon nicht begeistert. Gut für einen spannenden Rennverlauf, aber unnötiges Zusatzrisiko."
Für dich als Fahrer, der gern wechselhafte Bedingungen hat: Sind die Tankstops ein Vor- oder Nachteil?
„Ein Nachteil. Weil ich immer instinktiv reagiere, oft im Rennen mein eigenes Team überrasche, unangemeldet an die Box komme etc. — wenn ich damit eine Chance sehe, zu gewinnen. Jetzt ist alles genau vorprogrammiert, da kannst nimmer viel taktieren."
Wie klappten die Ferrari-Tankstops beim Testen?
„100 Liter in 8 Sekunden, 10mal ausprobiert in Imola — nie ist etwas passiert."
Das gilt nur bis Hockenheim, wo Ferrari erstmals wieder gewinnt — spät, aber doch.
„Ich kapier nicht, wieso Alesi so optimistisch reden kann! Wir erzielen kaum Fortschritte, haben Defekte, nicht genug Ersatzteile für lange Tests und können nie mehr als drei Runden fahren", sagt Gerhard vor Interlagos.

INTERLAGOS: „SENNINHA" WEINT

Ayrton Senna wird in Brasilien noch um einen Hauch unsterblicher. In Sao Paulo präsentiert er zum erstenmal die Premierennummer der neuen Comic-Serie „Senninha", die alle 14 Tage erscheint. Natürlich ist „Senninha", das Kind mit dem typischen gelb-grünen Senna-Helm, dem Superstar nachempfunden. „Aber das bin nicht unbedingt ausschließlich ich", lächelt Senna, „das ist eine Mischung zwischen mir und Phantasie."
Senna geht es vor allem darum, erzieherisch tätig zu sein, „und den Millionen Kindern in ihrer Sprache, in ihrer eigenen Welt, wichtige Dinge zu sagen. Denn Kinder sind so fragil — darum haben wir eine so große Verantwortung." Wenn die Senna-Comic-Hefte ein Erfolg

SO FUHREN SIE 1994

0	Damon Hill (England)	Williams-Renault V10
2	Ayrton Senna (Brasilien)	Williams-Renault V10
2	David Coulthard (Schottland)	Williams-Renault V10
2	Nigel Mansell (England)	Williams-Renault V10
3	Ukyo Katayama (Japan)	Tyrrell-Yamaha V10
4	Mark Blundell (England)	Tyrrell-Yamaha V10
5	Michael Schumacher (Deutschland)	Benetton-Ford V8
6	J. J. Lehto (Finnland)	Benetton-Ford V8
6	Johnny Herbert (England)	Benetton-Ford V8
7	Jos Verstappen (Niederlande)	Benetton-Ford V8
7	Mika Hakkinen (Finnland)	McLaren-Peugeot V10
7	Philippe Alliot (Frankreich)	McLaren-Peugeot V10
8	Martin Brundle (England)	McLaren-Peugeot V10
9	Christian Fittipaldi (Brasilien)	Arrows-Ford V8
10	Gianni Morbidelli (Italien)	Arrows-Ford V8
11	Pedro Lamy (Portugal)	Lotus-Mugen-Honda V10
11	Alessandro Zanardi (Italien)	Lotus-Mugen-Honda V10
11	Philippe Adams (Belgien)	Lotus-Mugen-Honda V10
11	Mika Salo (Finnland)	Lotus-Mugen-Honda V10
12	Johnny Herbert (England)	Lotus-Mugen-Honda V10
12	Eric Bernard (Frankreich)	Lotus-Mugen-Honda V10
14	Rubens Barrichello (Brasilien)	Jordan-Hart V10
15	Eddie Irvine (Irland)	Jordan-Hart V10
15	Aguri Suzuki (Japan)	Jordan-Hart V10
15	Andrea de Cesaris (Italien)	Jordan-Hart V10
19	Olivier Beretta (Monaco)	Larrousse-Ford V8
19	Philippe Alliot (Frankreich)	Larrousse-Ford V8
19	Hideki Noda (Japan)	Larrousse-Ford V8
20	Erik Comas (Frankreich)	Larrousse-Ford V8
23	Pier-Luigi Martini (Italien)	Minardi-Ford V8
24	Michele Alboreto (Italien)	Minardi-Ford V8
25	Eric Bernard (Frankreich)	Ligier-Renault V10
25	Johnny Herbert (England)	Ligier-Renault V10
25	Franck Lagorce (Frankreich)	Ligier-Renault V10
26	Olivier Panis (Frankreich)	Ligier-Renault V10
27	Jean Alesi (Frankreich)	Ferrari V12
27	Nicola Larini (Italien)	Ferrari V12
28	Gerhard Berger (Österreich)	Ferrari V12
29	Karl Wendlinger (Österreich)	Sauber-Mercedes V10
29	Andrea de Cesaris (Italien)	Sauber-Mercedes V10
29	J. J. Lehto (Finnland)	Sauber-Mercedes V10
30	Heinz-Harald Frentzen (Deutschland)	Sauber-Mercedes V10
31	David Brabham (Australien)	Simtek-Ford V8
32	Roland Ratzenberger (Österreich)	Simtek-Ford V8
32	Andrea Montermini (Italien)	Simtek-Ford V8
32	Jean-Marc Gounon (Frankreich)	Simtek-Ford V8
32	Hideko Inoue (Japan)	Simtek-Ford V8
33	Bertrand Gachot (Belgien)	Pacific-Ilmor V10
34	Paul Belmondo (Frankreich)	Pacific-Ilmor V10

werden, woran niemand zweifelt, will Senna sogar noch weitergehen — und auch „Senninha"-Videofilme drehen.

Ayrton, der König — Michael, der Kronprinz? Wird die ganze Formel-1-Saison 1994 ein einziges Duell zwischen Ayrton Senna (Williams-Renault) und Michael Schumacher (Benetton-Ford), fragen wir uns alle. Senna hatte schon vor dem Training in Sao Paulo prophezeit: „Dieser Zweikampf gilt nicht nur für Interlagos, sondern für das ganze Jahr!"

„Senna steht mehr unter Druck als ich", meint Schumacher fast vergnügt, „denn auf unserer Marschroute haben wir den WM-Titel eigentlich erst für 1996 eingeplant. Unser Ziel für heuer: der zweite WM-Platz."

Erstens kommt's anders, zweitens als man denkt. Im Interlagos-Training: Offener Schlagabtausch. Zwar ist Senna in jeder Session Schnellster, aber vormittags immer nur, weil er am Ende mit neuen Reifen nochmals auf die Strecke geht, um Schumacher vom ersten Platz herunterzuholen. Und in den „Qualifyings" stets denkbar knapp: nur 0,2 bzw. 0,3 Sekunden Differenz.

„Ich fürchtete schon, daß es so knapp wird", seufzt Senna, „und ich stehe vor keiner leichten Saison. Damon Hill wird ein Gegner, weil er das gleiche Material hat, und Schumacher, weil sein Fahrstil mit dem Benetton-Chassis und dem wesentlich stärker gewordenen Ford-Zetec-Motor perfekt zusammenpaßt."

Schumacher selber glaubt: „Hill hat seine Ziele heuer sehr hoch gesteckt. Er will Weltmeister werden. Daran scheitert er im Moment ein bißchen." Der Deutsche selbst hat dagegen sein Saisonziel „realisti-

---

Williams ersetzte Senna durch Coulthard, später Mansell.
Schumachers Benetton-Partner: Lehto und Verstappen, dann Herbert, der als einziger 1994 für drei Teams fuhr: Lotus (13 Rennen), Ligier (Jerez) und Benetton (Suzuka, Adelaide).
Bei McLaren Hakkinen (gesperrt) in Budapest durch Alliot ersetzt.
Bei Lotus Zanardi und Adams als Ersatz für Lamy, später Bernard gegen Herbert getauscht, in Suzuka und Adelaide Salo.
Bei Jordan ersetzten Suzuki und de Cesaris den gesperrten Irvine.
Comas-Stallkollegen bei Larrousse: bis Budapest Berretta, dann Alliot, Dalmas, Noda. In Adelaide Deletraz statt Comas.
Ligier tauschte Bernard gegen Herbert, dann fuhr Lagorce.
Bei Ferrari ersetzte Larini in Aida und Imola den verletzten Alesi.
Ratzenberger-Nachfolger bei Simtek: Montermini, Gounon, Schiattarella, Inoue.
Wendlinger-Ersatzfahrer bei Sauber: de Cesaris (Montreal bis Jerez), dann Lehto.

scher" formuliert: „Ich möchte so viele GP-Rennen wie nur möglich gewinnen..."

Sauber-Mercedes hat andere Pflichten: Die Tradition.

Rund vier Jahrzehnte nach dem unsterblichen Ruhm der „Silberpfeile": Ein starkes erstes Wochenende für Sauber-Mercedes. Peter Sauber hat im Training Plazierungen unter den Top ten erwartet, „weil an die großen vier schwer heranzukommen ist", und dann erfreuen ihn seine Piloten Karl Wendlinger mit dem vierten und siebenten und Heinz-Harald Frentzen mit dem sechsten – und sensationellen fünften Platz beim Abschlußtraining.

Wie hat Michael Schumacher, auch ein Mercedes-Junior-Pilot, 1991 in Spa angefangen? Mit dem siebenten Startplatz. „Und was war das damals für ein Theater", lächelt Sauber, der seine Fahrerwahl eindrucksvoll bestätigt sieht: „Ich würde Frentzen und Wendlinger gegen niemanden anderen tauschen, höchstens vielleicht, wenn Senna oder Schumacher zu kriegen wären..."

Frentzens fünfter Startplatz ist der beste Einstand eines Formel-1-Neulings seit 22 Jahren. So hoch oben haben nicht einmal Prost oder Senna angefangen. Allenfalls Carlos Reutemann, der bei seinem Heim-GP in Buenos Aires 1972 auf Anhieb Pole-position erzielte und im Rennen führte, bis ihm kurz vor Schluß der Sprit ausging.

In Interlagos kommt der große Schreck schon früher: Der Ire Eddie Irvine ist Auslöser der Massenkarambolage, die Millionen TV-Fans schockiert. Formel-1-Neuling Verstappen: „Irvine boxt mich mit dem Hinterrad bei 300 km/h aufs Gras – ich hab mich überschlagen." Der Sturzflug reißt auch Brundle (Helm zerbrochen!) und Bernard mit. Irvine: „Mein Rückspiegel war locker – ich sah nichts..."

Gefahr also auf der Strecke – Gottlob nicht in den Boxen. Alle Tankstops laufen cool und perfekt ab.

Gerhard Berger analysiert: „Der schnellste Weg zum Erfolg sind zwei Tankstops. Ich will nach 25 und 50 Runden reinkommen. Leider geht nach sechs Runden mein Motor k.o. – zum vierten Mal!" Aus immer dem gleichen Grund: „Kaputte Dichtringe am Zylinderkopf für die pneumatischen Ventile – weil die Zulieferfirma die Temperaturen geändert hat."

Komisch nur, wieso Berger allein Sonntag drei Motorschäden hat –

Alesi aber keinen. So blieb der Raketenstart des Tirolers (in der
1. Runde acht Gegner überholt) unbelohnt. „Ich fuhr ganz innen und
machte die Augen zu..."
Gut gestartet, verabschiedet sich auch Frentzen als Fünftplazierter in
Runde 16 mit einem Dreher — „auf einer Kuppe, dieser äußerst welligen Strecke, plötzlich das Heck ausgebrochen. Kann passieren, ist aber
sehr ärgerlich." Sein erster Tankstop: Erst für Runde 36 programmiert
gewesen.
Wie geplant die Tankstops von Karl Wendlinger. Nicht „geplant"
allerdings der Defekt, der sich 15 Runden vor Schluß des Rennens
bemerkbar macht, Ventilschaden, verschmorte Elektrik: „Dadurch kann
ich den Motor nur noch bis 10.000 Touren hochdrehen und verlier auf
der Geraden runde 30 km/h. Deswegen kann mich Katayama drei Runden vor Schluß auch noch vom fünften Rang verdrängen. Zuvor schon
vier Mal von Barrichello in der Box beim Reifen- und Tankstop überholt." Fazit: Viel Arbeit für Platz sechs und einen WM-Punkt. Peter
Sauber: „Lieber einen Punkt als gar keinen..."
Die 50-Dollar-WM-Punktprämie für die fast 100 Sauber-Mitarbeiter
bleibt natürlich aufrecht. „Die zahle ich gerne", sagt Peter Sauber —
und wird nun schon nach dem ersten Saisonrennen zur Kasse gebeten.
Inzwischen ist Senna, auf der Jagd nach Schumacher, von der Strecke
gerutscht, hat sich still und heimlich in das Motorhome seines Teamchefs Frank Williams verkrochen und sich dort eine Stunde lang eingesperrt. Danach hat sich „der programmierte Weltmeister von 1994",
so Ferrari-Konsulent Niki Lauda, wieder etwas gefangen: „Der Ausfall von mir geht auf meine Kappe, es war mein Fehler." Nachsatz:
„Aber die Saison ist noch lang."
Hill ist soviel langsamer in Brasilien — weil er soviel Sprit mithat,
nur einmal tankt?
Mit Sicherheit ja, aber wenn du einen Reifen hast, der vielleicht über
30 Runden konstant ist, und das Rennen ist über 50 Runden, dann
lohnt sich vielleicht auch nur ein Stop. Wenn ein Reifen natürlich
nur 10 Runden gut ist..., mußt du vielleicht drei oder vier Stops
machen. Liegt ganz daran, wie lang die Reifen halten, wieviel mehr
Sprit eben die Reifen belasten, analysiert Schumacher.
Für Michael war nach der Überrundung von Damon Hill klar: „Jetzt

muß ich das Rennen nur noch nach Hause fahren – und zwar äußerst materialschonend." So unangefochten bei einem GP in Führung zu liegen, scherzt er, „wäre eine Situation, an die ich mich schon sehr schnell gewöhnen könnte."
Und dann: Zielflagge und Champagner.
„Der Michael", lächelt Briatore, „ist nicht blasiert, der freut sich noch über jede Siegesfeier wie ein kleines Kind. Schau dir dagegen die anderen auf dem Siegespodest an: Mit langen Gesichtern, als wär grad ihre Großmutter gestorben..."
Wie Schumacher gleich den Brasilien-GP gewinnt – sensationell. Dein schönster und wichtigster Sieg? „Ja, ohne Zweifel." Manager Willi Weber schwärmt bereits vom „besten Schumacher, den es je gab: Toller Kampfgeist, exzellente Fahrweise. Dem Ayrton Senna ausgerechnet in Interlagos eine solche Schlappe zuzufügen – wirklich einmalig!"
In der Benetton-Ford-Box kommt es zu (Freuden-)Tränenausbrüchen, Schumacher umarmt alle Mechaniker und führt mit seinem Teammanager einen wahren Freudentanz auf. Vor dem Brasilien-GP hat sich Briatore zu seiner Verlobung von „Schumi" nichts sehnlicher gewünscht als einen GP-Sieg.
Und sonst?
Die neue Formel 1 lebt! „Endlich Spannung, Dramatik", jubelt Willi Weber. Sein goldener Michael: Vom WM-Geheimtip zum neuen Superstar? Aber bereits in Interlagos: Neid und Eifersucht. Bis Mitternacht läuft ein Protest des Jordan-Teams. Grund: Die Windabweiser des Benetton – Disqualifikationsalarm! Nach stundenlangem Streit: Protest abgeschmettert – dafür „Aktion scharf" der FISA.
Warum sich Eddie Jordan so aufregt? Erstens: Aus Rache, weil ihm Benetton 1991 in Monza Schumacher weggeangelt hat. Zweitens, weil sein Pilot Barrichello (4.) aufs Stockerl gesprungen wäre. Und drittens: Weil die FISA zuvor den zweiten Jordan-Fahrer, Eddie Irvine, zu 10.000 Dollar Strafe und Sperre für den nächsten Grand Prix verdonnert hat – später wird die Sperre sogar verdreifacht!
Und die neue Formel 1 aus der Sicht der Piloten? Berger: „Taugt mir, Wieder ohne aktive Radaufhängung." Mehr Arbeit? Schumacher grinst: „Mir tut kein Muskel weh – so gut trainiert bin ich."
Was die Frage an Schumacher auslöst: Sieht er sich jetzt schon als

direkter Nachfolger von Senna? Wann stürzt er ihn vom Thron?
„Schwer zu sagen, denn ich glaube, wir werden noch ein paar schöne Jahre in der Formel 1 zusammen haben. Für wen sie sehr schön werden, wird man dann schon sehen."
Und noch ahnt niemand, wie wenig Zeit Senna noch vergönnt ist.
1:0 für Schumacher seit Sao Paulo: Gleicht Senna schon in Aida aus, auf der exotischen, neuen japanischen GP-Strecke? Beide kommen direkt von Geheimtests: Michael aus Silverstone, Ayrton aus Jerez. Evergreen Niki Lauda vergleicht die zwei Superstars.
Niki, dein Urteil?
„Schumacher ist das Jahrhunderttalent, Eprovettenrennfahrer, geht unheimlich konsequent seinen Weg — keiner ist in so kürzester Zeit raufgekommen wie er. Senna war in Schumachers Alter noch nicht so gut."
Die Folgen nach Sao Paulo?
„Wie Schumacher dort Senna im überlegenen Auto weggeputzt hat — sensationell. Nur: Senna ist zu raffiniert, der schläft nie, wird sicher reagieren."
Schon in Aida?
„So toll es für Schumacher ist, Brasilien gewonnen zu haben: Williams ist klar geworden, daß sie nimmer die Besten sind. Man wird alle Kraft einsetzen, wieder das beste Auto zu kriegen — garantiert eine hochinteressante Saison."
Wer wird Weltmeister?
„Für mich immer noch Senna! Schumacher hat zwar alles, was auch Senna hat, aber Ayrton hat mehr Erfahrung — heuer noch. Aber sobald Schumacher gleich viel Routine hat wie Senna, wird er ihn aufgrund seiner Jugend um die Ohren fahren. Wenn wir annehmen, daß sie der liebe Gott mit gleichviel Talent gesegnet hat. Und wir gehen ja immer davon aus, daß Senna der Beste ist..."
Schumacher kämpft gegen den bösen Fluch, weil er Japan noch nie Formel 1 gewonnen hat. „Das stimmt, ich war schon dreimal hier, hab dreimal das Ziel nicht gesehen, aber in der Gruppe C gewonnen, in Autopolis. Ich seh's einfach so: Neues Spiel, neues Glück."

TRIUMPHMARSCH IN AIDA

Ferrari erholt sich nur mühsam von den letzten Schrecken: 250-km/h-Überschlag, schweres Testunglück von Jean Alesi in Mugello, Wirbelquetschung — und bei Gerhard Berger drohten schon wieder die „Geister von Tamburello": In der gefürchteten Imola-Kurve hat Berger einen Riß im Frontflügel. „Was Ferrari für meine Begriffe zu locker nimmt. Sie schicken den Flügel zurück, montieren ihn nach der Reparatur — und ich hab wieder einen Riß!" Worauf Berger fast explodiert: „Wißt ihr eigentlich", vergattert er seine Crew, „daß ich wegen einem Riß im Vorderflügel in Imola einmal fast gestorben wäre?"
Technische Abrüstung, und der erste Wirbel hinter den Kulissen. Anlaß: Merkwürdige Ferrari-Motorgeräusche im Training von Aida: ein Stakkato des V 12, als würden in Kurven 2, 4 oder 6 Zylinder weggeschaltet. „Ich hab einen Knopf im Cockpit: für die Traktionskontrolle", verplappert sich Testpilot Nicola Larini, korrigiert aber sofort: „Für die Power-Kontrolle, natürlich."
Das kommt FISA-Technikern zu Ohren. „Ihr habt ein Hilfsmittel, von dem wir nicht hundertprozentig wissen können: absolut legal. Baut es wieder aus, damit ihr nichts riskiert."
Ferrari gehorchte natürlich. Aber: „Wir stehen seit Winter mit FISA-Ingenieur Charlie Whiting in Verbindung. Ferrari würde nie etwas Verbotenes tun!" Vor allem keine verbotene Traktionskontrolle benützen, nachdem man den ganzen Winter Feuer gespuckt hat: „Das elektronische Gaspedal bei Williams und McLaren ist gesetzwidrig!"
Die FISA will eine endgültige Entscheidung erst treffen, „wenn wir alle Infos haben. Und schickt uns auch die Software zur Analyse", wird Ferrari aufgefordert.
Aida — der Triumphmarsch und die Elefanten, komponiert von Giuseppe Verdi als Auftragskomposition zur Eröffnung des Suezkanals. Dessen Erbauer Lesseps hat einen rennfahrenden Ururenkel — ich hab ihn einmal am Genfer Salon getroffen. So schließt sich der Kreis.
Formel-1-Party in Tsuyama, 40 km von der Strecke. Bernie Ecclestone, zur Verblüffung aller im grünen Kimono, muß auf der Bühne aus einer Holzkiste vom Sake (Reiswein) nippen. Großes Hallo, Wendlinger und Frentzen applaudieren amüsiert.

Aida ohne Pfiffe, ohne Mißtöne: Die neue Oper der Formel 1. Keine Industriegegend wie Suzuka, noch dazu zur schönsten Jahreszeit: Kirschblüte in Japan.
Aida — viel charmanter, viel japanischer als Suzuka. Vor allem ist Aida kein Morioka und der 35jährige Hajime Tanaka kein Tsutsumi — dem wir die chaotische Ski-WM 1993 verdanken. Warum hat Tanaka keinen Golf-Kurs gebaut? fragten ihn viele Japaner. „Weil ich Race-Fan bin!" Ein Milliardär, der für die elektrische Eisenbahn oder für Modellbahnrennen schon zu erwachsen ist und sich darum eine ganze Rennstrecke gebaut hat? „Mein Klub hat 350 Mitglieder, jeder zahlt 15 Millionen Yen (rund 1,7 Millionen S). Und dafür kann jeder mit seinem Rennauto auf die Strecke gehen, wann immer er will . . ."
Tanaka-San selber besitzt zwei Tyrrell: den 017, mit dem Jonathan Palmer und Philippe Streiff seinerzeit das „Saugmotor"-Championat gewonnen haben, und den 018, den ersten von Harvey Postlethwait gebauten Tyrrell, mit dem Jean Alesis Formel-1-Karriere anfing. „Autos, die heute rund 2,5 Millionen Schilling wert sind", rechnet Ken Tyrrell. „Und die einzigen, die du noch ohne Computer, ohne Mechaniker und Ingenieure starten kannst — mit den heutigen Boliden ginge das nimmer."
Auf seiner Privatrennstrecke hat Herr Tanaka bereits 200 Runden gedreht. Bis zum GP-Wochenende hält er auch den Rundenrekord mit 1:26. „Aber den unterbieten alle echten Piloten schon in ihrer zweiten Trainingsrunde glatt."
Stolz posierte Tanaka mit Tyrrell und seinen Rennautos für Fotos. Ein Rennverrückter oder ein eiskalter Businessman? Oder beides? „Ich hab meine Rennstrecke erst gebaut, nachdem die Politiker zugesagt hatten, für 10 Millionen Dollar Zufahrtsstraßen zu bauen."
Bis auf die Sauber-Piloten schlafen alle Rennfahrer oben auf der Strecke: In einem Container-Hotel, das wieder abgerissen wird. Nur Frank Williams hat fürs ganze Team Schlafsäcke und Kopfpölster eingekauft, „falls meine Mechaniker oben auf der Strecke schlafen müssen". Darum beginnen die Benetton-Mechaniker schon Samstag während des inoffiziellen Trainings, im Ersatzauto Schumachers den Motor zu wechseln. Damit sie sicher und zeitgerecht ins Bett kommen und zurück auf die Strecke.

Nach der Premiere: Aida wird nicht abgesetzt, sondern bleibt bis 1998 auf dem Formel-1-Spielplan. „Wir haben", verrät Bernie Ecclestone, „einen 5-Jahres-Vertrag."

Die vielbesungene „Cherry Blossom Time" — und einer blüht ganz besonders auf: Michael Schumacher fährt dem Megastar auch beim ersten inoffiziellen Training auf und davon — um 1,2 Sekunden! Schumacher, total auf Erfolgswelle, lächelt über seine erste Bestzeit: „Erstens kann ich neue, fremde Strecken blitzschnell lernen. Zweitens liegt der Benetton wirklich suuuper! Aber Senna kommt schon noch, keine Angst!"

Eine Strecke, die watscheneinfach zu lernen ist — die meisten Kurven mit dem gleichen Radius. Ein Monte Carlo in Japan? „Nicht ganz die gleiche Atmosphäre — aber von der Autoabstimmung her ziemlich ähnlich, ja. Ein Monte Carlo ohne Mauern. Und ohne Überholchance. Haben Roland Ratzenberger und Simtek einen Heimvorteil? Weil der Salzburger die Strecke als einziger kennt? „Höchstens für die ersten 10 Runden. Formel-1-Fahrer lernen fremde Strecken sehr rasch: Ich selber hatte Imola und Interlagos nach 10 Runden auch schon im Griff. Aber mein einziger Vorteil: Weil ich mir meine Brems- und Einlenkpunkte nicht suchen muß, kann ich gleich anfangen, mein Auto abzustimmen."

Sehnsucht nach McLaren? In Aida seh ich Ayrton Senna auf ausgedehntem Besuch bei McLaren. Mehr als der übliche Boxentratsch — small talk mit seinen Ex-Renningenieuren. Ob sie eine Lösung für „no grip" in langsamen Kurven wissen? „Ach was, wir haben nur Bullshit geredet..., wenn Ayrton wirklich etwas über den McLaren-Peugeot rausfinden will, wüßte er schon genau, wen er bei McLaren fragen muß. Gewiß nicht Ron Dennis", lächeln die Ingenieure.

Als sich Senna im Training toll steigert, sagt mir Patrick Head: „Das ist Senna ganz allein — nicht unser Auto." Und, als wir über Formel-1-Geheimnisse reden: „Ja, wir haben etwas am Auto — aber ich darf nichts verraten."

Daran muß ich später in Imola denken: Die dünnere Lenksäule?

Und schon wird von vielen ein neues Feindbild geschaffen: Senna gegen Schumacher! „Aber hetzt doch jetzt nicht uns beide gegeneinander", bitten beide. „Nicht schon wieder ein Duell..."

Trotzdem unübersehbar, wie die beiden Superstars einander belauern, taxieren, abschätzen — auch ohne viel Worte.
Schumacher: „Senna hat mit mir auf dem Weg zur Toilette kurz geplaudert — mehr war nicht möglich, weil uns schon wieder alle umringten."
Die Pole-position in Aida, gibt Patrick Head zu, „kommt von Ayrton — nicht vom Auto." Wie sich die Zeiten ändern: Der Superstar zum Spartarif ist nicht mehr „Schumi", sondern Senna. Frank Williams: „Du sagtest ja immer, du fährst mein Auto sogar umsonst."
Im letzten Warm-up drehen die Tiroler auf. 3. Berger, 4. Wendlinger. Durch die Startkollision schlängeln sich beide unbeschädigt. Berger: „Mir drehen am Start die Räder ein bißl viel durch. Ein Glück, daß ich in der ersten Kurve leichte Verspätung hab. Denn als ich seh, wie sich Senna in der ersten Kurve dreht, will ich grad durch eine kleine Lücke durch, rechts oder links — und hab die richtige Seite erwischt."
Senna nachher, völlig zerknirscht: „Schlecht weggekommen, keine Beschleunigung im zweiten Gang, an der Haftgrenze gerutscht — und Hakkinen touchiert mich." Senna out, wie in Brasilien, was Schumacher im Rückspiegel sieht: „Ein sehr erleichterndes Gefühl..."
Nach seinem Ausfall hockt sich Senna auf die Mauer, den Reifenstapel, und beobachtet Schumacher 20 Runden lang mit Adleraugen. Nicht als Fan, sondern als Auto-Spion: „Ich glaub, Benetton hat eine Traktionskontrolle", sagt er zu Berger — aber Gerhard kann sich heute „nimmer so genau dran erinnern".
Ohne Senna ist Schumacher ungefährdeter Sieger — und Berger erkämpft in einem tollen Rennen Platz 2. Dauernd Kampfgewitter — wie er's am liebsten hat. „Vor mir Hakkinen, hinter mir Barrichello, Brundle — und immer wieder Hill." Dann streikt bei Hakkinen die Hydraulik, Brundles Motor überhitzt (verschmutzte Kühler), Hill hat Differentialschaden. Bleibt Barrichello — und Schumacher, mit Rundenvorsprung hinter Berger, freut sich auf das Duell: „Das schau ich mir vom Logenplatz an."
Berger bezieht „Schumi" raffiniert in seine Taktik ein: „Wenn Barrichello oder Brundle von hinten kommen, wird Schumacher mit ihnen nichts riskieren, also gerade so schnell fahren, daß er vor ihnen bleibt. Für mich ein Polster." Berger—Schumacher, das ist Geleitschutz fürs Finale von Aida.

Bei Karl Wendlinger ist das Timing super: „Dadurch komm ich auf den sechsten Platz vor — ich hab viele in der Box überholt." Leider schießt ihn dann Alboreto aus den WM-Punkten: „Morbidelli hat Öl verloren, die Strecke ist rutschig. Alboreto bremst extra spät, ist mir reingerutscht. Ich hätte ihn gesperrt, hat er später gefaselt..."
Wendlingers Ärger wegen Alboreto dampfte noch lang: „Wenn du als 8. oder 9. aus dem Rennen geschossen wirst, meinetwegen. Aber wenn du deswegen einen WM-Punkt verlierst, hart erkämpft, überhaupt nach einem so miserablen Training — schade! Mit mir bin ich zufrieden: langes Rennen, ohne Probleme, keine Fehler, kein einziges Mal quergestanden — nichts."
Frentzen wird Fünfter — seine ersten WM-Punkte, mit Schmerzen erkämpft: „Ich hab einen Krampf in der linken Schulter." Der Deutsche hat sich diesmal als Taktik zurechtgelegt: „Nicht attackieren, sondern unter allen Umständen ins Ziel kommen."
Das schafft auch Ratzenberger — als glücklicher Elfter. Roland, beschreib deine Emotionen.
„Mein erster Grand Prix! Trotz allen Problemen, trotz Dreher und Unfall, teils aus eigener Schuld, qualifiziert — und dann gleich durchgefahren! Ich bin richtig happy mit meinem elften Platz, weil ich in Aida alles richtig mach: ohne letztes Risiko, das Auto immer innerhalb seiner Grenzen gefahren, damit ich ja nicht rausflieg — aber meine Grenzen wären höher gewesen. Daß ich nachher total fit, überhaupt nicht müd, aus dem Auto steig, gibt mir Selbstvertrauen für Imola, und mein Team ist genauso glücklich wie ich.
Im Rückspiegel: Alles war aufregend. Der erste Grand-Prix-Start, der erste Boxenstop überhaupt, den ich im Rennen probierte. Und das allerwichtigste: Daß ich durchgefahren bin — denn nur so kann ich Erfahrung sammeln. Für mich, fürs Team.
Überrascht hat mich, daß ich überhaupt keine kritische Situation meistern muß. Nur einmal: leichte Kollision mit Barrichello. Er ist selber schuld, weil ich schon die Bordsteine raufgeklettert bin, nimmer ausweichen kann — aber er lenkt zu früh ein. Aufgepaßt hab ich beim Überrunden immer, vor allem, wenn Berger oder Wendlinger angeflogen kamen. Daß Gerhard um einen Platz ganz vorn kämpft, krieg ich mit.

Wennst als Führender aufgehalten wirst, ärgerst du dich mörderisch. Das weiß ich aus eigener Erfahrung — aber das war lang vor der Formel 1."

„Aida war für uns keine Oper... Wir müssen zu viel arbeiten!" Jean Todt lächelt in der Ferrari-Box: „Bis wir wieder das beste Auto haben, ist noch viel zu tun. Wie gut Gerhard ist — das wissen wir ja."
Berger grinste. Champagnerklima bei Ferrari — nach der Dusche auf dem Siegerpodest zu riechen.
„Mir fallen wirklich Steine vom Herzen", gesteht mir Berger. „Weil sogar schon die besten Freunde zweifeln. Du fällst aus, weil der Motor k.o. geht. Zwei Wochen später wissen alle nur noch: ausgefallen. Vier Wochen später: Wieso ist wieder nix gegangen...? Normale Reaktion. Darum brauchst so dringend Erfolge zwischendurch. Mein Kampfgeist hat nie gelitten. Aber oft ist es schwierig für die Leute, zu verstehen, was in der Formel 1 passiert."
Die Probleme anfangs 1993, gibt Berger zu, hätte er erwartet. Die Probleme anfangs 1994 nicht.
„Aber ich opfere mich auf für Ferrari, teste pausenlos, schlaf schon regelrecht in meinem Auto."
Vorn stürmt Schumacher weg.
Michael, ein perfektes Rennen von Start bis Ziel?
Schumacher: „Ja, besser hätte es für mich nicht laufen können. Zwei Rennen, zwei Siege. Aber redet bitte nicht gleich vom WM-Titel, darüber will ich mir wirklich nicht den Kopf zerbrechen — 14 Rennen fehlen noch. Und Imola liegt den Williams sicher besser als uns."
Wie unglaublich fit du ausgestiegen bist. Du schwitzt ja kaum?
Schumacher: Jeder weiß, wie fit ich bin. Außerdem hab ich mich nicht so anstrengen müssen. Mir tut kein Muskel weh — im Gegensatz zu 1993.
Dabei glaubte jeder: Mit passiven Autos gibt's für den Fahrer wieder viel mehr Arbeit?
Schumacher: Ohne Traktionskontrolle, mit schmäleren Reifen wird der Fahrer wieder mehr gefordert. Diese neuen Autos zu fahren, gibt dir viel, viel mehr Befriedigung. Weil du die ganze Entwicklung spürst, kriegst du soviel mehr Motivation. Das macht mich zuversichtlich und glücklich.

Viele sagen, der neue Senna. Redet ihr miteinander?
Schumacher: Wir haben keine große Beziehung zueinander, weil wir verschiedene Interessen haben. Überhaupt keine persönlichen Probleme. Vielleicht in der Vergangenheit, aber die sind bereinigt. Ich hab nur das gleiche Gefühl wie Senna: Daß manche einen Krieg Senna—Schumacher entfesseln wollen, uns aufeinander loshetzen. Das will Senna nicht, und ich auch nicht.
Hast du das Gefühl, er betrachtet dich jetzt anders?
Schumacher: Ich bin sicher, daß der Respekt jetzt mehr vorhanden ist als früher, wo ich in die Formel 1 einstieg. Da denkt man: naja, erst mal abwarten. Jetzt wird mir von allen Fahrern — nicht nur von Ayrton speziell — viel mehr Respekt rübergebracht. Die Leistung, die ich bringe, einfach akzeptiert.
Fühlst du dich schon reif für den WM-Titel?
Schumacher: Darüber brauchen wir noch nicht zu reden. Wir sind sehr schnell, haben Superarbeit über den Winter geleistet, ein konkurrenzfähiges Paket. Da fehlt wirklich nicht viel, um echt um den WM-Titel fighten zu können. Aber dieses Letzte kriegen wir auch noch...
Deine Taktik, deine Marschroute?
Schumacher: Es wäre Schwachsinn, jetzt zu taktieren: Ich fahr jedes Rennen auf einen sicheren 2. Platz hinter Senna. Ohne auch nur drüber nachzudenken. Ich will nur alle Rennen so schnell wie möglich und so erfolgreich wie möglich fahren, aber das hat mit dem Punktestand nichts zu tun. Und über die ganze Saison hinweg ist Williams noch etwas stärker.
Aber du wirst sie herausfordern, zum Risiko zwingen?
Schumacher: So weit ich kann, sicher.

„So wie Ayrton Senna jetzt", stöhnt Gerhard Berger, „ist es auch mir oft ergangen." Der Aida-Zweite hat Mitleid mit seinem Ex-Teamkollegen. „Es gibt Saisonen, wo dir alles aufgeht — wie mir bei Ferrari 1987, wie Schumacher jetzt, wie Senna jahrelang. Aber ich bin auch schon in Suzuka als Führender nach der ersten Runde rausgeflogen... So geht's immer: im Beruf, im Sport, in der Familie. Der Unterschied ist nur: Wenn in der Formel 1 etwas schiefgeht, hast du tausend Kameras auf dich gerichtet."
In Imola zwei Millionen Zuschauer.

IMOLA: WENN EIN GOTT STIRBT

Wie happy ist Senna bei Williams wirklich? „Happy mit der Herausforderung. Manche Sachen im Team mag er nicht so gern — und manche weiß er nicht", verrät mir ein enger Senna-Freund. „Also muß er sehr aufpassen, was er sagt und tut, reagiert auf alles still und ruhig."
Denkst du: Ein Irrtum, der Transfer zu Williams?
„Sicher nicht. Aber ich bin natürlich nicht glücklich, daß ich noch keinen einzigen WM-Punkt hab."
Nach sechs Jahren McLaren: Fühlst du dich bei Williams schon zu Hause?
„Ja, sehr wohl. Williams ist ein wirklich gutes Team: sogar noch professioneller als McLaren, und viel lockerer. Viel mehr relax."
Du fühlst dich also happy? „Ich fühl mit gut."
Senna schaut im Williams nie sehr zu Hause aus. Aber vielleicht ist die Zeit nur zu kurz, daß man sich ans Bild gewöhnt — nach sechs Jahren mit der rot-weißen Zigarettenschachtel McLaren.
Bist du immer noch zuversichtlich für den WM-Titel? „Sehr zuversichtlich nicht. Sicher weniger als im Winter, bevor die Saison begann. Aber ich bin bereit, darum zu kämpfen!"
Auch gegen die Technik: „Ich mach mir Sorgen. Ich fürcht, heuer gibt es viele Unfälle. Die neue Formel 1 macht die Autos viel nervöser, kritischer zu fahren. Große Gefahr, daß sich viele drehen und rausfliegen. Hoffentlich tut sich keiner ernsthaft weh..."
„Senna is magic", flattern Transparente im Imola-Autodrom. „Zerbricht Senna?" knallen Zeitungsschlagzeilen. Superstar Ayrton, der geborene Sieger, also ein Zauberer oder Verlierer? Die Antwort muß er geben — nach Drehern, Ausfall und Kollision.
20:0 für Schumacher: Noch nie stand Senna so unter Erfolgszwang. „Aber für mich beginnt die WM erst in Imola!"
Als haushoher Favorit in die WM gestartet — und jetzt der schlechteste Saisonanfang seiner Karriere! Warum, Ayrton? „Teils wegen dem neuen Reglement. In Aida war das Pace-Car in der Aufwärmrunde zu langsam, Reifen und Bremsen daher nicht richtig warm — darum knallt mir Hakkinen ins Auto. Ich bezweifle die Tankstops: wirklich sinnvoll? Für mich auch viel zu gefährlich. Und weil jeder Reifen wech-

selt, so oft er will, brauchst du keine Finesse mehr — wie du mit den Reifen umgehst. Schade drum!"
Senna, der Businessmann, leidet nicht drunter. Jetzt gibt's sogar das Senna-Mountainbike — präsentiert in Padua.
„Ich bekam mein erstes Fahrrad mit fünf: gelb lackiert. Mein Vater feilschte mit dem Verkäufer eine halbe Stunde lang um den Preis. Ich hab gezittert und gebetet, daß alles klappt..."
In Imola zittert er — wie wir alle — um Rubens Barrichello.
Freitag rotiert er noch in der Todeskugel, als sein Auto wie eine Bombe mit 240 km/h in der Reifenmauer einschlägt — tags darauf lacht er schon wieder. Rubens Barrichello, das erste „Wunder von Imola" — leider das einzige.
Aus dem Krankenhaus entlassen, kurz im „Hotel Donnatella", duschen und umziehen — skeptischer Blick in den Spiegel: „Als hätte ich 15 Runden gegen Mike Tyson geboxt!" Geschwollene Nase, geplatzte Lippen — weil sein Visier zerbrochen war. Rechter Arm in Gips, geprellte Rippen, blaue Flecken überall. „Aber in Monaco fahr ich wieder!"
Er weiß: „I am happy to be alive — froh, daß ich leb." Aber weiß lang nicht, warum er so bös gecrasht ist: „Wer hat mich abgeschossen?"
Ayrton Senna besucht ihn: „Wirklich ein lieber Freund." Im brasilianischen TV läuft der Barrichello-Unfall, immer wieder. Alarm — und Tausende Anrufe. Um alle zu beruhigen, tanzt Rubens im Spitalsbett fürs brasilianische TV, ein bißl mühsam, einen Samba. „Wie vor zwei Wochen in Japan — auf dem Siegerpodest."
Im Imola-Autodrom werden Riesentransparente eingerollt: „Rubinho — 4. in Sao Paulo, 3. in Aida, 1. in Imola!" Ja, darauf hat der WM-Zweite gehofft: „Tut mir nur leid für meinen Papa, daß ich jetzt nicht aufs Stockerl kann..."
Um 12.15 Uhr kommt Barrichello ins Autodrom, sieht erstmals sein Crash-Video — das Millionen schockiert hat: „Der Film ist brutaler als drin zu sitzen. Ich weiß nur: meine Runde war super — um 13 km/h schneller eingelenkt als zuvor. Aber plötzlich Öl oder Dreck auf der Piste — dann weiß ich nichts mehr: bin ja eingeschlafen." Binnen 20 Sekunden war Hilfe da.
Dein Crash, sage ich zu Rubens, macht dich jetzt weltberühmt. Er

grinst mühsam: „Sicher — aber mir ist lieber, man kennt mich bald für meine Siege!"
Und jetzt? „Cool bleiben, eine Woche totale Ruhe. Test in Silverstone — und dann gewinn ich Monte Carlo."
Der Imola-Samstag ist zufällig mein Geburtstag. Vorm Trainingsbeginn überraschen mich die vier Formel-1-Österreicher mit einer riesigen Birthday Card und flotten Wünschen. Noch heute krieg ich Gänsehaut, wenn ich an diesen 30. April zurückdenk: Ein paar Stunden später ist Roland tot, 12 Tage später stürzt Karl ins Koma, denkt Gerhard über seinen Rücktritt nach — und drei Monate später liegt Niki, Kopf nach unten, mit drei gebrochenen Rippen im Meer. Tage und Wochen, die noch lang wehtun.
Roland Ratzenberger hat von der Formel 1 geträumt, seit ihn die Oma als fünfjährigen Buben erstmals zum Gaisbergrennen mitgenommen hat. Sein Vater (Pensionsversicherungsdirektor) schickte ihn auf die HTL nach Graz — aber Roland flüchtete in die Jim-Russell-Rennfahrerschule nach Monza. Als der Vater davon erfuhr, setzte er seinen Sohn vor die Tür. „Wir haben ein Jahr lang nix miteinander geredet." Das letzte Wochenende seines Lebens verbrachte Roland in Monaco — auf Bergers Schiff. Dann fuhr er zusammen mit J. J. Lehto im Porsche nach Imola. „Unser Team hat 12 Millionen Dollar Budget — Bergers Jahresgage. Also darf ich mir keinen Unfall leisten. Weil das Team kein Geld hat, Autos zu reparieren..."
Technische Defekte, weiß Berger, sind kein Problem kleiner finanzschwacher Teams. „Ferrari hat mehr Geld — und auch mir ist in Imola beim Testen zweimal der Flügel gebrochen!"
„Roland the Rat": In Japan war er immens populär, in England hoch respektiert — bei uns unterschätzt: Der 11. Österreicher in der Formel 1 — mit 31 seinen Bubentraum erfüllt: Grand-Prix-Pilot. „Mein Vater wollte für mich immer einen sicheren Job: Wegen Sicherheit und Pensionsanspruch... Er war gegen das Rennfahren, hat es aber akzeptiert. Zuletzt wurde er fast schon ein Fan von mir..."
Roland Ratzenberger: weltmännisch, fröhlich, geschäftstüchtig, freundlich. Als Rennfahrer ein Vollprofi, Fünfter in Le Mans, zwei Formel-3000-Siege in Japan über Frentzen.
Ich bin wahrscheinlich der letzte, der mit Ratzenberger gesprochen hat:

ein paar Minuten, bevor er einstieg. Ich kam, interviewte Rubens Barrichello, der Freitag dem Tod von der Schaufel gesprungen war — und schaute auf dem Weg in die Boxen bei Ratzenberger vorbei.
Wegen dem Schreck am Vormittag — „fast ein Mißverständnis wie Berger–Alesi 1993 in Monza. David Brabham war in seiner schnellen, ich in meiner Auslaufrunde, signalisierte ihm, wie ich ausweiche — aber auch er fuhr nach innen, drehte sich. Zum Glück ist nix passiert."
Bei 300 km/h? „Viel mehr: 320", lächelte Roland. Dicke Luft? „Ach wo, wir haben schon beide wieder gelacht. Er hat halt net g'schaut."
Und: „Beinahe hätten wir uns berührt."
Sprach's und stieg lachend ins Auto. Ein Abschied für immer. Wenige Minuten später — genau an der gleichen Stelle! — versagen die Schutzengel...
Unfallursache? Ein technischer Defekt. Videoaufnahmen liefern den Beweis dafür, daß Teile des Frontflügels wegbrachen. FIA-Präsident Max Mosley hat die Telemetrie-Aufzeichnungen der Unfallautos. Danach ist Ratzenbergers Aufprall-Geschwindigkeit 308 km/h, seine Runde unmittelbar davor um 25 Meter länger — weil in einer Schikane ausgerutscht? Mosley glaubt: „Die Zick-Zack-Lenkbewegungen danach lassen denken — Roland versuchte zu checken, ob sein Auto in Ordnung ist — ob er voll weiterfahren kann." Ein verhängnisvoller Irrtum? Das Auto schlägt in einem 90-Grad-Winkel zuerst mit dem Heck voran in die Begrenzungsmauer. Danach ein zweiter heftiger Anprall, bei dem der wohl schon bewußtlose Fahrer mit dem Kopf gegen die Mauer schlägt.
Die Rettungsmannschaften sind blitzschnell zur Stelle, verzweifelte Wiederbelebungsversuche, Herzmassagen — aber Ratzenberger ist nicht mehr zu retten. Österreich und die ganze Formel 1 trauert.
Zwölf Jahre (Riccardo Paletti) hat es in der Formel 1 keinen tödlichen Rennunfall gegeben, acht Jahre (de Angelis 1986) war auch beim Testen nichts passiert — und jetzt Roland Ratzenberger! Die Parallelen beängstigen: Unfallzeit: 14.20 Uhr — wie bei Jochen Rindt in Monza. Schwere Sturzhelmbeschädigungen — wie bei Markus Höttinger 1980 in Hockenheim.
„So schlimm hab ich mich in zehn Jahren Formel 1 noch nie gefühlt — nicht einmal nach eigenen Unfällen!" Gerhard Berger zittert am gan-

zen Körper, weiß im Gesicht, geschockt – klettert aus dem Ferrari und geht sehr still, sehr nachdenklich zum Motorhome. „In solchen Situationen überlegt man, ob man aufhören soll!"

Trauer, tiefe Betroffenheit in allen Boxen. Schumacher und Benetton brechen das Training ab: „Roland war ein guter Freund des Teams und beider Piloten – wir können nicht weitertrainieren. Aber wir fahren das Rennen, wie geplant."

Auch Karl Wendlingers Sauber-Team war total geschockt: „Wir können, wir wollen nicht mehr weiterfahren." Karli selber: „Roland war zwar neu in der Formel 1, aber mangelnde Routine ist ganz sicher nicht der Grund für den Unfall."

Wie immer nach einer Katastrophe: Forderungen nach mehr Sicherheit. Niki Lauda: „Jetzt steht fest, daß der Kopf der Piloten bei Unfällen zuwenig geschützt ist. Spätestens jetzt hat sich gezeigt, daß der Schutz nicht ausreicht." Die Carbonfiber-Chassis halten zwar einen Anprall bis 400 km/h aus – aber was passiert mit den Menschen? „Der Kopf ist zuwenig geschützt", bestätigt Wendlinger. „Meine Angstvorstellung: Daß mich irgendwann ein Rad am Kopf treffen wird."

Niki Lauda: „Das Reglement gehört geändert: Nach hinten ist der Kopf des Piloten durch den Überrollbügel geschützt – nach vorn nicht." Und Lauda über die TV-Bilder: „Soviel ich sah, hatte Roland keine Chance, den Unfall zu verhindern."

Berger war vorm TV-Schirm sofort klar, „daß da etwas ganz Schlimmes passiert sein muß: an dieser Stelle, bei diesem Tempo. In unserem Job mußt du auf solche Situationen vorbereitet sein. Schon beim Barrichello-Unfall war mir klar, wie knapp die Grenze zwischen Leben und Tod ist. Jetzt muß ich mich ernsthaft fragen, ob ich überhaupt weiterfahren soll: gestern, heute, Monte Carlo. Eine der Möglichkeiten, damit fertigzuwerden: wieder einsteigen und fahren."

„Ich hab auf diesen Unfall gewartet! Er hat kommen müssen – wir haben schon zu lang zuviel Glück gehabt. Und ich fürchte: Die schwarze Serie geht weiter – Roland war nicht unser letzter Toter in der Formel 1!" Beklemmende Alptraumvisionen von Gerhard Berger, die er mir, tief erschüttert, Samstag nacht in einem vertraulichen Gespräch zeichnet. „Bei uns passiert alles immer in Serien: das Gute genau wie das Schlechte!"

Angst in den Boxen. Weil jeder weiß, daß ihn der gleiche Defekt treffen kann wie den unglücklichen Ratzenberger. „Die heutigen Formel-1-Autos", kritisiert sogar Clay Regazzoni, der früher unzerstörbare große Kämpfer, „sind zu Höllenmaschinen geworden!" Aerodynamik — wunderbar. Aber wehe, wenn der geringste Defekt passiert...
Sogar Berger schaudert, wenn er rekapituliert, wie knapp jetzt überall gebremst wird. „John Barnard hat ausgerechnet: statt mit 3 G bremsen wir jetzt mit 5 G — also dem fünffachen Körpergewicht." Kurvenbelastungen: genauso extrem.
„Bei meinem Monza-Unfall 1989", hat sich Berger von Ärzten vorrechnen lassen, „hatte ich beim Anprall kurzfristig 100 G auszuhalten. Normal sind 80 G tödlich. Ich muß ganz knapp drunter gewesen sein — und der Roland leider Gottes drüber."
Die Formel 1 — nicht mehr die „Happy Formel". Zu lang sind die Schutzengel mitgeflogen. „Allein ich", weiß Berger, „hätte 1993 dreimal tot sein können." Dazu Piquet, Patrese, Alboreto — alle in Imola — Warwick in Monza und Hockenheim, Donnelly in Jerez, Zanardi in Spa, heuer, im Winter schon beim Testen, Lehto und Alesi — und am Freitag Barrichello. Berger: „Mir ist erst jetzt wieder klar geworden, wie messerscharf der Grat zwischen Leben und Sterben ist."
Und wie vieles, ergänzt Keke Rosberg, purer Zufall ist — und pures Glück: „Gilles Villeneuve ist einmal in der gleichen Mauer eingeschlagen wie Ratzenberger — nur ein paar Meter später." Und Berger: „Oder einen halben Kilometer nach meiner Unfallstelle."
Als ich 1969 in Barcelona nach dem berüchtigten Lotus-Flügel-Unglück an Rindts Spitalbett saß, flüsterte Jochen, halb im Dämmerschlaf: „Ich wollte immer wissen, was Jimmy Clark damals in Hockenheim noch gespürt hat, und ich glaub, ich weiß es jetzt: nichts. Weil alles so blitzschnell geht."
Die letzten Zehntelsekunden im Leben des Roland Ratzenberger? „Du versuchst noch verzweifelt zu lenken", weiß Keke Rosberg, „aber zum Bremsen kommst nimmer. Oder hat Gerhard 1989 in Imola ans Bremsen gedacht?"
Niki Lauda nickt ernst: „Als Fahrer bist du in der Sekunde derart erschrocken und erstaunt, was da mit dir passiert. Das geht so schnell, daß du nichts mehr machen kannst."

Ein anderer Blick zurück:
Mit Jochen Rindt begannen seinerzeit die österreichischen Formel-1-Triumphe, aber leider Gottes auch unsere Tragödien. Als Rindt 1970 in Zandvoort, schwer getroffen durch den Todessturz seines Freundes Piers Courage, als weinender Sieger mit Bernie Ecclestone im Taxi zum Flugplatz fuhr, sagte er: „Ich hör nach diesem Jahr auf!"
Bernie riet ihm: „Wenn du aussteigen willst dann stop sofort! Wer garantiert dir, daß du keinen Unfall hast, weil du keinen haben willst — bevor du aufhörst?" Rindt fuhr weiter. Zwei Monate — bis Monza. In Imola überlegte Berger das gleiche: tief erschüttert, schwer getroffen. „Das Schlimmste, das ich in der Formel 1 je erlebt hab. Mir war schlecht, ich hab überlegt, aufzuhören — aber ich bin noch nicht reif dazu. Mir ist die Formel 1 noch zu wichtig. Aber wenn du siehst, wie ein Kollege, Österreicher noch dazu, auf der Straße liegt und die Ärzte versuchen, ihn mit Herzmassage ins Leben zurückzurufen..."

Auch Senna macht sich Gedanken, mehr denn je.

„Er war anders als sonst", sagt Willi Dungl, der mit Ayrton Senna am Imola-Samstag den letzten Abend verbracht hat. „Er sagte ganz spontan: Willi, ich will mit dir abendessen. Und wir fuhren nach San Pietro", erinnert sich der österreichische Bio-Papst und Fitness-Spezialist, der sich stets viel um Senna gekümmert hat.

Senna redet den ganzen Abend von der Sicherheit. Alles unter dem Motto, wir müssen dringend etwas unternehmen. Er schäumt noch vor Wut, weil ihn die FIA-Kommissäre abgemahnt und ihm sogar eine Strafe angedroht hatten, weil er nach dem Ratzenberger-Unfall zur Unglücksstelle gefahren war, um sich ein Bild zu machen. „Was bilden sich die eigentlich ein", ärgert sich Senna.

Und er analysiert, gründlich wie immer, und kam zum Schluß: „Mit den heutigen Autos stimmt etwas nicht mehr. Am Samstag in Monte Carlo werde ich alle Fahrer zu einem Meeting zusammenrufen. Man muß mich nur autorisieren. Und dann müssen wir jemanden dabei haben, der sich in Sicherheitsfragen wirklich auskennt und mit dem wir offen darüber reden können."

Dungl hat das sichere Gefühl, „daß Senna viele Sachen durch den Kopf gehen. Nach dem Ratzenberger-Unfall hat er keinen Appetit. Er läßt den Salat weg, schickt sein Risotto zurück. Du wirst morgen nicht genug Energie haben, warne ich ihn. Darauf bestellt Ayrton Nudeln mit Basilikum und — zur Verblüffung aller — ein Glas Rotwein. Das hat er nie gemacht, ein Glas Wein am Abend vor einem Grand Prix, das wundert mich."

Angst, Vorahnung? „Schau Willi, sagte Senna zu mir, wir fahren in eine Richtung, von der ich manchmal das Gefühl habe, sie paßt nicht, ist falsch. Aber wahrscheinlich muß man auf ein Zeichen warten, erst dann wird etwas geändert."

Dungl erzählt weiter: „Niemand war so gewissenhaft wie Senna, vor allem mit seinem eigenen Körper. Mit mir vereinbarte er einen totalen Sicherheitscheck — mit einem rollenden Labor in den Boxen, wie ich es für Porsche arrangiert hatte. Vor den nächsten Testfahrten hole ich dich mit dem Flugzeug ab, schlug er mir vor. Denn eigentlich sind wir alle zu leichtsinnig. Die Formel 1 gibt soviel Geld für die Autos aus, aber ob wirklich alles für den Fahrer getan wird, ob alle Möglichkeiten ausgeschöpft, alle Kontrollen erfüllt werden — ich weiß nicht recht. Ein Senna-Seufzer, und dann ein Satz, der mir nicht mehr aus dem Kopf geht: Ich fühle mich momentan nicht wohl in der Formel 1 — das ist alles."

Ayrton Senna, der sehr sensible und äußerst gefühlvolle Mensch und Rennfahrer. Nichts war falscher, als den Brasilianer als Roboter und Maschinenmenschen hinzustellen. Gewiß, Ayrton Senna war des öfteren reserviert, wirkte manchmal sogar apathisch.

Aber was Willi Dungl bis Imola nie erlebt hat — „daß Senna über eigene Unfälle redet. Wie 1984 mit dem Toleman-Formel-1: Heckflügel abgebrochen, darauf ist das Heck aufgestiegen, dann der Frontflügel weggeflogen. Anprall gegen die Mauer. Ich habe das überlebt, sagte er zu mir und blickte tief in meine Augen. Der Toleman von 1984 war sicher ein schlechteres Auto als der Simtek von Ratzenberger — und den Österreicher hat es erwischt."

Niki Lauda hatte Willi Dungl einst ersucht: Da ist ein junger netter Brasilianer, der einen Unfall hatte — bitte schau ihn dir einmal an. So begann ihre Freundschaft. Und wann immer Senna das Dungl-Trainingszentrum verließ, er war stets mit einem großen Sack Bio-Gebäck. „Das ist für mich wie pures Gold", lächelte Senna stets.

An seinem letzten Samstag in Imola, nach dem Abendessen, wechselt er plötzlich das Auto und steigt — als Passagier — zu Dungl in dessen Wagen. Totales Vertrauen für die Rückfahrt ins Hotel, aber eine Geste, in der wohl die unausgesprochene Bitte liegt: Wenn morgen etwas passiert — paß bitte auf mich auf.

„Geredet", erinnert sich Dungl, „haben wir auf der Rückfahrt nichts mehr."

Seine Freundin Adriana ist nicht da, sondern wartet im Haus in Portugal auf ihn. Sie telefonieren zweimal sehr lang miteinander.

Rolands Unfall, spürt auch Ayrtons langjährige Sekretärin Beatris, „verändert Senna gewaltig. Normal bereden wir am Samstag, was wir Sonntag für die brasilianischen Zeitungen schreiben. Aber diesmal in Imola — kein Wort."

Lauda fordert Senna auf: „Höchste Zeit, für die Sicherheit der Fahrer etwas zu tun. Das mußt du machen — red mit Berger und Schumacher."

Sonntag vormittag. „Der dringendste Vorschlag: Wir müssen als allererstes für Monte Carlo den Speed in den Boxen reduzieren. Viel zu gefährlich! Erst nachher organisieren wir uns und reden mit den Offiziellen."

Sie reden nur ganz kurz miteinander, Senna und Prost — seit Adelaide 1993 für Senna kein großes Thema mehr. „Was man tut, zählt mehr, als was man sagt... lassen wir's dabei bewenden." Prost hat sich vorgestellt, „wie wir einmal als 70jährige Pensionisten zusammen ein Bier trinken". Senna redet nicht mehr viel über Prost.

Thema: Die erste Kurve. Ist nach den vielen Tamburello-Unfällen — Piquet, Patrese, Alboreto, Berger — in der Kurve nichts auszubessern? BERGER: „Sie können die Mauer nicht zurückversetzen, weil dahinter ein Fluß ist. Aber Ayrton ist noch Sonntag zu mir gekommen, hat gesagt: wir müssen uns nächste Woche zusammensetzen in Monte Carlo, und schauen, was wir tun können. Begonnen hat es so: Niki Lauda kam zu mir und sagte: ihr Fahrer seid euch nicht einig, ihr müßt euch zusammenschließen. Ich darauf: Geh zu Senna, weil mehr Gewicht hat, was er sagt. Senna darauf zu mir: Wir treffen uns nächste Woche, irgendwo, eine Gruppe — mit Alboreto, Schumacher, Hakkinen, um ein paar vordringliche Probleme zu besprechen. Generell ein paar wichtige Sachen."

Senna in Imola. Unvergessene Momente: Wie er nach seinem ersten

McLaren-Sieg unbeeindruckt aus dem Auto steigt – und statt zu jubeln sich kritisch das Reifenprofil ansieht. Wie Senna die Turbo-Raketen mit 1400 PS beherrschte und bändigte – gigantisch. Einmal rennt sein Freund und Anfangs-Manager Dominghos Piedade von den Boxen rauf zur Schikane, um dieses Schauspiel mitzuerleben. Wie Senna bremst, kuppelt, schaltet, sägt, zaubert, driftet, Stakkato hämmert und Millionen Dinge gleichzeitig tut – vor Zehntausenden Fans, mit 200 km/h.

Domingos redet nicht drüber, aber Senna verblüfft ihn am Abend total: „Ich hab dich oben stehen gesehen – in der Schikane." Der Freund ist fassungslos.

Wie auch immer, wenn Senna mit 270 km/h über Autobahnen rast, völlig entspannt und dabei noch telefoniert und fragt: „Fährt die Kiste nicht schneller?" Die zwei, drei Passagiere schreien gequält auf. „Für ihn passiert alles rund um ihn in Zeitlupe – darum wirkt er auch nie in Eile", sagt Domingos.

Ich hätte gedacht, wir leben normal, im normalen Speed, und Senna im Zeitraffer. Jetzt weiß ich: Er lebt normale Geschwindigkeit und wir sind die Langsamen – in Slow Motion – aus seiner Sicht.

„Der war ein Außerirdischer", sagt mir Domingos später, lang nach Imola: von ganz woanders hergekommen. Nicht Peter Pan, der nie erwachsen werden will. Viel eher der „petit Prince" von Saint-Exupery, der von den Sternen kam, zu den Sternen zurückflog. Und bei uns nur zu Besuch war.

Frage an Senna: Gibt es irgendetwas, das du in deinem Leben machen möchtest – selbst auf die Gefahr, daß es das Letzte ist, das du machen kannst? Vielleicht raus in den Weltraum, die Erde von ganz weit weg sehen, den blauen Planeten?

„I like to fly", sagt Senna kurz, und wir halten den Atem an. „Weißt du, was mein heimlicher Wunsch ist? Ich möchte fliegen können, so ganz allein, ohne jede Hilfe. Und ich bin überzeugt: Eines Tages, irgendwann, bald einmal, wird mir das technisch möglich sein."

Ein unglaublicher Senna-Satz. Ich hab ihn heute noch auf Tonband, gesprochen 1993 in Spa, als wir zu viert zusammensaßen.

Und er – wie manchmal – seine Seele nach außen kehrte. Seine Emotionen verriet, seine Gedanken preisgab.

„Ich wollte, die Leute könnten mir beim Fahren ins Gesicht schauen. Weil alle von draußen dann sehen könnten, wie ungeheuer intensiv wir sind, wenn wir rennfahren."
Was würden die Leute sehen?
SENNA: „Die extreme Aggression! Wie wir alles angehen, wie wir schauen, wie wir uns ausdrücken — aber das sieht man nur in unseren Augen, nirgendwo sonst, weil wir außen so eiskalt sind, nur innen vor Hitze brennen, aber so, daß man wieder überhaupt nichts sehen kann — nur höchstens durch unsere Augen. Aber die Leute würden uns viel besser kennenlernen, wenn sie das könnten."
Du selber hast dein Gesicht beim Fahren noch nie gesehen?
SENNA: „Nie, ist auch unmöglich, solang wir nicht ganz nahe mit Bordkameras filmen — aber das haben wir noch nicht."
Wenn du dich selber sehen könntest, wie wärst du: zum Fürchten? Mit deinem aggressiven Blick?
SENNA: „Nein, keine Angst vor mir selber. Ich wäre nur imstande, meine Gefühle beim Fahren noch mehr zu identifizieren. Ich könnte sehen, wie meine Augen meine Gefühle ausdrücken."
Senna ist Esoteriker mit gewaltiger Aura. Er spürt oft unwahrscheinlich vieles. Und manchmal fällt es schwer, an Zufälle zu glauben. In Imola ist seine Bordkamera im Williams-Renault schräg hinten montiert — also Blick über die Schulter. Strecke, Auto, Rennverlauf aus Sennas Perspektive.
Die Live-Bilder der Bordkameras werden über Satellit zur Bodenstation zurückgefunkt. FOCA-TV kann, logisch, immer nur eine Bordkamera live auf Sendung schalten, aber auch nur drei Bordkameras (nicht alle) aufzeichnen. In Imola sind die drei: Senna, Schumacher, Hill. Aber die Senna-Bilder flimmern, und außerdem führt er sowieso. 8. Runde, der Pulk kommt gerade aus der Schikane auf die Zielgerade. „Geh weg von Senna, schalt auf Berger!" befiehlt Eddy, der Regisseur. „We switch to Berger." Zwei Knopfdrücke, nur ein paar Sekunden, aber so lang zeichnet das Gerät noch auf.
Die Autos flitzen an den Boxen vorbei, Richtung Tamburello-Kurve. Senna vor Schumacher, Hill und Berger.
Paar Monate später sieht man bei „O'Globo" in Brasilien das sensationelle Filmdokument aus dem Senna-Auto: Wie Ayrton noch das

Lenkrad nach links drehen will, auch der Oberkörper seitlich nach links geht — aber die Lenkung reagiert nicht. Der Williams fährt gradaus weiter.
Und dann, vorm Aufprall, ist das Bild plötzlich aus.
„Frag mich bitte nicht, warum. Höhere Gewalt, da oben so entschieden...", grübelt Eddy noch heute. „Ich weiß es nicht."
Die Telemetrie-Daten vom Senna-Auto hat die FIA. Mosley: „Senna fuhr auf der Zielgeraden, als er verunglückte, 310 km/h. Die Runde davor, mit Schumacher hinter ihm, aber nur 301."
Zu schnell? „Nein, die ganz normale Temposteigerung, weil die Reifen nach den Pace-Car-Runden jetzt richtig warm wurden."
Senna war trotzdem sehr schnell: In seine Pole-position-Runde satte 312 km/h — also nur unwesentlich mehr.
Warum ist Senna verunglückt? Michael Schumacher: „Mir ist schon in der Zielkurve etwas Verdächtiges aufgefallen — Senna hat korrigieren müssen." Hills Bordkamera zeigt: Sennas Auto schlägt Funken. Und Senna-Renningenieur David Brown: „Von Ayrton kam über Funk keine Alarmmeldung — keine Warnung."
Aber die Telemetrie registriert die Aufprallgeschwindigkeit in der Teufelskurve Tamburello: 264 km/h! Die Wrackteile werden eingesammelt — nur der rechte Vorderreifen fehlt!
Aufgesessen? Durchgeschlagen? Zu schnell über eine Bodenwelle und ausgehoben — Rätsel über Rätsel. Reifendruck? Viel eher Lenkungsbruch. Verschiedene Kameras zeigen, wie der Wagen in der Linkskurve einen Haken schlägt, nach rechts ausbricht. Und die Williams-Telemetrie sagt aus: Senna steht im Moment des Anpralls auf der Bremse.
Warum wohl?
Niki Lauda analysiert: „Die erste Reaktion jedes Rennfahrers, wenn etwas schiefgeht, ist immer: Vom Hindernis weglenken. Zum Bremsen hast du wegen der Schrecksekunde keine Zeit mehr — weil alles so rasend schnell abläuft."
Wenn Senna trotzdem auf der Bremse steht, kann das nur heißen, daß er gar nicht mehr versuchte, wegzulenken — weil er nicht mehr lenken konnte. Das Geheimnis der letzten Sekunden hat Ayrton mit sich genommen. Was passiert ist, war immer unvorstellbar. Ein Schock für alle.

„Als wäre die Sonne vom Himmel gefallen", sagt Gerhard Berger später. Uns allen fehlen die Worte. Der französische TV-Reporter Jean-Louis Moncet — neben Alain Prost sitzend — findet sie als erster. „Die Streckenposten stürzen los. Und dann, in etwa zwei Metern Entfernung, bleiben sie stehen, ganz deutlich. Was noch erstaunlicher ist: Manche von ihnen schrecken zurück, wagen nicht, näherzukommen. Natürlich sind sie nur Streckenposten und keine Ärzte, folglich ist es besser, auf das Eintreffen der Rettungsmannschaft zu warten. In Wirklichkeit aber haben sie etwas Verblüffendes, Außergewöhnliches, Schreckliches gesehen: Der Erzengel lag tödlich getroffen am Boden." Wie eine Bombe schlägt der Williams in der Tamburello-Kurve in die Mauer ein — ein Vorderrad mit Aufhängungsteilen trifft Ayrton am Kopf.
Senna wie leblos im Auto — und überall Angst. Er verliert sehr viel Blut, schlägt zwar kurz die Augen auf, was den Ärzten plötzlich Mut macht, aber dann hört sein Herz zu schlagen auf.
Noch einmal holen ihn die Ärzte kurz ins Leben zurück — aber wie Ratzenberger wird Senna in sterbendem Zustand in den Rettungshubschrauber gelegt. Schweres Schädeltrauma, tiefes Koma. In der Maggiore-Klinik von Bologna werden bald keine Gehirnströme mehr gemessen. Ayrton ist bereits klinisch tot. Um 17.03 Uhr ruft sein Onkel Braga den langjährigen treuen Senna-Masseur Joseph Leberer an: „Lieber Joe — alles ist vorbei." Senna, der beste Rennfahrer der Welt, von der Technik erschlagen — wie Jochen Rindt...
Die Formel 1 hat um Barrichello gezittert, um Ratzenberger geweint, um Ayrton Senna gebetet — leider erfolglos. „Er meint, daß ihn ein starker Glaube an Gott unsterblich macht", hat Alain Prost einmal über ihn gesagt. „Aber gestern", sagte ein fassungsloser Niki Lauda tief erschüttert, „hat der liebe Gott seinen Schutz von der Formel 1 genommen." Der schnellste Rennfahrer, den es je gab, ist tot: Ayrton Senna verlor sein letztes, schwerstes Rennen um sein Leben — hoffnungslos aufgrund der schweren Kopfverletzungen. Der erste Formel-1-Weltmeister seit Jochen Rindt, der im Rennauto starb.
Imola am Abend: Fassungsloses Entsetzen überall, weinende Piloten, und überall Angst und die stumme Frage — wie schon bei Jim Clark: Wenn nicht einmal er sicher war — wer dann? Patrick Head, der Wil-

liams-Konstrukteur, geht weinend, mit großer Tasche, aus dem Fahrerlager, J. J. Lehto weint hemmungslos. Überall heruntergelassene Rollbalken, hermetisch abgesperrte Boxen. Ein Licht ist verloschen. Nach Senna wird die Formel 1 nie mehr wieder, wie sie einmal war.
Gerhard Berger führt, erstmals seit Adelaide 1992 — trotzdem steigt er freiwillig aus. „Der Ferrari liegt schlecht, darum meine zwei Ausrutscher. Aber ich will, ich kann nimmer fahren." Wegen Ayrton Senna, seinem langjährigen Teamkollegen. Gerhard Berger gibt auf.
Er zittert, zutiefst betroffen. Einfach total fertig, außerstande, weiterzufahren, hockt er auf der Kiste in der Box. Nur einmal ein erleichtertes Danke, als er hört, Senna wäre kurz aufgewacht.
Wendlinger Vierter: „Ich hab die Unfälle nicht unmittelbar gesehen, aber Sennas Auto stehen gesehen. Ob Senna oder Ratzenberger, jedesmal Angst! Und ein mulmiges Gefühl, weil du weißt: Da bist du nur noch Passagier."
Michael Schumacher gewinnt. Wird er bald kampflos Weltmeister? „Ich hoff nur, alle lernen aus diesem schrecklichen Wochenende — ziehen die Konsequenzen. Teamkollege Lehto wird in einen Start-Crash mit Lamy verwickelt, Wendlinger verliert das Duell mit Hakkinen um Platz 3, weil der Auspuff bricht.
Ein Rennen voller Angst — wie noch nie zuvor in der Formel 1.
Ayrton Sennas Tod versetzt Brasilien einen tiefen Schock. Fassungslos reagiert das 130-Millionen-Land auf den Verlust der größten Sportlegende neben Fußballer Pele. Präsident Itamar Augusto Franco verfügt dreitägige Staatstrauer.
Noch am Abend ändern die TV-Sender ihr Programm. TV Globo ersetzt die beliebte Show „Fantastico" durch ein Porträt Sennas, TV-Manchete legt unter das Sendebild einen schwarzen Balken. In zahllosen Kirchen des Landes wurden Sonntag abend Gedenkgottesdienste gelesen.
Wie ein Lauffeuer hat sich die Schreckensnachricht über das Riesenland verbreitet. In Sennas Geburtsstadt Sao Paulo unterbrechen FC Sao Paulo und Palmeiras ihr Spiel, in Maracana singen 110.000 Fans minutenlang „Ole, ole, Senna".
Das Volk drückt seine Trauer anders aus. Vor Rio schwimmen Tausende weiße Blumen im Meer, sogar Nationalflaggen werden angespült.

Und bei einer Show im Ibirapuera-Park Sao Paulos singt der berühmteste Entertainer Nascimento als letztes Lied Sennas Lieblingssong „Amigo".

Unverändert Schlagzeilen: „Ohne Senna ist die WM beendet", oder, wie in Italien: „Mit Senna ist die ganze Formel 1 gestorben". Die Fahrer fordern Alain Prost als neuen „Sheriff" für die Sicherheit.

Technische Untersuchung: Das Wrack ist, wie in Italien üblich, von der Polizei beschlagnahmt.

Gerhard Berger war im dritten Auto nach Senna. Seine ganz private Vermutung: „Soviel ich im Video erkennen konnte, wurde der Williams auf einer scharfen Bodenwelle abgedreht. Linkes Rad über die Kerbe — und rechts abgebogen. Meine Meinung: kein gebrochener Flügel."

Muß das Reglement geändert werden? „Wie immer nach einem Unglück: jeder will alles besser wissen", sagt Berger. „Aber eines darf man der Formel 1 nicht vorwerfen: Daß in letzter Zeit nicht viel gemacht wurde."

Die schärfste Kritik kommt von Clay Regazzoni: Außer sich vor Wut, sehr erregt, treibt er seinen Rollstuhl durchs Imola-Fahrerlager — so schnell, daß man ihm nicht einmal laufend nachkommt: „Ich warne seit 15 Jahren: Die Sportbehörden sind kriminell! Alle sind schuld, alle sind anzuklagen. Was Senna und Ratzenberger passiert ist, war die unvermeidliche Folge!"

Auch wenn Mosley betont: „Die Imola-Unfälle von Barrichello, Ratzenberger und Senna sowie die Startkollision Lehto—Lamy und das Unglück in der Box hatten alle verschiedene Ursachen — da ist kein gemeinsamer Nenner zu finden!"

Der Zuschauer, den ein Rad getroffen hat, liegt zwei Tage im Koma — heute längst wieder gesund, genau wie die drei Ferrari-Mechaniker, die Alboretos schlampig montiertes Rad in der Box getroffen hat.

Die Formel 1 weint heiße Tränen — in Sao Paulo erweisen Donnerstag Hunderttausende Ayrton Senna die letzte Ehre — Sennas Begräbnis wird zum Staatsakt. Zwei Milliarden Menschen verfolgen im Fernsehen die Übertragung der Trauerfeier, Hunderttausende säumen die Straßen. Auch Sennas Kollegen trauern mit der Familie — Gerhard Berger, Ayrtons langjähriger großer Gegner Alain Prost, sein Landsmann Nelson Piquet, die ganze Familie Fittipaldi, der 82jährige fünffache Weltmeister Juan Manuel Fangio.

Prost weint hemmungslos: „Trotz aller Meinungsverschiedenheiten waren wir Freunde. Noch in Imola sagte er mir, ich solle es mir nochmals überlegen und weiterfahren."

Teamchef Frank Williams ist verzweifelt: „Die Formel 1 hat mehr als nur einen Fahrer verloren. Einen wie Senna wird es nie wieder geben."

Senna hat doch schon längst seine zweite Karriere aufgebaut — als Businessman?
BERGER: „Wir alle haben seit fünf Jahren an die Zukunft gedacht. Ich hab mit Senna immer viel telefoniert, wußte alles." Derjenige, der mir von allen Fahrern am nächsten gestanden ist. Normal ist zwischen zwei Teamkollegen immer eine schwierige Situation. Aber mit ihm waren unsere drei Jahre bei McLaren kein Problem.
Wir hatten auch außerhalb der Formel 1 viel Kontakt, sind miteinander aufgewachsen, schon in der Formel 3, haben 1983 in Macao zum erstenmal mehr miteinander geredet und festgestellt: Wir haben die gleichen Gedankengänge, sind recht ähnlich.
Dann die Formel 1: Ich bei ATS und Arrows, er bei Lotus, ich bei Ferrari, er bei McLaren — dort begann dann unsere richtige Freundschaft — die auch nachher weiterging."
SENNA ALS FAHRER? Berger schwärmt heute noch: „Sein Auto war heuer nicht sehr gut. Daß er trotzdem so schnell war — das war nur Senna. Normal hat gegen Senna keiner eine Chance. Wenn alle im gleichen Auto sitzen, ist Senna eine Stufe höher als alle anderen.
Sieht man ja an Prost und Hill: Prost war 0,5 sec schneller als Hill, Senna 1,5 sec. Das meine ich nicht negativ, das war eben Senna. In zehn Jahren Formel 1 begriff ich, nachdem ich Piquet, Lauda und Prost noch miterlebt hatte: Senna ist eine Stufe höher als alle anderen, Nicht vom Risiko her, sondern von seinen Sensoren, besser ausgestattet, von den Reflexen usw. Und wenn du Bernie Ecclestone fragst, sagt auch er: Der Beste, den es je gegeben hat. Schumacher bringt Superleistungen, sicher, auf Senna jedoch fehlt ihm doch noch einiges."

ormel Austria. Zum erstenmal seit 1984 beginnt eine Saison mit drei Österreichern – mit nur einem wird sie enden: erger, Ratzenberger, Wendlinger in Imola.

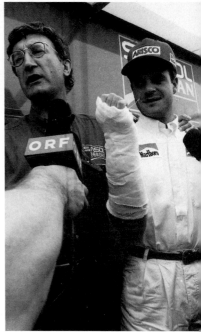

Imola, das schrecklichste Wochenende der Formel I.
Boxenunglück, weil Alboreto ein Rad verliert – nachdem Barrichello am Freitag durch ein Wunder überlebt hat.
Unten: Simtek-Unfall in Barcelona, wieder Nr. 32 – Montermini.

„Er lebte für seinen Traum" – so tragisch kurz er auch war: Roland Ratzenberger hatte schon als Kind nur einen Wunsch: Grand-Prix-Fahrer zu werden; den erfüllte er sich „against all odds".

iva Ferrari. Forza
erger! Gerhard war-
te lang auf den er-
en Ferrari-Sieg seit
991 – bis Hocken-
eim.

ks mit Tochter Chri-
na kurz vorm
nza-Crash, *rechts*
 seinem „Piccolo
mmendatore".

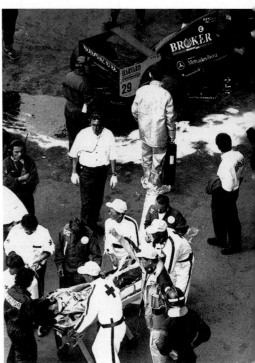

Als die Formel I beten lernte; Karl Wendlingers schwerer Unfall in Monte Carlo. 19 Tage im Koma, von hervorragenden Ärzten gerettet. *Links:* Die Klinik „St. Roche" in Nizza. *Rechts:* Ambulanzflug nach Innsbruck mit Prof. Eric Schmutzhard.

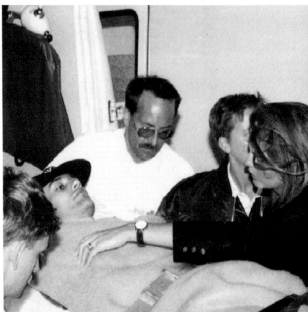

as zweite Leben: Karl mit Freundin Sophie in Kufstein und beim Comeback zur Formel I in Monza: mit Sauber-Kopf-
ürer und Platzhalter de Cesaris. Glückwünsche aus der ganzen Welt.

Zweite Karriere: Wendlinger setzt in Le Castellet und Barcelona wieder den Helm auf. Aber Suzuka kommt noch zu frü

Leb wohl, Roland. 24 Stunden nach dem Staatsbegräbnis Ayrton Sennas stille Verabschiedung von Roland Ratzenberger auf dem Salzburger Kommunalfriedhof. Niki Lauda hält die Trauerrede, ergreifend, schlicht und logisch, als er zu erklären versucht, warum Rennfahrer Rennen fahren: „Auch Roland hat das Resiko gekannt, es war ihm wert, er war glücklich dabei." Wie auf der Parte stand: „Er lebte für seinen Traum."
„Es war Gottes Wille", sagt Vater Ratzenberger nach der Verabschiedung. „Aber ich glaube, daß Roland als glücklicher Mensch gestorben ist. Weil er sein Ziel Formel 1 erreicht hat."
Gerhard Berger, Karl Wendlinger, Johnny Herbert, Heinz-Harald Frentzen sind gekommen, Jack Brabham mit seinem Sohn David: „Als ich 1970 zuletzt in Österreich war, haben wir uns von Jochen Rindt verabschiedet..."
Berger ist blaß, müde, mitgenommen. Hast du dich schon entschieden — weiterfahren oder Rücktritt?
„Grundsätzlich will ich weiterfahren — aber ich muß meinen Kopf erst wieder freikriegen, brauch noch Ruhe." Darum fliegt er von Salzburg nach Capri, ins Haus des Ferrari-Präsidenten Montezemolo. „Wir sehen uns nächste Woche in Monte Carlo..."
Die Pole-position in Monte Carlo für Ayrton Senna freilassen — als letzten Tribut an den sechsfachen Monte-Sieger! FIA-Präsident Max Mosley nimmt meinen Vorschlag spontan an: „Ich bin dafür, daß wir auch den zweiten Startplatz freilassen — zum Gedenken an Roland Ratzenberger!"
Langsam trocknet die Formel 1 ihre Tränen — und werden auch die Katastrophen-Hintergründe schärfer.
Wer könnte später, nach Monaco, Sennas Platz einnehmen? In einem Feld ohne Weltmeister? Ex-Williams-Pilot Riccardo Patrese wäre die logische Lösung. Aber Frank Williams versucht hartnäckig, Alain Prost zum Comeback zu überreden. Ein GP-Pilot: „Unvorstellbar! Wenn Prost wieder einsteigt, gehört er erschossen. Kriegt acht Millionen fürs Nichtfahren — wozu noch einmal alles riskieren?"

Vertrauliches Gespräch mit Bernie Ecclestone, später, im Sommer. Eine Stunde lang in seinem schwarzen „Kreml-Mobil", wie man seinen

Luxusbus im Formel-1-Zirkus nennt. Und Bernie verrät mir: „Ich such in den McLaren-Cockpits unbewußt immer noch nach Senna, dem gelben Helm im rot-weißen Auto — geht's dir nicht auch so?"
Ja, weil lang keiner wirklich akzeptiert hat, was passiert ist. Und zum erstenmal redet Ecclestone — der viel Kritik hat einstecken müssen — mit mir über Imola, Senna und das Staatsbegräbnis, bei dem er ausgesperrt war. „Obwohl jeder weiß: es gab keinen größeren Senna-Fan als mich."
ECCLESTONE: „In Imola, vorm Rennen, ging ich ins Fahrer-Briefing, was ich normal nie tu, und schlug eine Trauer- und Gedenkminute für den verunglückten Roland Ratzenberger vor. Niemand außer mir hatte dran gedacht, die meisten kannten ihn ja kaum. Aber ein paar Stunden später war plötzlich alles falsch: Die Autos waren zu gefährlich, die Strecken zu gefährlich — alles. Später in diesem Jahr, wenn der offizielle Senna-Unfallreport herauskommt, werden sich ein paar Leute entscheiden müssen."
Kannst du etwas präziser sein? Sind da Geheimnisse?
ECCLESTONE: „Es ist ziemlich klar und ja kein Geheimnis mehr: Ayrton starb nicht aufgrund des Anpralls, sondern als Folge dessen: vom Rad getroffen. Teile der Aufhängung fügten ihm die tödlichen Kopfverletzungen zu. Zur Unfallursache selbst: Ich glaub nicht, daß jemand sagen kann: ein Fehler oder Irrtum von Senna. Es muß mit der Abstimmung des Autos zu tun gehabt haben oder wahrscheinlich mit dem Auto selbst, aber auch das kann man nicht als grundfalsch verteufeln, weil auch Senna schon vorher viele Unfälle hatte, wie andere auch — und die hatten das Glück, zu Fuß von ihren Unfällen wegzugehen."
Bevor der offizielle Senna-Unfallreport kommt: Da war große internationale Aufregung und die Schlagzeile: „Ecclestone beim Begräbnis unerwünscht". Du kamst recht zynisch weg?
ECCLESTONE: „Da waren ziemliche Mißverständnisse. Sennas Bruder machte ein paar komische Statements. Ich hätte ihm gesagt, er müsse mit dem Schlimmsten rechnen, denn das Schlimmste sei passiert, als Ayrton noch lebte — aber man hatte mich so informiert. Und dann hätte ich die Todesnachricht hinausgezögert, damit das Rennen neu gestartet werden könnte, und solcher Unsinn. Er starb, wie alle wissen, die noch bei ihm waren, gegen 19 Uhr. Zum Begräbnis hatte mich der Gouver-

neur eingeladen, mit ihm zu gehen. Aber dann hörte ich, daß ich für die Senna-Familie nicht willkommen war — was alle Freunde Ayrtons befremdete."
Und dann?
ECCLESTONE: „...sah ich mir das Begräbnis im Hotelzimmer im Fernsehen an. Ein ziemlicher Schock für mich, welche Leute an seinem Sarg standen und ganz traurig und verzweifelt taten, obwohl jeder wußte: Sie haben Senna nie mögen — und umgekehrt. Ich bin sicher: Wenn Ayrton von oben zuschauen hat können, war's auch für ihn degoutant."

MONACO: KAMPF GEGEN DIE ANGST

Die Formel 1 im Schußfeld: Zwischen Berger, Lauda und Max Mosley erregte Diskussionen. Lauda: „Die FIA-Argumente wegen Imola will keiner hören, weil sich alles geändert hat, was früher vielleicht als normal empfunden wurde. Vor 20, 30 Jahren sind die armen Teufel irgendwo auf der Strecke verunglückt — heute ist die ganze Welt live dabei. Da kannst nimmer reagieren wie damals. Millionen haben mit Ratzenberger und Senna gelitten, sind mit den beiden gestorben — da kann nicht Schumacher auf dem Siegerpodest herumspringen, Hakkinen blöde Interviews geben usw. Einer kaute grad einen Apfel und teilte Sennas Bruder so nebenbei mit, daß Ayrton tot ist. Und nach dem Neustart hätte man nach 20 Runden abbrechen müssen — das wäre Stil und Respekt gewesen."
Lauda zur weltweit losgebrochenen Diskussion über Sinn und Unsinn der Formel 1: „Die Leute toben nicht so sehr, weil zwei Fahrer gestorben sind, sondern weil viele so entsetzlich reagierten — und alles falsch machten!"
In Monte Carlo steigt der „Sicherheitsgipfel" der Formel-1-Piloten, den noch Ayrton Senna initiiert hatte: Berger, Schumacher, Alboreto, Hakkinen, Lehto — mit Gerhard als neuem, hauptverantwortlichem Fahrervertreter. Mit Sitz und Stimme bei der FIA?
„Der Fahrerchef muß ein aktiver Rennfahrer sein — das kann weder Alain Prost noch ich sein!" weiß Niki Lauda. „Und einer, auf den sich

alle einigen!" Berger in den Schuhen Laudas? Der 1982 in Kyalami zum berühmten Fahrerstreik aufgerufen und auch sonst immer geschaut hat, daß die Formel 1 in die richtigen Bahnen gelenkt wird.
Aber Berger — macht er weiter oder steigt er aus? fragen alle. Langsam verblassen die Schrecken von Imola — ganz vergessen kann er sie nie.
Zum Weiterfahren kann ihn niemand zwingen, kein Team, kein Vertrag — nur er selber entscheidet. Bei Rücktritt erlöschen alle Verträge — nur Stallwechsel sind verboten. Aber Gerhard wäre der letzte, der jetzt an Williams denkt. Dort stehen schon andere Charaktere Schlange. Nicht Alain Prost, der noch in Sao Paulo erklärte: „Nie mehr steig ich in ein Rennauto!"
Niki Lauda: „Aufzuhören, so eine Entscheidung kommt nicht im Kopf zustande, sondern im Auto, wenn du merkst, daß du nicht mehr fahren kannst."
Vertrauliches Geständnis von Gerhard: „Wäre ich schon Weltmeister, hätte ich vielleicht aufgehört!" Jetzt könnte er denken: Weiterfahren ja, aber ich muß etwas mehr tun.
Für die Sicherheit — seine und die der anderen.
„Ich hab noch immer überhaupt keine Lust zum Rennfahren — und ohne Freude kannst weder fahren noch Leistung bringen!" Die Leiden des Gerhard B., seine inneren Zweifel.
Gerhard, in dir arbeiten derzeit viele Dinge? frag ich.
„Nicht erst seit Imola. Ratzenbergers Tod war für mich ein Schock. Tags darauf stirbt mein Freund Senna, der Unverletzbare. Aber was jetzt in mir arbeitet, hat sich schon 1993 aufgestaut: durch meine Unfälle in Monza, Estoril usw. Erst jetzt ist mir klargeworden, wieviel Glück ich schon gehabt hab. Wie mit dem Scheckheft: Du reißt raus und raus — und plötzlich ist nichts mehr drin."
Ferrari macht dir keinen Druck?
„Überhaupt nicht. Wenn Ferrari anruft und sagt: Wir brauchen dich fürs Testen, muß ich sagen: Tut mir leid, ich kann nicht. Ich brauch noch Zeit, um meine Gefühle entscheiden zu lassen. Ob ich fahr oder nicht fahr, aufhör oder nicht. Sobald ich es weiß, sag ich's."
Die Zeit rennt: Denkst du daran, Monte Carlo auszulassen?
„Kann durchaus sein, daß ich Monaco auslaß — und mich dann erst

entscheide. Um zu fahren, muß man Freude dafür spüren. Die hab ich momentan überhaupt nicht. Ich hoff, daß sie noch kommt."
Hast du dir ein Limit gesetzt?
„Nein, kein Limit, und Ferrari setzt mir auch keines. Ich muß einfach abwarten. Ob die Freude nächste Woche kommt — oder nächste — oder übernächste. Wenn du mich fragst: Ja, ich will fahren. Ich tu nichts lieber, als Formel 1 fahren. Das wollen Millionen, können es aber nicht. Bei mir ist es momentan das gleiche: Ich kann jetzt auch nicht."
Hast du Angst?
„Schau, einsteigen und herumgurken hat überhaupt keinen Sinn. Ich fühl mich derzeit wie ein Seiltänzer. Solang der nach oben schaut, klappt alles automatisch. Aber wenn er plötzlich nach unten schaut, funktioniert es nicht mehr — dann fällt er auch runter. Genauso ist es im Rennauto."
Bergers Hirn signalisiert Aufhören, sein Herz will weiterfahren — oder? „*Genau weiß er's erst, wenn er wieder im Auto sitzt. Das ist der entscheidende Moment: Wenn du drinsitzt, Gas geben willst — und es geht nicht!*" *Wie Niki 1979 in Montreal: erster Rücktritt, mitten im Training.*
Den berühmtesten Satz, er mag nimmer im Kreis fahren, hat Lauda übrigens nie gesagt. Sondern damals wörtlich zu mir: „*Plötzlich fragte ich mich: Was mach ich nur unter all denen, die hier im Kreis fahren?*" *Also nicht eigene Fadesse, sondern plötzlich sinnlose Umgebung.*
Monte Carlo 1989: Ich ging mit Gerhard Berger — nach seinem Imola-Feuerunfall noch nicht einsatzfähig — während des Trainings durch den Tunnel. Zentimeterknapp fauchten die Boliden mit 240 km/h vorbei. Gerhard war fassungslos: „*Unvorstellbar, da sitz ich normal drin? Ich krieg ja schon beim Zuschauen Angst!*" *Später, oben am Casino, versteckt er sich zum Schutz hinter einem Baum... Der Unterschied zwischen drinnen und draußen in der Formel 1.*
Rücktritt — die wichtigste Entscheidung im Leben jedes Rennfahrers. Jochen Rindt wollte immer „*mit 30 aufhören, bevor mich die Formel 1 ausbrennt.*" *Er starb mit 28. Jackie Stewart hatte seinen Rücktritt 1973 das ganze Jahr vorprogrammiert.*
Der Countdown ins Pensionistenleben muß für ihn schrecklich ge-

wesen sein. Aber: Er überlebte eine Todesserie. „Und Überleben", weiß Niki Lauda am besten, „ist immer noch das Wichtigste in der Formel 1."

Als Prost in Adelaide abtrat, sagte mir Berger leise: „Jetzt spürt er die große Leere. Aber er weiß auch: Jene, die immer mit vollem Risiko fahren, überleben selten — schau Peterson und Villeneuve an. Oder den armen Regazzoni."

Berger fährt trotz Schock. Karl Wendlinger auch, aber mit Bremspedal im Kopf: „Du wirst nachdenklich... Das Gescheiteste war, sofort wieder zu testen. Aber völlig abschalten kann ich nicht."

Ich weiß, Wendlinger hat seine Freunde fast nur außerhalb der Formel 1 — aber zumeist aus dem Sport: „Mit Henri Duvillard, dem Abfahrer, hab ich als Bub viel Tennis gespielt, mit Christian Perthaler ab der Hauptschule Fußball, Eishockey — oder wir fahren gemeinsam Go-Kart."

Karl hat 1993 lang um Christian gezittert: Plötzliche Gehirnblutung im Eishockey-WM-Spiel gegen Kanada in München, 25 Tage Intensivstation, fünf Monate totale Pause — aber gerettet und wieder gesund. Genau ein Jahr danach lädt Karli seinen Freund zum GP nach Monaco ein — als Hausgast im Appartement.

In gedämpfter Stimmung beginnt das erste Training in Monte Carlo. Die traurigste Ära nach Ayrton Senna, für den eine Gedenkmesse gehalten wird. Gerhard Berger nimmt dran teil, und dann fährt er die erste Bestzeit!

Aber Alain Prost hat immer gewarnt: „Wenn ein Auto beim Casino-Aufstieg entgleist, crasht es in die Fans. Darum fährt in Monaco keiner voll — nur früher, Senna. Und Berger: „Monaco ist noch gefährlicher — aber für die Zuschauer."

Karl Wendlinger fährt 21 Runden, ehe er in der Schikane stürzt, als hätte in der Formel 1 wieder der Blitz eingeschlagen.

Die Schikane am Hafen: Schon viel zu oft Schauplatz von Dramen! Dort raste Doppelweltmeister Alberto Ascari 1955 mit einem Lancia ins Meer, mußte von Froschmännern geborgen werden, kam aber mit einem Nasenbeinbruch davon. Dort verunglückte 1967 der italienische Ferrari-Pilot Lorenzo Bandini, der erste Zeltweg-Sieger von 1964.

Mit 270 km/h aus dem Tunnel, bergab, über Bodenwellen. Es ist

11.27 Uhr, also drei Minuten vor Trainingsschluß, die Strecke am Ausgang des Tunnels bereits abgetrocknet.
Die Sauber-Telemetrie ergibt exakte Daten: Wendlinger bremst um 0,4 Sekunden später als die schnellste Runde zuvor, also 13 Meter später, mit fast leerem Tank. Die Streckenposten als Augenzeugen: „Der Wagen hat zweimal aufgesetzt."
Das Sauber-Team sieht später bei der Rennleitung den Video-Film des Unfalls: Karl kommt sehr, sehr schnell aus dem Tunnel, streift beim Anbremsen, ganz rechts, die Leitplanken — wie Spuren beweisen. Und fliegt dann quer ins Bild — voll gegen die Absperrung. Leider Gottes nicht in den Notausgang unmittelbar links von der Unfallstelle.
Die TV-Kamera zeigt nur den zweiten Anprall: rechts hinten, mit voller Wucht — Karli schlägt sein Rückspiegel aufs Handgelenk — dazu ein Schlag aufs linke Knie.
Erik Comas ist als erster Pilot bei Karli: „Er atmet, hat die Augen offen, will sogar selber auf die Tragbahre steigen." Nach sieben Minuten ist Wendlinger aus dem Auto befreit, Formel-1-Rennarzt Doktor Syd Watkins sofort zur Stelle.
Um 11.47 Uhr ist Karl bereits in der Klinik „Princesse Grace", wo man die Hirnverletzungen erkannt und sofort den Helikopter nach Nizza alarmiert hat.
Dann aber die Meldung, daß Wendlinger in einem tiefen Koma liegt. Die Ärzte kämpfen um das Leben des Österreichers.
Schleudertrauma ohne Brüche, keine Wirbelsäulenverletzung, keine Rumpfverletzung, aber der Scanner ergibt Hirnverletzungen: So die aktuelle Diagnose von Professor Paul Grimaud aus der „Saint Roch"-Klinik von Nizza. Peter Sauber: „Wir müssen seinen Zustand ernstnehmen."
„Wenn das Unglück in die Formel 1 kommt, dann anscheinend in einem Ausmaß, daß es immer weitergeht!" Niki Lauda, die ganze Formel 1 ist alarmiert. Knapp zwei Wochen nach der doppelten Imola-Tragödie Angst um Karl Wendlinger.
Roberto Guerrero — der große Hoffnungsschimmer. Ex-Formel-1-Pilot, Kolumbianer, nach einem 350-km/h-Unfall wochenlang im Koma — und ein Jahr später wieder in Indianapolis! Sobald Wendlinger aufwacht — wird auch er wieder ganz gesund? Die Horror-Mel-

dungen von Querschnittlähmung und Leben im Rollstuhl – als ob nicht schon alles schlimm genug wäre – werden von Prof. Daniel Grimaud dementiert: „Das kann nur jemand unkompetenter gesagt haben, der mit Wendlingers Fall überhaupt nicht vertraut ist!"
„Alle Rollstuhl-Meldungen sind erfunden. Aus der Klinik selbst können sie nicht stammen – von hier ist nichts Falsches nach außen gedrungen." Wir warten stündlich auf jedes Bulletin. Prof. Grimaud: „Ich will ihn weiter im künstlichen Koma halten, um das Hirn zu entlasten." Und Gott sei Dank hat der Arzt „Fortschritte festgestellt, die in eine positive Richtung zeigen". Von Folge- oder Spätschäden keine Rede. „Aber daraus darf man noch nicht schließen, daß die Lebensgefahr gebannt und der Pilot über den Berg ist." Aber hoffentlich bald!
„Ein ganz junger Tiroler mit der Seele eines sehr, sehr alten Indianers!" Herbert Völkers berühmter Satz – treffender kann keiner Karl Wendlinger beschreiben. Jetzt bangt ganz Österreich, die ganze Formel 1, um den Tiroler. Die nächsten 48 Stunden in der Klinik entscheiden über sein Leben. „Aber er ist jung, er ist stark..." hofft Prof. Grimaud. Die Saint-Roch-Klinik von Nizza: hermetisch abgeschirmt, spärliche Nachrichten. Gerhard Berger wollte den Eltern Wendlingers seinen Privat-Jet nach Tirol schicken – aber da waren die Eltern schon im Auto unterwegs. Mit in der Klinik: Karlis Freundin Sophie und seine Sauber-Freunde.
Peter Sauber entscheidet: „Ich zieh mein zweites Auto zurück." Frentzen fährt weder Training noch Rennen. Das ganze Team ist emotionell außerstande, zur normalen Rennroutine überzugehen. Als Mercedes-Sportchef Norbert Haug sein Kommuniqué verliest, bricht er in Tränen aus – und kann nicht fertigreden. 25 Jahre lang ist nie ein Sauber-Pilot verunglückt. Nie ein schwerer Unfall, nie jemand verletzt. Und jetzt Karl Wendlinger, der schon als Bub Gerhard Berger in die Formel-1-Boxen begleitet hat.
Nie ein Hasardeur, still, bescheiden, zurückhaltend. „Aber das heißt nicht, daß ich nicht auch explodieren und mich richtig ärgern kann." Besonders über Ungerechtigkeiten. Karli: ein Multisporttalent. Super im Tennis, Skilaufen, Eishockey. Aber er hat sich ausgesucht, was er am liebsten tut – was leider auch am gefährlichsten ist.
Seine Gefühle? Sehr, sehr selten öffentlich zur Schau gestellt. „Aber

das heißt nicht", sagte er nach Imola, *„daß ich nicht genauso erschüttert und traurig bin."*
„Wendy", wie sie ihn im Formel-1-Zirkus nennen, ist ein Fahrer, der keine Feinde hat: nie Intrigen, nie Streit, nie Politik. Um so ehrlicher, um so größer die Sorge um ihn — im jetzt total verstörten, verunsicherten Grand-Prix-Sport: Als der junge Christian Fittipaldi Donnerstag um 11.27 Uhr den Zeitenmonitor studiert, fragt er: *„Und wo ist Senna?"* Niemand hat sich dran gewöhnen können, daß der Größte nicht mehr da ist.
Die Formel 1 betet für unseren Karli Wendlinger! Der Druck im Gehirn hat nachgelassen, die Schwellung geht langsam zurück — ein gutes Zeichen! Grimaud: „Es kann noch 48 Stunden dauern, bis eine Prognose möglich ist. Operation ist keine geplant." Soweit das letzte Bulletin. „Karls Zustand ist stabil. Bitte um Verständnis, wenn wir nicht jede Stunde neue News herausgeben."
In Nizza kämpfen die Ärzte um Karl Wendlingers Gesundheit — in Monte Carlo kämpfen alle anderen Piloten sechs Stunden lang um eine sicherere Formel 1. „AUFHÖREN" brüllt „L'Equipe in dicken Schlagzeilen, und viele Fordern nach der Horror-Serie: „Macht Schluß mit der Formel 1!" Die im Moment wirklich schwer zu verteidigen ist, zu lang hat man, arrogant und ignorant, die gefährliche Entwicklung übersehen, dem Glück vertraut.
Plötzlich ist die Formel 1 russisches Roulette. Aber wenn etwas bricht — wie der Flügel bei Ratzenberger, die Lenkung bei Senna — oder Bodenwellen entgleisen lassen, dürfen die Autos nicht zu „fliegenden Bomben" werden!
Darum Freitag, von 8.30 bis 14.30 Uhr, das größte, längste, wichtigste Fahrermeeting seit Kyalami. Die alte Grand-Prix-Fahrergewerkschaft wird neu gegründet — und fordert Stimme bei der FIA für alle Formel-1-Entscheidungen. Niki Lauda soll die Formel 1 retten! Der dreifache Weltmeister und Ferrari-Berater ist der geistige Leader der Fahrergruppe, in die auch Gerhard Berger, Michael Schumacher und Christian Fittipaldi gewählt werden.
Gerhard: „Niki, weil er von früher alle Erfahrung hat, Schumacher, weil er eine Leitfigur ist, Fittipaldi, damit er die jungen Fahrer vertreten kann — und ich als ein bißl von allem."

Lauda und Berger verraten: „Es gibt Sofortmaßnahmen und langfristige Pläne. Sofort gehen wir heute, Samstag, den Monaco-Kurs ab und schauen, was wir Sonntag ändern können — mehr Schutz durch Gummireifen! Außerdem inspizieren wir die nächsten Grand-Prix-Strecken sehr genau!" Und die entgleiste Formel-1-Technik? „Da haben wir noch keinen Einfluß — noch nicht!"
Schluß mit dem Wahnsinn! Endlich steigt die FIA auf die Bremse. Bevor Max Mosley, schon immer ein genialer Politiker, seine dramatischen technischen Reglementänderungen bekanntgibt, trifft Berger Bernie Ecclestone zum Geheimmeeting. Ab Barcelona fordern die Piloten auch Mitspracherecht bei der FIA.
Senna und Ratzenberger dürfen nicht umsonst gestorben sein — endlich Schluß mit der Horror-Serie! „Ayrton und Roland sind wir es schuldig, daß die Formel 1 in eine sichere Zukunft steuert", sagt Monaco-Rennleiter Jacky Ickx. Schlüsselfigur ist, wie so oft, Niki Lauda — der mit der bisherigen Struktur der Formel 1 nicht ganz einverstanden war, „weil alles in einer Hand war: Die kommerziellen und die technisch-sportlichen Interessen. Bernie ist ein genialer Businessmann, aber Geld und Sport gehört getrennt!"
Niki Lauda als „Piccolo Commendatore" bei Ferrari, jetzt Vertreter der Fahrer — wie verträgt sich das? „Kein Problem. Für Ferrari war die Sicherheit seiner Piloten schon immer das wichtigste — mehr als in anderen Rennställen!" Zuletzt hat Ferrari indirekt sogar gedroht, aus der jetzigen Formel 1 auszusteigen — genau wie Monza den Italien-GP absagen wollte. Schärfste Kritik aus Italien und Frankreich zwang die FIA, endlich zu reagieren — und sogar das „Concorde Agreement", das alle technischen Änderungen einfriert, zu sprengen. Jenes Abkommen, das vor 10 Jahren ausgerechnet Mosley erfunden hatte...
Demnach wird sich in der jetzigen „Todesformel 1" folgendes ändern:
• ab Barcelona (30. Mai) reduzierte Flügel und Unterboden-Windabweiser — 15 Prozent weniger aerodynamischer Bodendruck, daher geringere Kurvengeschwindigkeiten,
• ab Montreal (13. Mai) höhere Cockpitwände, besserer Schutz der Piloten vor herumfliegenden Trümmern, verstärkte Vorderradaufhängungen — seit die Autopsie ergeben hat, daß Ayrton Senna in Imola entweder vom eigenen Rad tödlich getroffen wurde oder ein

Aufhängungs-Metallteil den Helm durchschlagen hat. Mindestgewicht um 25 kg erhöht.
Außerdem: Rückkehr zum Sprit von der Tankstelle, ab Hockenheim alle Maßnahmen, die für 1995 geplant waren, vorgezogen. Und 1995 dann keine Tankstops mehr — und 200 PS weniger, maximal 600.
Niki Lauda zur Abrüstung: „Prinzipiell der richtige Weg, aber ob das alles im Detail richtig durchdacht ist, weiß ich nicht..."
Aufbruch in eine neue Ära — hoffentlich in eine sichere! Die Formel 1 fährt im beklemmend düsteren Monte Carlo in eine ungewisse Zukunft. Ohne Weltmeister im Feld, alarmiert und verstört, und mit überfallsartig diktierten neuen Maßnahmen. Niki Lauda zur technischen Revolution: „Aufpassen beim Abrüsten, damit nicht in der Aufregung Dinge beschlossen werden, die die Autos noch schwieriger zu fahren machen — und noch gefährlicher!"
Monaco — wirklich ein Rennen, das alle wollen? „Der Grand Prix war nie gefährdet", dementiert Fürst Rainier III. aus dem Grimaldi-Palast. „An eine Absage hab ich nie gedacht." Das Auto-Roulette rollt, hoffentlich nicht als russisches. Aber als Requiem für Senna und Ratzenberger!
FIA-Präsident Mosley hat die Forderung, die erste Startreihe als letzten Tribut freizulassen, spontan akzeptiert. Rennleiter Jacky Ickx, der Ex-Superpilot aus der Rindt-Ära: „Wir planen anders: Wir legen vor dem Start, vor die erste Reihe, die brasilianische und die österreichische Flagge — zu Ehren von Senna und Ratzenberger. Und wir lassen 40 Minuten vor dem Start über den riesigen Video-Schirm am Hafen ein Gedenk-Video an Ayrton und Roland flimmern."
Der GP-Klassiker, diesmal in Moll, mit einer Trauerminute aller Piloten, von Niki Lauda arrangiert, an der Startlinie. Alain Prost: „Wir alle haben ein schlechtes Gefühl — aber jetzt wird ja für die Sicherheit etwas getan."
Ein gottlob unfallfreies Rennen — außer der Karambolage Hakkinen—Hill schon in der ersten Kurve.
Berger duelliert sich lang mit Brundle um Platz zwei — verliert dieses Duell aber: Motorplatzer von Blundells Tyrrell-Yamaha, gelbe Flaggen, aber keine Ölflaggen. Schumacher: „Ich konnte gerade korrigieren." Berger: „Ich sah die gelben, aber keine Ölflaggen." Ausrutscher,

Dreher, 10 Sekunden verloren, schmutzige Reifen — so muß Gerhard Brundle vorbeilassen.

„I am happy it's you — ich freu mich, daß Sie es sind!" Nach sechs Senna- und vier Prost-Siegen seit 1984 gelten Fürst Rainiers traditionelle Gratulationsworte einem neuen Sieger — Michael Schumacher, zum viertenmal 1994, Gerhard Berger erkämpft als Dritter 4 Punkte. Wie Gerhard seine Zweifel bekämpft, die Belastung ertragen hat? „Mein Körper hat nach den letzten Unfällen schon soviel Selbstschutz aufgebaut — ein komisches Gefühl. Aber nach Karlis Unfall hab ich immer gespürt: Das packt er leicht!" Und woher die plötzlich wiedergefundene Freude am Rennfahren? „Weiß ich auch nicht, aber das geht von allein. Und daß es mit Karli aufwärts ging, hat natürlich unheimlich geholfen!"

„Wenn er so einen Unfall nicht überlebt, dann keiner!" weiß Karl Frehsner, Ex-Skiboß, jetzt Sauber-Fahrerbetreuer. „Wendlinger hat von allen Formel-1-Piloten die beste körperliche Konstitution, am meisten Kondition trainiert, absolut seriös und eifrig. Kein anderer ist in so guter Verfassung. Das hilft ihm jetzt zum Glück."

Karl Wendlinger hat alle Chancen, sein schwerstes Rennen zu gewinnen. Sonntag zeigt er bereits leise Anzeichen von Munterwerden — aber Prof. Daniel Grimaud hält ihn weiter im Tiefschlaf, damit sich das Hirn vollständig erholen kann. „Und nur der Professor entscheidet, wann er Karli aufweckt — im Lauf dieser Woche. Das kann täglich passieren", sagt Mama Traude. Und bestätigt dankbar: „Karli ist in Nizza in den besten Händen."

Freudentränen im Sauber-Team, stilles Glück und große Dankbarkeit bei Familie Wendlinger: Karli geht's wieder besser — er scheint über den Berg! Und doppelt erfreulich: „Es gibt überhaupt keine Anzeichen, daß die Motorik ein Problem sein könnte", hofft das Sauber-Team. „Reden wir nicht gleich vom Formel-1-Fahren, aber alles sieht ganz danach aus, als würden wir unseren Karli als jungen, gesunden Menschen zurückkriegen!"

Im Sauber-Team bricht nach den guten Sonntag-Nachrichten stiller Jubel aus: „Wir haben wieder wegen Karli geweint, diesmal aus anderem Grund..."

Karls Eltern sind sehr gefaßt und zuversichtlich, aber müde und erschöpft vom Bangen um ihren Sohn. Der Vater, früher selber Rennfahrer, fuhr gestern heim nach Kufstein — Mutter Traude bleibt vorläufig in Nizza. Bis Karli — Mitte der Woche — wieder aufwacht. Tapfere, starke Familie!

„Ich sprech täglich mit ihm. Ich erzähl ihm alles, was passiert." Traudi Wendlinger, dunkle, schlanke Tirolerin, ist eine besonders starke, tapfere Mutter, voll Kraft und Zuversicht. Interviews will sie erst geben, wenn ihr Sohn aufgewacht ist — aber nicht einmal jetzt, da Karl Wendlinger III. um seine Gesundheit kämpft, verdammt sie den Rennsport.

Schon der Großvater fuhr, auch der Vater. „Aber mit Tourenwagen — die sind nicht so schnell", lächelt Karlis Mutter still. Angst. „Früher weniger vor einem Unfall, als daß die Siege ausbleiben. Man war jung. Und beim Kind denkt man halt immer, es ist viel gefährlicher..."

Wir stehen im Hof der Spezialklinik „Saint Roch" von Nizza. Gerade ist Karlis Vater nach Kufstein heimgefahren, um am Wochenende wiederzukommen — wenn Karli wahrscheinlich wieder sprechen kann. Momentan ist seine Freundin Sophie oben im 2. Stock der Intensivstation.

Fünf Tage nach dem Horror-Crash in Monte Carlo begann für Karl Wendlinger der Weg zurück. Prof. Daniel Grimaud hat sich entschlossen, ihn stufenweise aus dem künstlichen Koma herauszuholen. Alle neurologischen Befunde sind positiv. Der Journalisten-Geier mit der Rollstuhl-Falschmeldung kreist nicht mehr über Nizza.

Keine Lebensgefahr mehr? „Ein gewisses Risiko bleibt bis nach dem endgültigen Aufwachen. Außerdem ist die jetzige Behandlung nicht ganz risikolos — wegen der Belastung für den Organismus."

Die Schwellung im Hirn hat sich entspannt und verteilt. Seit den guten News kann Mama Wendlinger endlich wieder schlafen. Auch die beiden Christians, die in Nizza geblieben sind: Kargl, der Dungl-Therapeut, und Perthaler, der Eishockeyspieler, der sich schon drauf freut, wenn's mit Wendlinger wieder Bodychecks gibt.

Im Monaco-Appartement — wo die Mama jetzt eingezogen ist — läuft das Tonband: Karli am Anrufbeantworter auf deutsch; in seiner vorigen Monaco-Wohnung hat er noch englisch gesprochen.

Vielleicht wegen Sauber-Mercedes, dem schweizerisch-deutschen Team:

„Bei uns ist der Mensch wichtiger als alles andere, darum haben wir Frentzen zurückgezogen." Karlis Mama nickt: „Ich hab nicht verstanden, warum Simtek nach Ratzenbergers Unfall in Imola gestartet ist."
Ein Meer von Blumen, Berge von Telegrammen, Genesungswünsche, Glücksbringer. „Ein Marokkaner, seit kurzem Buddhist, hat in der Intensivstation für Karli gebetet. Eine Französin eine Muttergottes mitgebracht", erzählt mir Karlis Mutter. „Unvorstellbar, wie Fremde Anteil nehmen. Und Telegramme von vielen Mädchen, die wir gar nicht kennen – und die Sophie auch nicht . . ."
Vier Buben vom Schweizer Sauber-Fanklub kommen jeden Tag. Karlis Rennmechaniker lassen ausrichten: „Du hast für dein neues Monaco-Appartement noch gar keine House-warming-Party gegeben. Wir verlangen ein ordentliches Fest. Und für das lädierte Rennauto schuldest du uns auch noch eine Runde." Formel-1-Humor – aber von einem sehr menschlichen Team. Einer rät Karli, „den Friseur zu wechseln". Denn weil man nicht wußte, ob er operiert werden müsse, wurde der Kopf rasiert.
Endgültig: Keine Operation. Keine Verletzung. „Karli bleibt da in Nizza, bis er reisen kann!" Und Mama Wendlinger: sowieso. „Ich erzähl dem Karli alles, was passiert. Auch am Sonntag, daß Schumacher gewonnen hat – weil wir ja doch Anteil nehmen. Darauf, kam mir vor, ist der Karli unruhig geworden." Hat am Schlauch gebissen, die Hände bewegt, mußte ruhiggestellt werden.
Ich erzähle Mama Wendlinger von der Skirennläuferin Christine Putz, die ihrer Mutter nach drei Wochen Koma sagte: „Ich hab jedes Wort verstanden, das du zu mir gesagt hast." Von Niki Lauda, den 1976 in der Intensivstation störte, „daß das Radio so plärrte". Vom Lotus-Piloten Zanardi, der 1993 in Spa einen fürchterlichen Unfall überlebt hat und der danach um zwei Zentimeter gewachsen ist – wie nur seine Mama festgestellt hat.
„Einer Mutter", lächelt Traudi Wendlinger still, „fällt sowas immer auf."

BARCELONA: SIEG FÜR AYRTON

Während Karl Wendlinger den Kampf um sein Leben gewinnt, trocknet die Formel 1 nach dem Katastrophenmonat Mai ihre Tränen und klaubt ihre Trümmer zusammen — entschlossener denn je. Irgendwie muß es ja weitergehen. Max Mosley hat mit seinem neuen Sicherheitsprogramm, in Monte Carlo diktiert, das „Concorde Agreement" gesprengt, Bernie Ecclestone ist weiterhin für Einstimmigkeit.
„Max ist ein bißl zu weit gegangen", flüstert mir Bernie, bildet eine Achse mit Benetton-Rennchef Flavio Briatore — und schon ist in Barcelona der Aufstand da.
„Die Formel 1 wird von innen niedergebrüllt. Was wir brauchen, ist ein echtes Krisenmanagement, kein Chaosmanagement", ärgert sich Niki Lauda in Barcelona. „Nach den letzten Unfällen sind Polit-Streitereien das letzte, was wir brauchen..."
Eingebremste Autos, entschärfte Rennstrecken — aber wie üblich denken alle nur an ihren eigenen Vorteil. Oder fast alle. „Die Unglücksfälle haben uns brutal die Wahrheit zurückgebracht, worum es in diesem Business geht", sagt Jackie Stewart. „Zwölf Jahre lang hat ja alles geglaubt, Formel-1-Fahren ist wie Computerspielen."
Max Mosleys stufenweise Abrüstung reduziert ab Barcelona die Aerodynamik, damit die Kurvengeschwindigkeiten, aber nicht die PS. Ab Montreal ist die Airbox weg und Tankstellensprit vorgeschrieben — was 50 bis 70 PS kostete. Für Magny-Cours sind hochgezogene Cockpitwände plötzlich nicht mehr notwendig. Und neue Crash-Tests fordern an den Cockpitseiten um 50 Prozent mehr Anprallschutz: 30 Kilo-Newton auf 20 cm Durchmesser — früher bloß 20 KN auf 10×30 cm.
Für 1995 werden die Motoren von 3,5 auf 3 Liter reduziert. Die Benzintanks — heuer Mindestfassungsvermögen 200 Liter — sind freigegeben, jeder kann selbst entscheiden, ob er tanken will oder nicht. Kleinere Tanks heißt: Die Konstrukteure können Autos mit kürzerem Radstand bauen, die vermutlich leichter fahrbar sind.
So hat das „Racing Committee" entschieden und das „World Council" der FIA bereits abgesegnet.
Aber bis es so weit ist: das ganze Spektrum der Formel 1 mit allen Ego-Problemen und Intrigen.

Die Fahrer drohen in Barcelona mit Streik, wenn ihre Forderungen nach einer behelfsmäßigen Schikane nicht erfüllt werden — und setzen sich durch.

Die wichtigsten Teams außer Ferrari boykottieren in Barcelona das Freitagvormittagtraining, bis acht ihrer Konstrukteure (plus die Fahrervertreter Berger, Schumacher, Fittipaldi) in dieses „Racing Committee" berufen werden. Mitspracherecht also garantiert.

Es gehen viele offene Briefe hin und her. „Dear Bernie" und „Dear Max". Aber von einer Entmachtung des gefinkelten FISA-Präsidenten, wie viele glauben, kann keine Rede sein. Mosley ist nur zu rasch vorgepprescht, statt sich schon in Monte Carlo mit den Teams zu beraten, ehe er seine Punkte hinknallt. Worum geht's?

Die ersten Testfahrten mit den reduzierten Frontflügeln und hinten abgeschnittenen Unterböden alarmieren. Pedro Lamy bricht bei Silverstone-Tests „aufgrund der vertikalen Erschütterungen", wie Lotus glaubt, der Heckflügel weg. Böse Fußnote: Der Lotus landet nach seinem Salto mortale im gottlob leeren Zuschauerraum. Ein Zuschauerunfall — das letzte, das die Formel 1 brauchen kann.

Auch anderen brechen die Heckflügel weg — den Ligiers sogar zweimal. „Die modifizierten Autos", schrecken sich viele, „sind jetzt viel nervöser, kritischer und schwieriger zu fahren." Aber als Niki Lauda die versammelte GPDA fragt: „Ganz ehrlich, welche Formel ist euch lieber: die alte oder die neue?" Da antworten ihm die Piloten überraschend einstimmig: „Die neuen Autos fahren wir lieber, die sind progressiver."

Berger und Alesi greifen zum Selbstschutz, probieren in Mugello revolutionäre Helme mit Hals- und Nackenschutz — von den amerikanischen Marine-Kampffliegern, die auf Flugzeugträgern landen müssen. Berger hat sich die Helme bei Jean Todt besorgt und Professor Sid Watkins vorgelegt:

„Muß noch für die Formel 1 adaptiert werden — und mit Testpuppen für Crash-Tests im Auto", entscheidet Berger, der wochenlang nicht weiß: „Bin ich jetzt Funktionär oder Rennfahrer? Ich renn von einer Sitzung in die andere, weiß schon gar nimmer, wievielen Komitees ich angehör und fürchte: Vor lauter Kämpfen um die Sicherheit für alle anderen vergiß ich meine eigene Sicherheit — weil ich dann nicht konzentriert im Auto sitz."

Aber die GPDA funktioniert, „genau wie ich es mir früher immer gewünscht hätte", sagt Alain Prost. „Wenn die Fahrer stark sind und zusammenhalten, können sie alles erreichen."
Prost war immer der Ansicht, man müsse eher die Strecken den heutigen Speeds anpassen als die Autos verändern. Das geschieht. „Aber wir sind ein bißl zu aggressiv", gibt Berger zu. Schumacher vor allem will immer und überall alles perfekt machen. Bis Niki Lauda seine Nachfolger einbremst: „Es geht um die Mauern in den 300-km/h-Kurven, nicht um die Randsteine in den langsamen Schikanen — die vergeßt. Sonst fahrt ihr bald nur noch zwischen Gummihütchen auf dem Salzsee von Utah, aber ohne Sponsoren und ohne Zuschauer — weil euch dann keiner mehr sehen will..."
„Temporäre Schikanen" mit Überholverbot in Barcelona und Montreal. Magny-Cours modifiziert. Silverstone total umgebaut, eine völlig neue Strecke mit Millionenaufwand. In Hockenheim die dritte Schikane wie die erste. In Spa wird „Eau Rouge" durch eine Schikane entschärft — kommt aber 1996 in aller Dramatik wieder. Nur ohne Mauer dahinter.
Sterben die 5.-Gang-Kurven? „Sicher nicht", beteuert Berger. „Mir tut das Herz weh, wenn ich seh, daß wir sie heuer entschärfen müssen, weil keiner lieber schnelle Vollgaskurven fährt als ich — aber lieber weniger Spektakel und dafür eine faire Chance, daß du am Leben bleibst, wenn etwas am Auto schiefgeht."
Um so größer das Entsetzen, als es im Barcelona-Training schon wieder kracht. Wieder ein Wagen in der Mauer. Wieder ein violetter Simtek, wieder die Nummer 32. Roland Ratzenbergers Ersatzmann Andrea Montermini im Rettungshubschrauber. Eigentlich hätte der italienische Keramikfabrikantensohn gar nicht fahren dürfen: 38,5 Grad Fieber, seit acht Monaten kein Rennen mehr. Und er gestand David Brabham: „Ich kann in der Zielkurve den Kopf nicht gerade halten." Aber Simtek braucht wohl die 600.000 Dollar für zwei Rennen.
Montermini hat Glück: Zehenbruch und angebrochenes Fersenbein. Zwei Tage später fliegt er nach Hause.
45 Minuten nach seinem Unfall jedoch: ein letztes Requiem für die Opfer von Imola. Der Automobilclub enthüllt neben dem Eingang ins Fahrerlager ein Denkmal für Senna und eine Gedenktafel für Ratzen-

berger, den der Presidente sorglos in „Ralf" umtauft. Das tut weh, besonders, wenn man von Vater Ratzenberger einen seiner herzlich gehaltenen Briefe bekommen hat: „Ich weiß erst jetzt wirklich, wieviel Roland der Rennsport bedeutet und was er geleistet hat."
Ehe Ecclestone vom Senna-Denkmal weggeht, küßt er den Abdruck von Ayrtons Gesicht.
Die neue Formel 1: erstmals seit 1959 ein Feld ohne Weltmeister. Aber Williams, so scheint es, muß Rothman's einen Superstar vertraglich garantieren. Prost sagte schon in Sao Paulo ab: „Nie mehr steig ich in ein Formel-1-Auto." Patrese bei der DTM. Unfaßbar: Williams hatte alle drei Superchampions an der Hand, jagte Mansell mit nassen Fetzen nach Amerika, veranlaßte Prost zum Rücktritt, verlor Senna durch das rätselhafte Unglück von Imola — und verweigert Renault lang die Telemetrieaufzeichnungen des Unfalls. Alles, was man zugibt: „Senna stand beim Anprall gegen die Tamburello-Kurve auf der Bremse."
Statt mit zwei der drei Superstars fährt Williams jetzt mit Hill und David Coulthard. „Schicksal", sagt Berger leise. Einen Williams-Versuch, Heinz-Harald Frentzens Vertrag zu kaufen, sofort oder im Winter, hat Peter Sauber abgelehnt: „Ich bin doch kein Fahrerhändler."
Hill ist der erste, der Schumacher 1994 besiegen kann — aber wegen technischem K.o. Michael hat ab etwa der 20. Runde einen hydraulischen Defekt, der die ganze Schaltung lahmlegt. „Ich funk es der Box, aber die sagt nur: wir können dir auch nicht helfen. Versuch durchzufahren. Nie dachte ich, daß ich ins Ziel komm."
Der Wagen steckt rund eine Stunde lang im 5. Gang. Daß Schumacher im 5. Gang mit 50 km/h aus der Box herausstottern kann, ist schon unheimlich. Aber daß er mit nur einem Gang — nach kurzer Anpassungsphase — schnellere Rundenzeiten drehte als zuvor: unfaßbar. Selbst wenn man konzidiert, wie gut der Benetton sein muß, wie Berger weiß: „Ich bin eine Zeitlang hinter Schumacher hergefahren."
In Barcelona plagt sich Berger — in der ersten Schikane von Barrichello gerammt — mit lädiertem Unterboden, verrückt gewordenem Getriebe. Nach einem Ausrutscher stellt er den Ferrari mit Getriebeschaden endgültig ab, „direkt froh, weil ich Angst hatte, daß der Heckflügel abreißt. Ich hab ja nicht genau gewußt..."
In Barcelona gewinnt Damon Hill in memoriam Ayrton Senna — der

erste Williams-Sieg seit Monza 1993. Ich muß 26 Jahre zurückdenken, und die Worte von Bette Hill und Colin Chapman fallen mir wieder ein: „Er las in seiner eigenen, unvergleichlichen Art die Trümmer seines Teams auf und schenkte uns einen Sieg, als er am wichtigsten war!" Die Worte galten Graham Hill, der unmittelbar nach Jim Clarks Tod das Lotus-Banner übernommen, Verantwortung auf seine Schultern geladen und das erste Rennen der neuen Aera gewonnen hatte — in Spanien. 1968.
Jetzt vollbringt sein Sohn Damon das gleiche, vier Wochen nach Imola gewinnt er das erste Rennen der „neuen Formel 1" — und wieder in Spanien! Unglaublich, wie sich die Geschichte wiederholt. „Ich widme meinen Sieg natürlich Ayrton. Und allen seinen brasilianischen Freunden und Fans, die mir in Sao Paulo gesagt hatten: Ab jetzt schauen wir auf dich!"

MONTREAL: SCHUMACHERS 5. STREICH

„Ich fahr weiter! Nicht nur diese Saison fertig, sondern auch 1995 — und mit Ferrari!" Gerhard Berger hat sich nach dem Katastrophen-Mai mit Unglücksserie, Angst und Panik im Formel-1-Zirkus entschieden: „Ich bleib Rennfahrer!" Die Zweifel sind weg: „Ich freu mich richtig auf Montreal — und sofort danach verhandle ich wieder mit Ferrari!"
Berger erklärt mir vertraulich, was ihn — gegen die Ratschläge von vielen Seiten — zum Weiterfahren veranlaßt:
WENDLINGERS GENESUNG: „Daß Karli so gute Fortschritte macht — für mich natürlich ein Riesenunterschied. Jetzt sind alle Prognosen optimistisch — nachdem es eine Zeitlang düster ausgesehen hat."
DER FREIE KOPF: „Ich hab lang genug nachgedacht, hatte eine Zeitlang überhaupt keine Lust, einzusteigen. In Monaco kam die Freude wieder — bis zu Karlis Unfall. In Barcelona war ich überfordert: Da ist viel zu viel auf mich eingestürmt. Jeder wollte was von mir, die ganzen Sicherheitsprobleme — ich hab alles gern getan, aber es hat mich ausgebrannt, meine ganzen Energien geraubt. Jetzt hab ich mich eine Woche abgeseilt, erholt, und seh überhaupt keinen Grund mehr, nach-

zudenken, was richtig oder falsch ist. Ich fahr weiter — motiviert wie immer."

NEUER FERRARI: „Ab Magny-Cours haben wir unseren neuen Ferrari! Neue Aerodynamik, neue Aufhängungen. Wir arbeiten Tag und Nacht in zwei Schichten im Windkanal — in England und in Italien. Die Jagd auf Schumacher beginnt."

NEUES REGLEMENT: Ab dem Kanada-GP: keine Airbox und Tankstellensprit. „Kostet 50 PS." Aber ab 1995 dann die Revolution: Motoren von 3,5 auf 3 Liter reduziert — hat die FIA, streng geheim, in Paris beschlossen. Berger über 1995: „Da möchte ich endlich die Früchte bei Ferrari ernten — ich hab lang genug dafür gearbeitet..."

Als Gerhard in seinem Montreal-Hotelzimmer den Fernseher anknipst, flimmert plötzlich der Kanada-GP 1993 über den Bildschirm. „Als ich Senna und den gelben Sturzhelm sah, hat's mich wieder gepackt. Jeden Augenblick, dachte ich, muß Ayrton wieder um die Ecke biegen — und wir können tratschen. Ich kann's noch immer nicht begreifen, daß er nimmer da ist..."

Schumacher hat's verarbeitet. Berger nicht.

„Allen wurde wieder drastisch gezeigt, worum's in diesem Business geht. Zwölf Jahre lang haben alle geglaubt, Formel-1-Fahren wäre wie Computerspielen", sagt mir der Evergreen der Formel 1 — der frühere Jochen-Rindt-Gegner Jackie Stewart. Er feierte seinen 55. Geburtstag diesmal ganz still, Jean Alesi seinen 30., fast mit Pole-position, dafür eine Riesentorte — und Andrea de Cesaris seinen 200. Grand Prix mit einer charmanten Sauber-Party.

Noch keinen Rennkilometer für Sauber gefahren, aber schon gefeiert. „Weil wir ihm das Gefühl geben wollten: Du bist im Team willkommen — nicht nur der Notnagel, bis Karl Wendlinger wieder fahren kann. Und Andrea bleibt auch dann als Testpilot bei uns", sagt Walter Totschnig. Alle Mechaniker hatten ihre Namen aufs Auto geklebt.

In der Sauber-Box: Schon wieder der Wendlinger-Sturzhelm auf dem Werkzeugkasten. „Gute Besserung! Deine Jungs", haben Karlis Mechaniker aufs Visier gemalt. Vis-à-vis, hinter Maschengitter, ein riesiges Transparent vom englischen Wendlinger-Fanklub (50 Mitglieder).

Michael Schumacher kommt direkt aus New York: Helikopterflüge über dem „Big Apple". Und zum erstenmal in seinem Leben sieht er

zwei Musicals: „The Beauty and the Beast" und „Phantom der Oper".
Wer ist Berger, wer Hill?
Besonders positiv an der neuen Formel 1, laut Schumacher: „Daß wir Fahrer einander jetzt besser kennen, mehr Respekt voreinander haben — und auf der Strecke mehr aufeinander achtgeben."
Und dann verpaßt Ferrari nur um 0,099 die erste Pole-position seit Estoril 1990 — Alain Prost: Schumacher fing Alesi im Qualifikationsfinish noch ab, Berger ist Dritter: „Mir fehlt eine halbe Sekunde — ist das die neue Hinterradaufhängung?" Davon gibt es erst ein Exemplar, und das hat Alesi an sich gerissen. „Ich hab's verschlafen — was mir in zehn Jahren Formel 1 zum erstenmal passiert ist", lächelt Berger etwas gequält. Also ausgetrickst von Alesi? „Nicht so direkt, aber er hat schneller reagiert."
„Ferrari gewinnt heuer noch einen Grand Prix!" prophezeit Berger vorm Start. „Aber wir wollen alle besiegen, nicht deshalb gewinnen, weil Schumacher stehenbleibt..."
Startplätze 2 und 3 — die große Ferrari-Renaissance? Und was steckt dahinter? Nichts Illegales, wie die Neidgenossenschaft Formel 1 sofort vermutet — verbotener Sprit oder zuwenig Luftlöcher in der Airbox. McLaren-Chef Ron Dennis springt wie ein Rumpelstilzchen zornig auf und ab — bis Berger lachen muß. Ferrari schnitt, dem neuen Reglement gemäß, noch mehr Luftlöcher — und wurde noch schneller! Schumacher, kopfschüttelnd: „Entweder hat Ferrari über Nacht ein völlig neues Auto gebaut, oder fährt mit leeren Tanks — und wir alle mit 200 Liter Sprit."
Alesi schneller als Berger, das alarmiert Schumacher, „denn sonst stimmt ja die Hierarchie". Berger: „Das ist die neue Hinterradaufhängung."
Aber was viel wichtiger ist: Das erste unfallfreie Formel-1-Wochenende seit Aida im April — ohne Angst, Panik und Rettungshubschrauber. Endlich wieder keine Verletzten: das schönste Ergebnis von Montreal. Und höchste Zeit: „Lloyds" in London hat seit dem Katastrophen-Mai die Versicherungsprämien für Formel-1-Piloten verdoppelt — Michael Schumacher zahlt bereits eine Million Dollar Prämie!
„Das wichtigste ist, daß die Piloten zusammenhalten. Hätte ich mir schon während meiner aktiven Zeit gewünscht: eine Rennfahrerge-

werkschaft, auf die alle hören", lobt Alain Prost. „Rennstreckenchefs genau wie Konstrukteure." Wirklich?
Vorm Start hält Berger mit Alesi Kriegsrat: „Dein Auto ist schneller. Wenn du in meinem Getriebe steckst, laß ich dich vorbei." Dann startet Berger besser, aber Alesi attackiert sofort, und Gerhard muß in der ersten Kurve auf die Randsteine, „um einen Unfall zu vermeiden. Mit einem Williams oder McLaren hätte es sicher gekracht. Aber beide Ferrari in der Wiese – das wär totaler Schwachsinn gewesen."
Berger plant, wie Alesi, nur einen Boxenstop, kommt aber zweimal rein: „Probleme mit den Hinterreifen." Sein Rennen ist sehr beherzt: Pausenlos Kampfgewitter, am meisten mit Hakkinen. „Ich hab meine Augen das ganze Rennen mehr nach hinten als nach vorn..., ausgenommen, als mir Katayama einmal entgegenkommt."
Berger Vierter in Montreal: Nur um 2,221 Sekunden den Platz auf dem Stockerl verpaßt – ausgerechnet gegen Alesi! Heiß am Anfang – und heiß am Ende, als Alesis Getriebe im 2. Gang steckenbleibt und Berger in zwei Runden 15 Sekunden aufholt.
Alesi quält sich über den Kurs, verbremst sich in der Schikane und fährt außen vorbei – 10 Strafsekunden hätten die beiden Ferrari also umgedreht. FIA-Sicherheitschef Bruynseraede hat in der Piloten-Konferenz klargemacht: „Wer in der Schikane überholt, wird bestraft. Wer schuldlos gradaus fährt, aber nicht."
Sportkommissär Corsmit (NL): „Nein, Alesi fuhr sowieso schon so langsam." Von Ferrari natürlich kein Protest, von Berger kein böses Wort: „Alesi hat sich heute den dritten Platz ehrlich verdient, der vierte ist, wo ich hingehör. Aber: Hätte ich früher gemerkt, daß Alesi Probleme hat..."
Sobald Alesi im Auto sitzt, „fängt er an zu ticken. Ich muß mit ihm reden."
Damon Hill mit dem Senna-Ersatz Coulthard ebenso, nachdem ihn der Neuling überholt hat. Erst ein Funkbefehl von der Box – von Hill gefordert – pfeift Coulthard zurück. Nachher staucht Hill seinen Stallkollegen öffentlich zusammen.
Aus der Ferrari-Renaissance wird also kein Sieg – noch nicht. Michael Schumacher vor Damon Hill, die Revanche für Barcelona. Der Deutsche: „Ich hatte schon Angst, daß mit dem Getriebeschaden von Barce-

Iona meine Glücksserie endet, die Pechsträhne beginnt. Jetzt bin ich total erleichtert: Überhaupt keine Probleme!"

"Mr. Indy" wird in Montreal gefeiert: herzlich-aufrichtige Gratulation von allen Seiten für den Motor-Sieger der 500 Meilen von Indianapolis — Mario Illien aus Chur, mit 90 Siegen in 128 Einsätzen momentan erfolgreichster Rennmotorkonstrukteur der Welt!
„Indy war mit Sicherheit der bisher schönste Sieg in meinem Leben. Weil es das größte Rennen der Welt ist, weil unser Motor so überlegen war — und wegen dem rekordverdächtigen Tempo: Nur 26 Wochen zwischen dem ersten Strich am Reißbrett und dem Prüfstand, danach vier Monate für Testen und Entwicklung — über 11.000 Meilen gefahren! Und nur minimale Probleme beim Ventiltrieb und den Kolben — die auftreten hätten können."
Der Mercedes-Indy-Motor war das bestgehütete und „tollste Geheimnis im Rennsport". Daß offiziell Mercedes gewann und nicht Ilmor, stimmt den Churer auch heute keineswegs eifersüchtig: „Ein Mercedes-Sieg in Indy hat mehr Gewicht als ein Ilmor-Sieg, das tut mir überhaupt nicht leid. Außerdem weiß jeder, wer dahintersteckt..."
Der Finanzdeal — General Motors hat an Mercedes verkauft — ist ebenfalls über die Bühne gegangen: Illien, sein Motorpartner Paul Morgan, Penske und Mercedes halten je 25 Prozent.
Mario Illien, der Motor-Zauberer zweier Welten, steht also vor einer harten Doppelbelastung: Die Formel 1 rüstet ja weiter ab. „Ohne Airbox und mit Tankstellensprit verlieren wir 60 bis 70 PS", *bestätigt der Churer die Berechnungen aller anderen Teams,* „aber wir haben immer noch über 700 PS. Und 1995, mit den 3-Liter-Motoren, auch noch immer 600."
Illien hat sich, kaum aus Indy zurück in den Formel-1-Boxen, „natürlich schon Gedanken gemacht, wie unser Sauber-Motor 1995 aussehen wird. Aber die Ingenieure ändern ihre Meinung jeden Tag, also heißt es aufpassen." *Trotzdem:* „Ich seh unser neues Triebwerk bereits vor mir. Das wichtigste ist das Konzept: wieviel Zylinder. Danach fügen sich Bohrung und Hub hinzu." *Eins steht für Mario schon fest:* „Auch mit 3 statt 3,5 Liter bleiben wir bei 10 Zylindern — immer noch das beste Konzept."

1994 müssen die Formel-1-Tanks noch ein Mindestfassungsvermögen von 200 Litern aufweisen — 1995 ist den Teams freigestellt, ob sie nachtanken wollen oder nicht. Kleinere Tanks ermöglichen den Designern, kürzere und damit leichter fahrbare Autos zu bauen — ist die Motorgröße deshalb nicht mehr so wichtig? „Du mußt immer sparen", lächelt Illien. „Unser jetziger V 10 wiegt exakt 122,6 kg — der nächstjährige 3-Liter-V-10 wird ähnlich schwer sein — um die 120 kg. Viel weiter runterzugehen, hat keinen Sinn. Du mußt die Struktur halten. Der V 10 ist immer noch das beste Konzept: Du kannst mit der Drehzahl raufgehen. Und Tankstellensprit ist dafür eventuell sogar noch ein Vorteil — weil die Brenndauer etwas geringer ist."
Mario Illien beginnt, wie bei jedem neuen Motor, „mit einem weißen Blatt Papier und einem Computer". Die Kosten sind noch schwer abzuschätzen. „Der Mercedes-Indy-Motor war ins Gesamtbudget integriert, das auf spekulativer Basis erstellt war — und wir haben es nicht überschritten. Der Formel-1-Motor wird ähnlich viel kosten."
Und wann wird er fertig? „Für die ersten Testfahrten nach Saisonende, im November — für Karl Wendlinger", hofft Illien im Juni. *Aber alles wird viel turbulenter.*

„Good morning, Wendy!"
So pflegte Christian Fittipaldi immer zu grüßen, wenn Karl Wendlinger ins Fahrerlager kam. Guten Morgen, Karli. Als der Tiroler ganz behutsam aus seinem Koma aufgeweckt wird, sind seine ersten Worte nicht so deftig wie bei Martin Donnelly, der nach seinem Jerez-Crash gleichfalls ein zweites Mal auf die Welt kam, sondern artig: „Wie spät ist es?"
Wenn einer einen solchen Unfall überlebt, hatte Sauber-Fahrerbetreuer Karl Frehsner immer gesagt, dann nur der Wendlinger — und wenn nicht er, dann keiner.
25 Tage nach dem Monaco-Unglück kann Karli aus der Klinik „St. Roche" *in Nizza heimgeflogen werden.* „Wir fliegen nach Innsbruck", *sagt ihm sein Vater. Darauf Karl:* „Nein, ich flieg nach Barcelona" *— wie die Formel 1 programmiert ist.*
Aber in der Innsbrucker Uni-Klinik weiß er sofort, wo er ist und warum: „Ich hatte einen Unfall." *Wann, wo und warum ist aus seinem*

Bewußtsein gelöscht, „und kommt auch nicht wieder" wissen die Professoren Gerstenbrand und Schmutzhard, können aber bald als Statements die schönsten Erklärungen abgeben, die die Formel 1 seit langem gehört hat:
Er wird wieder der Karl Wendlinger, wie wir ihn kennen. Und er wird die Klinik als gesunder Mensch verlassen können.
Der Weg zurück ist mühsam, die Formel 1 bis dahin nur ein kleines Blinklicht. Als Wendlinger vom Lamy-Unfall hört, kann er den Portugiesen nicht richtig zuordnen. Die Schlagzeile, wie Schumacher nur im 5. Gang fahrend in Barcelona gewinnt, kann er lesen. Aber für den Kanada-GP dreht er — längst von der Intensivstation ins Nachbehandlungszimmer verlegt — den Fernseher nicht auf. Prof. Schmutzhard: „Wir haben ihn auch ganz bewußt nicht gefragt — die Formel 1 mag er noch nicht so unbedingt. Wir wollen ihn ganz langsam an alles heranführen."
Und Vater Wendlinger: „Die Freitag-Pole-position von Alesi hat ihn interessiert. Aber wieso ist der Katayama Fünfter? hat er gefragt. Ob's gut oder schlecht gewesen wäre, das Rennen zu sehen, haben wir nicht gewußt. Aber wahrscheinlich eher schlecht."
Viel wichtiger, daß Karl am Montreal-Wochenende zum erstenmal wieder gehen kann, unterstützt von Prof. Schmutzhard. „Er war immer schon ein sehr großer, sehr schlanker Mensch. Jetzt ist er noch viel schlanker geworden." Karl hat viel abgenommen. Aktuelles Hauptproblem: Er mag nichts essen. Worauf Willi Dungl seinen Betreuer Christian Kargl nach Innsbruck schickt — damit's besser schmeckt.
Bis Ende Juni wird Karl abgeschirmt: Besuchsverbot. Aber die Therapien laufen. Videospiele, Auswendiglernen, Lesen — Gehirntraining ist wichtig.
„Denn das menschliche Gehirn" (Prof. Schmutzhard) „ist viel komplizierter als ein Großrechner." Im August kann „Wendy" bereits bei Willi Dungl in Gars trainieren.
„Dann könnte er im Herbst schon wieder ein Rennauto probieren", sagt man bei Sauber leise, „aber wir warten sowieso auf ihn — und haben alle Zeit und Geduld."

MAGNY-COURS: DER „LÖWE" BRÜLLT WIEDER

Aber allen, von Berger bis Schumacher, sitzt schon der „Löwe" im Nacken, zeigt die Krallen: Nigel Mansell kommt wirklich zurück in die Formel 1!
Zuerst in Magny-Cours, fürs wichtigste Rennen von Renault, dann für die letzten drei Rennen. Nix ist fix, beteuert zwar Williams, seit der Sensationsplan durch Indiskretion eines vertraulich Eingeweihten aufgeflogen ist: „Das wird er uns büßen!" Zuerst will Williams in einer großen Weltpressekonferenz in Didcot alles bekanntgeben, pfeift sich aber selbst zurück. Die Probleme mit den Motoren (hier Renault, da Ford) und dem Sprit (hier elf, dort Texaco) werden in den Führungsetagen gelöst.
Die Geldfrage auch: eine Million Dollar pro Grand Prix (50 Millionen S) für vier Gastauftritte! Carl Haas und Paul Newman lassen sich diese Erlaubnis fürstlich bezahlen, schließlich haben sie Mansell unter Exklusivvertrag. Nigel kassiert heuer 6 Millionen Dollar, will nächstes Jahr acht — und verlangt in der Formel 1 für 1995 sogar 15 Millionen Dollar.
Daß er sich das antut — wieder dort zu fahren, wo man ihn mit nassen Fetzen davongejagt hat? „Ich versteh Frank Williams nicht", grübelt Peter Sauber, „und Mansell auch nicht — er macht sich ja selber zur Lachnummer." Aber der Formel-1-Zirkus, bis zu Bernie Ecclestone, schmeichelt ihm — und das tut Mansell gut.
„Gegen ihn zu fahren, war immer lustig. Er ist immer gut für eine Show", sagt Berger. Und Michael Schumacher: „Einerseits wird er mir das Leben schwermachen — aber Herausforderung und Konkurrenzkampf gehören zu unserem Sport. Er ist Champion zweier Welten und wird Geschichte schreiben — was ihm ja besonders wichtig ist ..."
Hill freut sich (sagt er) auf die „Challenge Mansell", denn: „Ich hab das Privileg, Prost, Senna und Mansell als Teamkollegen zu haben — die Topstars der letzten zehn Jahre. Aber ich glaub doch, daß meine WM-Titelchance im Team Priorität haben sollte — also hoff ich wenigstens auf gleiches Material."
Die englischen Reporter sind pro-Hill: „No need for Mansell, we have Hill — thank you very much."

Nigel Mansell, der ungeliebte Heimkehrer? Natürlich steckt Bernie Ecclestone im Frühsommer hinter dem Engagement des Weltmeisters von 1992.
Die Formel 1 lag nach dem Senna-Unglück in Trümmern: kein Weltmeister mehr im Feld; Renault überlegte, wie Rennchef Bernard Dudot jetzt zugab, zwar nicht nach Imola, aber dafür nach Monte Carlo, den totalen Rückzug von der Formel 1 — und auf dem Höhepunkt der Schumacher-Siegesserie dachte jeder: Wenn der Benetton-Pilot schon im August, spätestens September, als Weltmeister feststeht — wie kann man dann die letzten WM-Läufe überhaupt noch verkaufen? Wohl nur noch als große Challenge, als Herausforderungsrennen: Schlägt Mansell den neuen Weltmeister?
Renault hatte noch keinen Weltmeistertitel richtig feiern können: Mansell 1992 vergrämt nach Amerika, Prost 1993 frustriert zurückgetreten, Senna 1994 verunglückt — also mußte man Renault verstehen, wenn die Franzosen Druck machten: „Wir wollen wenigstens Mansell zurück!"
Aber nicht alle freuen sich auf Mansells Rückkehr.
Und sein „Honeymoon is over", wie die Amis sagen. Er verweigert schon die längste Zeit Testfahrten.
„Und wird sich auch wundern, was ihn in der Formel 1 erwartet", sagt de Cesaris. „Die Indy-Autos sind technisch wesentlich unkomplizierter, haben einen viel geringeren Standard als die Formel 1, etwa wie Tourenwagen — Mansell wird sich bei seinem Comeback schwer tun." Erik Comas hat sogar Respekt vor Mansell verloren: „Er war einmal mein Idol, sogar noch, als er nach seinem WM-Titel die Formel wechselte und nach Amerika ging. Ich versteh nicht, warum er jetzt zurückkommt."
Noch schärfer Paul Belmondo: „Wenn die Formel 1 Stars braucht, dann soll sie uns Junge aufbauen, und nicht die 40jährigen zurückholen. Weil sie dann bald 50 sind — und dann hat die Formel 1 überhaupt keine Stars mehr..."
Die jungen Löwen begrüßen den alten Löwen im GPDA-Meeting eher cool, aber Mansell ist nicht nachtragend: „Das Niveau der Fahrer ist nicht schlechter geworden, eher noch höher. Ich würde sagen: es war noch nie so gut..."

Und sonst Nigel? „Fast alle alten, gewohnten Gesichter."
Mansell gratulierte — fast ein Replay seiner 1992er-Aussagen — überglücklich „dem Team zu seiner grandiosen Arbeit und Damon speziell zu seiner phantastischen Runde. Aber am meisten gratulier ich Paul Newman und Carl Haas, aber auch Williams und speziell Bernie Ecclestone, daß sie dieses Weekend möglich machten. Ich war zwar nie bei den Meetings, aber jeder wird mir zustimmen: Es war sensationell, mich hierherzukriegen." Nicht unbedingt als Superstar, schon gar nicht als Pausenaugut, wie seine Kritiker meinen, sondern „für meine *guest-appearance*", seinen Gastauftritt. „Und der macht mir Spaß."
Die Umstellung ist gewaltig: kein „High Tech" mehr, 25 Prozent weniger grip, schmälere Hinterreifen — aber vor allem nur noch sieben Reifensätze fürs ganze Wochenende. „Und nur 23 Runden im Freitagstraining. Mir zu wenig, um mich wieder an die Formel 1 zu gewöhnen." Allerdings: „Nach 12, 13 Jahren in der Formel 1 kann dich nichts mehr überraschen..."
Der Wagenvergleich drängt sich auf: „Indy-Autos sind 200 kg schwerer, reagieren träger, die kannst du nicht herumreißen — sonst klebst du in der Mauer. Was ich dort gelernt habe: vor allem Geduld. Aber ich gib immer 100 Prozent. Formel 1 fahren ist sehr interessant, sehr lebhaft, die Autos sind wie wilde Hengste. Du mußt kämpfen, daß du die ganze Zeit oben bleibst — und daß du nicht sehr schnell rückwärts galoppierst..."
Ob ihm die Formel 1 immer noch Spaß macht? Oder schon wieder? „Unglücklicherweise ja: die Herausforderung." Restlos wohl und bequem fühlt er sich nicht: „Auf einer Skala von 10 gib ich Note 5."
Schumacher, nachdem „King Nigel" im Freitagtraining als 7. angefangen hat: „Für mich normal, wie erwartet. Er ist ja ein bißchen älter geworden..." Und Niki Lauda hatte Frank Williams sogar angelächelt: „Das viele Geld für Mansell hättest du dir sparen können." Wieso? fragte der Rollstuhl-General. „Weil Damon schneller ist als Nigel — ich wette mit dir." Lauda gewinnt seine Wette im Training aber nur hauchdünn: „Respekt vor Nigel! Ich hätte nicht gedacht, daß er als über 40jähriger daherkommt und so flott Gas gibt."
Im Training als Zweiter, vor Schumacher — im Rennen im beherzten Kampf um die Plätze 2 bis 5.

Fahrerwechsel auch bei Benetton: Jos Verstappen, der „fliegende Holländer", ersetzt für zwei Rennen den „fliegenden Finnen" J. J. Lehto, der heuer nicht richtig in Form kommen will. Allzu verständlich: Der sensible Lehto litt lang unter seinem Winter-Testunglück mit gebrochenen Rückenwirbeln. „Nur Bruchteile von Millimetern — und ich wäre gelähmt gewesen."
Zum Comeback-Rennen reiste er mit Roland Ratzenberger im Porsche 911 nach Imola — und mußte allein nach Monaco zurückfahren. Am Start war ihm Pedro Lamy ins Heck gekracht — und verunglückte später beim Testen in Silverstone. Durch Startkollision eliminiert, sah sich Lehto den Imola-GP aus der Box im TV an — und mußte den Senna-Todessturz live miterleben. Kaum in Monte Carlo, stürzte sein vorjähriger Sauber-Teamkollege Wendlinger ins Koma. Das alles belastete Lehto bis an die Schmerzgrenze. „Nach Monte Carlo hat er um Pause gebeten...", sagt sein Team — wirklich? Offenbar um Gras über die traurigen letzten Wochen wachsen zu lassen, läßt sich Lehto einen Vollbart sprießen. „Ab Hockenheim fährt J. J. wieder", verspricht Briatore.
Glück für Jos Verstappen: Unfall auf der Zielgeraden, gegen die Boxenmauer, ein wegfliegendes Rad demoliert die McLaren-Zeitmeßanlage — verletzt wird niemand. Im Abschlußtraining ein totaler Umsturz: Die Williams-Renault an allen vorbei zum Doppelsieg! Mama Bette Hill und Ehefrau Rosanna Mansell gratulieren einander gegenseitig: „Nigel hat die ganze Spannung in die Formel 1 zurückgebracht!" Frank Williams: „Er pusht das ganze Team, gibt tolle Infos, spornt Damon an." Ein Super-GP steht heute bevor: der offenste, spannendste, ausgeglichenste 1994? Niki Lauda: „Alles ist möglich — bei so knappen Abständen. Entscheidend: Strategie und Boxenstops" — wahrscheinlich drei, vier pro Auto!
Berger stürzt vom 2. auf den 5. Platz ab: vormittags defekte Benzinpumpe, nachmittags blockierte Räder. „Aber in Magny-Cours hast du keine Angst, daß du dir wehtust."
„Die sicherste GP-Strecke der Welt!", preist Jean-Marie Balestre, als er im Helikopter „sein" Magny-Cours überfliegt. Zusatz: „Warum fahren wir hier nicht alle 16 WM-Läufe?"
Schumacher überrumpelt mit einem Blitzstart wie noch nie aus der

zweiten Reihe heraus Hill und Mansell. Jener Start, den das ZDF später in extreme Zeitlupe zerhackt: Drehen beim Williams die Hinterräder durch, beim Benetton aber nicht?
Gestern hat er Ersatzmotor und Probleme mit den Armaturenbrett. „Darum durchdrehende Räder, zuviel Reifenrauch am Start, wurde fast von Irvine überholt."
Berger hat eine andere Taktik: Nur zwei statt drei Boxenstops, dadurch mehr Sprit, ein schwereres Auto. „Trotzdem kann ich mit Alesi und Mansell mithalten." Als Alesi in den Sand abfliegt, dann von Barrichello gerammt wird, ist das Ferrari-Duell entschieden.
Und Mansell? „Der ringt mir Respekt ab. Sehr beherzt, sehr schnell — nach so langer Formel-1-Pause. Nur hab ich den Eindruck: Am Ende ist Nigel sehr müde geworden." Von der Hitze, die auch Berger lieber am Strand genossen hätte. Mansell wirkt wirklich erschöpft. Ausfallsursache aber: Getriebeschaden. „Ich konnte keine Gänge mehr einlegen."
Die 1,5-Millionen-Dollar-Show dauert 46 Runden. Bis Mansell im Herbst wieder kommt, ist „Schumi" schon Weltmeister — ahnen alle. Michael Schumachers 6. Sieg im 7. WM-Lauf 1994 vor Hill und Berger, der seinen „französischen Fluch" endlich besiegt: Bisher im Frankreich-GP noch nie auf dem Stockerl. „Stimmt, da hab ich noch nie etwas zusammengebracht. Aber heute bin ich richtig happy." Sicherer 3. Platz, in der WM auch alleiniger Dritter.
„Ich mach mit dir einen Deal", grinste Schumacher nach der Siegerehrung Damon Hill an: „Ich schenk dir den Sieg in Silverstone — und du läßt mich dafür sicher in Hockenheim gewinnen!" Worauf Berger lachend dazwischenfunkt: „Vergeßt nicht auf mich..., weil ich alle restlichen Saisonrennen gewinn!"
In Magny-Cours freut sich Ecclestone: „Mansells Comeback hat uns gutgetan: Er hat Williams wieder Mut gemacht, Hill richtig aufgeweckt."
Der Meister zweier Welten — Formel 1 und Indy-Car — ist längst im Helikopter entschwirrt, Generalrichtung Florida, da schwanken die Stars von heute noch zwischen Respekt und Bewunderung. Während die englischen Fans für ihr Rennen des Jahres in Silverstone rüsten. „Ich ahne: Bei mir wird die ganze Woche das Telefon läuten. Aber

wir haben vier, fünf andere britische Fahrer: Sollen halt sie für mich in Silverstone gewinnen!" Aber Nigel Mansell war, das geben von Brundle bis Blundell und Herbert alle zu, für den Aufbau des British GP immer unersetzlich — und unbezahlbar.
Jetzt hofft Frank Williams, daß er ihn wenigstens fürs Saisonfinale wieder aus den USA weglocken kann: „Wir sind noch nicht soweit, daß wir uns zusammensetzen und den Vertrag abschließen können — aber ich hoff sehr drauf. Und mit ein wenig Glück wird es passieren."
Ist schon längst unterschrieben, Frank.

Wem verdanken wir Mansell? Natürlich Ecclestone.
SEIN CHARAKTER (Selbstdarstellung): „Ich bin fair, extrem aufrichtig. Wenn ich etwas tu, halt ich komplett absolut dran fest — egal, ob bloß Handschlag oder schriftlicher Vertrag. Und bin dann sehr enttäuscht, wenn sich andere nicht dran halten. Ich bin ein Perfektionist, gleichzeitig auch meine Schwäche. Ich bin straight, aber wahrscheinlich nicht sehr easy, auch nicht so gern in Gesellschaft. Aber wenn ich jemanden mag, scher ich mich überhaupt nicht drum, welchen sozialen Stand jemand hat. Ob Multimillionär oder Bauarbeiter, ist mir völlig Wurst. Ich beurteile Menschen danach, was sie sind, nicht, was sie haben."
SEINE SPIELZEUGE: Ein Lear-Jet 31, steht in Biggen Hill. Kein Helikopter, kein Boot, keine Autos. „Ich bin kein Autofreak, besitz wirklich keine Autos. Ich benütz nur zwei: Audi 100 Estate, wahrscheinlich das beste Auto, das ich je gefahren bin. Und den neuen Porsche 911 — zu schnell für mich, aber wirklich ein Superauto."
Keine Hobbies.
SEINE FAMILIE: In zweiter Ehe mit dem Top-Model Slavijca aus Ex-Jugoslawien verheiratet. „Ich traf sie zum erstenmal in Mailand. Sie kannte mich nicht, wußte nichts von der Formel 1 — und interessiert sich auch heute nicht dafür." Zwei Töchter: Tamara (10), sehr sportlich, Ski, Tennis, Basketball, „und momentan ganz verrückt nach Pferden, will Springreiterin werden — aber das ändert sich in einem Jahr sicher". Petra (5). Und aus erster Ehe Tochter Deborah, „die sich um ihre Family kümmert".
SEIN IMPERIUM: Präsident der „Formula One Constructor's Association" (FOCA), Vizepräsident der Sportkommission des Automobil-

Weltverbandes (FIA). Vermögensverwalter von Natascha Rindt, der Tochter seines Freundes Jochen.
„Sonst nichts, das ist genug, hält mich in Atem. *Natürlich hab ich noch viele Firmen, Grundstücksmaklerei und so. Aber abgesehen vom Property-Business: Alles, was ich derzeit tu, zirkuliert rund um die Formel 1.*" Das Londoner Haus, in dem jetzt seine Büros sind, hat Ecclestone seinerzeit dem sagenumwitterten Kashoggi abgekauft. Kolportierte Summe: 4 Millionen Pfund. Fußnote in einer englischen Zeitung: „Mr. Ecclestone paid cash." Bernie heute: „Für das Gebäude hab ich viel mehr bezahlt."
SEIN REICHTUM: *Frage:* „Würde dich der liebe Gott fragen: Charles Bernard Ecclestone, was wäre dir lieber: eine Million Dollar oder eine Million Freunde? Was würdest du antworten?"
Ecclestone, spontan: „Eine Million Freunde, und jeder schenkt mir dann zehn Dollar..., klingt doch vernünftig, oder?"
Als Ecclestone einmal in einer Liste der reichsten Engländer mit 42 Millionen Pfund etwa um Rang 300 aufschien, flachste sein Freund Max Mosley, der FISA-Präsident: „Da hat jemand Vermögen mit Jahreseinkommen verwechselt." *Und Bernie flachste mit:* „Meine Frau droht: Wenn ich einmal aus den Top-300 rausflieg, läßt sie sich scheiden..."
Ernsthaft: „Niemand hat je gezählt, wieviel oder wie wenig ich hab. Also kann das keiner wissen. Und Max hat nur geblödelt." *Wie er investiert, bleibt sein Geheimnis:* „Verschiedene Arten von Investment." *Welche Beziehung hat er zu Geld? Eine erotische? Machtgefühl? Das große Gambling?* „Geld ist ein Nebenprodukt von dem, das ich tu. Erfolg im Sport, vor allem beim Rennfahren, wird an Siegen gemessen. Erfolg im Geschäftsleben am Geld. Die einzige Art festzustellen, ob du Erfolg hast, ist die Bilanz am Jahresende: ob du Profit gemacht hast oder nicht."
Sein Credo: „70 Prozent aller Geschäftsleute sind nicht im Business, um Geld zu machen. Sondern, um etwas zu erreichen — und ihr Erfolg ist Geld. In der Formel 1 hab ich absolut beides: die perfekte Kombination. Darum bin ich so froh und glücklich über das, was ich tu. Und ich schätz: Mit den Rennfahrern ist es genau das gleiche."
WEN ER MAG: „Ich mag die Top-Performer. Ich bewundere jeden, der seine Arbeit gut macht, der ein Profi ist, egal ob Entertainer, Sport-

akehands Schumacher–Hill in Jerez – Psycho-Krieg und Duell auf der Piste. Hill gewann im direkten Kampf nur in zuka, Schumacher fast immer.

„Mit Senna stirbt diese Formel I": Trauerkundgebung für Ayrton im riesigen Maracana-Stadion von Rio – Trauerminu vorm Start in Monte Carlo: de Cesaris, Brundle, Blundell *(verdeckt),* Schumacher, Herbert, Fittipaldi und Barrichel „Adieu, Ayrton."

Beginn einer neuen Ära: Schumacher in den Häuserschluchten von Monte Carlo, Hill zu Fuß nach Kollision mit Häkkinen, Schumacher gewinnt vor Brundle und Berger.

„Es war immer so, daß nach Unfall-Abbrüchen neu gestartet wurde – auch 1968 in Hockenheim nach Jim Cla[rk]
Befremdende FIA-Aussage, heftige Kritik an Imola: Sennas Zustand ist hoffnungslos, aber das Rennen beginnt n[och]

...mal. Schumacher vor der Tamburello-Kurve, dann Berger, Hill, Brundle, Larini, Wendlinger. Aber an diesem Tag ...hlt der Sieg nichts.

„The Lion" brüllt wieder: Nigel Mansell, aus den USA zurückgeholt, weil Renault und Bernie so wollen. Damon Hill wollt? nach Imola aufhören. Damon in Monte Carlo, wo sein Vater fünfmal gewonnen hat.

„Ich lüge nie. Und kann nur hoffen, daß man mir glaubt": Schumacher, assistiert von Briatore, vorm FIA-Sportgericht in Paris. „Für alles, was passiert ist, wurde ich härter bestraft als das Team." Der Benetton, das Auto am Limit.

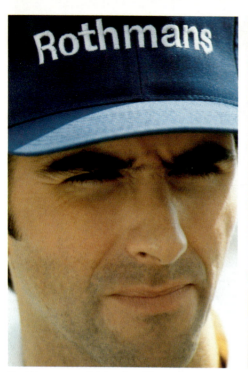

Zwei Mann gegen Schumacher: Hill und Mansell haben 50–60 PS mehr, aber Benetton baut das bessere Chassi Welches Geheimnis steckt dahinter? Abgeschliffene Holzleisten kosten Schumacher den Sieg in Spa.

ler, Journalist, Businessman, Pop-Star. Ich kenn viele davon, weine aber keiner Pop-Karriere nach. Ich tu, was ich tu, basta. Zu denken, was man sonst tun sollte, ist nie gut. Generell bin ich glücklich darüber, was passierte. Daß ich das Glück hatte, darin verwickelt zu sein. Und Unterstützung zu haben. Von Männern wie Enzo Ferrari und Colin Chapman – und allen, die heute beteiligt sind. Am meisten bewunderte ich Enzo Ferrari und Colin Chapman. Beide müßte man „Mr. Motorracing" nennen. Colin, der „Mr. Lotus", war einzigartig: Super-Designer, Super-Ingenieur, Super-Businessman. Er war komplett, wie eine One-Man-Band. Und Enzo Ferrari war der Mann, der die Formel 1 verzaubert hat.

LEUTE, DENEN ER VERTRAUT: „Allen Business-Partnern – sonst würde ich mit ihnen keine Geschäfte machen. Feinde hab ich wahrscheinlich auch – aber ich weiß nicht, wer sie sind."

SEINE SCHLIMMSTE NIEDERLAGE? „Ich hab ein Jahr lang kein Geld verdient, das war das Schlimmste. ... Aber ich mach nur Spaß."

SEIN GRÖSSTER COUP: Jahrzehntelang hielt sich hartnäckig das Gerücht, Bernie Ecclestone wäre am berühmten Londoner Postraub beteiligt gewesen – ja hätte ihn sogar ausgeheckt. Die größte Lüge über ihn? „Ich bin sicher, da waren ärgere Lügen... Aber wie es begonnen hat, weiß jeder. Daraus wurde der große Spaß. Ich hab mitgespielt und später gesagt: Da war für mich nicht genug Geld im Zug. Wenn ich einen Postraub mach, dann nur für viel mehr Geld."

SEINE GRÖSSTEN ENTTÄUSCHUNGEN: „Geschäftlich hab ich keine, nur menschlich. Ich hab sehr gute Freunde verloren, und Jochen Rindt war für mich der härteste Schlag. Aber irgendwie überwindest du das. Nach Ayrton Sennas Tod in Imola fühlte ich das gleiche – außer, daß das Leben inzwischen viel mehr weitergegangen ist. Du lernst irgendwie, damit zu leben." Der Zyniker, als der er heuer skizziert wurde, ist Ecclestone nicht. „Es geht nicht darum, daß du selber verhärtest. Man sieht die Dinge anders. Aber mit jedem Unfall verlierst du ein Stück von dir selbst. Je älter du wirst, um so mehr."

SEIN LIFESTYLE: Ecclestone wie Churchill: „No sports. Ich betreib keinen Sport, esse gerade so viel, daß ich am Leben bleib – und spür bei meinen vielen Reisen kein Jet-Lag. Mein Trick: Du darfst halt nie denken: Wie spät ist es jetzt gerade zu Hause?"

SEINE GRÖSSTEN FAHRER? Die größten Rennfahrer aller Zeiten? „Sie fuhren alle zu verschiedenen Epochen — darum hätte ich sie gern einmal zusammengeholt, alle ins gleiche Auto gesetzt. Zu Rindt fühlte ich mich besonders hingezogen: hochbegabt und ein Superkerl. Dazu Senna, ganz zweifellos. Juan Manuel Fangio, weil er fünf Titel gewann. Niki Lauda. Jim Clark, natürlich. Jackie Stewart, der immer ein überlegenes Auto hatte, den besten Motor, die besten Reifen, das beste Team. Dann wird's schwierig. Weil man das Talent von vielen nicht wirklich erkannte — wie Pedro Rodriguez oder Carlos Pace. Zur richtigen Zeit und im richtigen Auto, wären sie genauso groß geworden wie alle anderen auch."
SEINE RENNFAHRERKARRIERE: Kaum jemand weiß, daß Bernie Ecclestone einmal selber Rennfahrer war. „Schon als 14jähriger turnte ich im Boot von Seitenwagenweltmeister Eric Oliver. Er suchte einen Schmiermaxe, ich war klein und sparte Gewicht. Aber vorm ersten Rennen packte mich die Riesenangst." Danach fuhr er selber Motorradrennen auf Norton, später Formel 3. „Mit einigen Unfällen. Vielleicht, weil ich schlecht sah. Seither weiß ich: Vergiß alle Heldenstories über Mut, Reflexe, sensiblen Hintern — das wichtigste für einen Rennfahrer sind die Augen. Und da war Rindt phänomenal: Er sah wie ein Falke — kilometerweit." Zweimal versuchte sich Bernie für einen Grand Prix zu qualifizieren: in England und 1958 sogar in Monte Carlo. „Aber ich war zu langsam und versuchte alles, meinen Freund Stirling Moss in mein Auto zu schmuggeln — leider paßten die Sportkommissäre höllisch auf."
SEINE TEAMS. Um so erfolgreicher war Ecclestone als Teambesitzer. Er kaufte 1957 das englische Connaught-Team, betrieb 1970 zusammen mit Jochen Rindt ein Formel-2-Team, kaufte 1971 das Brabham-Team, das er eineinhalb Jahrzehnte später mit Gewinn abstieß. „Wie teuer das war, weiß ich nimmer. Ich verheimliche nichts, ich kann mich nur nimmer erinnern. Aber sicher war's billiger, als heute Williams kosten würde."
SEINE KINDHEIT: „Wahrscheinlich bin ich schon als Händler zur Welt gekommen — weil ich schon in der Volksschule meine Geschäfte machte. Dealing and wealing, ich handelte mit allem, die Deals wurden immer größer, aber das Prinzip bleibt das gleiche. Ich kaufte und ver-

kaufte, was ich nur in die Finger kriegte: Kugelschreiber, Fahrradpumpen, Motorräder, Autos, bin in ziemlich großem Stil ins Auto-Business eingestiegen — wahnsinnig viele, die ich verkaufte, wirklich big business. Dazu große Finanzierungs- und Grundstücksgeschäfte, und von da an halt immer weiter."

ÜBER SCHUMACHER: „Als Rennfahrer hochtalentiert. Und auf dem besten Weg, wirklich ein ganz Großer zu werden. Als ich ihn 1991 zum erstenmal sah, sagte ich spontan: Dieser Bursche ist — im richtigen Auto — in drei Jahren Weltmeister! Heuer wird er es."

SEIN STIL: Bernie Ecclestone, der „Zampano", ist die Formel 1. Er hat 1971 den losen Haufen von Teamchefs, die noch mit den einzelnen Grand-Prix-Veranstaltern um ihre Startgelder stritten, in der „Formula One Constructor's Association"(FOCA) zusammengeschweißt, künftig selbst alle Start- und Preisgelder ausgehandelt und aus dem Motor-Zirkus eine weltumspannende, sündteure Supershow gemacht, deren Wert in Millionen Dollar gar nicht angegeben werden kann. Zumal sich der clevere Businessman Ecclestone zwischendurch noch alle Werbe- und ab 1978 auch alle TV-Rechte gesichert hat. Als Entrepreneur ist er ideenreich und clever, als Businessman korrekt, absolut verläßlich: Montag früh, nach jedem Grand Prix, flattern den einzelnen Teams schon die Abrechnungen auf den Tisch. Als nach Rücktritten und der Senna-Tragödie der Formel 1 die Superstars ausgehen, holt Ecclestone „Magic Mansell" aus den USA zurück. Schon 1986 hat er Niki Lauda, damit er weiterfährt, 6 Millionen Dollar geboten — soviel wie Sean Connery für sein Comeback als James Bond kassierte.

Keine Frage: Ecclestone hat aus der Formel 1, die in englischen Hinterhof-Bastelbuden begann, ein hochkommerzielles High-Tech-Abenteuer gemacht, blieb aber selbst immer im Background, schon wieder den Kopf voller Ideen. „Aber was in zwei, fünf oder zehn Jahren wirklich passiert, kann keiner vorausplanen."

„Was Ken Tyrrell unter Himmel versteht", alter Spruch, „ist ein Samstagnachmittag in der White Hart Lane — im Stadion von Tottenham." Vor allem, seit dort der Deutsche Jürgen Klinsmann Tore schießt. Sein ältester Sohn, Kenneth, ist British-Airways-Pilot, sein jüngerer, Bob, übernimmt einmal das Formel-1-Team.

„Ich gib meinen Kindern jedes Jahr ein paar Prozente mehr", lächelt der Boss: Tyrrell-Aktien zu Weihnachten.

Harvey Postlethwaite, der früher „so gern den neuen Silberpfeil bauen wollte", ist von Ferrari zu Tyrrell zurückgekehrt. Wo er zehn Prozent Anteil hat — eigentlich schon immer.

„Ein kompliziertes Auto zu bauen", sagt Harvey giftig in Richtung John Barnard, *„ist das geringste Problem. Viel gescheiter, du baust ein einfaches, solides Auto, das funktioniert — ohne ständig was Neues zu erfinden."*

Bei Tyrrell arbeiten 95 Mann. Der kleinste ist der beliebteste: Ukyio Katayama. „Der kleine Japs", schwört Harvey, *„ist um nichts schlechter als die Top-Six der ganzen Formel 1. Unsere Aufgabe ist nur, ihm ein Auto zu geben, damit er's auch beweisen kann. Wenn nicht — unsere Schuld."*

„Das steht so in seinem Vertrag — im Kleingedruckten..." lächelt Ken Tyrrell, als ihm sein Pilot Mark Blundell den Five-o-clock-Tea serviert — *er muß auch Kellner spielen.*

SILVERSTONE: DER AUGENARZT LÄSST GRÜSSEN

Jetzt wartet alles voll Spannung auf Silverstone — auf völlig umgebauter Strecke. „Um sieben Sekunden langsamer", rechnen die Piloten nach den Testfahrten. „Vom Charakter her total anders. Mindestens zehn Dreher pro Tag — wir sind alle reihenweise rausgeflogen. Teils wegen neuem Belag fast überall — teils, weil wir erst im 5. Gang oft draufkamen: Hoppla, diese Kurve geht nur noch im dritten."

„Nur 18 Tage — vom ersten Reißbrettstrich bis zur fertigen Strecke." So die Silverstone-Veranstalter über den rekordverdächtigen Streckenumbau, der eine Million Pfund gekostet hat.

Der neue RAF-Kriegsflughafenkurs begeistert die Piloten. Martin Brundle: „Wir haben immer noch drei Passagen, wo wir rausfliegen können — aber nicht mehr sechs, die uns umzubringen drohen." Brundle und Verstappen (zweimal) bauten die ersten wilden Dreher.

DER GROSSE SCHOCK: Unglaubliche Schlamperei bei Williams — Damon Hill fliegt beim ersten Bremsmanöver fast die ganze Vorder-

radaufhängung davon! Die Mechaniker haben vergessen, die hinteren Schrauben der vorderen Querlenker mit Muttern abzusichern. Hill, mit steinernem Gesicht: „Riesenglück, daß es schon in der ersten Kurve passiert ist. Ich hatte gar keine Zeit, mich zu schrecken... Aber immer noch totales Vertrauen in meine Mechaniker", muß er lügen. Fuchsteufelswild stürmt Hill zu Fuß in die Box — und wer läuft ihm als erster über den Weg? Ausgerechnet Williams-Konstrukteur Patrick Head, Aktenkoffer in der Hand, gerade auf dem Weg vom Parkplatz zu den Boxen...
„Ich hab nie gebetet, aber jetzt fang ich damit an!", gesteht David Coulthards Freundin, ein Top-Model.
Gerhard Berger kommt von seiner ersten Trainingsrunde mit dem Motorrad zurück — Motorschaden! Bei Alesi spielte das Zwischengas verrückt. Aber das sind noch nicht die neuen Supermotoren — setzt Ferrari erst Samstag ein.
Ich lotse die Ferrari-Stars über einspurige Schleichwege in die ausverkaufte, rundum blockierte Silverstone-Arena. Berger ist zwar aufgedreht, total gut drauf, „obwohl mir hier 300 Testrunden fehlen". Er hämmert schon vormittags Bestzeit hin, zettelte nachmittags eine abenteuerliche Jagd an — das spannendste Abschlußtraining des Jahres. Zweimal, um 14.20 Uhr und 14.37 Uhr, fährt Berger Pole-position. Dazwischen, nach zwei Drittel 0,6 schneller als Schumacher, wird er von Hakkinen blockiert. „Wäre meine Superrunde geworden." Am Ende fährt Berger nochmals raus, funkt aber sofort an die Box: „Ich hab ein Problem." Erste Kurve — und der Ferrari schlittert gradaus in die Mauer: Reifenschaden.
Hill überholte ihn um 0,020, Schumacher um 0,017 sec und spottet nachher: „Was war denn da los im ersten Gang?" Berger: „Ich fuhr langsame 20 km/h..." Der Riesenapplaus aller entschädigt ihn für die verlorene Pole: „Tut mir weh — aber vielleicht kann ich heute gewinnen." Silverstone die große Wende?
Trotzdem verpaßt Gerhard die Pole-position nur um lächerliche zwei Hundertstel. Lauda: „Er war der Schnellste! Wenn Gerhard g'scheit fährt, kann er gewinnen!"
Hill 0,003 vor Schumacher, der die Ferrari fürchtet — zum erstenmal. Die „Roten" sind wirklich nur noch ein Häusereck vom ersten Sieg

seit Jerez 1990 entfernt. Die Stimmung im Ferrari-Hotel „Jersey Arms", wo ich mit Berger, Lauda & Co. Tür an Tür wohne: freudig gespannt, wie vor Nikis erstem Ferrari-Sieg 1974. Oder Bergers Durchbruch 1987.
Lauda: „Die Italiener sind immer nervös, aber jetzt im richtigen Moment — weil sie vielleicht gewinnen. Endlich alles umsetzen. Ich wart schon zweieinhalb Jahre drauf."
Schumacher ist weiter auf Rekordjagd. Und Damon Hill will unbedingt gewinnen, „wo mein Vater Graham immer Pech gehabt hat".
Vorm Rennen besucht Lady Di mit ihren beiden Söhnen Harry und William das Team — und auch Gerhard Berger schüttelt den Hoheiten herzlich die Hand. Dann wird's kritisch.
Neidgenossenschaft Formel 1. Von „Mr. Lotus", Colin Chapman, stammt der Spruch: „Wenn du einmal gewinnst, gratulieren dir alle und freuen sich mit dir. Aber gewinn zweimal, und alle hassen dich!" Benetton-Rennchef Flavio Briatore nickt dazu: „Benetton gerät unter Beschuß, weil wir einfach zu viel gewinnen. Weil uns die Konkurrenz nie zugetraut hat, daß wir so stark sind. Das weckt nur Neid und Eifersucht."
Michael Schumacher hatte bis Silverstone sechs von sieben Rennen gewonnen, rüttelt an den Weltrekorden von Nigel Mansell (neun Saisonsiege 1992), den goldenen Serien von Alberto Ascari (acht Siege hintereinander 1952/53) und Carlos Reutemann (1981 nicht weniger als 13 Mal en suite in den WM-Punkterängen).
Und so sieht sich Schumacher plötzlich in ein Netz verwickelt, aus dem es keinen Ausweg gibt. No way out, wie der Agentenfilm mit Kevin Costner?
Die Formel 1, das ist der Sport mit den Hunderten Gesichtern und den tausend Wahrheiten. Eine davon:
In Silverstone ist der Italiener Roberto Causo der FIA-Supervisor, sogar noch den FIA-Sportkommissären übergeordnet. Genau wie später in Spa — wo Sieger Schumacher wegen eines allzu sehr abgehobelten Holzleisten-Unterbodens disqualifiziert wurde.
Dazu muß man wissen: Am Silverstone-Wochenende hat Marco Piccinini — Sportchef des italienischen Automobilverbandes — den Monza-Grand-Prix abgesagt. Damit ist er in Italien ab sofort ein toter Mann,

vor allem für Ferrari. Ohne Ferrari wird man nichts im italienischen Motorsport. Causo, der große Piccinini-Gegner, spitzt auf die Nachfolge. Und ist außerdem der italienische Anwalt von Williams in der Untersuchungs-Affäre des tragischen Senna-Unfalls von Imola. Ein bißl viel Zufälle?

Was ist passiert? Schumacher überholt auf dem Start in die Aufwärmrunde den Pole-Mann Damon Hill, läßt sich aber dann wieder zurückfallen. „Das tat ich schon vor dem ersten Startabbruch (weil Coulthards Motor abstarb) und hab mir nichts Böses dabei gedacht. Natürlich weiß ich, daß man sich in der Aufwärmrunde nicht vom letzten Startplatz nach vorn schmuggeln darf. Aber in den beiden ersten Reihen..."

Die Sportkommissäre und FISA-Sicherheitsdirektor Roland Bruynseraede sind gnadenlos — aber erst 27 Minuten später: Disqualifikation. *Schwarze Flagge mit der Startnummer 5 — gleiche Nummer wie bei Nigel Mansell 1989 in Estoril, wo er wegen Reversierens in der Box disqualifiziert wurde, aber rundenlang die schwarze Flagge mißachtete und dann den führenden Senna mit 300 km/h abschoß — manche glauben noch heute: Über Funkbefehl aus der Ferrari-Box. Mansell wurde damals für ein Rennen gesperrt und zu 50.000 Dollar Strafe verdonnert.*

„Die schwarze Flagge", beteuert „Schumi", „hab ich nicht gesehen. Mit 280 km/h aus der Kurve — da hast du keine Zeit, nach Flaggen oder Nummern zu gucken..." Vor allem mit Berger im Rückspiegel. Gerhard hat „Probleme mit der Lenkung, ich will schon aufgeben, aber dann lieg ich so gut im Rennen, in Führung, Dritter nach den Boxenstops — so daß ich weiterfighten will". Bis ihn der Motor im Stich läßt — die peumatischen Ventile.

Aber die Komödie geht weiter — voll Irrungen.

Aber dann sehen Millionen im TV, wie Briatore die Box verläßt, sein Technik-Boss Walkinshaw mit FIA-Sicherheitschef Bruynseraede streitet — der smarte Flavio geht zu Bernie Ecclestone. Und plötzlich ist die Disqualifikation wirklich in eine Zeitstrafe umgewandelt — fünf Sekunden „stop and go". Mißverständnis...

Briatore, offiziell: „Man gibt uns ein Papier, auf dem steht: 5 Sekunden Strafe wegen Überholens von Hill in der Aufwärmrunde." Bria-

tore glaubt, die 5 Sekunden würden nach Rennschluß zur Schumacher-Zeit addiert — und sagt das Michael auch bei dessen erstem Boxenstop: „Von stop and go keine Rede. Wir befehlen Michael auch nicht, reinzukommen." Erst später.
Danach kann Schumacher nicht mehr gewinnen (Getriebeprobleme), ist aber trotz Platz 2 richtig sauer: „Ich find das ganze ein bißl lächerlich. Wenn man damit etwas spannender machen will..." Natürlich meint er den WM-Stand: immer noch 72:39 gegen Damon Hill. Der ist fast zu Tränen gerührt: „Jetzt hab ich die letzte Statistik-Lücke geschlossen: dort gewonnen, wo mein Vater nie hat siegen dürfen."
Nach der Ziellinie schnappt sich Hill eine Nationalflagge und fährt im Triumph, den „Union Jack" schwenkend, seine Auslaufrunde — wie früher Mansell von 200.000 Fans in Silverstone.
Dafür wird er später verwarnt. „Aber erstens bin ich gerollt, nicht stehengeblieben — das ist nicht verboten. Zweitens hätte mich nichts und niemand auf der Welt hindern können, an diesem Tag den Union Jack zu schwenken!"
Hakkinen und Barrichello kollidieren auf der Ziellinie — schuld ist natürlich nur der andere: Als die Sportkommissäre verhören wollen, sind beide abgereist — und werden für je ein Rennen bedingt gesperrt. Hakkinens Sündenregister ist bald voll. Und der Rennleiter wird für ein Jahr gesperrt.
Gelbe Karten für Mika und Rubens, die rote aber für Michael: Aus dem 2. Platz wird später die echte Disqualifikation — und Sperre für zwei Rennen.
„Hast du die schwarze Flagge wirklich nicht gesehen?" fragte ihn einer der drei Sportkommissäre. „Nein", erwidert Schumacher, „weil ich keine erwartete — und außerdem in ein hartes Duell mit Berger verwickelt war."
„Gut", drohte der Kommissär, „dann müssen wir dir wegen eines offensichtlichen Augenfehlers die Superlizenz wegnehmen. Oder wir schicken dich zum Augenarzt, aber keinem x-beliebigen, sondern in eine Universitätsklinik — aber das kann Wochen dauern, bis wir das Gutachten bekommen. Inzwischen wärst du gesperrt." Kritische Situation. Worauf Schumacher herumdruckste. Hat er doch etwas gesehen? Und Karl Wendlinger, der die Formel 1 im Sommer „nur im TV ver-

folgen kann: Das einzige, was ich sicher gesehen hab, ist die schwarze Flagge von Silverstone."
Wegen des Regelverstoßes und weil sie „das Reglement nicht voll verstanden hatten", wurde Benetton am Abend zu 25.000 Dollar Strafe verurteilt. Aber da feiert Damon Hill schon lang und noch länger („bis zwei Uhr früh") bei der gigantischen Silverstone-Gartenparty. „Mein bester Sieg, der schönste Tag meines Lebens. Wenn mir Daddy von oben zuschauen könnte — er wäre auch ein bißl stolz auf mich. Ein Traum ist wahrgeworden."
Ein Traum, den Damon schon als kleiner Bub hatte, bei der traditionellen Grand-Prix-Party seiner Eltern in Mill Hill, jeweils am Abend des britischen GP. Praktisch das komplette Feld war immer dort vertreten. Erinnerungen? Jo Siffert tanzte immer am ausgelassensten, dann kam Regazzoni, und ein kleiner Bub weinte oft bittere Tränen, „weil ich glaub, daß ich Daddy Pech bring. Wann immer ich ihn nach Silverstone begleiten darf, gewinnt er nie..."
Jetzt hat er selber gewonnen, Weltmeistersohn Damon Hill. England feiert seinen neuen Nigel Mansell und es spukt in der Gerüchteküche — bis hin zu einem Williams-Mercedes-Team 1995 mit Mansell und Frentzen. Weil Williams nicht glücklich ist, daß auch Benetton die Renault-Raketen bekommt, ist dieser Sensationswechsel möglich. Trotz Vertrags — aber den kann man ja kaufen.
Ob Schumacher Hill da wieder unvorhergesehen überholt?

„Aktion scharf" in der Formel 1! Genauso wenig, wie die Fußballschiedsrichter im Europacup vor gelben und roten Karten zurückschrecken, bremsen sich die Sportkommissäre ein. Der irrlichternde Jordan-Pilot Eddie Irvine, der schon 1993 in Suzuka durch seine unberechenbare Fahrweise Ayrton Senna zur Weißglut (und zum Faustieb) gereizt hatte, muß dreimal zuschauen: Wegen „very dangerous driving" und der Schuld an der Massenkarambolage von Brasilien.
Eddie Irvine — schon im Spätherbst 1993 hatte der kontroversielle Ire viel Staub aufgewirbelt. Wegen der Japan-Schlägerei hatte die FIA damals Ayrton Senna für sechs Monate — bedingt — gesperrt. Was den Superstar, der so auf sein Image bedacht ist, tief getroffen hat. FIA-Präsident Max Mosley später: „Vielleicht war ich zu hart mit Senna,

vielleicht zu gnädig. Aber erstens halte ich ihn für einen hochintelligenten Menschen. Zweitens mag ich ihn sehr. Und drittens wäre es schon sehr irritierend, wenn so etwas dauernd passiert..."
Als Nelson Piquet 1982 in Hockenheim den Chilenen Eliseo Salazar — der ihm den Sieg gestohlen hatte, weil er ihn bei einem Überrundungsmanöver in der Schikane glatt abschoß — live vor Millionen TV-Zuschauern mit Fußtritten traktierte, ging er straffrei aus. Und auch Nigel Mansell mußte für seinen Boxüberfall auf Senna nach der Kollision in Spa 1987 nicht büßen, weil Peter Warr zurückzog.
Aber daß die FIA auch vor hohen Tieren nicht zurückschreckt, hat sie schon 1990 bewiesen, als sie den damaligen Ferrari-Star Nigel Mansell knallhart für ein Rennen sperrte. Die Situation: Mansell überschoß beim Reifenwechsel in Estoril die Ferrari-Box, reversierte, was eine Todsünde ist, und bekam prompt fünf Runden lang die schwarze Flagge gezeigt, was signalisierte: Disqualifiziert, sofort aus dem Rennen. Aber Nigel muß entweder blind oder taub gewesen sein, weil er sich nachher auch noch ausredete: „Ich hab den Boxenfunk nicht gehört! In der Hitze eines Rennens, mit einem Motor mit 13.500 U/min im Nacken, hörst du nichts — du mußt schon froh sein, wenn du ein bißl denken kannst..."
Sogar McLaren-Boss Ron Dennis stürmte damals aus der Nachbarbox zu Ferrari-Rennleiter Cesare Fiorio, um ihn auf die Mansell-Disqualifikation aufmerksam zu machen. Aber Fiorio zeigte ihm nur den bösen Mittelfinger. Wenig später schoß Mansell in der ersten Kurve — eine lebensgefährliche Aktion — den führenden Ayrton Senna mit 300 km/h ab. Manche witterten sogar: auf Befehl aus der Ferrari-Box. Die Strafe war mild: 100.000 Dollar und Sperre für den nächsten Grand Prix — in Jerez.
Wesentlich schlimmer war es dem gesamten Tyrrell-Team 1994 ergangen. Die FIA strich dieser Mannschaft nachträglich alle Saisonergebnisse inklusive des hervorragenden 3. Platzes von Stefan Bellof hinter Prost und Senna in Monte Carlo — und ließ die Königsblauen die letzten fünf Rennen, ab Monza, überhaupt nicht mehr mitfahren. Grund: Spuren von verbotenen Treibstoffzusätzen. Aber das Blei war eigentlich in den riesigen Wassertanks, die Tyrrell aus Ballastgründen vor dem Start anfüllte — und dann auf der Strecke entleeren ließ.

Aber es gab auch Sperren, mit denen die FIA nichts zu tun hatte: Weil manche Teams sich ihre eigene Gerichtsbarkeit zunutze machten. Der komischeste Fall betraf Clay Regazzoni. Ausgerechnet ihm, dem großen, unbeugsamen Fighter, warf der eigenmächtige BRM-Boss Louis Stanley 1973 vor: „Du fährst nicht gut genug und kämpfst zuwenig. Darum bist du für ein Rennen, den Kanada-GP in Mosport, suspendiert!"

Die wahre Ursache muß gewesen sein, daß Clay und sein damaliger BRM-Kollege Niki Lauda damals schon ihren Übertritt zu Ferrari fixiert hatten — wo ja 1974 die „goldene Ära" Lauda—Regazzoni begann. In Mosport wurde Clay durch Peter Gethin ersetzt — der kleine Jockeysohn hält heute noch den Weltrekord für den höchsten Siegerschnitt eines GP-Gewinners: 242,615 km/h in Monza 1971.

Regazzoni war kein Einzelfall. 1974 sperrte das Alpine-Renault-Team seinen damaligen Star Patrick Depailler, weil er am Nürburgring eine Kollision zwischen zwei Teamkollegen heraufbeschworen hatte. Und 1984 traf der Bannfluch des eigenen Teams sogar den aufblühenden Superstar Ayrton Senna: Der Brasilianer fuhr in seiner ersten Formel-1-Saison für das Toleman-Team (aus dem später Benetton wurde), liebäugelte aber längst mit Lotus, war auch vertragsbrüchig geworden, weil er bereits im August in Zandvoort einen Vorvertrag für Lotus unterschrieb. Daraufhin sperrte ihn Toleman wutentbrannt für einen Grand Prix (Monza) und setzte Stefan Johansson ins Senna-Auto.

Am mysteriösesten war die Sperre von Riccardo Patrese. Als der Italiener 1977 in die Formel 1 kam, gab er sich allzu selbstsicher, sogar arrogant: „Ich beweise allen, daß die großen Champions auch keine Übermenschen sind!" Als Ronnie Peterson 1978 in Monza als Folge einer Startkollision ums Leben kam, schoben viele ältere Konkurrenten Patrese die Schuld zu. Dabei ergaben Filmaufnahmen aus einem Helikopter: Nicht Patrese hatte den Peterson-Lotus touchiert, sondern James Hunt.

Hunt gehörte auch jenem „Sicherheitskomitee der Fahrer" an, das 1978, nach Monza, Patrese für ein Rennen sperrte: Für den GP der USA in Watkins Glen erhielt Riccardo Startverbot — was ihn fürchterlich ärgerte, „weil hier grundlos mein ganzer Ruf als Fahrer zerstört wird". Wohlweislich verurteilte ihn das „Safety Committee" nicht

wegen des Monza-Unfalls, sondern wegen seiner „unberechenbaren Fahrweise während der ganzen Saison". Hunt, Lauda & Co. gingen sogar soweit, zu drohen: „Wenn Patrese in Watkins Glen starten darf, dann fahren wir nicht!"
Die FISA hielt sich da heraus, ging vor den Champions in die Knie — aber Patrese litt noch jahrelang. „Und ich find's noch heute total ungerecht, was man mir da angedreht hat." Ein Grand Prix weniger — es wurden immerhin 256.
Später wurden für derartige Manöver die 10-Sekunden-Strafen eingeführt — Zeitausschlüsse wie beim Eishockey. Vor allem Alain Prost war 1993 ein großes Opfer: 10 Sekunden für seinen angeblichen Frühstart in Monte Carlo — 10 Sekunden wegen Abkürzens der Schikane in Hockenheim. „Dabei bin ich nur Senna und Brundle, der sich drehte, ausgewichen — um eine Karambolage zu vermeiden." Die Strafen taten Prost weh, weil er Absicht dahinter vermutete.
Wie schon 1989 — aber aus völlig anderem Grund. Damals bestrafte die FISA jedes, auch das allergeringste Vergehen, mit Strafen zwischen 10.000 und 100.000 Dollar. Ein paar Sekunden zu spät zum Fahrerbriefing — das eigene Auto nach einem Unfall weggeschoben — oder quer über die Rennstrecke gelaufen: Es hagelte für lächerliche Vergehen drakonische Strafen. Aber den wahren Grund wußte damals niemand: Phillippe Streiff war in Rio schwer verunglückt (Querschnittlähmung), der Heimflug und die Behandlungen fraßen Unmengen von Geld, das Streiff nicht hatte — also griff ihm die FISA unter die Arme und verdonnerte die gesunden Fahrerkollegen indirekt zu drastischen Spenden, die dem Verunglückten zugute kamen.
Philippe Streiff revanchierte sich kurz vor Weihnachten 1993: Er veranstaltete das Formel-1-Go-Kart-Rennen in Paris-Bercy — bei dem Prost und Senna ein allerletztes Mal gegeneinander fuhren.

HOCKENHEIM: ENDLICH FERRARI!

Tag X für Michael Schumacher in Paris: Wird er für seine Silverstone-Schwarzfahrt gesperrt? Oder nur verwarnt? „Verdonnert wird er sicher!" glaubt Niki Lauda, „weil die Regeln eingehalten werden müs-

sen. Aber auch Schumacher hat Vorteile — weil in Silverstone hundert Fehler gemacht wurden — auch von den Offiziellen."
Das FISA-Sportgericht hat heute zwei Möglichkeiten: a) Schumacher verurteilen und sperren, aber mit einer Woche Berufungsfrist, also bis nach Hockenheim. Oder b) eine Woche später weitere Einvernahmen ansetzen, „weil die ganze Situation so komplex ist". Damit wäre der deutsche GP gerettet.
Niki Lauda analysiert alle Fehler:
„Den ersten beging die Rennleitung, die das Team 15 Minuten nach dem Regelverstoß informieren muß — sie benötigte aber 27 Minuten, um die 5-Sekunden-Strafe mitzuteilen. Benetton-Rennchef Briatore stellte sich unwissend — depperte Ausrede. Damit begann der Benetton-Fehler: Man hätte Schumacher sofort reinholen müssen, gar nicht lang diskutieren. Dann kam die schwarze Flagge, die Schumacher angeblich nicht gesehen hat. Glaub ich ihm sogar — aber wozu gibt's den Boxenfunk? Dann kommt er endlich rein und darf nach fünf Sekunden sogar wieder losfahren, obwohl die Stop-and-go-Strafe durch die schwarze Flagge längst überholt ist —, und das heißt Disqualifikation. Also: Schumacher hat genug Gegenargumente — weil soviel Fehler gemacht wurden."
Und warum droht Ferrari mit Rückzug aus der Formel 1, wenn Schumacher nicht gesperrt wird? Weil man die gleiche Strafe fordert wie für den Ex-Ferrari-Piloten Nigel Mansell, der 1992 in Estoril fünf Runden lang die schwarze Flagge (wegen Reversierens in der Box) ignorierte, dann auch noch mit 300 km/h Senna abschoß — viele glaubten sogar: über Funkbefehl von der Ferrari-Box! Mansell wurde mit 50.000 Dollar und Sperre für ein Rennen bestraft. Schumacher mit 100.00 Dollar und zwei Rennen.
Und Hill wird gemahnt: „Sie dürfen auf den Geist des Reglements nie vergessen!" — „Und ich werde auf meinen Rennfahrerstolz nie vergessen! Niemand kann mich hindern, nach einem Sieg im British GP mit dem Union Jack fahnenschwingend eine Runde zu fahren!" Soweit der Dialog zwischen Silverstone-Sieger Hill und dem FIA-Sportgericht in Paris.
Jetzt brodelt Hockenheim wegen Schumacher. „Geh nur in die Berufung, wenn du Chancen siehst und neue Indizien hast", rät ihm Niki

Lauda. Die Telefondrähte glühen. Wird die Sperre wirklich reduziert? Sein Manager Willi Weber: „Wenn statt in Monza am Nürburgring gefahren wird, haben wir in sechs Wochen die gleiche Situation." Dann schreien und toben die deutschen Fans wieder nach „Schumi".
Okay, Mild Seven darf in Hockenheim nicht werben. Aber Benetton hat in Deutschland 400 Geschäfte.
Alle Campingplätze rund um den Hockenheimring beben, die Fans drohen, bei einem Rennen ohne „Schumi" den Wald anzuzünden, die Zufahrtstraßen zu blocken.
Aber die „Silverstone-Schwarzfahrt", kombiniert ein Pilot, war nur ein Kavaliersdelikt gegen alles, was sich über Schumacher und Benetton zusammenbraut. Wenn sogar die größten deutschen Blätter zentimeterdick Alarm schlagen: „Schumi droht Rausschmiß aus der WM!"
Berger überlegt so: „Jeder Rennfahrer, der technisch nur halbwegs interessiert ist, muß über die High-Tech-Tricks an seinem Auto Bescheid wissen. Ich mag den Schumacher net ungern. Wir haben uns in der GPDA näher kennengelernt. Sollten Sachen auffliegen – und bewiesen werden –, würde ich ein bißl Respekt verlieren. Aber dafür haben wir ja die FISA, als Polizei der Formel 1."
Und die findet – über eine extra engagierte Elektronikfirma – mit Verspätung wirklich Verblüffendes über Startautomatik, Traktionskontrolle usw. heraus. Vor allem, wie kompliziert alles zu bedienen sein muß. Option 13, aber ab 10 nichts mehr sichtbar. Dann muß der Fahrer folgendes beherzigen: Runterschalten, den Knopf halten, einmal raufschalten, wieder runterschalten, loslassen, bei Vollgas einmal raufschalten – nur so funktioniert der Abschuß, die „Launch control".
Warum dieses verbotene Programm noch im Computer ist?
„Weil das Neuschreiben so teuer ist."
Warum so versteckt und kompliziert?
„Damit es kein Unbefugter irrtümlich in Betrieb setzen kann."
Und warum wurde die „Black Box" mit soviel Verzögerung übergeben?
„Aus technischen und kommerziellen Gründen – wegen Industriespionage."
Meine Vermutung: Die FISA-Polizisten hatten schon länger den Verdacht – aber zur Zeit des Katastrophen-Frühlings wäre Betrugsverdacht das Ende der Formel 1 gewesen. Also: lieber zuwarten.

Muß Benetton beweisen, daß es die Systeme nicht verwendete? Oder umgekehrt die FISA, daß sie verwendet wurden?
Deutschlands Formel-1-Lady Katja Heim: „Schwer vorstellbar, daß du bei 36 Grad Hitze jemandem einreden kannst: Du hast zwar Klimaanlage im Auto, aber nicht eingeschaltet."
Dagegen Tom Walkinshaw: „Wenn du im Kofferraum ein paar Bierkisten und Weinflaschen mitführst, heißt das dann auch: Du sitzt alkoholisiert am Steuer?"
Die Benetton-Affäre ist hochprozentig, vielleicht ausgelöst durch Briatores offenen Brief an Max Mosley und den Boykott in Barcelona. Hat die FISA eine Falle gestellt, und Benetton ist reingetappt? Das erzeugt Rachegefühle.
Bergers Hockenheim-Triumph hat mehrere Etappen. Zuerst die Morddrohungen an ihn und Damon Hill: „Wenn Sie im Rennen vor Schumacher liegen", wurde Damon am Williams-Telefon angedroht, „erschießen wir Sie!" Attentate auf Berger werden direkt bei der Polizei angekündigt. Worauf Gerhard und Damon Polizeischutz und Bodyguards erhalten: jeweils mit Polizeieskorte ins Motodrom und wieder nach Hause, während Schumacher täglich durch die Hotelküche flüchten muß und sich mit falschem Helm aufs Motorrad schwingt — natürlich mit Geleitschutz.
Hockenheim '94: Deine erste wirklich harte Bewährungsprobe? frag ich Schumacher.
„Ja, aber ich hab längst festgestellt: Ich reagier auf Druck immer gut, wachse dran, kann mich steigern — und komm aus Problemen stärker heraus als ich vorher war. Zusätzliche Motivation, ich bin von Anfang an schnell. Sobald ich im Cockpit sitz, schalt ich ab, existiert nichts anderes."
Sperre, Berufung, der Heim-GP: Prallt wirklich alles ab?
„Ich schlaf wieder prächtig. Nur eine Mücke hat mich belästigt. Darauf hab ich Oropax genommen — und gleich weitergeschlafen..."
Aber die Neider schlafen nicht: Neidgenossenschaft Formel 1?
„Jeder kann selber entscheiden, ob er mir glauben will oder nicht. Aber ich hab in Silverstone die schwarze Flagge (hinter Bergers Getriebe) nicht sehen können, wurde auch nicht über Funk informiert — und den haben genug Leute abgehört. Ich find die Strafe zu hart."

Viele sagen ja: Sie trifft weniger dich, mehr Benetton...
„Lächerlich. Ich weiß nicht, warum noch immer diese Gerüchte. Wir bewiesen, daß wir keine Traktionskontrolle benützen, und die FISA hat uns das bestätigt. Das zählt. Manche Teams haben halt immer noch Probleme mit unserer Leistungsfähigkeit."
Damon Hill empfiehlt dir einen Augenarzt?
„Damit kann ich leben..., da zwickt er sich nur selber ins Bein."
Verpatzt Berger oder Hill Schumacher das große Heimspiel? „Berti oweh, Schumi okay" knallen Transparente, aber auch: „Super-Schumacher! Wer ist schon Berger?" Jetzt wissen es alle. Und über Schumacher, der die Fußball-WM-Niederlage rächen soll, brauen sich dunkle Gewitterwolken zusammen.
„Alles redet, ob Schumacher berufen soll oder nicht", aber keiner denkt an die Piloten, die gegen ein umstrittenes Auto kämpfen." Ayrton Senna soll noch kurz vor seinem Tod behauptet haben: „Ich weiß, daß ich mit einem legalen gegen ein illegales Auto fahren muß."
Caracciola und Rosemeyer, schaut herab: Wie vorm Krieg der Zeppelin die deutschen Superstars rund um den Nürburgring begleitet hat, explodieren jetzt Knallkörper und Böller: Jede Trainingsrunde, wenn Schumi vorbeijagt.
Er hat seinen mühelosen „Prost-Stil" aufgegeben, fährt plötzlich härter, damit eckiger — reißt den Benetton herum, fährt nicht mehr so flüssig. „Ich fahr hier nur für euch, weil ich nicht will, daß ihr bestraft werdet!" ruft er seinen Fans zu. Berger lächelt: „Ja, jeder steht unter Druck..."
Weniger Damon Hill, den Mansell in Magny-Cours total aufgeweckt hat. Berger: „Er fährt flott und aggressiv wie noch nie." In Silverstone hat er durch Langsamfahren in der Aufwärmrunde das Schumacher-Überholmanöver provoziert, weil er genau weiß: Der Benetton hat kleinere Kühler.
Und Hockenheim ist noch heißer.
60.000 schmoren in der glühenden Bratpfanne, besonders Berger: Riesige Rauchwolken im Ferrari-Heck, Motor explodiert, heißes Öl auf die Hinterräder — „und ich hab mich auf dem eigenen Öl gedreht. Motorplatzer können passieren."
Samstag nicht mehr: Die Ferrari-Box ertrinkt in Jubel: Pole-position

für Berger — die erste für Ferrari seit Estoril 1990, die erste für Gerhard seit Suzuka 1991! „Für mich meine allerschönste und glücklichste."
Und ganz überlegen: 0,430 vor Ferrari-Kollegen Jean Alesi. Bernie Ecclestone: „Ich würde mich sehr wundern, wenn Berger nicht gewinnt!"
Schumacher und Benetton fliegen nicht aus der WM — sind aber plötzlich deutlich langsamer...
Und Berger ist Schnellster! „Ehrlich — in Silverstone war ich mir sicherer über die Pole-position." Diesmal glückt ihm eine Superrunde — während Alesi die ganze Ferrari-Heckverkleidung davonfliegt: „Ich seh einen Schatten und hör dann im Funk: Komm langsam an die Box." Wo nach dem Trainings-Doppelsieg die Freudentänze losgehen. Berger: „Das ist das Schöne an Ferrari — wie herzlich sich dort alle freuen können. Aber darauf hab ich hingearbeitet — zwei Jahre lang."
Am Start läuft Hakkinen Amok: Massenkarambolage. Den Ligier von Panis verfehlt er um Millimeter. Der Franzose, auf Platz 4, verrenkt sich fast den Hals: „Ich erwarte jeden Moment die rote Flagge." Kein Abbruch. Und weil Katayama das Gaspedal stecken bleibt, die Alesi-Rakete auf der Geraden verraucht, ist Panis sofort zweiter, vor seinem Ligier-Kollegen Bernard.
Das große Schumacher-Rennen gewinnt Berger — vom Start bis ins Ziel in Führung, anfangs mit Schumacher im Nacken, gelegentlich sogar neben, aber nie vor ihm. „Ich wollte Berger in einen Fehler hetzen", trotzt Schumi nachher, aber Gerhard dementiert: „Wir machen alle manchmal Fehler — aber diesmal wäre mir keiner passiert."
Und die Taktik? „Er hat die falsche, ich die richtige Strategie. Ein Boxenstop, nicht zwei, ist diesmal der richtige Schlüssel zum Sieg."
Als Schumi wegen Motorschadens ausrollt, fasziniert Berger der totale Szenenwechsel im Motodrom: „Zuerst ein Meer von gelben deutschen Flaggen für Schumacher — und plötzlich nur noch die roten Ferrari-Fahnen..."
Hill verpaßt „eine goldene Chance", die Ligiers auf Platz 2 und 3 — wie 1989 in Adelaide, wo einander Laffite und Streiff aus dem Rennen boxten. Aber ohne Stallkrieg. „Da sind gar keine Boxenbefehle nötig."
Im Finish wirklich nicht — bei zehn Sekunden Abstand. Und 40 Rückstand auf Berger. Panis kennt „den schlechten Haltbarkeitsrekord von

Ferrari. Aber zu denken: Hoffentlich fällt Berger aus, damit ich gewinn, wär größenwahnsinnig."
Zum ungünstigsten Zeitpunkt überhaupt passiert jedoch das flammende Inferno: Joos Verstappens Boxenstop: „Zuerst seh ich das Wasser, dann riech ich: Benzin — und dann hat's schon gebrannt."
Zwar „nur" vier Sekunden, „aber für mich wie eine halbe Stunde. Rund um mich: alles schwarz. Ich bin echt in Panik, weil ich fürchte: Da komm ich nimmer raus."

Die Tankanlagen, gebaut von der französischen Firma „Intertechnique", kosten 30.000 Dollar. Jedes Team bekommt von der FIA eine Anlage. „Aber weil Formel-1-Teamchefs andere Menschen sind, bestellten manche Teams eine zweite, andere sogar ein dritte Tankanlage. Für den Fall, daß beide Piloten fast gleichzeitig zum Tanken hereinkommen."
150.000 Dollar pro Anlage allein an Luftfrachtkosten: Denn das große, sperrige System wiegt 500 kg. Es besteht aus zwei Behältern; ein Druckbehälter in einem normalen Container mit einem Kolben, der das Nitrogen vom Benzin trennt. Sobald die richtige Spritmenge hereinkommt, schließt das Ventil. Der Druck, ursprünglich 2 bar, wurde auf 1,6 bar reduziert.
Aber warum überhaupt unter Druck — hätte Schwerkraft nicht genügt? Charlie Whiting, der FIA-Chefingenieur: „Viele halten normales Tanken für die einzige ungefährliche Methode. Aber das Hockenheim-Agreement von 1993 sagt kein Wort über Schwerkraft, sondern verlangt bloß: Durchflußmenge 120 Liter in 10 Sekunden. Dafür würde man — ohne Druck — einen Tank 2,5 bis 3 Meter über dem Boden benötigen, mit einem 7,5 cm dicken Schlauch. Das ist gefährlich und unstabil — darum entschieden wir uns fürs Tanken unter Druck."
12 Liter in einer Sekunde heißt 70 Liter in 6,7 Sekunden: schneller als beim 24-Stunden-Rennen von Le Mans, aber langsamer als 1983, „als der Druck höher war", erinnern sich die Haudegen im Formel-1-Zirkus. „Verrückt und gefährlich hoch." Charlie nickt: „Damals konnte jeder tanken, wie er wollte. Heute haben wir Intertechnique — mit enormer Erfahrung im Tanken unter Druck, bei großer Hitze."
Die Schläuche sind 5 Meter lang, also können die Container bequem drinnen, in den kühlen Boxen, installiert werden. Je weniger Zeugs in der Boxenstraße, um so besser und sicherer. Und Bernie Ecclestone schreibt seinen Boxencrews und Kameraleuten sowieso feuerfeste Dressen vor.

Verstappen hat — was die meisten Piloten beim Tankstop machen — das Visier geöffnet, um Luft zu schnappen. „Deswegen hab ich auch

Benzin im Gesicht — und sogar im Overall." Als er später im TV die Flammenhölle nochmals durchleidet, wirkt Joos echt erschrocken: „Noch viel mehr Feuer, als ich gedacht hatte." Millionen Fernsehzuschauern stockt der Atem.

Das Wunder von Hockenheim: Verstappen und vier Mechaniker kommen mit leichten Brandwunden davon. Der fünfte Mechaniker, Simon, der den Schlauch hielt, blieb noch ein paar Tage zu Hause.

Joos Verstappen, der Mann ohne Unfallangst — wie ihn mir Willi Weber schon bei der Saison-Eröffnungsparty in Sao Paulo vorstellte? „Fast ohne Angst", korrigiert Joos lächelnd später in Budapest. Der Mann, der aus dem Feuer kam, wird Dritter — sogar im gleichen Auto! „Bei euch passiert momentan sehr viel", sag ich zu Verstappen.

„Stimmt, aber wart ab, was wirklich wahr ist und was nicht."

Zunächst einmal: kein Sicherheitsfilter, um schneller tanken zu können — mit 13,5 statt 12 Liter pro Sekunde. Briatore schwört, FISA-Ingenieur Charlie Whiting hätte ihm das erlaubt. Dieser bestreitet alles, weil nur „Intertechnique" dafür zuständig sei.

„Vielleicht tanken auch andere Teams ohne Sicherheitsfilter", stellt Schumacher anheim, ohne direkt anzuklagen.

Mag sein, daß Benetton mit der Feder trickselt, zehn oder 20 Liter mehr im System hat, als man wirklich momentan tanken will.

Berger gewinnt zu überlegen vor den Ligier-Underdogs Panis und Bernard, „daß mir im Finish schon fast fad wird. Dieses Rennen hat ewig gedauert — dreimal so lang wie andere! Ich hör auf jedes Geräusch, lauer auf jedes Detail — bis zur Zielflagge."

Und dann der Triumph als Sternstunde: Bergers 9. GP-Sieg, der erste seit Adelaide 1992, für Ferrari der erste seit Prost 1990 in Jerez! Und der Hockenheimring ist die erste GP-Strecke, auf der alle drei F-1-Österreicher gewonnen haben: Rindt 1970, Lauda 1977, Berger 1994.

Bei Test- und Trainingsfahrten hat Berger den Ferrari rund zweimal um den ganzen Erdball gejagt — mit Racing Speed. Den endlichen Sieg mußten alle kommen sehen: Das Beste, das der Formel 1 im Moment passieren kann.

Genau die gleiche kribblige Spannung wie vor Niki Laudas erstem Ferrari-Sieg — in Jarama 1974.

Damals kniete der junge, gertenschlanke Luca Montezemolo auf der

Ziellinie, gleich neben der karierten Flagge, und dankte allen Renngöttern, als die rote Nr. 12, Lauda, als erster heranjagte.
Diesmal kniete Luca, mittlerweile längst Signor Presidente, wieder froh und dankbar — aber zu Hause vorm Fernseher.
TV-Kommentator Alain Prost glaubt irrtümlich, daß über TF 1 bereits die Werbung läuft, und sagt übers noch eingeschaltete Mikro: „Dieser depperte Fiorio" (ich übersetze freundlich) „hat aber ein Riesenglück! Tritt in ein Team ein, wird auf Anhieb Zweiter und Dritter — was für ein Glücksritter." Tags darauf lacht ganz Frankreich über diese Story.

Ein Geheimnis, das Prost nur seinen intimsten Freunden anvertraut: „Geld hin oder her, und egal auch, was mit Ligier passiert — ich hätte mich nur dann zum Rücktritt vom Rücktritt entschlossen, hätte sich der McLaren-Peugeot wirklich als Superauto herausgestellt. Aber die vier Testtage in Estoril zeigten mir: Das ist nicht der Wunderwagen, der es wert ist, die ganze Mühe eines Comebacks auf mich zu nehmen."
Und nur als Testpilot, Alain?
„Formel-1-Testen ohne Rennen zu fahren, kommt für mich überhaupt nicht in Frage. Das ist ja, als wärst du mit einer aufregend schönen Frau verheiratet und würdest freiwillig auf Sex verzichten..."
Typisch Alain Prost: Seine endgültige Absage an die Formel 1.
Auch mit Golf hat er jetzt aufgehört. Seine neue große Liebe: Hobby-Radrennen. Außerdem lernt er 1994 fliegen — und zittert lang vor der Abschlußprüfung am 3. Dezember.
1995 wird Prost 40, sein Vater André 70, sein Großmutter 100 — und geht immer noch einkaufen! Die runden Geburtstage häufen sich, die Zeit ist kostbar. Prost, ein Uhrenfetischist, holt jeden Tag eine andere Uhr aus der Schmuckschatulle. Sein Vater sammelt dafür Briefmarken mit Motorsportmotiven — die er einmal dem Enkel Nicolas (13) vererben will. Und der hat auch schon mit Go-Kart angefangen.
Prost, der Weltbürger, kann fünf Sprachen: „Außer französisch noch fließend englisch, italienisch, spanisch, portugiesisch. Wozu muß ich da auch noch deutsch lernen?" fragt er mit unschuldigem Augenzwinkern. Vive la France: Balladur ernennt Alain 1994 zum Offizier der Ehrenlegion.

Also doch! „Diese Woche", hört man monatelang bei Ligier, „wird sich entscheiden, wer unser neuer Besitzer wird!" Noch gehört das frühere „französische Nationalteam" dem umstrittenen Cyrill de Rouvre — aber nicht mehr lang. Zwei Kaufangebote liegen auf dem Tisch: von Benetton-Rennchef Flavio Briatore und der vereinten Streitmacht Gerard Larrousse/Philippe Streiff.
Offenes Geheimnis: Briatore will Ligier unbedingt! Ursprünglich, weil er über den Kauf an die Renault-Raketen herankommen wollte — jetzt aber vor allem aus Finanzgründen: „Mit zwei Teams machst du mehr Geld als mit einem."
Guy Ligier verkauft an Briatore. Für angeblich 100 Millionen Franc — viel weniger, als Prost seinerzeit geboten hat. „Aber wann? Mit Alain haben wir dreimal verhandelt..." Guy Ligier war immer gut im Geldaufreißen, weniger im Verwalten. Die neue Fabrik, eigener Windkanal, statt 140 nur noch 117 Mitarbeiter — und ein paar winzigkleine Prozente hat sich Monsieur Ligier (67) von seinem Lebenswerk behalten.
Zu Rennen kommt er nie mehr, „weil ich keine Politik erklären will", aber oft ruft er an: „Mir ist ohne Formel 1 so langweilig." Dabei macht er gerade ein Vermögen mit Kraftdünger, der jede Pflanze, jede Blume in Palmenhöhe schießen läßt. Und erobert bald das Pariser Verkehrschaos mit einem nur 2,40 m (!) langen Stadtauto, das 137 km/h fährt. Pas mal, Monsieur Ligier.
Aus dem französischen Nationalteam, das mit Laffite/Pironi „schon immer am Samstag voreilig die Siege gefeiert" (Niki Lauda), aber letztmals 1981 in Montreal gewonnen hat, ist eine internationale Truppe geworden. 1993 durch die Engländer Brundle/Blundell, 1994 durch die Italiener: Briatore der neue Boss, Cesare Fiorio, früher Rallye-Stratege und Ferrari-Mann, der neue Rennleiter.
„Mit Fiorio funktioniert unsere Organisation, mit Frank Dernie unsere Aerodynamik", loben die Piloten.
Was „Mr. Hollywood" oft beim Abendessen erzählt, wären Filmdrehbücher. Wie sein Auto in Le Mans Pole-position stand — und ein Fallschirmspringer direkt auf seiner Motorhaube landete. Wie die Ferrari 1989 in Rio, aussichtslos, mit 20 Liter Sprit starten sollten, nur zwecks der Show — und Mansell sensationell gewann. Wie sich Fiorio mit

Prost eineinhalb Jahre glänzend verstand, „bis bei Ferrari jemand einen Keil dazwischentrieb". Heute sind sie verfeindet — wie man in Hockenheim hört.

Sein Sohn Alex Fiorio ist bereits aus Vaters Schutzkreis: „Der bastelt sich seine Rallye-Karriere längst selbst." Panis auch.

Abendessen mit Olivier Panis — für mich auf einer Linie mit den anderen Super-Neulingen 1994 — Frentzen, Coulthard, Verstappen usw. Die Hummersuppe, sogar die Sauce Bearnaise schickt er zurück, bittet um Spaghetti. „Kein Risiko am Abend vorm Rennen — was mach ich morgen mit Fischvergiftung?"

Er ist gut gekleidet (Bundfaltenhosen), gut erzogen, höflich, aber zielbewußt. Prost und Cevert haben ihren Militärdienst in Ravensburg (D) absolviert — aber Panis ist, Einberufungsbefehl in der Hand, direkt zum Militärkommando marschiert: „Ich bin Profirennfahrer. Wenn ihr mich einzieht, ist meine Karriere tot. Wollt ihr das?"

Nein, wir haben momentan sowieso genug Alpinjäger.

Panis stammt aus Grenoble. Sein Vater besitzt dort eine Go-Kart-Rennstrecke. Seine Schwester Sophie etwas oberhalb in Chamrousse eine Disco, „Le Panther".

Panis macht die klassische französische Karriere: Go-Kart, Volant elf, Winfield-Racing School in le Castellet, Formel 3, dann 3000.

Bereits im Herbst 1993 lädt ihn Benetton zu Testfahrten. „Aber ich sag ab — weil mir noch ein Formel-3000-Rennen zum EM-Titel fehlt." Erinnert mich an den jungen Prost, der 1979 zu Ensign sagte: Nein, danke. Olivier wird also Europameister und verblüfft gegen Weihnachten beim großen Go-Kart-Meeting in Paris-Bercy alle: genauso schnell wie Senna und Prost.

„Meine zwei Vorbilder. Alain war mein erstes Idol. An Ayrton hat mir unheimlich imponiert, wie er in Interlagos zu jedem von uns Neulingen gekommen ist, die Hand geschüttelt und gesagt hat: „I wish you all the best for your future in Formula One!"

Ein Satz, den sich Panis ewig merkt. „Denn englisch kann ich nicht, ich red immer nur französisch." Sein einziges Manko.

Erstaunlich für einen Neuling in der ersten Formel-1-Saison: Daß er fast pausenlos alle Rennen durchfährt. „Ein einziger Ausfall! — ausgerechnet in Magny-Cours."

Und sein Rezept? „Qualifikation mit vollem Risiko, aber die Rennen mit Taktik: Die ersten zehn Runden so flott wie möglich, dann fahr ich materialschonend, brems früher – und fahr auf Ankommen!"
Sein Training? Radfahren, Ski nur am Winterbeginn, beim Fußball ein echter Linker – und glühender Fan von Olympique Marseille. Maximalpuls: 196. „Aber den steigern wir mit Wissenschaftlern von Rhone-Poulenc: mit ganz neuen Methoden." Zumindest bis 1996 – so lang ist Panis, die neue Lieblingsnummer 26 der Franzosen, an Ligier gekettet.
Das Jahresbudget: 40 bis 50 Millionen Dollar. „Und dafür sollte man mehr rausholen können, als wir tun."
Die Sponsorverträge mit den Staatsfirmen Gitanes, Lotto usw. laufen bis 1995, stets automatisch verlängert, ohne auch nur zu fragen – aber jetzt, ohne den Mitterand-Freund Ligier, verlangen sie Leistung.
Flavio Briatore ist ab Sommer der Präsident, damit ist auch Walkinshaw mitverwickelt. Heißt das: „Captain Tom" wird zu Ligier umdirigiert? Um sich hauptamtlich dort zu kümmern? „Who knows? Wer weiß schon, was in der Formel 1 passiert...?"

Und Berger feiert lang: „Für Ferrari zu gewinnen ist immer noch das Schönste in der Formel 1!" Gerhard blinzelt in die Abendsonne, Wetterleuchten im Gesicht: „Genau wie 1987 in Suzuka – damals hab ich Enzo Ferrari den ersten Sieg nach langer Pause geschenkt." Diesmal seinen Erben den ersten seit 59 Rennen!
Danach feiert er in St. Tropez bis fünf Uhr früh, trinkt tags darauf mit Giovanni Agnelli einen Cappucino, liest die ganze Woche Zeitungsschlagzeilen wie: „Berger, der Retter Ferraris!"
„Und da begreif ich erst, was dieser Sieg für Ferrari, für ganz Italien bedeutet."
Aber weil er Jean Todt schon Montag um 8.30 Uhr in seinem Fiorano-Büro ans Telefon bekommt, dämmert ihm auch: „Ferrari geht jetzt nicht gleich wieder auf Urlaub. Todt ist die Garantie, daß es heuer keinen Ferragosto gibt" – die von den Piloten gefürchteten, aber von der Konkurrenz so heiß geliebten Ferrari-Werksferien.
Erster Sieg seit Prost in Jerez 1991 – nach der längsten, deprimierendsten Ferrari-Durststrecke aller Zeiten. 58 Rennen ohne Sieg, nur Prü-

gel, Enttäuschungen, Demütigungen. Berger hatte recht, als er immer behauptete: „Ich bleib bei Ferrari, weil ich die Früchte meiner Arbeit selber ernten will."

Und was für Arbeit: Seit Anfang 1993 lebt Berger im Ferrari, noch notwendiger geworden, weil sich das Barnard-Auto anfangs 1994 „als nicht schnell genug" herausstellte. Ab Magny-Cours kam die Brunner-Modifikation. „Ich hab den Gustav unterschätzt", gibt Berger zu, „weil bei seinen kleinen Teams nie richtig rauskam, was für ein fabelhafter Aerodynamiker er ist." Erst jetzt — als Ferrari in zwei Windkanälen in Doppelschicht arbeitet.

Als die Brunner-Version in Magny-Cours auftauchte, sagte ich zu Barnard: „Sieht gut und aggressiv aus, euer Auto." Barnard war entsetzt: „Come on, it looks ugly — ist doch ein ausgesprochen häßliches Auto." Die Ego-Probleme der Genies?

Ich hab noch Enzo Ferrari im Ohr: „Das schönste Auto ist immer das schnellste." Aber auch Colin Chapman: „Das ideale Timing ist, wenn ein Auto auf der Ziellinie auseinanderbricht."

Warum stoppte Berger gleich nach der Zielflagge? Weil sein Benzindruck gefährlich sank — viel länger hätte Hockenheim nicht dauern dürfen!

Was für ein Formel-1-Jahr: Tragik, Krisen, Emotionen. Und als Fixpunkt Berger, der unermüdlich kämpft, arbeitet, fightet. „Ich war bei Ferrari schon unangenehm, weil ich immer nur forderte. Jetzt lieben wir uns bei Ferrari wieder alle..."

Montezemolo hat an seine „Austria-Connection" Berger-Lauda-Brunner immer geglaubt. Und irgendwann im Sommer sag ich zu Gerhard: „Du und der Ferrari, ihr beide wirkt jetzt wirklich total zusammengeschweißt, als perfekte Kombination, aggressiv und schnell, da ist von der Kopfhaltung bis zur Kurvenlinie alles synchron und harmonisch, die richtige Choreographie — selbst wenn wir einrechnen, daß Regazzoni einen Ferrari dreirädrig und Villeneuve einen mit hochgerissener Karosserie weitergeprügelt haben."

Gerhard nickt bedächtig: „Mein Feeling ist genauso. Ich glaub, ein Prost zum Beispiel hat nie richtig in den Williams gepaßt — und der Senna eigentlich auch nicht."

Er aber wünscht sich, „daß ich bis vierzig mein aggressives Fahren, mei-

nen Biß behalten kann — die Erfahrung ist ja noch dazugekommen. Und dann denk ich an Amerika und die Formel Indy ... Ich hab Montezemolo ein perfektes Ferrari-Organisationsprogramm erstellt. Mit allen richtigen Leuten auf dem richtigen Platz", freut sich Berger. Mit Lauda als „Piccolo Commendatore", mit Jean Todt als unermüdlichem Organisator und Antreiber, mit Gustav Brunner als „Gegen-Genie" zu Barnard, mit dem Japaner Osamu Goto still im Hintergrund.
Aber gerade er, der musikliebende Ex-Honda-Mann, hat dem V-12 Noten eingehaucht, „daß unser neuer Motor 043 jetzt klingt wie bei Mozart" — schwärmt Ferrari.
Unmöglich, hätte man noch vor wenigen Jahren gesagt. Aber so rasend schnell entwickelt sich die Formel 1.

Alle Ferrari-Motorgeheimnisse 1994: Ab Sommer 830 PS, Drehzahl fast 16.000 U/min — vor ein paar Jahren für einen Saugmotor noch total unmöglich. Jetzt realisiert dank Technologie-Hilfe von Honda und neuer Materialien — aber Kolben, Pleuel, Lager und ein paarmal die Ventile sind 1994 das größte Problem.
Auf Knopfdruck kann der Pilot vom Display alles ablesen. Vor allem die Rundenanzeige, die bis zum Tankstop herunterzählt. Und dann: der berühmte rote Knopf. Sobald er aufleuchtet, bist du am Drehzahllimit von fast 16.000 — also raufschalten.
Gustav Brunner ist verantwortlich für R & D, Research and Development, „was alles einschließt, nicht nur den Windkanal, und vor allem auf der Rennstrecke". John Barnard kümmert sich um Zukunftsprojekte — also immer das nächstjährige Auto.
Berger hat Ferrari dieses Jahr sehr weit gebracht. Der Mann, auf den die Techniker hören, der die Richtung vorgibt. Mit dem Zwölfzylinder — sagenhafte 830 PS, aber viel zuwenig Drehmoment — ist Ferrari am Limit angelangt. Für 1995 dreht sich bereits ein Drei-Liter-Zwölfzylinder auf dem Prüfstand, „aber ich tendier eher zu einem Acht- oder Zehnzylinder. Ich hab Riesenbedenken, daß der Zwölfzylinder 1995 gut genug für Siege sein wird, bin schon richtig nervös, aber die Techniker beruhigen mich immer wieder."
Ferrari — weg vom heiligen Zwölfzylinder? „Wir arbeiten schon an einem Zehnzylinder, aber ob mit viel Liebe — das bezweifle ich." Der

neue Zehnzylinder müßte jetzt schon fertig sein, im Winter bei Testfahrten laufen — so wird es wohl 1996, und das ist schon wieder zu spät. Auch zur Freude von Luca Montezemolo, der zur Berger-Sommerakademie nach Going gekommen war. „Wunderbar", freute sich Berger, „wenn sogar der Chef für einen arbeitet." Er selbst hat heuer schon genug getan: GPDA, Sicherheitskommission, Österreich-GP, Ferrari-Comeback.

Rob Walker, der Generationen von Rennfahrern erlebt hat: „Berger steht doch turmhoch über allen anderen. Er hat die Formel 1 übernommen, ist der große Fahrer, Leader of the pack, nicht nur durch Ehrgeiz und Fahrkönnen — einfach durch seinen Charakter."

Berger ist, kein Geheimnis, Österreichs bestverdienender Sportler aller Zeiten. Und Geld regelt in der Formel 1 den Marktwert oft mehr als WM-Punkte. Und: Seit zehn Jahren pausenlos unter den „Top-Ten" der Weltrangliste, oft den ersten drei, meist ersten sieben — das schaffen allenfalls die Skikanonen Anita Wachter und Günther Mader, aber, bei allem Respekt, nicht einmal Thomas Muster.

Berger muß unglaublich viel Adrenalin produzieren: Während eines Grand Prix sprießen bei ihm die Bartstoppeln, als hätte er sich wochenlang nicht rasiert. Tochter Christina (14) läßt sich „immer nur bei Vollmond die Haare schneiden: Da wachsen sie am besten".

Sein Ferrari-Kollege hat auch oft einen Bart — aus anderem Grund: Jean Alesi, der wochenlang auf Skitouren geht. „In den Bergen merkst du erst, wie direkt und aufrichtig die Menschen sein können. Hat richtig wohlgetan", sagt mir der Berger-Kollege. Außerdem versuchte er sich im Indoor-Klettern. „Aber nie höher als 30 Meter, natürlich durchs Seil gesichert. Schult die Konzentration und stärkt die Nerven."

Alesis jährliches Wintertraining: ein Monat Skilanglauf in Chamonix — 1994 mit einem Riesenschreck. Jean ist bei einem Freund zum Mittagessen, als vom Mont Blanc eine Lawine herunterdonnert, wie eine Sturmwelle alle Türen und Fenster des Chalets wegreißt — die Schneemassen dringen ins Chalet, stoppen einen halben Meter vorm schreckgelähmten Alesi — aschfahl im Gesicht.

Zu den Ferrari-Pflichten gehört es, Ferrari-Händler im Ausland auf Rennstrecken herumzukutschieren. Das machen Berger/Alesi gegen Sai-

sonende am Fuß des Fudschijama und in Eastern Creek bei Sydney. Ferrari-Piloten sind immer emotionell — Alesi besonders. Wie Jean Villeneuve, von dem er die unsterbliche Nr. 27 geerbt hat. Wie Clay Regazzoni oder fast wie Jean Behra, der in den „Roaring Fifties" den Ferrari-Rennleiter mit einem Schraubenschlüssel attackiert hat. Aber damals zeigte man unbotmäßigen Rennfahrern, die Stallbefehle mißachteten, auch brutal den Hammer.
Einmal tobt Alesi in der Garage vor den Mechanikern, bis ihn Jean Todt an der Hand wegführt. Er weint sich bei Brunner aus. Oft droht er: Ich geh weg von Ferrari, ich hör auf. Dann muß ihn Lauda immer beruhigen. Und Lauda rät ihm: Hör auf — oder fahr normal weiter. Alesis sizilianisches Blut wallt. Jedoch nicht nur im Cockpit. 1994 kriselt seine Ehe — trotz ihres Babys, das erst kommen sollte, wenn Papa Jean keine Rennen mehr fährt. Zwischen René Arnoux und seiner Freundin war es genauso.
Im Frühjahr trennt sich Alesi von seiner Frau Valence, die von anderen leidenden Rennfahrerfrauen beraten wird — die Damen halten da zusammen.

Ex-Jugoslawien auch im Formel-1-Zirkus: Friedlich nebeneinander werken ein Bosnier bei Ferrari und ein Serbe bei Minardi. Der serbische Mechaniker Dragan Keneski aus Novi Sad ist schon vier Jahre im GP-Zirkus, war früher bei Coloni und Andrea Moda, ehe er endlich für ein echtes Team schaffen durfte. Dagegen ist der Bosnier Miodrag Kotur aus Dubica Assistent von Jean Todt, neu in der Formel 1, hat aber schon bei Peugeot mit Todt zusammengearbeitet.
Ein Blick in die Minardi-Box. Er hat immer noch seinen stoischen, total aufrechten Pharaonen-Gang, die ersten weißen Haare — aber eine Mumie ist Michele Alboreto noch lang nicht. „Mansell ist viel älter als ich — und sieht auch viel älter aus." Aber zum erstenmal redet Alboreto 1994 vom Aufhören. „Ich weiß nicht, was wird. Heuer ist für mich alles so schwierig, nach allem, was 1994 passiert ist" — vor allem in Imola ist er wütend und verzweifelt: Senna, Ratzenberger, sein in der Box weggeflogenes Rad, das vier Ferrari-Mechaniker verletzte... „Momentan sind meine Gefühle ganz unten. Ich seh Ende 1994 weiter."

Ab Sommer hat auch Minardi — endlich — das halbautomatische Getriebe. „Aber mit Problemen. Du weißt nie, ob's funktioniert — dann hast du den falschen Gang drin und drehst dich." Minardi fehlen die Tests. „Aber ein kleines Team wie wir hat kein Geld für Forschung und Entwicklung. Wir experimentieren von Rennen zu Rennen — und das bremst die Weiterentwicklung des Autos."

BUDAPEST: DER BENETTON-KRIEG

„Niki Lauda leblos im Meer!" Die deutsche „Bild"-Schlagzeile alarmiert Marlene Lauda, der Niki den Jet-Ski-Unfall von Ibiza verschwiegen hat: Mit Sohn Matthias (13) am Sozius, gottlob mit Schwimmwesten — denn Niki stürzt 800 Meter vom Strand. „Drei Rippen gebrochen, die Lunge geprellt, ich häng mit dem Kopf nach unten im Wasser, bekomm keine Luft — aber Matthias hat großartig reagiert, wie ein Erwachsener nachgedacht — und dann ohne Panik richtig gehandelt." Aber Niki war erst nach 40 Minuten aus dem Wasser.
Die Freizeitunfälle der Formel-1-Piloten sind legendär: Regazzoni brach sich beim Kicken in Zeltweg den Arm, Depailler beim Drachenfliegen fast alle Knochen. Lauda: „Ich hab viele Jahre aufgepaßt, daß nix passiert. Aber jetzt ärger ich mich über meine eigene Blödheit."
Angst? „Dazu hatte ich keine Zeit."
Ferrari Austria: Schmerz, laß nach.
Niki ist blaß, redet leise, etwas heiser, atmet schwer, aber sehr tapfer. „Willi Dungl sagt: am meisten weh tut's beim Sitzen und Liegen, am wenigsten beim Stehen und Gehen. Also kann ich das in Budapest genauso wie zu Hause." Lauda im Krankenstand? „Fliegen geht momentan nicht."
Berger, extra dry: „Beim Arbeiten wär das dem Niki nicht passiert..."
Aber schon Senna hatte sich vor ein paar Jahren beim Jet-Ski-Abenteuer in Brasilien bös verletzt — und von den Senna—Berger-Wasserschlachten sind ja auch nicht alle Resultate öffentlich.
Michael Jackson und Lise-Marie Presley sind aus ihrer Suite im „Hotel Kempinski" in Budapest ausgezogen — dort wohnt jetzt Berger. „Erst

gestern hat man mir die Nähte entfernt — nach der Kieferhöhlenoperation." Mundfaul ist der Hockenheim-Sieger aber nie. Seine Fans noch weniger.
„Gerhard, das wär ein Ding — gewinn 1996 auf dem Österreichring!" Wunschträume auf dem Hungaroring: Mehr Flaggen und Transparente für Berger als für Schumacher. Vorm Rennen: ein Meer in Rot-Weiß-Rot, nachher wird alles gelb: „Schumi, Weltmeister '94!" knallen Spruchbänder.
Muß er vorher jedoch durchs Fegefeuer?
„Das Nachtanken kann sicher sein, wenn man sich an die Spielregeln hält. Aber natürlich, wenn jemand außerhalb des Reglements agiert..." grübelt ein Pilot.
Der offene Brief-Krieg mit Mosley vor Barcelona, der Schwarze-Flaggen-Skandal von Silverstone, die Gerüchte um verbotene Startautomatik und Traktionskontrolle, jetzt die Feuerhölle von Hockenheim: Was ist los bei Benetton? „Da wird noch mehr auffliegen. Die Sache geht weiter", fürchtet jemand. „Es ist ein Unterschied, ob ein Auto nach dem Rennen um ein paar Deka zu leicht ist, ein Heckflügel um einen halben Millimeter vorsteht, was immer passieren kann, oder ob das Reglement ausgetrickst wird. Wir alle kämpfen in der gleichen WM, sollten nach gleichen Regeln fahren."
Weiter Tankstops. Aber nur, wenn sie sicher sind — wie in Budapest: Helme für die Jordan-Mechaniker, wieder feuerfeste Unterwäsche — und seit Verstappen in Hockenheim lassen sie alle beim Nachtanken das Visier zu.
Bei einer Geheimabstimmung in Budapest sprechen sich alle Teams gegen die Tankstops aus — außer Ferrari. Jean Todt hat als Langstrecken-Dirigent ganz andere innere Beziehung zum Nachtanken als die Formil-1-Sprinter, außerdem ist der Zwölfzylinder weniger durstig.
Die Inspektion drei Tage später im Benetton-Werk ergab: Die Benetton-Muffe hat nur ein Fünftel soviel Spiel wie bei den Ventilen von sechs anderen Teams.
Charlie Whiting, FISA-Technikexperte: „Schuld war einer der Mechaniker, der den Verschluß nicht kerzengerade aufsetzte, sondern schräg. Er hätte nicht drücken und schieben dürfen, sondern nochmals ansetzen müssen — anders geht's nicht."

Lokalaugenschein in der Benetton-Fabrik. „Dann wissen wir, ob dieses System einen Defekt hat — oder nicht."
Aber ein totales Verbot? „Nicht gerechtfertigt, nur weil's einmal in einem Spitzenteam gebrannt hat..."
Soll man die gefährlichen Tankstops verbieten oder 1995 weiter tanken dürfen? Berger sah den Rauch, hörte später aufatmend: niemand arg verletzt — und ist pro: „Erstens sind Tankstops für mich ein Vorteil, weil der Ferrari-Motor mehr Sprit verbraucht. Zweitens kannst mit verschiedenen Strategien operieren. Drittens: auch für die Zuschauer interessanter, wenn die Autos rein- und rausflitzen. Und wenn heute Flugzeuge in 10.000 Meter Höhe aufgetankt werden können, müßte das doch auch mit Formel-1-Autos möglich sein. Natürlich ist es technisch schwierig — aber das ist eben die Herausforderung. Ich mag Tankstops, will aber nicht, daß jemand verletzt wird."
Niki Lauda, realistisch: „Zu glauben, bei Tankstops in der Formel 1 kann nichts passieren, ist Illusion. Wenn heiße Autos betankt werden, das Ventil nicht schließt und sich der Sprit übers Auto ergießt, kann so etwas passieren. Aber diese Entscheidung muß man vorher treffen."
Niki, extra cool: „Wenn's so weitergeht, werden bald mehrere Menschen so ausschauen wie ich..."
Der Mann, der aus dem Feuer kam: Jos Verstappen sieht aus, als käme er geradewegs vom Strand — und nicht aus der Flammenhölle Hockenheim. „Als wär ich ein bißl zu lang in der Sonne gelegen — aber in einer Woche ist auch die Rötung im Gesicht weg. Aus, vorbei und vergessen. Kein Schock — nur ein neues Rennen." So reden Stuntmen und Abenteuer-Stars. Arnold Schwarzenegger, der bei seinen tollkühnen Pferdeaufnahmen für „True Lies" fast vom Hochhaus stürzte. Eddie Knievel oder Alain Prieur, die mit ihren Motorrädern den Grand Canyon und andere Schluchten überspringen. Oder früher Arnim Dahl, der König der Stuntmen.
Wird Verstappen wieder nachtanken? *„Ja! Wir werden ja sehen, wie es geht. Wir fangen wieder neu an."*
Ein Satz aus der Interlagos-Gartenparty fällt mir ein. Manager Willi Weber über Verstappen: „Was mir Angst macht, ist seine totale Furchtlosigkeit..."
Benetton offeriert eine 15-Seiten-Expertise mit dem Titel „Das Ventil".

Gutachten gehen kreuz und quer. Längst kann man nicht mehr alles lesen, aber diskutieren. Zum Beispiel mit Flavio Briatore: In Hockenheim noch demütig, in Budapest schon wieder obenauf.
Bombenentschärfung! Die FIA und die französische Firma „Intertechnique" haben ja um Mitternacht alle Tankanlagen korrigiert — die Muffen für die Ventilverschlüsse ausgetauscht!
„In Hockenheim oder schon vorher hätte jedes Auto beim Tanken explodieren können, nicht nur in der Benetton-Box. Wir wußten gar nicht, auf welchen Bomben wir in den Boxen sitzen", sagt jemand, der es wissen muß.
Benetton-Boß Flavio Briatore offiziell: „Warum ändert man plötzlich alle Tanksysteme — wo doch angeblich nur unser fehlender Sicherheitsfilter am Hockenheim-Feuer schuld war?"
Benetton tankt schneller, mit mehr Druck — aber wehe, wenn der kleinste Fehler passiert: Etwa durch ein Staubkorn das Verschlußventil am Einfüllstutzen nicht mehr paßt. Darum schafft die FIA jetzt mehr Spielraum.
Benetton unter Beschuß! Jetzt fordert Ferrari sogar ein Anti-Trust-Gesetz für die Formel 1 — keiner soll ein zweites Team besitzen, Briatore also nicht über Ligier an Renault-Motoren herankommen dürfen!
Briatore: „Typisch — die Eifersucht der Formel 1. Wie 1993 auf Williams. Wir gewinnen halt zuviel. Aber Blödsinn — ich hab auf Ligier weniger Einfluß als Ferrari auf Minardi!"
Die Ehe Benetton-Ford scheint zerrüttet, Ford verhandelt mit Jordan — aber Cosworth will bei Benetton bleiben: Die große Kehrtwendung? Dafür kann McLaren bei Peugeot aussteigen, wenn eine gewisse Punkteanzahl nicht erreicht wird — und flirtet schon mit Mercedes! Noch im August wird der Superdeal perfekt.
Hockenheim-Sieger Berger ist im ersten Ungarn-Training Fünfter, 1,5 hinter Schumacher: Ein anfangs regennasser, dann heißer Freitag in Budapest.
Schumacher zweimal Schnellster — im Feuchten wie im Trockenen. „Mein Silverstone-Testtag. Donnerstag im Regen, hat sich gelohnt."
Erstaunlich, woher die Benetton-Truppe, von allen Seiten ins Fadenkreuz und Trommelfeuer genommen, die Konzentration und Kraft hernimmt. „Das FIA-Kommunique lügt: Charlie Whiting hat gewußt

und erlaubt, daß wir den Sicherheitsfilter beim Tanken wegnehmen!"
Wie immer Freitag auf dem Hungaro-Ring: sehr viel Ausrutscher und Dreher. Vormittags Verstappen, Barrichello, Katayama, de Cesaris, Herbert, Zanardi, Brabham — nachmittags beide Williams, dazu Herbert, Martini usw.
Berger steht einmal quer, ein langer, aber gut ausbalancierter Slide — nachmittag pflügt er durch die Wiese. „Ich hab's gewußt: Unser Auto, unsere Motorcharakteristik passen nicht für den Hungaro-Ring. Wer nach Hockenheim geglaubt hat, wir gewinnen weiter, der träumt."
Jean Alesi stürmt Samstag enttäuscht aus der Ferrari-Box: Motorschaden, nur 11. Platz. Berger aber durfte sich freuen: 4. Startplatz — Mission erfüllt. „Mein Ziel war ein Platz in der zweiten Startreihe, das hab ich erreicht. Leider aber auch für Ferrari das Maximum auf dieser Strecke." Und heute? „Vielleicht Dritter."
Kein Zweckpessimismus, aber Ferrari kann auf dem Hungaro-Ring nicht gewinnen. „Eine Frage des Grip und des Motors — er setzt in diesem Kurvengeschlängel zu brutal ein." Aber Berger arbeitet und kämpft: Im Abschlußtraining vorbei an Brundle, der sich dreht — genau wie Schumacher, Verstappen (sogar zweimal).
Einmal rote Abbruchflagge — und am Ende kracht noch Coulthard gegen die Reifenmauer. „Aber so rutschig ist der Hungaro-Ring jedes Jahr..."
Staugefahr, kaum Überholchancen, ein langes, heißes, staubiges, hitzeflimmerndes Rennen — das durch kluge Strategie entschieden wird.
Pole-position für Schumacher und Benetton: „Je mehr Druck auf uns, je mehr Probleme — desto stärker werden wir..."
Panis, auf Platz 6, macht den Frühstart des Jahres. Aber weder belohnt, „weil Brundle sofort herüberboxt", noch von den Kommissären bestraft. Was Max Mosley „heute noch wahnsinnig ärgert". Panis fährt sein bestes Rennen des Jahres und wird Sechster.
Bergers Budapest-Taktik: nur ein Boxenstop — während Schumacher als einziger gleich dreimal hält. Gerhard: „Die Strategie ist richtig, um Dritter zu werden." Nicht einkalkuliert: der Motorschaden drei Runden vor Schluß, „aber der hat sich schon bei Halbzeit abgezeichnet". Als 5. ausgefallen, noch als 12. gewertet — aber sein Ziel war der dritte Platz. „Und der war wirklich erreichbar!"

Formel I exklusiv: Eine Nacht in Monte Carlo. *Oben* Senna mit Freundin Adriana und Berger, *links* Alboreto, Barrichello, *rechts* Fittipaldi, *unten* Alesi mit Ferrari und Hakkinen bei der Galanacht im „Sporting Club".

Rennfahrer im Smoking statt Overall.

„Wir machen Geschichte, ihr schreibt n
drüber . . ." Formel-I-Politik: Lauda fo
dert von Mosley sofortige Strafen. „Gelb
und rote Karten wie beim Fußball."
Mitte: Ron Dennis mit Jabouille: „Wir br
chen nie Verträge." Dann verbündet si
McLaren mit Mercedes.
Rechts oben: Ecclestone mit Mercede
Sportchef Haug, *unten* Lauda mit Bri
tore. Ferrari ist als einziges Team f
Tankstops, auch 1995.

'94 ist Nachtanken wieder erlaubt: Moderne Schnelltankanlage, Blick in die Hexenküche eines Formel-Teams, unten Boxenstop. Ein Teamchef: „Seien wir doch ehrlich: Nachtanken in der Formel I ist so fad wie an der Tankstelle. Aber, es passiert etwas . . ."

Die Hölle von Hockenheim: Über Jos Verstappen bricht beim Nachtanken ein flammendes Inferno herein.
Wie durch ein Wunder: Fahrer unversehrt gerettet, Mechaniker nur leicht verletzt.

Hockenheim entzünden sich die Diskussionen um den entfernten Sicherheitsfilter. schließlich Freispruch für Benetton.

Kollisionen und Schikanen. „Durch die GPDA nehmen die Fahrer wieder Rücksicht aufeinander." Wirklich? Alesi kollidiert mit Barrichello, Verstappen crasht in Magny-Cours, Gachot stolpert in der künstlichen Schikane von Barcelona.

Neue Gesichter: „Crazy" Eddie Irvine, der zweite schnelle Deutsche Heinz-Harald Frentzen, die neue Franzosen-Hoffnung Olivier Panis und David Coulthard, Schotte wie Clark und Stewart, mit Freundin.

Berger im Siegerjubel von Hockenheim – mit Lady Di und den Königskindern William und Harry in Silverstone und Barrichello mit „Senninha" im Herzen.

Die Teams halten ihre Pläne geheim, sogar Goodyear gegenüber —
„aus Angst, daß jemand unsere Geheimnisse verrät".
Bergers Taktik hätte gepaßt. „Nur war das Ferrari-Handling so
schlecht, daß ich einmal in die Wiese rutsch — so verlier ich die 10 Sekunden, die ich gebraucht hätte, damit ich nach dem Boxenstop wieder
vor Brundle bin. Die Taktik wäre richtig gewesen."
Schumacher gewinnt vor Hill und Verstappen, den er acht Runden
vor Schluß sich zurückrunden läßt, damit er noch eine Runde länger
die Chance hat, Brundle einzuholen.
Verstappen Dritter? Im haargenau gleichen Auto (Chassis 04), das in
Hockenheim so lichterloh gebrannt hat.
„Das war die beste und einzige Antwort, die ich und mein Team nur
geben konnten: Pole-position und Sieg in Ungarn — das zählt unheimlich viel für mich. Genau das Richtige getan zur richtigen Zeit. Und
der Beweis: Druck und Probleme machen mich immer noch stärker.
Ich schöpf daraus nur neue Kräfte!" Michael Schumacher badet nach
seinem Hungaro-Ring-Sieg im Glück.
Und sein Manager Willi Weber rechnet bereits: „Wir können nächste
Woche in Spa bereits Weltmeister sein!"
Was, wirklich? Wendungen und Kehrtwendungen wie in einem Forsythe-Thriller? Vor 14 Tagen in Hockenheim noch die deutschen
Schlagzeilen: „Schumi droht WM-Rausschmiß." Danach das „flammende Inferno", die Staatsanwalt-Anzeige gegen Benetton — und der
heiße Termin: am 30. August, zwei Tage nach Spa, Schumacher-Berufung, dann FIA-Gericht wegen der absichtlich entfernten Sicherheitsfilter. „Aber das", beteuert Schumacher, „hat mit mir nichts zu tun."
Aber dann kann der Deutsche — theoretisch — bereits Weltmeister sein.
Wenn a) Schumacher in Spa gewinnt, b) Damon Hill dort ausfällt und
c) Monza wirklich abgesagt bleibt, hieße der Punktestand vier Rennen
vor Schluß: Schumacher 86, Hill 45 — uneinholbar! Sogar, falls die
Sperre verdoppelt, Schumacher also für vier Rennen gesperrt werden
sollte.
Könnte ihm also eine Sperre gleichgültig sein? „Nie, keinem Rennfahrer, weil sie gern Rennen fahren wollen — Michael speziell. Jedes
Rennen, das er auslassen muß, schmerzt ihn."
Und ob er sich, falls Monza doch gefahren wird, die „Vollgas-Schi-

kanen-Ferrari-Strecke" als Streichrennen wünschen würde? „Mein Problem: Ich kann mir's nicht aussuchen."

„Willi Wichtig", wie man seinen 20-Prozent-Manager Weber im Formel-1-Zirkus nennt, ist umso eifriger: „Ich hab bereits begonnen, den Weltmeister Schumacher zu vermarkten. Denn wir haben nur wenig Zeit, und ich will nicht, daß etwas verpufft." Details bleiben geheim — vorläufig.

Weber rechnet fix mit dem WM-Titel: „Wir konzentrieren uns aufs Fahren — alles andere überlassen wir den Politikern." Das Damoklesschwert bleibt über Schumacher, sonst hätte er in Budapest nicht so befreit aufgeatmet: „Jetzt kann das ganze Team, nach dem Casino der letzten Wochen, wieder mehr relaxt sein. Und das brauchen wir, denn das WM-Finish wird noch hart genug."

Auf den Strecken oder vor Gericht?

„Das Team weiß schon, wie es drauf reagieren wird, ist das ja mittlerweile gewohnt — und ich auch." Aber, quasi als Nebensatz eingeschoben: „Vielleicht haben auch andere Teams ohne Filter getankt." Um ihre Autos schneller abzufertigen — mit 13,5 Liter pro Sekunde statt 12 Sekunden, hat man ausgerechnet.

Und dann kommt Spa: Wiedersehen mit den belgischen Ardennen.

WENDLINGER: DAS GROSSE COMEBACK

22. August: Karl Wendlinger als Studiogast bei mir in „Sport und Musik" — sein erster Live-Auftritt in einem Studio in deinem zweiten Leben. Karl, darf ich so das sagen?

Ein zweites Leben vielleicht nicht unbedingt, weil — für mich hat sich nicht allzuviel geändert. Aber die Verletzungen waren sicher schwer und das Gute war einfach, daß die Betreuung einfach gut war, daß ich aus dem Krankenhaus entlassen worden bin und schön langsam schauen kann, daß ich wieder fit werde. Ich hab in letzter Zeit bei Willi Dungl sehr zugelegt, ein bißchen mehr Gewicht gekriegt.

Wieviel?

Na ja, ein paar Kilo. Ich hab doch einiges abgenommen, war so bei 65 Kilo, anfangs im Innsbrucker Krankenhaus. Dann ist das so lang-

sam aufgebaut worden, jetzt weitergegangen. Ich mach schon viel Bewegung, also: die Fitness ist noch nicht so wie sie vorher war, aber sie ist schon sehr, sehr gut.
Autofahren geht auch schon wieder, du bist ja mit dem Auto hergekommen?
Ja, geht schon wieder problemlos. Zuerst hab ich wieder probiert auf dem Parkplatz, ob alles wieder so ist wie es davor war. Es war wieder so, und deswegen bin ich schon wieder länger unterwegs.
Koordination, Konzentration, kein Problem?
Nein, kein Problem. Und ich hab jetzt wieder gemerkt, die letzten zwei Wochen und im Krankenhaus: ich war oft von in der Früh bis am Abend munter, hab nie Schlaf gebraucht, bin nie so müd gewesen, daß ich gesagt hab: Ich kann nimmer mitmachen, ich muß mich hinlegen. Das ist alles für mich — also für die Zeit, wo ich mich erinnern kann — relativ problemlos gewesen.
Hergefunden ins Funkhaus hast du auch gleich?
Nur mit den Einbahnen hab ich ein bißchen Probleme.
Karl, deine Eltern werden große Freude haben, wenn sie dich in Kufstein sehen werden, hat mir Willi Dungl gesagt.
Meine Eltern haben natürlich auch eine schwierige Zeit durchgemacht. Meine Mutter speziell: die ganze Zeit im Krankenhaus in Nizza verbracht, mein Vater ist immer wieder mal vorbeigekommen. Teilweise war mein Zustand nicht allzu gut, das war sicher keine allzu einfache Zeit für die Familie.
Karl, heute vor genau sieben Wochen hab ich dich in der Innsbrucker Uni-Klinik besucht: wir haben das erste Interview gemacht, kannst du dich noch erinnern?
Ich kann mich genau erinnern. Ich war natürlich in einem ein wenig anderen Zustand als jetzt, aber die ganze Zeit, als ich mich erinnern kann — war ich schon gut beisammen. Und es hat mir auch keine große Anstrengung gemacht, die ganze Zeit dortzubleiben.
Und du hattest das Gefühl: Du mußt erzählen, wie gut es dir schon geht nach den sieben Wochen; die Leute sollen sehen: Den Karl Wendlinger gibt's wieder?
Ja klar, das war mir einfach ein Anliegen. Weil ich dann schon mitgekriegt hab, teilweise durch Zeitunglesen, durch Erzählen natürlich

auch, daß die Verletzung nicht so ohne war, am Anfang speziell — und als ich dann gemerkt hab, speziell in Innsbruck, daß es mir von Tag zu Tag besser geht. Und ich war natürlich froh, daß ich das auch erzählen konnte.

Sieben Wochen: seither eine Menge passiert. Wie geht's dir jetzt? Es ist rapid aufwärts gegangen und alle sind verblüfft?
Einfach einmal speziell durch die gute medizinische Behandlung: Es geht mir gut. Das einzige, das noch leicht schmerzt, manchmal, ist das Knie. Aber so Dinge wie Radfahren und Schwimmen, das kann ich schon machen.

Da ist eine Ablagerung im Knie?
Eine Ablagerung. Das ganze war natürlich am Anfang sehr angeschwollen. Aber klar, anfangs hat man sich mehr auf das andere konzentriert, da gab's größere Probleme.

Zwei Wochen bei Prof. Willi Dungl, der hat ja schon die unglaublichsten Sportler-Comebacks geleitet. Ich kann mich erinnern an Niki Lauda, Franz Klammer, Thomas Muster, Gerhard Berger nach Imola. Was habt ihr gemacht, die zwei Wochen Therapie?
Auf alle Fälle jeden Tag ein volles Programm: viel Therapie gemacht, also Massagen, Bewegungsübungen für den Fuß, Dehnungen usw. Dann Sport, soweit das halt ging, also Schwimmen und Radfahren. Andererseits hab ich halt versucht, einbach ein bißchen die Kraft aufzubauen, Muskeln, auch in den Händen. Das hat jeden Tag ausgefüllt, da war ich voll beschäftigt.

Die ersten Radtouren, sechs, sieben Kilometer, und dann jeden Tag mehr?
Genau. Zuerst Radfahren im Fitnessraum, dann auch im Freien. Willi Dungl war meistens dabei: Er wollte sich das anschauen, wie es mir geht. Es ging problemlos, dann sind wir jeden Tag mehr gefahren.

Er hat dir ein Heim-Programm mitgegeben für die nächsten zehn, vierzehn Tage?
Richtig. Ich werde auch daheim versuchen, erstens meine Übungen machen, die Gymnastikübungen und Bewegungsübungen für den Fuß, und dann Radfahren, Schwimmen, Spazierengehen.

In der schönen Tiroler Natur Kufsteins?
Genau. Berggehen auch noch, aber da hab ich bißchen das Problem,

daß mir beim Berggehen das Knie noch manchmal schmerzt. Also, wenn irgendwo ein Lift geht, dann geh ich zu Fuß rauf und fahr mit dem Lift runter.
Wie stark bist du, wieviel Prozent glaubst du, fehlen dir noch?
Schwierig auszudrücken. Aber ich war ja immer gut trainiert, den ganzen Winter trainiert und die ganzen letzten Monate. Auch während der Saison immer wieder. Deswegen merk ich jetzt schön langsam wieder, daß ich auch Übungen machen kann, die anstrengend sind, die mir aber nichts mehr ausmachen.
Was fehlt noch auf dein ideales Gewicht?
Vielleicht drei bis vier Kilo. Aber da waren sicher auch Muskeln dabei, die eben jetzt weniger sind. Ich bin jetzt knapp über 70.
Was war das geringste Gewicht in Innsbruck?
Das geringste war 64. Ich hab zuerst gesagt: Die Waage stimmt sicher nicht, aber dann haben sie mir schon bewiesen, daß sie stimmt. Als ich von Nizza nach Innsbruck kam, war ich natürlich sehr, sehr mager, aber mit dem Selber-Essen ist es dann aufwärts gegangen.
Du hast ja eine Zeitlang den Geschmack verloren. Da hat dir nichts geschmeckt und du wolltest auch nichts essen?
Ich wollte nichts essen, nein, ich weiß nicht warum, aber ich hatte eine absolute Abneigung gehabt gegen alles, was wie Essen ausgeschaut hat. Das ganze ist dann schön langsam künstlich aufgebaut worden, und irgendwann hab ich dann wieder Appetit gekriegt.
Du hast mir schon vor sieben Wochen gesagt: Ja, ich möchte wieder Rennen fahren! Du möchtest wieder zurück. Wann, glaubst du?
Für mich natürlich so schnell wie möglich. Am liebsten heute. Aber ich hab mir selber das Ziel gesetzt: erst, wenn ich fit bin. Auch wenn ich von den körperlichen Anstrengungen keine Probleme hab. Weil ich dann vielleicht schlechter aussieh als ich könnte. Wann, weiß ich nicht, aber auf alle Fälle noch heuer.
Ohne Streß, ohne Zeitdruck, ohne Erwartungsdruck? Das ist notwendig.
Ich glaub: selber setzt man sich immer einen kleinen Druck, aber ich will das ganze eben ein bißchen vor mir fernhalten, weil auch die Ärzte zu mir sagen, ich soll das ganze schön langsam wieder aufbauen.
Stirling Moss, der berühmteste Nicht-Weltmeister der Formel-1-Ge-

schichte, hat mir einmal gesagt, er hat zu früh begonnen mit seinem Comeback, war viel zu langsam und hat seine Karriere dann beendet. Dieses Risiko möchtest du nicht eingehen?
Nicht unbedingt, weil speziell die ersten Testfahrten werden dann doch sehr auffällig sein vor mir. Und wenn ich dann ein oder zwei Sekunden langsamer fahre, als ich vielleicht könnte, nur weil ich körperlich, von der Kondition her, nicht durchstehe, wär das sicher schlecht für mich. Das will ich auf keinen Fall.
Du willst also nicht zum Grübeln anfangen müssen?
Nein, die Liebe zum Rennsport ist nach wie vor da, genau wie vorher. Und wenn ich es weiter mach, will ich es auch gut machen. Nur: dazu muß ich einfach körperlich oder von der Kondition her in der Lage sein.
Karl, wie waren denn eigentlich wieder die ersten 100 km im Auto vom Flugplatz nach Gars am Kamp?
Eigentlich problemlos. Willi Dungl hat gesagt, er möchte sich das selber anschauen, wie ich Auto fahr. Er ist daneben gesessen und hat gesagt: Von ihm aus paßt alles. Für mich selber eigentlich auch problemlos.
Du hattest am Anfang in Innsbruck einige Computer-Videospiele gehabt, um wieder Koordination, Gefühl zu kriegen. Passiert das auch mit dem Auto? Mit dem Computer, mit der Elektronik?
Nein, jetzt mit dem Auto nicht. Das versuch ich normal wieder zurückzukriegen. Aber in Innsbruck: ein Teil der Therapie waren Übungen am Computer, keine Spiele, aber verschiedene Geschicklichkeitsübungen, Merkübungen, Einteilungen, die ich mit dem Computer gemacht hab, relativ oft.
Ich kann mich an ein berühmtes Comeback erinnern: Kris Nissen, ein dänischer Rennfahrer, der auch bei Willi Dungl war. Ist mit einem normalen Pkw von hinten in die Box hineingefahren, drinnen setzt er einen falschen Helm auf. Und auf einmal fährt jemand in einem Sturzhelm, den keiner kennt, vorn aus der Box heraus in einem Rennwagen. Niemand hat gewußt, wer dieser Rennfahrer ist. Bei dir so ähnlich?
Abwarten. Sicher wär es nicht schlecht, wenn ich es davor mit einem schnelleren Auto einmal probier. Man muß erst rausfinden, wie mein Zustand ist. Ob ich das brauch oder ob ich mich gleich reinsetz in ein

Formel-1-Auto, das werde ich dann entscheiden, zusammen mit den Leuten, die mich beraten, einfach um das Beste aus dem ganzen herauszuholen.
Du hast dein wichtigstes Rennen gewonnen, ums Leben, um die Gesundheit, alles andere hat jetzt viel Zeit?
Theoretisch ja, aber natürlich bin ich genauso ungeduldig wie ich vorher war. Und deswegen will ich so schnell wie möglich das ganze bewältigen.
Peter Sauber, dein Schweizer Teamchef, hat immer beteuert, er hält dir deinen Platz frei?
Das hoffe ich natürlich, aber Betreuung und Unterstützung vom ganzen Sauber-Team war eigentlich von Anfang an ziemlich gut. Jeder, der Peter Sauber kennt, hat das auch erwartet. Es gab in Nizza den Diego Tomasini, einen Mann von Sauber, der wochenlang bei mir war, versucht hat, alles mitzuorganisieren und zu unterstützen. Eine riesengroße Hilfe, die ich da gekriegt habe.
Die Frage, ob Mercedes bei Sauber bleibt: Noch zwei Wochen Frist, dann muß Sauber die 30 Millionen Mark Sponsorgelder nachweisen. Bist du da involviert in diese Geschichte?
Überhaupt nicht, weil ich einfach in der letzten Zeit zu wenig dabei war. Ich war im Werk, ja, aber hab mich nur einmal ins Auto reingesetzt, über die neue Technik diskutiert usw. Und ich wollte einfach mal wieder vorbeischauen. War schön, auch für die ganzen Mechaniker und die Mitarbeiter, die natürlich am Anfang auch ziemlich geschockt waren. Die haben sich auch gefreut, mich wiederzusehen.
Aber sie haben dir schon beim Großen Preis von Kanada Grüße in die Fersehkamera gehalten. Hast du das mitgekriegt?
Die Fernsehkameras nicht, aber die ganzen Fotos. Die haben sie mir dann auch geschickt. War natürlich eine feine Aktion.
Karl, eine Frage zum Finanziellen: Peter Sauber hat mir gesagt, du bekämst den aliquoten Teil deiner Jahresgage, solange du gefahren bist — also bis Monte Carlo. Und die Frage ist, wie sich die Fahrer selbst versichern. Ich weiß, nach diesen schrecklichen Unfällen im April und im Mai hat Lloyds in England die Versicherungsprämien für die Formel-1-Piloten verdoppelt.
Ja gut, ich hatte meine Versicherung schon vorher abgeschlossen. Alles

weitere oder alles, was von Lloyds gekommen ist, war absolut problemlos. Und die Kosten, die für die Rehabilitierung entstehen, alles gedeckt von Lloyds.
Dir ist lieber, du würdest das alles nicht brauchen und wieder fahren?
Richtig. Es gibt ja nur Prämien zu kassieren, wenn man dauerhafte Schäden hat. Und die hab ich Gott sei Dank nicht. Aber klar, ich hab mich natürlich von Anfang an versichert, also schon in der Formel 3000. Weil die gewisse Gefahr ist ganz einfach da bei unserem Sport.
Verdienstausfall ist natürlich abgesichert?
Zum großen Teil abgesichert. Und es war auch so, daß alle Sponsoren eigentlich absolut zu mir stehen.
Viele, die unser erstes Interview vor sieben Wochen gehört haben, sagen: Du sprichst jetzt emotioneller, temperamentvoller als früher, kommt dir das auch so vor?
Eigentlich nicht. Aber weil ich einige Zeit nichts gesprochen hab, hab ich vielleicht ein bißchen mehr geredet am Anfang.
Das Interesse an dir ist riesengroß. Eine deutsche Videofirma war bei dir. Niki Lauda hat dich besucht mit Mikrophon und Kamera: Ihr habt geredet über die verschiedenen Aspekte eines Comebacks. Niki Lauda: Als er zum ersten Mal wieder im Rennauto saß, in Monza, hat er ja gesagt: Ich hatte Angst.
Ich glaub: Wenn man wieder drin sitzt, ist es doch was anderes. Vielleicht hat mir da auch mein Aufenthalt im Krankenhaus sehr geholfen. Weil ich nie Schmerzen hab aushalten müssen. Auch nie Träume oder sonstwas gehabt. Also hätte ich auch davor keine Angst, mich wieder reinzusetzen. Wie es beim Fahren selber ist, werden wir erst sehen.
Das ist auch der Grund, warum sehr viele Rennfahrer nach einem schweren Unfall nicht aufhören, hat mir Jackie Stewart einmal erklärt. Weil du im Augenblick des Unfalls keine Schmerzen hast. Oft starke in der Rehabilitation, Graham Hill hat einmal Morphium, sogar Heroin bekommen müssen, um die Schmerzen zu lindern — aber eben nicht im Augenblick des Unfalls?
Das kann der Grund sein. Bei mir speziell war das Gute, daß ich nie Schmerzen aushalten mußte. Ich hab zwar noch mitgekriegt, daß es ein schwerer Unfall war, mir aber speziell in der Anfangszeit gedacht,

daß ich mir beim Sport das Knie verletzt hab — deswegen bin ich im Krankenhaus. Weil das Knie das einzige war, das geschmerzt hat. Aber den Kopf hab ich nie gespürt, die ganze Zeit nie.
Hast du nicht auch eine Zeitlang geglaubt, du hast einen Herzinfarkt erlitten?
Nicht unbedingt. Aber ich hab halt ein bißl so verschiedene Dinge gesagt. Spaß gemacht mit den Leuten, die neben mir waren. Und ich hab die ganzen Schläuche aus meinem Körper rauskommen sehen. Da hab ich gesagt, was ist denn los? Da hab ich das vielleicht gefragt, aber nie wirklich daran geglaubt.
Die Anteilnahme war gigantisch. Aus der ganzen Welt — ich glaub, das hast du dann registriert: Momentan mußt du ja die Fanpost aufarbeiten, Hunderte Briefe, geordnet nach Sprachen und Ländern, hör ich?
Richtig. Es ist sehr viel Post gekommen, eigentlich fast nur positive und unterstützende. Das hat mich dann natürlich schon gefreut. Als ich das ganze durchgegangen bin und gelesen hab. Aber noch nicht alles. Ein Teil ist noch bei Sauber, ein Teil bei uns zu Hause. Das muß ich erst schön langsam durcharbeiten.
Karli, die Frage, die immer wieder interessiert, was ist deine Erinnerung? Was ist das letzte, was du weißt von dem Unfall?
Das Abendessen davor. Und Donnerstag früh, als ich Besuch gekriegt hab: Christian Perthaler ist vorbeigekommen, daran kann ich mich noch genau erinnern. Und dann ist die Erinnerungsfähigkeit weg. Die Zeit vom Unfall und auch danach die Zeit im Krankenhaus in Nizza.
In deinem Leben fehlen dreieinhalb Wochen?
Die fehlen, aber das hat mich eigentlich nie groß gestört. Ich war dann irgendwann sogar einmal froh darüber. Weil ich mir gedacht hab: Wenn ich mich an den Unfall erinnern kann, kann ich mir das immer vor Augen führen. Dann denke ich vielleicht noch mehr nach als es sowieso der Fall ist — darum war mir das relativ egal.
Stichwort Unfall. Du hast ihn auf Video gesehen, glaub ich?
Eigentlich mehr zufällig, weil ich einmal in den Fernseher reingeschaut hab. Es geht mir eigentlich so wie allen anderen (auch dem Team), die versuchten, den Unfall zu untersuchen. Und sie haben genauso gesagt: Sie sind nicht draufgekommen, warum es passiert ist. Das eheste, was

ich mir vorstellen kann: daß ich beim Bremsen das Auto aus der Kontrolle verloren hab. Es ist ein Streckenteil mit hoher Geschwindigkeit. Und wenn's dich zu drehen anfängt, bleibst natürlich schwer stehen.
Bodenwellen, 14 Meter später gebremst, Karl Wendlinger, der berühmte Spät-Bremser in der Formel 1. Ich glaub, du hast rechts auch die Leitplanken gestreift, als du aus dem Tunnel herausgekommen bist?
Ja, wahrscheinlich hab ich sie gestreift, als das Auto aus der Kontrolle gekommen ist. Ich hab später gebremst und auch nachgerechnet, daß die Runde um einiges schneller gewesen wäre als die Runden vorher. Also: Ich hab auch zum Ende des Trainings versucht, eine schnelle Zeit hinzulegen.
Das war der 12. Mai in Monte Carlo. Karl, darf ich dich nach der Koma-Phase fragen?
Auf alle Fälle. Ich kann nur leider nicht viel dazu sagen, weil absolut keine Erinnerungsfähigkeit da ist. Und auch an die Zeit, wo ich dann munter geworden bin, kann ich mich nicht erinnern.
Manche Koma-Patienten sprechen von einem Licht am Ende des Tunnels. Christine Putz, die bekannte Ski-Rennläuferin, vor fast zehn Jahren in Val d'Isere schwer verunglückt, hat mir erzählt: Sie hat direkt eine Schwelle gespürt, die sie übertritt, oder nicht?
Nein, dazu kann ich überhaupt nichts sagen. Ich hab nichts erlebt. Ich weiß eben nur die Anfangszeit von meinem Wachsein wieder. Und da ist mir alles ein bißchen seltsam vorgekommen, weil ich gewußt hab: Irgendwas muß wohl passiert sein, aber ich hätte nicht sagen können, was. Ich hab ja nie in der ganzen Koma-Phase nur schlimme Zeiten durchgemacht.
Christine Putz hat mir auch erzählt, sie hat jedes Wort, das ihr die Mutter gesagt hat, irgendwie registriert. Und du?
In meiner Koma-Phase war überhaupt nichts. Es war auch von den Ärzten dann so vorgesehen, daß die Familie, die Freundin, Leute, die ich einfach gut kenne, da sind, um mit mir zu sprechen. Aber ich kann mich an nichts erinnern.
Händedruck hat es manchmal gegeben, aber eher unbewußt?
Das war unbewußt, ja.
Es gab zwei Aufweck-Phasen. Einmal eine Infektion mit fast 40 Grad Fieber. Kritische Phase?

Das war keine schöne Phase. Es ist Fieber dazugekommen. Sie haben erst nach einigen Tagen gemerkt, warum es passiert ist. Und damals war schon Professor Schmutzhard von Innsbruck einmal bei mir in der Klinik, und der hat dann auch seine Tips dazugegeben.
Weißt du noch dein Aufwachen, was deine ersten Worte waren?
Das richtige Aufwachen weiß ich nicht mehr. Nur, daß ich in der Anfangszeit ein bißchen durcheinander war und versucht hab, herauszufinden, was mir passiert ist. Aber es ist natürlich auch von den Ärzten angeraten worden, nicht alles gleich zu sagen. Ich bin dann eben durch viel Fragerei drauf gekommen, was passiert ist.
Du hast gefragt, wie spät ist es. Und nachher, als man dich von Monte Carlo nach Innsbruck geflogen hat, sagtest du zu deinem Vater: Nein, nein, du fliegst nicht nach Innsbruck, sondern nach Barcelona, weil dort ist ja der nächste Grand Prix...
Genau das hab ich gesagt. Er hat mich beruhigt, weil ich gefragt hab: Wo fliegen wir jetzt hin oder was ist jetzt los? Er sagte: Kein Problem, wie fliegen nach Innsbruck. Darauf hab ich gesagt: Ich muß nicht nach Innsbruck, sondern nach Barcelona. Dann hat er mir erst beibringen müssen, daß wir doch zuerst nach Innsbruck fliegen.
Eine Zeitlang hast du geglaubt, du bist 14, und eine Zeitlang, du fährst noch Formel 3?
Ja, geglaubt. Weiß ich nimmer. Aber ich hab halt manchmal durcheinander gesprochen, und da sind solche Dinge rausgekommen.
Karl, eine Frage noch: Du hast vom Senna-Unfall, der ja zehn Tage vor deinem Unfall war, lange nichts gewußt. Hast du abgeblockt oder hast du absichtlich nichts wissen wollen?
Bewußt, glaub ich, war das nicht. Einfach dadurch, daß das Erinnerungsvermögen anfangs nicht allzu gut war, in der Anfangszeit. Ich hab halt selber über die Formel 1 gesprochen. Mir ist gesagt worden, wie die letzten Rennen ausgegangen sind. Dann hab ich irgendwann einmal gefragt, was mit Senna ist. Warum ist der nicht vorne dabei? Und dann — schön langsam — bin ich draufgekommen. Da hab ich mich wieder erinnert an die Imola-Zeit.
Karl, drehen wir noch eine Runde? Das erste Rennen, das du im Fernsehen wieder miterlebt hast, war Magny-Cours?
Magny-Cours, richtig. Wo es auch für das Sauber-Team gut gelaufen

ist: Vierter und Sechster. Ein gutes Wochenende fürs Team. Ich hab also mit relativ normalen Gefühlen zugeschaut, natürlich nicht enttäuscht, aber schade für mich, daß ich selber nicht dabei war. Aber sonst hab ich das ganze angeschaut und mehr oder weniger abgehakt, wie andere Rennen im Fernsehen.
Eher neutral oder eher mitfiebernd, sehr interessiert?
Interessiert schon. Mitfiebernd eigentlich nur für mein Team. Sonst nicht allzu stark mitfiebernd, weil es anders ist, ob man jetzt nur zuschaut oder selber fährt.
Hast du das Schumacher-Theater mitgekriegt?
Ja, über Zeitungen, Fernsehen usw. Silverstone hab ich selber im Fernsehen verfolgt, auch die schwarze Flagge gesehen. Da hab ich mir gedacht: Jetzt wird er wohl gleich einmal rausfahren. Aber dann ist doch etwas anderes passiert.
Auch Ferrari in Hockenheim?
Hab ich mitgekriegt. Hab ich mir auch im Fernsehen angeschaut. War auch eine tolle Sache für die Formel 1, generell, weil sie wieder Spannung gekriegt hat und Abwechslung.
Na, für Tirol natürlich auch...
Und Ferrari! Gerhard Berger und Niki Lauda haben sich doch sehr lange sehr viel Mühe gegeben. Toll, daß sie das Rennen gewonnen haben.
Du wolltest zum Hockenheim-GP kommen, und du hast dich jetzt entschlossen, kommst du nach Spa oder Monza?
Eines der beiden, muß ich zuerst mit den Ärzten noch abklären. Am liebsten bin ich sobald wie möglich wieder dabei. Hockenheim wollte ich, aber da hab ich einmal selber ein bißchen übertrieben, als ich gesagt hab: Ja, ja, das nächste Rennen ist Hockenheim, da fahr ich hin. So ist das rausgekommen. Aber im großen und ganzen war ich noch nicht in der Lage, tagelang herumzustehen und dem ganzen zuzuschauen.
In Monza wird es klappen?
Ja, ich bin mir sicher, daß eines der nächsten Rennen klappt.
Wir freuen uns alle, wenn wir dich wieder sehen im Formel-1-Zirkus. Gott sei Dank wieder gesund. Wie wichtig ist es für dich jetzt wirklich, wieder Rennen zu fahren? Was wäre dein Leben ohne Formel 1?

Ich würde es auf alle Fälle mal rumkriegen, ganz klar. Aber es ist ganz einfach der Sport und die Begeisterung, die ich dafür schon jahrelang hab. Es war mein Beruf, und einfach eine Beschäftigung, die mir viel Freude gemacht hat. Und deswegen ist es absolut mein Ziel und würde es mir die größte Freude machen, wenn ich wieder drin sitz.
Gesund bist du ja wieder, spricht nichts dagegen?
Nein, nichts. Ich muß halt schauen, daß ich wieder fit werde. Daß ich das ganze körperlich pack, weil die Autos doch sehr anstrengend zu fahren sind, aber dann spricht eigentlich nichts dagegen.
Die Freundin redet nichts dagegen?
Ich meine, Eltern und Freundin und alle Bekannten haben natürlich schon ein paar aufregende Tage mitgemacht. Es war aber schon immer so, daß für mich die Unterstützung im ganzen Kreis da war – nach wie vor.
Roberto Guerrero, einem Kolumbianer, ist es einmal ähnlich gegangen wie dir, und ein Jahr später fuhr er Pole-position im Indy-Car?
Das ist gut, er hat es richtig gemacht. Muß ich schaun, daß ich es so ähnlich derpack.

SPA: „ICH LÜGE NIE!"

„Wir halten dir dein Cockpit frei – wann immer du wieder fahren kannst", hat der Sauber-Chef unserem Karli Wendlinger fix versprochen – aber wie lang gibt's noch einen Platz? Die Schweizer Zeitungen sind voll mit Schlagzeilen wie: „Mercedes läßt Sauber aus der Kurve fliegen" oder: „Ein falsches Wort – und alles ist aus!" Sicherheitshalber ist der Chef gleich gar nicht nach Spa gekommen.
„Hauskrach", wird kolportiert. Was stimmt dran? Als mich Wendlinger zu seinem ersten Studio-Live-Interview besuchte, frag ich ihn: „Worüber willst nicht reden?" Karli: „Wir können über alles reden – nur bitte nicht über die Probleme und Wickeln bei Sauber."
Passiert ist vieles. Die zwei „Broker"-Chefs Thomas Weber und Jörg Schlegel, die das halbe Jahr als große Sauber-Sponsoren mitfuhren, ohne von den 240 Millionen S einen Groschen zu bezahlen, sind in Haft – aber nicht wegen der Formel 1. Und ihr Anwalt zündelte:

„Diesen Deal hat Mercedes selber eingefädelt." Empörtes Dementi aus Stuttgart: „Wir haben niemals irgendwelche Zusagen abgegeben, ein Sponsoring durch ‚The Broker' finanziell abzusichern!" Und auch der Verdacht, ein US-Wertpapierhaus sei wegen der jüngsten Daimler-Benz-Kapitalerhöhung darin verwickelt, ist natürlich „völlig absurd".
Sauber und Mercedes: Ehekrise oder Scheidung? An sich läuft der Vertrag noch ein Jahr. „Aber Sauber hat nur noch bis Monza Zeit, uns seinen Sponsor für 1995 zu präsentieren", fordert Mercedes.
Die Formel 1 kocht und brodelt! Auf der umgebauten belgischen Ardennenstrecke mit der entschärften Todesfalle „Eau Rouge" beginnt Micheal Schumachers letztes Rennwochenende für lange Zeit! Niki Lauda, Ferraris Gewissen, fordert totales Umdenken: „Sofortige Bestrafungen — gelbe und rote Karten wie beim Fußball!"
Der Ablauf: Sonntag, belgischer GP in Spa. Dienstag Berufungsverhandlung in Paris — wegen Schumachers „Schwarzfahrt" von Silverstone. Mittwoch würde die FIA gern alle anderen heißen Themen abhandeln: Vor allem aber das verbotene, absichtliche Entfernen des Tankfilters — aber wann?
„Totaler Schwachsinn!" ärgert sich Niki Lauda am lautesten von allen. „Aber schuld daran ist das ganze Regelwerk mit dem berühmten Gelben Buch. Gehört schleunigst geändert — und ich glaub, Mosley will das auch."
Lauda fordert: „Die Formel 1 muß vom Fußball lernen. Eine unabhängige Kommission von drei, vier Leuten, die bei Regelverstößen sofort amtiert und straft. Sonst fährt nächstens einer mit 4-Liter-Motor und gewinnt noch vier Rennen, bis man ihm beweist, daß er geschummelt hat."
Der Benetton-Regelverstoß bei den Tankstops ist für Lauda erwiesen: „Briatore gibt ja auch zu, daß er den Filter entfernt hat. Ich kann mir nicht vorstellen, daß Benetton NICHT disqualifiziert, rausgeschmissen, aus der Wertung genommen wird."
Dann jedoch kündigt Schumacher in einem Magazin indirekt an, würde er nicht bei Benetton bleiben — trotz 3-Jahres-Vertrag mit Renault. Sondern zu Williams oder McLaren überwechseln?
Feuer und Wasser zunächst für Gerhard Berger. Vormittags in der schlimmsten Regenphase Schnellster, nachmittags heißes Öl auf den

Auspuff, das Ferrari-Heck in Flammen — bevor Gerhard noch auf Slicks ummontieren kann. Darum nur 11. Platz. Pole-position? Überraschend Barrichello vor Schumacher.

„Ayrton Senna, danke für alles!" Rubens Barrichello blinzelt sentimental auf alle Transparente — Senna war sein bester Rennfahrerfreund: Also: eine Bestzeit in memoriam Ayrton. Die letzten Trainingsminuten sind ein mörderischer Reifenpoker: Piste noch regenfeucht — aber mit Slicks ist man schon schneller. Schumacher gambelt, fährt Pole-position, worauf Jordan-Ingenieur Gary Anderson zu Barrichello sagt: „Ich glaub, du solltest es riskieren — aber es ist noch sehr, sehr naß."

Rubens überlegt kurz: „Yes, sehr naß — aber ich riskier's." Tatsächlich: „Die Slicks greifen viel besser! Einmal verschalt ich mich — aber es hat knapp gereicht!" Drei Hundertstel vor Schumacher!

Zum erstenmal seit seinem unglaublichen April-Salto, dem leider einzigen „Wunder von Imola", macht Barrichello wieder Schlagzeilen. Kann er vorn bleiben? „Nur, wenn's regnet. Im Trockenen sicher nicht." Aber Ford verhandelt nach dem Benetton-Wechsel zu Renault bereits mit Jordan für 1995...

Gerhard Berger kann in die Entscheidung nimmer eingreifen — so sehr er ihr entgegenfiebert. Ferrari hat den geschwungenen unteren Dreiecks-Heckflügel von Williams und Benetton kopiert — noch Donnerstag in Fiorano. Berger: „Wir kommen sehr, sehr zäh voran, aber wir kämpfen. Jean Alesi fast mit den Fäusten: wutentbrannt stürmt er in die McLaren-Box, streitet mit Brundle: „Du hast mich absichtlich blokkiert, mir meine letzte Runde versaut. Die FIA muß sich überlegen, wem sie Superlizenzen gibt!"

Als Gerhard Berger (Samstag) aufwacht, lacht ihm die Sonne entgegen: „Was für ein Geburtstagsgeschenk: trockene Piste. Jetzt komm ich vom 11. Startplatz doch nach vorn!" Als er vom „La Source"-Hotel kommend die Haarnadelkurve gleich nach den Boxen überquert, fällt ihm ein: „Da hab ich auch schon einmal ein Rennen weggeschmissen, das ich gewinnen hätte können."

1986 — die berühmte Dreierkarambolage mit Prost und Senna. „Da kannst nicht Platz machen. Und wenn, fahren alle an dir vorbei. Da kracht's jedes Jahr."

Im Fahrerlager angekommen, sinkt Bergers Stimmung auf den Nullpunkt: schon wieder der typische Regen von Spa...
Trotzdem: Happy birthday, Gerhard. „Das Schönste ist, wenn du einen Beruf hast, den du irrsinnig gern ausübst — und ich hab dieses Glück. Mit allen Hochs und Tiefs, die dazu gehören, dich aber nur noch stärker machen!" Bei Ferrari besonders.
Auch Barrichello feiert: Endlich wieder ein neues Gesicht in Pole-position! Vom Jordan-Team perfekt getimt: Freitag auf abtrocknender Strecke als allerletzter die Zielflagge kassiert, Samstag sicherheitshalber in der trockenen Box geblieben.
McLaren lockt und ködert den Brasilianer, der aber auch mit Ferrari-Rennleiter Jean Todt essen geht, „weil man erstens bei Jean Alesi nie genau weiß, was er will — und weil zweitens Barrichello ein wirklich netter Kerl ist, mit dem man gern ausgeht", lächelt Berger. Rubens leicht verwirrt: „Aber hat Ferrari nicht schon zwei Piloten für 1995?"
Jordan-Manager Ian Philips: „McLaren muß zuerst mit uns reden und kann dann — vielleicht — Barrichellos Vertrag kaufen. Für eine Summe, die wir bereits vor drei Jahren fixiert haben."
McLaren tut, wie immer, extra cool: „Spekulationen kommentieren wir nicht..."
Eddie Jordan will Barrichellos großer Karriere nicht im Weg stehen. „Aber natürlich wollen wir ihn behalten — doch dafür brauchen wir die Ford-Werkmotoren von Benetton." Oder Peugeot?
1991 hat er in Spa als Formel-1-Pilot debütiert — mangels Hotelzimmer schlief er damals noch in der Jugendherberge. 1992 erstmals gewonnen. Jetzt fährt Schumacher in den Ardennen seinen letzten Grand Prix — für wie lange?
„Ich weiß, daß ich am Dienstag in Paris gesperrt werde. Aber auch, daß ich heuer noch Rennen fahre!" Doch wann? Und wie fährt man mit der Angst im Nacken — einem möglichen totalen Ausschluß von der WM 1994?
„Ich hab keine Angst", behauptet Schumacher. „Ich weiß, daß ich mit großen Problemen nur immer stärker werde — das hab ich in Budapest bewiesen: mein wichtigster Sieg. Und das beweise ich auch heute. Mein Job ist, Rennen zu fahren — und das tu ich ja ganz gut. Mit der Politik hab ich nichts zu tun."

Dienstag vorm FIA-Berufungsgericht in Paris, vor fünf unabhängigen Richtern? „Da werde ich über Silverstone die Wahrheit sagen. Mal sehen, ob man mir glaubt oder nicht. Aber ich lüge nie!"
Gerhard Berger: „Ich wünsch dem Schumacher alles Gute, will mich aber nicht äußern, nicht meinen Senf dazugeben."
Eine Woche später muß Benetton vors „World Council" — und da droht dem Team der WM-Rausschmiß! Bernie Ecclestone verrät mir beim Abendessen in Spa: „Für alles, was an Benetton heuer verdächtig war, sind zwei Rennen Sperre ohnehin ein Gelegenheitskauf. Ich hab mir von Computerexperten bestätigen lassen: Es ist möglich, ein Programm abzurufen — und dann völlig verschwinden zu lassen. Und die Tankanlagen-Manipulation ist ein eindeutiger Regelverstoß. Mit Geldstrafen ist es nicht getan. Sonst fährt demnächst einer mit 4-Liter-Motor und sagt: Bitte, ich zahl gern 2 Millionen Dollar Strafe. Oder kauft sich für eine Million eine verbotene aktive Radaufhängung..."
Viele glauben im Sommer: Benetton wird für die WM 1994 disqualifiziert. Aber dann könnte Schumacher (wegen „höherer Gewalt") trotz Vertrag das Team wechseln. „Stimmt, das hab ich so gesagt." Ferraris Zigarettensponsor würde Schumacher gern bei Ferrari einschleusen — auf Kosten von Jean Alesi.
Man spürt die Ferrari-Stimmung. Und Rubens Barrichello schmecken die Spaghetti.

Andere müssen schwer drum kämpfen — für Barrichello war schon immer alles organisiert, der rote Teppich ausgerollt. Aber rasch erwachsen wollte er schon immer werden. Angeregt durch ein „Playboy"-Interview des Frauenhelden Nelson Piquet über seine erste Jugendliebe plaudert Barrichello aus: „Ich war erst 14, als ich das erste Mal mit Girls probierte — und ich hatte es sogar meinem Vater angekündigt..."
„Los Barrichellos" (was für eine Zirkustruppe) reisen immer mindestens zu dritt: Vater Rubens senior, Rubinho und Geraldo, der wie sein Onkel aussieht, aber „der Helmpolierer" genannt wird. Er war schon immer dabei, kümmerte sich um alles Kommerzielle, reißt brasilianische Sponsorgelder auf und arbeitet mit Jordan seit 1988.
„Aber da sind nicht nur drei, sondern immer mindestens sechs Brasilianer im Team... nur der arme Eddie ist immer ganz einsam."

Das Jordan-Budget für 1994 ist schmal: nur 8,5 Millionen Pfund. „Und wir müssen für alles zahlen: die Reifen, die Motoren, alles." Da bleibt kein Geld für Fahrergagen übrig: „Absolut null!" bestätigt Philips, „bloß Anteile am Preisgeld — und auch nur für WM-Punkte, sonst gar nichts."
Pole-position und ein Ausfall im Rennen bringt also nichts. „Das ist hart. Aber was wir tun: Wir schenken Rubens und Eddie Platz auf ihrem Overall — den sie an ihre eigenen Sponsoren verkaufen können. Wir zahlen Reisespesen. Aber Gehälter — absolut null. Mit 8,5 Millionen Pfund Budget völlig unmöglich. 1995, hoffen wir, ist alles anders."
Für alle?
In Silverstone sagt Barrichello zu Jordan: „Ich verlaß euch, ich geh zu McLaren!" Jordan haßt die Idee, muß sie bis Hockenheim aber akzeptieren. In Spa trotzt Barrichello noch öffentlich: „Das geht mir alles viel zu langsam, wie in Zeitlupe. Irgendwer muß doch meinen Vertrag prüfen und mir sagen können, ob ich da rauskomm oder nicht." In Wirklichkeit versteht er nicht, welchen Deal ihm McLaren da aufgezwungen hat: Einen Vertrag, der ihn an McLaren bindet, ihm aber keineswegs garantiert, daß er auch wirklich Rennen fahren kann. So ging's schon Hakkinen 1993, Brundle 1994 — wie überhaupt Ron Dennis mit McLaren immer gern den AC Milan kopieren wollte. Ständig ein paar Weltklasseleute auf der Bank — womöglich sogar auf der Tribüne. Und vor ein paar Jahren war sein echter Wunsch: „Mit Prost, Senna, Berger drei Weltklassefahrer unter Vertrag. Da kann — alternierend — immer einer ein Jahr lang pausieren." Nebengedanke: „Statt die Konkurrenz zu stärken."
Ian Phillips von Jordan: „Wir kennen Rubens McLaren-Vertrag nicht genau, wissen aber: Die Sachen sind nicht ganz korrekt."
Gleichzeitig wird Jordan wieder stärker, arrangiert alles für 1995, verrät Rubens alle Pläne, und er lächelt: „Dann bin ich ganz heiß drauf, zu bleiben!"
Egal, ob mit Ford, Peugeot, Honda oder weiterhin Hart — „sofern wir jemanden finden, der uns die Motoren zahlt".
Die Gerüchte, die McLaren-Marketing-Abteilung habe den Sasol-Sponsor-Deal für Jordan eingefädelt, stimmen nicht. „Eine komplizierte Situation, die uns nicht direkt betrifft — aber Peugeot ist noch

nicht frei, mit anderen Teams zu reden. Doch wir sind knapp dran. Jordan wird immer sein eigener Boss sein."
Paris, 12. Oktober. Geheimtreffen in der Peugeot-Zentrale, ein kompliziertes Dreiermeeting. Zuerst muß McLaren mit Peugeot brechen, bevor Peugeot mit Jordan reden darf. Also sitzt Ron Dennis in einem Raum mit Peugeot-Direktoren, im Nebenzimmer wartet Eddie Jordan, ob es möglich ist, daß er reden kann ...
Am Abend fliegen Dennis, Jabouille und Jordan alle im McLaren-Privatjet gemeinsam nach Jerez, trinken an Bord sicher ein paar Flaschen, denn beim Aussteigen schwanken alle drei, leicht beschwipst — worauf haben sie wohl angestoßen?
Auf ihre Motoren, nicht die Piloten.
Die makabren Scherze über den Iren Eddie Irvine lauten: Er ist wohl der einzige IRA-Mann, der immer noch gegen die Engländer permanenten Krieg führt! In Suzuka, 1993, hat er, abgesehen von der verdienten Watschen, die ihm Senna herunterhaut, Warwick abgeschossen — 1994 erledigt er Brundle in Interlagos, Blundell, Herbert in Monza, und noch Hill, der sich sogar überschlägt, in Estoril — und viel mehr Engländer fahren ja nicht Formel 1. Ein Verrückter?
"Er kommt ins Buch der Weltrekorde: Für mehr Rennen gesperrt als er je gefahren ist", spottet Michele Alboreto, GP-Oldtimer, als Irvine drei WM-Läufe aussetzen muß.
In der ganzen Formel-1-Geschichte, rekapituliert Ian Phillips, hat die FIA noch nie so streng reagiert. Wir hatten noch nie diese drakonischen Strafen — nie seit 1989, als jede geringste läßliche Sünde mit Zehntausenden Dollar bestraft wurde — damit für Streiff die Transport- und Reisekosten bezahlt werden können. Immer Strafen. Aber fast nie Sperren. Irvine hat Pech: Er ist der erste, der erwischt wird.
"Man muß sich nur ansehen, wie schnell er ist", verteidigt ihn Phillips. Die Resultate sind lang nicht da, auch aus Jordans Schuld — aber dafür im Qualifikationstraining. "Wir kennen vier Teams, die Barrichellos Vertrag für drei Millionen Dollar kaufen wollen, aber im Trainingsduell Irvine–Barrichello steht's unentschieden!"
Eddies Speed — für einen Fahrer im ersten Formel-1-Jahr ist außergewöhnlich. "Und als Team sind wir überzeugt: Wir haben die zwei besten jungen Fahrer der Welt! Da klafft ein großes Loch in der For-

mel 1. Schumacher steht turmhoch über allen — wahrscheinlich eine Sekunde schneller als alle anderen. Aber dann kommt die ganze Meute: Hakkinen, Barrichello... und wir glauben Irvine. Aus dieser Gruppe muß man rauskommen, um Michael anzugreifen. Und wir haben zwei davon. Wir wollen sie, wir lieben sie. Als Team sind wir grandios..."
Auf mich wirkt Irvine immer „cocky": hochmütig und arrogant. Ein Berger wird immer stehenbleiben, wenn ihn jemand anspricht — ein Irvine ist sich immer zu gut dafür, auch wenn er's nicht eilig hat.
Ian Phillips: „Er ist nicht arrogant, nur unsicher — aber laß ihm Zeit, dann kommt er mit der Situation besser zurecht. Ich weiß, alle denken wie du. Aber triff ihn einmal in relaxten Umständen. Er ist haargenau wie James Hunt, als er in die Formel 1 kam: die haargetreue Kopie — und ich hab James sehr gut gekannt. Eddie auch: Tief drin ist er, Sohn eines Gebrauchtwagenhändlers, eine sehr intelligente Person."
Was hat er denn für eine Ausbildung? College? Uni?
„Ich glaub gar nicht, daß er überhaupt je zur Schule gegangen ist..."
Dagegen Johnny Herbert: „Der Kerl ist nicht selbstbewußt — nur arrogant." Im Spätherbst wird ihm wegen Raserei im Straßenverkehr der Führerschein für zwei Wochen abgenommen. Irvine ist mit seinem Ferrari auf der M6 in England mit 170 km/h unterwegs und muß 420 Pfund Strafe zahlen, weil er auch noch seinen Führerschein vergessen hat...

„He is very quickly very quick": Also auf Anhieb sehr, sehr schnell, sagt mir Damon Hill über Schumacher. In Spa fliegt er in den ersten drei Runden um 10 Sekunden davon!
Dafür kein schöner 35. Geburtstag für Berger: Zuerst das verpatzte Regentraining, dann Motorschaden in der 11. Runde — und als Draufgabe noch bedingte Sperre für ein Rennen! Grund: Berger hatte nach seinem Defekt den Finnen Hakkinen (auf dem Weg in die Box) gefährlich geschnitten. Gerhard: „Die Strafe geht o.k. Ich hab im Guten gehandelt. Aber es ist ein ziemlich gefährliches Manöver. Ich will meinen defekten Ferrari aus dem Weg räumen, übersehe den McLaren von Hakkinen, der gerade an die Boxen fährt. Beinahe hätten wir kollidiert — alles meine Schuld! Aber kann in der Hitze eines Grand Prix leider passieren..."

Vor allem nach einem Ferrari-Doppelausfall, wie in Budapest — vor Monza doppelt bitter. Weil jetzt der Druck der Tifosi steigt. Dabei hätte theoretisch auch in Belgien alles gepaßt: Kluge Strategie von Berger — wieder nur ein Boxenstop gegen zwei geplante von Schumacher, Alesi & Co.

Platz 3 wäre drin gewesen — wie immer. Denn Pole-Mann Barrichello, schon zurückgefallen, — fliegt gleich nach dem Boxenstop mit neuen Reifen raus, und David Coulthard sogar in Führung, hat einen defekten Heckflügel.

Schumacher gewinnt ganz überlegen vor Hill und Hakkinen — glaubt man.

Spa, spätabends: ein verrückter Hexenkessel. Schumacher ist längst weg, bei Freunden, unterwegs zu den Eltern — da brennt in Spa die Zündschnur. Charlie Whiting, der FIA-Cheftechniker, der auf Benetton schon lang wegen Startautomatik, Traktionskontrolle Jagd gemacht hat, stellt fest: Die Holzbodenplatte — vorgeschrieben seit Hockenheim, um die Kurvengeschwindigkeiten zu reduzieren — ist zu dünn!

Verlangt sind 10 mm, Toleranzgrenze 9 mm — an manchen Stellen mißt Whiting aber nur 7,4 Millimeter!

Benetton-Ausrede: „Schumi hat bei seinem Dreher das Holz abgehobelt." Konstrukteur Ross Brown und Rennleiter Villadelprat ziehen wortlos ab: „Wir sagen nichts — nicht einmal, ob wir berufen..."

Oweh, Michael! Jetzt reden wieder alle von „Schummel-Schumi"! Die Formel 1 steht kopf: Schumacher als Sieger von Spa disqualifiziert — fünf Stunden nach dem Rennen!

Aber warum so spät? Weil den drei Sportkommissären das Eisen viel zu heiß ist. Ein Präjudiz für die Pariser Gerichtsverhandlung, wohin Schumacher „nur mit meinem Ingenieur und meinem Anwalt" hingeht — so oder so.

Freispruch hätte Folgen, Disqualifikation auch. Haben die drei Kommissäre — der belgische Fischerei-Baron de Fierlant, der Schweizer Go-Kart-Präsident Buser und der Inder Hoosein — so lang gebraucht, um einen der echten Formel-1-Bosse ans Telefon zu kriegen...?

Letzte Disqualifikation eines Formel-1-Siegers: Alain Prost 1985 in Imola — sein McLaren war um 1,5 kg zu leicht. Und jetzt wegen der paar Millimeter? Ein Formel-1-Auto ändert sofort sein Fahrverhalten total, wenn es nur um einen Millimeter umgebaut wird.

„Jetzt reicht's endgültig! Schmeißt Benetton endlich aus dieser WM raus!" fordert die Neidgenossenschaft Formel 1 — ausnahmsweise fast einstimmig. Die Schumacher-Disqualifikation von Spa schlägt irre Wellen. Und plötzlich lieben sie alle Damon Hill. Nur noch 21 WM-Punkte Differenz: Also kann ihm Hill mit zwei Siegen bis auf einen Punkt nahekommen!

Völlig neue Situation also. Und Brasiliens WM-Kapitän Dunga hat Hill bereits sein Leibchen geschickt — mit den Autogrammen aller Brasilo-Kicker: „Gewinn du für uns und Ayrton den WM-Titel!"

Benetton verliert immer mehr Sympathien, zu groß ist das Sündenregister geworden. Welcher Teufel steckt in diesem Team? Als Gerhard Berger 1986 für diese Truppe fuhr, war alles sauber. Aber jetzt? Warum paßt Benetton nicht auf? Disqualifikation — ausgerechnet zur ungünstigsten Zeit. Schlamperei? Pitzligkeit? Hexenjagd auf dieses Team?

Warum schaute Boss Briatore während Schumachers Siegesfahrt so finster besorgt in die TV-Kameras? Alles ein schlechtes Omen für Paris.

„Mal sehen, ob man mir glaubt oder nicht. Ich bleib bei meiner Aussage: Ich hab in Silverstone die schwarze Flagge nicht gesehen!" So will sich Schumacher heute, Dienstag, vorm FIA-Berufungsgericht in Paris verantworten.

„Ich weiß, daß ich höchstwahrscheinlich gesperrt werde. Aber auch, daß ich 1994 noch Rennen fahren werde."

Aber wann, Michael? Seit dem letzten Disqualifikationsskandal ist nichts mehr sicher. Schumacher kann's passieren, daß er heuer den Mansell-Weltrekord von 9 Siegen egalisiert — und trotzdem nicht Weltmeister wird.

Was weiß Schumacher, was weiß er nicht?

„Ich hab noch nie gelogen!" sagt er mir in Spa in einem TV-Interview, „ich könnte auch nie mit Lügen leben — weder von mir noch von anderen Leuten."

Schwierig genug im Umkreis der Formel 1, sage ich.

„Sehr schwierig, das ist richtig — aber deswegen brauch ich meinen Prinzipien nicht untreu zu werden."

Und wenn bewiesen wird, daß Benetton gemogelt hat — will er dann trotz Vertrag wirklich weggehen? Schumacher wörtlich: „Wenn die Leistungen von mir durch Fehler plötzlich weg sind, kann ich das nicht akzeptieren. Ich hab immer dem Team geglaubt. Wird das Gegenteil bewiesen, gibt's eine neue Situation..."

BERGER, DER HELD VON MONZA

Monza abgesagt — trotzdem wird gefahren! Die Situation um den klassischen Gran Premio d'Italia: kompliziert. Als sich das Veto der Umweltschützer gegen das Baumfällen in der Curva Grande und den beiden Lesmo-Kurven immer mehr verschärft, schickt Mosley an Bernie Ecclestone in Budapest ein Fax: „Weil die Deadlines immer wieder hinausgezögert wurde, reißt mir die Geduld. Wir haben das Rennen vom Kalender genommen." Wohlgemerkt: nicht abgesagt.
Die Fahrer-Reaktion: unterschiedlich. „Sicherheit geht bevor", sagte Berger diplomatisch, und das GPDA-Meeting ergab volle Fahrer-Einstimmung: „Was immer die FIA beschließt, wir sind voll damit einverstanden."
Ferrari-Präsident Montezemolo drückt noch rasch öffentlich „Besorgnis und großen Schmerz" wegen der Absage aus, zumal für Ferrari ein Monza-Sieg fast immer wichtiger war als der WM-Titel. Daraufhin reisen Monza-Offizielle nach Cannes, wo Max Mosley gerade urlaubt — vier Tage später ist Monza wieder auf dem Kalender, weil die italienische Regierung alle „overrulen" kann.

Alle reden von den 16 gefällten und 9 verpflanzten Bäumen in Monza, der umgebauten Lesmo-Kurve — aber kaum jemand von dem Stern, der in Lesmo erloschen ist: Rupert Hollaus, Österreichs erster Weltmeister im Motorsport, 125-ccm-Champion auf NSU, am 11. September 1954 — vor 40 Jahren.
Weil Monza zuviele Tragödien erlebt hat? Die Lorbeerkränze längst verwelkt, die Siege in der Statistik vergilbt sind? Die Bilder unscharf werden?
Vom Kfz-Mechaniker aus Traisen (NÖ) zum Weltmeister: eine der

steilsten, leider auch kürzesten Karrieren. Rupert Hollaus (23) war ein Held der Vor-Fernseh-Zeit: nur Wochenschaubilder, kaum Radio — und das einzige Interview mit Hollaus, das noch existiert, habe ich für Ö3 aufgespürt — und für den TV-Sportnachmittag.
Eher still, bescheiden, zurückhaltend: Aber Hollaus hatte Charisma, um ihn wuchs ein Mythos wie um James Dean. Aufeinanderfolgende Triumphe bei der TT auf der Insel Man — beim ersten Start. Auf der extrem langen Bremgartenstrecke von Bern — wo er alle überrundete. Auf der Stuttgarter Solitude — vor 435.000 Zuschauern!
Hollaus war der einzige Nicht-Deutsche im sagenhaften NSU-Team: Mit Werner Haas, der später mit einem selbstgebauten Flugzeug abstürzte. Mit Baltisberger, Sohn eines Arztes — in Brünn verunglückt. Und mit dem legendären H. P. Müller, der schon vorm Krieg gegen Caracciola und Rosemeyer gefahren war.
Hollaus-Bruder Rainhard verriet mir die Jahresgage: 200.000 DM, damals eine Million Schilling — vor 40 Jahren! Und ein Freund aus Traisen, der eine Woche vor dem Unglück mit Hollaus gemeinsam Geburtstag gefeiert hatte: „Ich warnte ihn noch: Rupertl, paß auf! Aber er war überzeugt, ihm passiert nix..."
Der Todessturz in Lesmo hatte keine Augenzeugen, aber bösen Verdacht: Hollaus war bereits Weltmeister, ungeschlagen, doppelt so viele WM-Punkte wie Carlo Ubbiali — aber der Italiener schummelte im Abschlußtraining mit einer größeren Maschine, um Hollaus die Poleposition zu stehlen.
„Nicht direkt verboten, aber auch nicht erlaubt. Aber als Weltmeister nicht Trainingsschnellster — das konnte Rupert nicht akzeptieren", erzählte mir sein langjähriger Freund und Rennfahrerkollege Alex Mayer. „Also ging er nochmals raus, probierte in Lesmo eine andere, schnellere Linie — und blieb mit dem inneren Fußraster an einer Bodenwelle hängen. Die NSU hatte stark eingefedert. Ich hab den Kratzer gesehen..."
Hollaus' erster Sturz überhaupt. Tragisch, daß er eine extrem dünne Schädeldecke hatte. Die italienischen Ärzte: „Wäre er beim Rad- oder Skifahren gestürzt — er wäre genauso gestorben." In der Votivkirche erhielt Hollaus ein Staatsbegräbnis.
Österreichs erstes großes Sportidol nach dem Krieg, aus einer anderen

Zeit, anderen Welt: Motorsport ohne Leitplanken oder Fangnetze, ohne bunte Overalls, ohne Sponsoren, ohne japanische Maschinen.
Als jüngster Weltmeister aller Zeiten ist Hollaus von Johnny Cecotto, später Loris Capirossi abgelöst worden. Aber in den Herzen der Fans ist ihm ein Titel geblieben: der beste Rennfahrer, den es auf zwei Rädern je gegeben hat.
Ein Komet, verglüht in Lesmo — vor 40 Jahren.

Berger hat schon geholfen, den klassischen Monza-Grand-Prix zu retten — nachdem sich sogar Präsident Berlusconi eingeschaltet hatte. „In Italien geht's immer nach dem gleichen Prinzip: geben und nehmen, geben und nehmen."
„Buon appetito" bei Ferrari! Ecclestone und Mosley machen gestern auf dem Weg nach Monza Station in Maranello. Ihr traditionelles Mittagessen — früher mit Enzo Ferrari, jetzt mit Luca Montezemolo. Mit den Pariser FIA-Freisprüchen als Vorspeise, den Reglementänderungen als Dessert: Die Tankstops bleiben!
Das politische Theater, mit Chaos und Disqualifikation, verstummt. Als FIA-Chefingenieur Charlie Whiting ins Autodrom kommt, fragt ihn Niki Lauda: „Soviel hast du arbeiten müssen — und nix ist rausgekommen — warum?"
Darauf Charlie: „Frag Max Mosley, wenn er kommt."
Benetton-Chef Briatore, übernächtig, abgekämpft, ist der Sieger von Paris: „Aber die Prozesse waren gar nicht nötig — alles war schon vorher geklärt."
Der drohende Ausschluß aus der WM ist abgewendet. Flavio Briatore, sind Sie der große Sieger von Paris? frag ich den Benetton-Boss.
BRIATORE: Das war alles gar nicht mehr so notwendig, weil es längst abgeklärt war... Aber der große Sieger ist das Team, weil jetzt endgültig bewiesen ist, daß wir nicht betrogen haben. Eine sehr befriedigende Entscheidung. Die FIA war zu uns sehr fair, aber unsere Verteidigung war auch sehr stark. Okay, das war ein Sieg, leider verlor ich die Berufung gegen die Schumacher-Disqualifikation von Spa, aber du kannst nicht überall gewinnen — manchmal verlierst du auch ein bißl.
War es ein Kuhhandel, eine Frage von Geben und Nehmen?

BRIATORE: Überhaupt nicht. Die Regeln für den Holzunterboden sind ganz klar. Wenn du am Ende des Rennens mehr als einen Millimeter abgehobelt hast, bist du draußen. Aber jetzt sind alle Ingenieure dafür, daß die Meßmethode geändert wird — 95 Prozent des Holzvolumens müssen nachher noch da sein. Das heißt: Benetton zahlt den Preis, damit die Formel 1 besser wird.
Sehr diplomatisch... aber sagte nicht FIA-Präsident Max Mosley, daß sich die FIA und Benetton geeinigt haben, daß ein paar Leute auf ziemlich hohem Niveau ausgewechselt werden müssen?
BRIATORE: Nicht außergewöhnlich, das passiert in allen Teams am Ende des Jahres. Sehr freundlich von Max, uns das vorzuschlagen, aber das Benetton-Team wird momentan von mir kommandiert, und ich weise jeden Vorschlag zurück, was wir ändern sollen — bis wir uns selber entschlossen haben, was in Zukunft mit dem Team passiert.
Es geht ja nicht um Sie, sondern um Tom Walkinshaw, den Mosley schon seit 20 Jahren nicht gerade liebt, und der den Konstrukteur Ross Brawn mitnehmen will, wohin immer er geht. Und um Teammanager Villadelprat, der angeblich zu McLaren zurückkehrt?
BRIATORE: Alles kein Problem. In allen Teams der Welt ändert sich etwas. Vielleicht auch bei Benetton, vielleicht nicht. Im Moment kämpft das Team um den WM-Titel, und schon die Fußballer sagen: Ändere nie ein siegreiches Team...
Sie sind happy, mit Schumacher weiterzufahren — ist Schumacher auch mit Benetton glücklich?
BRIATORE: Ich hoffe. Ich weiß, daß es für Michael sehr hart war, daß seine Brufung zweimal (Silverstone und Spa) abgewiesen wurde. Die Bestrafung ist wirklich verdammt hart. Aber okay, das ist *part of the game*. Wenn du das Spiel spielst, mußt du die Spielregeln akzeptieren — und was die Sportbehörde entscheidet, mußt du hinnehmen. Das kann nichts ändern. Hart, aber du mußt es akzeptieren — genauso wie das Team über ein Monat lang die ganzen Beschuldigungen und Anklagen wegen des Hockenheim-Feuers hat hinnehmen müssen. Jetzt ist demonstriert, daß Benetton das Auto beim Tankstop nicht angezündet hat, daß wir absolut *clean* sind — aber was am Ende entscheidet, ist immer das Ergebnis.
Glauben Sie immer noch an den WM-Titel für Schumacher 1994?

BRIATORE: Absolut, davon bin ich überzeugt, kein Problem.
Noch viel erfreulicher: „Wendy" ist zurückgekommen!
„Schön, wieder da zu sein. Es hat lang gedauert. Zuletzt war ich schon ein bißl ungeduldig." Karl Wendlinger war in Monza zum erstenmal wieder bei der Formel 1 — vier Monate nach Monte Carlo. „Wendys" Gemütszustand: etwas aufgeregt, dankbar, bescheiden wie immer — trotz des großen Rummels. Die stille Freude überwiegt.
Seine Eindrücke? „Die Autos haben sich ein bißl verändert, aber die Leute sind die gleichen geblieben." Vor allem in seinem Team: „Wir warten auf dich, wir sind bereit!" Karli, erfreut: „Was willst du als Rennfahrer Schöneres hören?"
Ob er sich wieder zu Hause fühlt? „Zu Hause bist du dort, wo du die meiste Zeit verbracht hast." Ob wieder der Gasfuß juckt? „Der juckt schon länger, deshalb bin ich auch so froh, wieder dabei zu sein. Ich konnte es kaum mehr erwarten."
Karli humpelt nach der Knieoperation noch etwas, ist aber tapfer. Sonntag sitzt er bei mir in der TV-Kabine, ganz hoch droben im Monza-Autodrom.
Mit welchem Gefühl schaut er der Startnummer 29 zu — seinem Auto? Als Niki Lauda 1977 in Fuji das Ferrari-Cockpit für Gilles Villeneuve freimachte und der Kanadier einen fürchterlichen Unfall hatte, traf Niki vorm TV-Apparat der große Schreck: „Mein Auto!" Was denkt Karli, wenn er de Cesaris fahren sieht? „Daß genauso ich im Auto drinsitzen könnte — aber eigentlich muß ich froh sein, daß ich das Auto überhaupt seh..."
Rückkehr nach Monza — wie 1976 bei Lauda, der Wendlinger längst Comeback-Tips gegeben hat. Dabei soll der „Piccolo Commendatore" selber wieder einsteigen! „Als ich in Monterey, Kalifornien, war, fuhr ich dort meinen Formel-1-Ferrari von 1974 — als Demonstrationsrunde." Mit ansteckendem Fieber, denn Luca Montezemolo hat Lauda gebeten: „Niki, probier bitte unseren aktuellen Formel 1 ein paar Runden in Fiorano!" Lauda wird, „aber erst nach Saisonende".
Als ich Berger die „Gazetta dello Sport"-Schlagzeile zeige: „Alesi: ich gewinn Sonntag, mein einziger Gegner ist Berger", grinst Gerhard: „Ich freu mich für ihn, daß er gewinnt — und bin ihm auch jetzt nicht neidig. Aber ich möcht natürlich auch selber gern gewinnen!"

Die Transparente auf der Monza-Haupttribüne: leidenschaftlicher denn je. „Gerhard, gewinn — mit Ayrton und Roland im Herzen." Oder: „Jean, Enzo Ferrari liebt dich."
Kann Ferrari wirklich gewinnen? „Wir brauchen gar kein Glück — wir dürfen nur kein Pech haben." Oder: „Wenn unsere Motoren halten, können wir gar nicht verlieren." Die Marathon-Tests von Larini (in Monza) und Alesi (in Le Castellet) waren erfolgreich, der Defekt in der pneumatischen Ventilsteuerung (zuletzt vier Motorschäden) scheint behoben.
In der Halle des Hotel „Umberto Primo" ein nervöser Hill: „Hast du Head oder Newey gesehen? Alle schon weg. Auf mich total vergessen... Kannst du mich ins Autodrom mitnehmen?"
Natürlich. Damon quetscht sich in mein Mietauto. 20 Minuten Fahrt, ein vertraulicher Dialog, nix Offizielles, ohne die Gehirnwäsche der PR-Agenten. Damon, den ich seit dem Volksschulalter kenn, redet frei von der Leber weg.
Und ich gib unser Gespräch auch nur deshalb wieder, weil man später überall hört oder liest, was für böse Dinge der schlimme Damon über den artigen Schumi gesagt hat.
„Ich muß vier der nächsten fünf Rennen gewinnen!" Unbescheiden ist Damon nicht. „Monza und Erstoril, solang Shoemaker pausiert. Und wenn er wieder da ist: Noch zwei der drei Rennen. Dann bin ich World Champion!"
Verdientermaßen, wenn du die Saison zurückblickst?
Hill: „Stimmt, ich hab 1993 öfter geführt, aber heuer schon Rennen gewonnen, wo ich nie auf Platz 1 lag..."
Wie kommt ihr zwei überhaupt miteinander aus?
Hill: „Wir reden wenig, eigentlich nichts. Aber ich hab kein Problem mit ihm. Höchstens er mit mir."
Der Schatten Sennas... Hätten Hill und Schumacher heuer an den WM-Titel denken dürfen, hätte Senna überlebt? Eine schwierige Situation, für beide.
„Michael ist ja erst 25. Und heuer ist soviel passiert, soviel auf ihn eingestürzt — schwierig damit fertigzuwerden", gibt Damon zu. „Ich hab selber nach Imola dran gedacht, aufzuhören!"
Und dann hat dich Nigel Mansell in Magny-Cours wieder aufgeweckt?

Hill: „Du mußt dich zwingen, zu vergessen, was passiert ist — aber das mußt du erst einmal verkraften." Technischer Nachschlag. „Der Williams ist viel besser geworden." Woran auch Damon seinen Anteil haben muß.
Bleibst du 1995 bei Williams?
Hill: „Wir haben geredet. Frank sagt, er will mich behalten. Und als Weltmeister kann er mich wohl nicht rausschmeißen..." Und auch nicht rausekeln wie Mansell und Prost.
Damon Hill, wie ein Formel-1-Tourist ohne Overall — vielleicht Nachfolger der Superstars? Plötzlich fragt er: „Wieviel Punkte liegt Gerhard hinter mir?" Und erschrickt, weil beim Überholen plötzlich ein kleier Fiat ausschert. Ich muß verreißen, und Damon lobt: „Good reaction!" Die braucht er auch bald.
Forza Ferrari! Das ganze Monza-Autodrom trampelt Beifall: Ein Ferrari in Pole-position! Alesi vorn. Berger Vierter, dazwischen die Williams von Hill und Coulthard, nur um 0,3 getrennt — ein gigantisches Teammatch Ferrari–Williams! „Leider nur Vierter, aber ich hatte Getriebeprobleme. Die Elektronik spinnt beim Runterschalten. Und Alesi hat schon den neuen Motor — ich krieg ihn erst", analysiert Berger.
Samstag reiten sie auf einer Woge glücklicher Ferrari-Tifosi, müssen auf die Boxenmauer klettern, winken ihren 100.000 Fans — Monza feiert Alesi und Berger schon wie die Sieger: Mit über 800 PS und fast 16.000 U/min zum Trainings-Doppeltriumph — getrennt um nur 0,134 Sekunden. Diesmal MUSS ein Ferrari gewinnen — aber welcher? Berger lächelt: „Ganz einfach: Ich reiß vorn aus, flüchte, so rasch ich kann — und Jean bremst alle Gegner." Darauf Alesi: „Vielleicht wird's umgekehrt." Der Franzose, zuletzt oft früh durch Motorschaden ausgeschieden, „moralisch total am Boden, hat wieder Mut gefaßt", freut sich auch Lauda.
Alesi ist schon seit Tagen überzeugt, daß er gewinnt: „Mein 80. Grand Prix — und endlich meine erste Pole-position. Und heute: mein erster Sieg!"
Berger hat alles gegeben: „Zum drittenmal die Pole knapp verpaßt — aber Jean verdient Platz 1. Mir war immer klar: Nur auf zwei Strecken können wir gewinnen — Hockenheim und Monza." In Hockenheim

hat er schon ... aber Gerhard warnt auch vor Damon Hill: „Der wird heute gefährlich." Stimmt, nickt der Schumacher-Verfolger, „ich werde euch heute die Ferrari-Party gründlich versauen..."
Wenn die 12-Zylinder-Raketen halten, wenn Berger/Alesi sich zu Teamwork aufraffen — sicher nicht. Alesi: „Wir hatten bei den Tests ein Geheimabkommen: Wir fahren nur mit vollen Tanks — zwecks idealer Abstimmung fürs Rennen."
Sonntag früh, ich fahr hinter Alesis knallgelber Ferrari-Berlinetta ins Autodrom. Unglaublicher Menschenauflauf. Alesi wird durchs Seitenfenster umarmt, geküßt, die Masse teilt sich nur höchst widerwillig — als fahren der Papst, die Beatles und Mussolini alle in einem Auto.
Am glücklichsten ist Lehto: Um 6.30 Uhr endlich der Anruf aus Helsinki: Tochter Julia ist angekommen. Freudig wie noch nie geht J. J. in einen Grand Prix, aber ohne Schumacher sind die Benetton nirgends.
„Verschleppts mir meine Tochter nicht...", droht Gerhard Berger scherzhaft den Lauda-Buben Lukas und Mathias, als er zum letzten Warm-up in die Ferrari-Box geht — ein paar Minuten später liegt er im Ambulanzwagen: böser Crash bei 320 km/h, auf der schnellsten Stelle des Kurses — vor den Lesmo-Kurven.
Karl Wendlinger, der in der Box aufs TV-Bild starrt, ist schockiert: Ferrari beim Bremsen ausgebrochen, Hinterräder blockiert, Dreher, gegen die Leitplanken — dann rückwärts gegen den Reifenstapel.
Ein vehementer Anprall, der schon beim Zuschauen wehtut. Die Streckenposten legen Gerhard auf ein Gummibett, verpassen ihm eine Halsmanschette. Aber skandalös, daß die rote Flagge erst nach 10 Minuten herauskommt. Wenn nur ein Wagen dort rausgeflogen wäre — direkt auf Gerhard zu.
Der Crash sitzt ihm lang in den Knochen: „Ich lieg im Sand, ein paar Meter neben mir donnern die Autos mit 300 km/h vorbei. Wer trägt die Verantwortung? Punkto Sicherheit hat vieles nicht gestimmt."
Auch nicht im Krankenhaus, wo man ihn nur widerwillig entläßt, ohne Polizeieskorte, nur mit dem Rettungsauto — die Bürokratie.
Was für eine italienische Woche, die mit einem Taxiunfall neben dem Monza-Park begann: „Ich hör plötzlich Bremsen quietschen, dann denke ich: Die gelten mir. Die Italienerin, die mir reinknallt, mußte von der Feuerwehr geborgen werden — fast unverletzt."

Sennas Ex-Presselady Beatris kümmert sich sofort um Christina, geht mit ihr auf ein doppeltes Eis im Ferrari-Mobilhome. Dort beruhigt Niki Lauda: „Gerhard ist okay, nur im Krankenhaus von Monza zum Röntgen — damit wir ja sicher sein können."
Dort diskutiert Berger mit Lauda auch gleich die Rennabstimmung, ruft aus dem Spital an: „Bitte, baut mir einen längeren 3. Gang ein." Und läßt Christina ausrichten: „Hol dir um zwei Uhr dein Gwandl von Marlboro" — weil die Berger-Tochter bei der Startaufstellung als Nummerngirl für den Ferrari Nr. 28 eingeteilt war.
Als das ganze Fahrerlager noch auf Berger wartet — plötzlich Sirenengeheul: Bergers Rückkehr? Nein, eine riesige Limousine mit Polizeieskorte, im Fond Bernie Ecclestone — und Sylvester Stallone. Der Tag der harten Burschen: Berger und „Rocky".
„Schumacher, schau dir im Fernsehen an, wie der große Jean Alesi gewinnt!" knallen Spruchbänder in Monza. Und die „Gazetta" spottet in riesiger Schlagzeile: „Hat jemand Benetton gesehen?"
Herbert, vom sensationellen 4. Startplatz, will sich an Berger anhängen — da kracht ihm Irvine in der ersten Schikane voll ins Heck.
„Dieser Idiot", schimpft Johnny, und Peter Collins ist noch deftiger: „Irgendwer hat ihm das Hirn aus dem Kopf operiert. Warum nimmt man ihm nicht endlich auch die Superlizenz weg."
Irvine rechtfertigt sich lahm: „Herbert hat sehr früh gebremst, und ich war nicht zu schnell. Allein hätte ich die Kurve schon noch gekriegt."
Monza '94 — was für eine melodramatische Ferrari-Oper für Berger! Zwei Stunden vorm Start noch im Krankenhaus. Aber dann ein zweiter Platz, fast ein Sieg — nur um 4,9 Sekunden verpaßt!
„Nie hätte ich mir träumen lassen, daß ich nach dem Unfall überhaupt durchhalten, noch dazu aufs Stockerl steigen kann. Die ersten zehn Runden sind schlimm, wegen der Schmerzen — dann hab ich die Muskelzerrungen weniger gespürt." Niki Lauda hat kalkuliert: „Nach zehn Runden wird der Gerhard spüren, ob's geht." Nach 15 Runden liegt er, geschunden, aber nicht zerschlagen, in Führung!
Weil Jean Alesi beim Wegfahren aus der Box das Getriebe explodiert, findet sich Berger im Ersatz-Ferrari plötzlich auf Platz 1! „Die Taktik hätte total gestimmt: Zwei Boxenstops für Alesi, darum sein leichteres,

schnelleres Auto am Anfang — nur ein Tankstop für mich. Ich hätte nur vor Hill und Coulthard bleiben müssen."
Alesis Pech: Er drückt in der Box das Kupplungspedal nicht ganz runter, dreht über 10.000 U/min, kann den ersten Gang nicht einlegen — worauf das Getriebe explodiert.
Keiner kann so wütend und traurig sein wie Alesi. Er fetzt die Handschuhe ins Cockpit, stürmt wortlos davon, redet mit keinem auch nur ein Wort — nicht einmal mit den Ferrari-Leuten.
Öfter schon vorgekommen. Aber was folgt, ist neu:
Alesi läßt sogar sein Flugzeug in Mailand stehen, springt in seinen Privat-Ferrari und braust — immer noch im Rennoverall — in einem Zug durch nach Avignon. Wortlos, in Selbstmörderstimmung. „Wenn du nicht vom Gas gehst, steig ich aus!" droht Bruder Jose am Nebensitz. Zwei Tage später die Sensations-Schlagzeilen in den italienischen Zeitungen: „Alesi spricht." Er sagt: „Ich wollte in Monza am liebsten sterben... Ich mußte meinen Grand Prix fertigfahren — darum fuhr ich so schnell nach Avignon..."
Alesi wieder Selbstvertrauen einzuimpfen, ist schwierig: Nach Monza ist er so verzweifelt. Lauda: „Ich versteh nicht, warum. Er hat geführt, mehr kann er nicht erwarten. Daß Rennautos kaputtgehen können, ist möglich, schon öfter passiert."
Vor genau 20 Jahren, Monza 1974, ist Nikis eigene Welt zusammengebrochen, weil ihm ein gerissener Wasserschlauch im Motor den Sieg stahl. Jetzt, mit der Weisheit späterer Jahre: „Ich wär an Alesis Stelle nicht verzweifelt. Typisches Rennwochenende, das halt einmal für ihn negativ ausging."
Inzwischen verliert Gerhard das Rennen in der Box: Gerade, als er wieder herauszischen will, schneidet Panis in die Ligier-Nachbarbox herein. Berger muß abbremsen, verliert beim Boxenstop total 29,756 Sekunden — Hill nur 25,445, Coulthard 24,417. Also: 4,311 langsamer als Hill — der am Ende um 5,339 Sekunden vor Berger durchs Ziel geht, gejagt vom Ferrari, weil beiden Williams der Sprit ausgeht: Sie verlieren in drei Runden gegenüber Berger 10 Sekunden.
Gab's eine Williams-Stallregie? Hill, etwas betreten: „Ich hab nur festgestellt: Ich hab ihn überholt."
Was von außen wie eine mühelose Tandem-Spazierfahrt aussieht, ist

in Wirklichkeit ein Nervendrama: Williams hat mit dem Sprit zu knapp kalkuliert, böse Ahnungen fliegen am Funk hin und her, die Box ist für einen Not-Tankstop bereit.

In der letzten Kurve geht Coulthard der Sprit aus, er fällt vom 2. auf den 6. Platz zurück. Hill rettet sich über den Zielstrich, 300 Meter später danach muß auch er ausrollen — mit trockenem Tank.

„Der Held von Monza!" Berger wird in allen italienischen Gazetten stürmisch gefeiert. Belobigt auch vom großen Abwesenden: Michael Schumacher, zu Hause in Monte Carlo vorm TV-Schirm.

Schumi: „Ich gratulier Hill. Er fuhr taktisch sehr clever, vernünftig, fehlerlos — ich gönn ihm den Sieg. Aber Berger mußte härter fahren, wesentlich mehr geben als die anderen, um glücklicher Zweiter zu werden — ihm hätte ich den Sieg fast noch mehr gewünscht..."

Vor allem, weil er Hill wichtige WM-Punkte weggenommen hätte. Nur noch elf Punkte Abstand — in Estoril kann Hill fast schon gleichziehen! „Es wird hart, knapp und spannend — und am Ende ist immer alles möglich", rechnet Schumacher. „Aber ich glaub trotzdem, daß ich noch die WM gewinn!"

Aber ist Benetton noch die „Happy family"? Seit Schumacher spürt, daß für alles, was passiert ist, nur er bestraft worden — das Team aber mit einer Geldstrafe davongekommen ist? Momentan braucht Michael Ruhe, um wieder einen klaren Kopf zu kriegen — wahrscheinlich auch Abstand zum Team.

Gleich nach der Zielflagge in Monza stürzt er zum Flughafen Nizza, um für eine Woche unterzutauchen — in St. Moritz.

Erst am Samstag taucht Schumacher wieder auf: in „Wetten daß", und sein Manager Willi Weber grinst: „Wetten, daß der Michael heuer Weltmeister wird..." Aber dann?

Seit Monza gibt es Gerüchte um Tom Walkinshaw, bekannt für seine Gratwanderungen, und Mercedes — paßt da auch Schumacher als Fahrer dazu? „Punkt 3 stimmt sicher nicht", weiß Weber. Aber sonst ist vieles denkbar. Sogar ein Williams-Team Schumacher/Mansell 1995 — außer, Damon Hill wird Weltmeister. Die Formel 1 rotiert.

SCHUMACHER: DER GIPFELSTURM

Michael Schumacher saß — mit Freundin Corinna und zwei Freunden — auf der Sonnenterrasse des Berghotels „Muottas Muragl" in Samaden, wo einmal atemberaubende James-Bond-Actions gefilmt wurden, und aß gemütlich Käsespätzle. Als er von den Schweizer Alpen wieder heruntergetaucht war, in die Scheinwerfer der TV-Interviews und den Lärm der Formel-1-Strecken, sagte er: „Ich hab eine Woche lang mit niemandem geredet. Trotzdem lese ich, daß ich drei verschiedene Verträge unterschrieben habe. Für drei Teams fahre. Dabei hab ich eine Woche Abstand und Ruhe gebraucht — das hab ich genossen."
Wirklich, Michael?
Englische Formel-1-Insider schwören, daß Schumacher mitten in seiner Engadiner Ferienwoche, also zwischen Monza und Estoril, in der eleganten Londoner Park Lane gesichtet wurde. Dort, wo McLaren, als piekfeine Adresse, einen Show-Room hat. „Ron Dennis und einige hohe Mercedes-Herren sind bei diesem Gipfeltreffen mit dem Comeback-Superstar der Formel 1 dabeigewesen."
Wirklich, Gentlemen? Eine James-Bond-Aktion? Gezielte Indiskretion? Oder der Bluff der Formel 1? Hätte zum Beispiel Rollstuhl-General Frank Williams angefangen, öffentlich mit Schumacher zu pokern, hätte er damit den Preis für Nigel Mansell gedrückt.
Am 16. Oktober steigen sie in Jerez, in Andalusien, der Hermat der wildesten Kampfstiere, erstmals wieder gegeneinander in die Arena. „Magic Mansell" zurückzuholen, war natürlich Bernie Ecclestones Idee. Die Schumacher-Solosiege vom Frühjahr ließen alle denken: „Spätestens im September ist Michael Weltmeister. Wie können wir die letzten drei Rennen verkaufen? Doch nur als Challenge-Rennen: Schlägt Mansell den neuen World Champion?"
Aber noch muß „Schumi" zittern. Voreilige Frühstart-Gratulationen hat er immer abgewehrt: „Erst wenn ich den Titel im Sack hab, vorher nicht." Michael hat die Formel-3-Europameisterschaft 1990 nicht vergessen. Auch damals früh gefeiert, aber bitter enttäuscht.
Finallauf in Le Mans: Massenkarambolage, ausgelöst von Schumachers Titelrivalen Alessandro Zanardi. Abbruch, neuer Start. Schumacher wechselt vom Reynard-VW in den Reynard-Opel, fährt das Feld in

Grund und Boden, wird eine Stunde lang als Europameister gefeiert, aber dann rausprotestiert, weil er im Renn- und im Ersatzauto zwei verschiedene Motorfabrikate hatte. „Laut Reglement verboten — aber davon hatte ich nichts gewußt..."
Böses Omen für den Formel-1-Titel '94? Für Schumacher sicher nicht. „Jetzt erst recht! heißt mein Motto. Die Chance ist immer noch da, wenngleich etwas reduziert. Aber ich weiß längst genau, wie ich unter Druck und Streß reagiere. Probleme machen mich nur stärker!" War das schon in der Schule so — der Streß der Prüfungsangst? „Von der Schule", grinst Michael, „reden wir nimmer."
Jochen Mass, sein einstiger Mercedes-Lehrmeister, bestätigt ihm: „Der Michael funktioniert unter Druck, der ist willens- und entscheidungsstark!"
War auch nötig zwischen Monza und Estoril. Zur gleichen Zeit, da Michael seine Kässpätzle in St. Moritz aß, sein Doppelgänger aber in London erspäht wurde, flatterte ein Benetton-Kommunique in alle Welt. „Um die Spekulationen zu beenden", wurde mitgeteilt, daß Schumacher „die letzten drei Saisonrennen 1994 für Benetton fährt." Keine Rede von 1995, was die Gerüchte nur noch weiter anheizte: „Schumi" stand ja noch bei Benetton unter Vertrag — bis 1995. Mit Option für 1996. Angeblich 30 Millionen Dollar Gage. Und verdoppelten Prämien: statt 5.000 jetzt 10.000 Dollar pro WM-Punkt.
Schluß mit Benetton, fährt weiter für Benetton, steigt um auf McLaren-Mercedes, geht zu Williams: ein wildes Stakkato von Gerüchten. Alle spüren: Wenn sich Mercedes jetzt nicht mit dem angehenden Weltmeister Schumacher liiert, 60 Jahre nach Caracciola, Brauchitsch, Lang — wann dann? Der Lorbeer welkt, die Gesichter werden unscharf, aber „Schumi" strahlt.
Dabei hätten beide — McLaren und Mercedes — Schumacher längst aus dessen Benetton-Vertrag rausprengen können. Michael: „Ich hatte immer zwei Verträge: den Basisvertrag mit Mercedes und jenen mit Benetton." Darin stand: „Wenn Mercedes bis 1994 in die Formel 1 einsteigt, nicht als Konzeptlieferant, sondern offiziell mit eigenem Motor, muß Schumacher sofort zu Mercedes zurückkehren."
Bis diese Option 1994 erloschen ist. Lebendig war dafür die Klausel: „Sobald Schumacher nicht unter den ersten drei der WM ist, darf er den

Rennstall wechseln." Prompt stürzte „Schumi" 1993 auf den 4. Rang ab, „weil ihm McLaren den Kopf verdrehte", schimpfte Flavio Briatore. „Michael war im WM-Finale 1993 nicht konzentriert genug. Aber auch unser vorjähriges Auto lang nicht so super wie das neue."
Natürlich wußte auch Ron Dennis von dieser Geheimklausel. Aber Schumacher blieb bei Benetton, schrieb Ayrton Senna noch zu Neujahr eine Grußkarte mit herzlichen Wünschen — und war bald dessen Erbe auf dem schnellsten Thron der Sportwelt. Aber nicht ohne Schatten.
Niki Lauda redete für viele: „Mir tut der Michael leid, weil er technische Tricks und Schlitzohrigkeit überhaupt nicht nötig hätte. Aber Benetton hat ihm ein Schummel-Image verpaßt. Die Konsequenzen: Strenge Strafen für das Team — und Schumacher muß weg, den Stall wechseln!"
Denn um zu strafen, meinte Gerhard Berger, habe man ja die FIA als Polizei — wenn Vergehen nachgewiesen werden können. Aber beim FIA-Weltkonzil wurde Benetton, verblüffend für viele, freigesprochen.
„Armer Charlie", begrüßte Niki Lauda den FIA-Technikchef Charlie Whiting, als der nach Monza kam, „soviel Arbeit für dich — und nichts ist dabei herausgekommen. Warum?"
„Frag Max Mosley, wenn er kommt", erwiderte Charlie kurz.
Und der FIA-Präsident hielt Benetton zugute: keine böse Absicht, ein „Junior Member" habe ohne Wissen des Chefs den Tankfilter entfernt usw. „Und wir müssen auch an das Moralische bei den Menschen glauben." Immerhin akzeptierte er Laudas Vorschlag von den „roten und gelben Karten wie beim Fußball: Vergehen müssen sofort bestraft werden". Damit auch für Mosley „alle Fans spätestens am Sonntagabend wissen, wer gewonnen hat".
Die Spa-Disqualifikation tat Michael Schumacher weh: Erst nach der Komödie um das abgeraspelte Holzbrett diskutierten die Formel-1-Chefs die neue Meßmethode: Nicht mehr die Höhe (10 mm), sondern das Volumen: 90 Prozent der Holzbodenleisten müssen nach dem Rennen noch vorhanden sein.
„Bei mir waren es 92 Prozent", sagt Schumacher bitter. Und Briatore: „Also muß Benetton dafür bezahlen, daß die Formel 1 besser wird."
Wirklich Benetton? „Für alles, was passiert ist, bin ich härter bestraft worden als das Team — das mit 600.000 Dollar Strafe davongekommen

ist", rechnete Schumacher. Er aber verlor zwei Rennen durch Sperre, einen Sieg (Spa) und einen zumindest zweiten Platz (Silverstone) durch Disqualifikation — allein 160.000 Dollar Extraprämie. Ohne seine Schuld. Jetzt nachgezahlt?
„Michael, schau dir im Fernsehen an, wie der große Jean Alesi gewinnt!" knallten Ferrari-Transparente im Monza-Park. Schumacher tat es weh, in Monte Carlo vorm TV-Apparat zu sitzen. „Ich hab allen die Daumen gedrückt, den Ferrari-Piloten natürlich noch ein bißl mehr. Damon Hill fuhr sehr vernünftig, mit cleverer Taktik — aber Berger mußte noch wesentlich härter fahren."
Damon Hill feierte 34. Geburtstag. Im September 1960 hatte seine Mutter Bette den rennfahrenden Graham in Monza angerufen: „Du hast gerade einen Sohn bekommen." Grahams Antwort war typisch: „Und deswegen mußt du mich aufwecken?"
Jetzt freut sich Ecclestone, „daß Mansell seit Magny-Cours Damon aufgeweckt hat". Und Damons Marschroute war klar: „Monza und Estoril muß ich unbedingt gewinnen. Dann noch zwei der drei Rennen — und dann bin ich World Champion!"
Schumacher, extra cool: „Und ich muß halt alles versuchen, damit ich heuer mit zwölf statt 16 Rennen die Weltmeisterschaft gewinn." Wirklich mit zwölf? Zwischen Monza und Estoril lief der große Millionenpoker. Vorstellbar ist vieles, manches herauszuhören: „Ich weiß nicht, daß mein Benetton-Vertrag gekündigt wurde — aber vielleicht haben meine Rechtsanwälte etwas getan, das ich nicht weiß."
Konnten die Schumacher-Manager beim Thema „Imageverlust" einhaken, um den Vertrag zu korrigieren? Zumal er ja abgeschlossen war, als Ayrton Senna noch lebte — als scheinbar unüberwindbares Hindernis zum WM-Titel? Und ließ man sich die Option für 1996 abkaufen, um frei zu sein für McLaren-Mercedes?
Briatore noch in Monza: „Ich hoff, daß Michael auch 1995 für uns fährt." So klar war es also nicht. Berger jedoch hat recht, wenn er sagt: „Michael darf nicht vergessen, daß es Benetton war, das ihn so hoch hinaufgebracht hat." Nicht vergessen hat Schumacher auch, wie verbissen Briatore um die Renault-Raketen gekämpft hat, bis er sie endlich ergatterte. Und wie sanft das Team nach dem Senna-Unglück reagiert hatte, ohne jedweden Druck.

Jetzt wieder, als Michael Schumacher einen vollen Monat lang nicht im Rennwagen saß, vom Spa-Rennen bis zur ersten Testfahrt in Estoril, zwei Tage nach dem Portugal-GP — nachdem er die Silverstone-Tests nach Monza abgesagt hatte. Worauf noch mehr Gerüchte wie Ungeziefer aus dem Boden schossen.

„Wir haben uns da wieder sehr gut zusammengefunden. Auch 1995 werde ich für Benetton fahren", verriet Schumacher, ehe er nach Lissabon flog. Am Tag vor Trainingsbeginn war die Ehe Benetton-Schumacher wieder offiziell zementiert.

Für eine Million Dollar pro Rennen — wie sie auch Mansell kassiert? „Quatsch", brummte Manager Willi Weber. „Ich wär schon mit der Hälfte zufrieden." Was wurde für 1994 noch geändert? „Nichts, wir fahren zu den gleichen Bedingungen weiter." Und 1995? „Da haben wir noch verhandelt — wegen Kleinigkeiten."

Blick nach vorn. Die schwarze Flagge von Silverstone ist vergessen, auch die Drehung des Sportkommissärs: „Wenn du die Flagge wirklich nicht gesehen hast, müssen wir zum Augenarzt. Aber das Gutachten kann Wochen dauern. So lange wäre deine Superlizenz eingezogen."

Schumachers Zielflagge: „Die Verhandlungen waren korrekt. Aber meine Silverstone-Strafe fand ich zu hoch — und in Spa hätte ich mir mehr Chancen ausgerechnet. Aber wahrscheinlich hat unsere Beweisführung nicht ausgereicht. Das Team ist freigesprochen worden. Dieser Filter, der angeblich absichtlich und verbotenerweise entfernt wurde, ist ja nachgewiesenerweise doch nicht unerlaubt herausgenommen worden", formuliert Dr. jur. Schumacher.

„Deswegen ist das Team auch freigesprochen worden."

Und das Vertrauen wieder da? „Ehrlichkeit ist für mich eine sehr wichtige Sache", sagte mir Schumacher noch in Spa. „Ich könnte nicht mit Lügen leben, habe auch keine Leute rund um mich herum, die lügen." Ist das nicht schwierig im Umkreis der Formel 1? fragte ich ihn. „Richtig. Deshalb brauch ich meinen Prinzipien ja nicht untreu zu werden." Oder, wie Willi Weber betont: „Der Michael hat noch nie in seinem Leben gelogen." Benetton, sagt die FIA, auch nicht. Schumacher braucht nicht mehr Abstand zu gewinnen. Höchstens zu Damon Hill, der über „Schumi" nach Spa offen sagte: „Vergießt keine Träne für ihn. Er hat mich mit einem illegalen Auto besiegt." Der aber jetzt korrigiert:

„Michael hat's nicht leicht nach allem, was heuer menschlich, technisch und politisch auf ihn eingestürzt ist. Mehr, als du mit 25 verkraften kannst."
Wie lebt er mit seiner Corinna in Monte Carlo?
SCHUMACHER: „Wir sind in ein größeres Appartement in Fontvielle umgezogen, haben jetzt auch ein größeres Motorboot. Das erste hatte ich von Jacky Ickx preisgünstig gekauft, das jetzige ist größer, ein Abate mit zweimal 330 PS, und heißt natürlich Corinna. Für die Straße hab ich ein Mercedes Cabrio 500 in Silber, einen Ford Scorpio, einen Ferrari F 40 und seit kurzem auch einen gelben Bugatti EB 110 — steht bei mir in der Tiefgarage."
Und deine Freizeitvergnügungen?
SCHUMACHER: „Am liebsten fahr ich mit Corinna Wasserski, wann immer ich dazu Zeit hab. Ansonsten trainier ich im Fitnesscenter eines Hotels — und geh am liebsten zum Italiener essen. Einen Hund haben wir auch: einen West Highland White-Terrier, Jenny."
Deine früher Hündin, Sandy, hast du 1992 in Hockenheim ins Fahrerlager eingeschmuggelt, obwohl dort Hunde streng verboten sind — aber du warst wegen des Wirbels ja selber im Kofferraum deines Managers Willi Weber versteckt ins Motodrom gekommen?
SCHUMACHER: „Naja, da hat Bernie Ecclestone ein Aug' zugedrückt."
Corinna sagt über ihre Hundedamen: „Ein Rüde im Haus genügt mir..."
Benetton-Presseabend in New York. Vielleicht interessiert die Amis unsere Formel 1 doch mehr, als wir immer glauben. „Warum fährt die Formel 1 nicht in den USA? Und warum kein Amerikaner mehr in der Formel 1?" prasseln die Fragen auf Schumacher nieder.
Michael ist „normal nie ein Stadtmensch. Ich brauch Freiheit, grüne Landschaft, will da nie leben — aber New York muß ich einmal erleben". Nur abends ist er immer „hundskaputt".

ESTORIL: SALTO VON DAMON HILL

Estoril 1984... genau 10 Jahre also nach Laudas dramatischem WM-Sieg über Alain Prost — um einen halben Punkt.
„Zehn Jahre? Ich wundere mich selber, daß es so lang her ist. Weil in den letzten zehn Jahren soviele andere Dinge passiert sind. In der Erinnerung: ein sehr mühsames Wochenende, das gut ausgegangen ist. Schlechter Startplatz, defektes Auto, aber ich mußte unbedingt Zweiter werden — trotz defektem Turbolader. Gott sei Dank hat das Auto gehalten."
Aber was Niki 10 Jahre lang verschwiegen hat: „Die Getriebe-Ölpumpe war kaputt — sie hätte keine ein, zwei Runden mehr gehalten." *Und darum der Rat, den Lauda allen Nachfolgern für ein WM-Finale mitgibt:* „Als ich damals den Helm aufsetzte, hab ich mir geschworen: ICH MACH HEUTE KEINEN FEHLER! Weil in solchen Rennen der Druck immer stärker wird, am Start leicht in eine Kollision verwickelt wirst, dir jemand den Flügel wegrasiert... Ich wollte mir ja nie sagen müssen: Du hast wegen einem Fahrfehler, selber Schuld, die WM weggeschmissen. Volle Konzentration — und der Rest hat funktioniert."
Wieso hat Prost damals bei der Siegerehrung so geschluchzt? „Alain war nicht ganz happy, aber ich hab ihm schnell erklärt, daß es im Rennsport so sein kann, daß man einmal nicht gewinnt... für ihn sicher ein mühsamer Tag, aber 1985 war er dann eh Weltmeister."
In Estoril soll ein neues Kapitel „Formel-1-Technik" aufgeschlagen werden: Schleifklötze aus Titan an der Unterseite der Holzbodenleisten, um das große Abschleifen zu verhindern, die Nachmessungen zu erleichtern — also kein „zweites Spa" mehr mit Schumacher-Disqualifikation.
Aber die Reglementänderung scheiterte am Widerstand eines einzigen Teams: Ken Tyrrell weigerte sich, zu unterschreiben. „Also bleibt die Formel 1", seufzt Ferrari-Konstrukteur Gustav Brunner, „die Formel Holzwurm."
Aber wenigstens sind seit Estoril alle verbotenen elektronischen Fahrhilfen, ob benützt oder nicht, aus den Computerprogrammen verschwunden — widrigenfalls Disqualifikation.

Natürlich ist auch die Estoril-Piste umgebaut. „Diese neue Passage — wie eine Kurve beim Bergrennen", sagt Berger. „Ganz gut für Rallye-Autos...", blödelt Alboreto.
Auf der Jagd nach Berger: Überschlag von Damon Hill — weil ihm Eddie Irvine (nach Dreher) wie ein Geisterfahrer entgegenkommt! Gottlob kriecht Damon unverletzt, nur etwas blaß, aus dem umgekippten Williams. In diesem Moment weiß Berger: „Pole-position. Aber das Wichtigste, daß Damon nix passiert ist." Abbruchflagge, dann bald die Zielflagge.
Zwei Runden vor Hills Salto ist er Damon recht nahe gekommen: „Berger war nicht gerade auf seiner schnellsten Runde", sagt Hill sarkastisch. Aber Gerhard hat Platz gemacht, wenn auch „erst im allerletzten Moment". Nächste Kurve dreht sich Hill („zu schnell und aggressiv"), zwei Runden später die Kollision mit Irvine.
„Der Jordan kommt mir direkt entgegen, ich kann nicht ausweichen, unsere Räder verhaken — und schon überschlag ich mich. Ich hoffte nur, daß ich richtig aufkomm, aber dann lande ich verkehrt, zum Glück ist genug Platz um rauszukriechen."
„Crazy Eddie" beklagt sich: „Ich kann mir nicht einmal mehr einen simplen Dreher leisten. Denn wer kommt in dem Momet daher? Ausgerechnet der Kerl, der heuer die WM gewinnen will, hakelt ein und überschlägt sich." Damon Hill — mit dem ersten Salto überhaupt in seiner ganzen Karriere.
„Mein Schicksal", schnauft Irvine, „immer ist alles gegen mich..."
Gerhards Pole-position: ein Geburtstagsgeschenk für seine portugiesische Freundin Ana! „Den ersten Job fürs Wochenende hab ich erledigt, aber das Rennen wird schwierig: wieder ein riesiger Kampf gegen die Williams — aber auch Hakkinen wird gefährlich." Alle prophezeien ein reifenmordendes Rennen.
Nicht nur der Gasfuß, auch das Hirn wird gewinnen. Und für Berger ist in Estoril schon alles passiert: „Pole-position, Führung, einmal gewonnen, einmal rausgeflogen, weil mir der Bordfeuerlöscher explodierte. Und voriges Jahr der unglaubliche Boxenunfall — worauf die aktive Radaufhängung verboten wurde." Und die Kollision mit Patrese, der wie ein Drachen aufstieg? „Hab ich schon vergessen — soviel war in Portugal immer los."

Berger ist stolz auf seine zehnte Pole-position, „aber glücklich bin ich mit dem Auto nicht. Da steckt irgendein Wurm in der Mechanik." Darum ist er (bei Gegenwind) auch langsamer als Hill. Die Mechaniker haben den Crash-Williams bis 21 Uhr repariert, damit tigerte sich Damon bis auf 0,158 an Berger heran. Jetzt jagt Hill das Phantom Schumacher. Frank: „Hill muß unbedingt gewinnen, dann ist er bis auf einen Punkt an Schumacher heran!"
Aber Formel-1-Gentleman Rob Walker, früher Chef von Stirling Moss und (einmal) sogar Jochen Rindt: „Egal, wer heuer Weltmeister wird. Bei Hill sagen die Leute: Na klar, weil Schumacher gesperrt war – und bei Schumi: Weil sein Team geschwindelt hat. Der einzige wirkliche Charakter im Feld, der echte Leader of the pack, ist doch Gerhard Berger!"
Schade nur, daß der Ferrari erst so spät in Form kam. Gerhard: „Wir arbeiten hart – immer noch. Das Drehmoment ist noch nicht ideal. Es wird schwer, vorn zu bleiben – Taktik ist wichtig."
Bei Lotus: Ein Wiedersehen und ein Konkurs.
„Jeden Sonntag, wenn mein Bub am Start eines Autorennens steht, fahr ich nach Fatima – und bete für ihn!" Geständnis der Mutter von Pedro Lamy – Portugals einzigem Formel-1-Piloten, derzeit noch im Krankenstand, Überlebender eines Horror-Unfalls zwischen Imola und Monaco – in der schrecklichsten Phase des Motorsports.
Silverstone-Testfahrten: Heckflügel weggebrochen, der Lotus in zwei Teile gerissen, in den gottlob leeren Zuschauerraum geschleudert, in einem Zuschauertunnel gelandet – und Lamy nur noch am Sitz festgeschnallt. Wie Gilles Villeneuve 1982 in Zolder. Aber er überlebt mit zertrümmerten Knien.
Helikopter, Spital, eine hübsche Krankenschwester: „Du bist so hübsch – please give me a kiss", bittet Pedro.
Johnny Herbert, der ihn als erster besucht: „Ich weiß, was passiert ist, was du fühlst – aber hab nur Geduld, und du kommst wieder zurück." Lamy weiß, was Herbert durchgemacht hat – beim Formel-3000-Crash in Brands Hatch.
Lotus, das Traditionsteam, tragisch berühmt durch Jim Clark und Jochen Rindt, ist völlig bankrott – Atomic der Formel 1. „Bis 24. Oktober müssen wir zehn Millionen Pfund Schulden zahlen – aber woher?

Hauptgläubiger ist Cosworth. „Aus Eifersucht — wegen dem Honda-Motor", argwöhnt Peter Collins. Den japanischen V 10 hat Lotus exklusiv: „Wir müssen dafür nichts zahlen — wir assistieren dem Motor." Als rollendes Versuchslabor, das nur viel zu viel Gewicht mit sich herumschleppt: 150 Kilo — darunter leidet auch das Handling. Die neue Rakete ist viel leichter.
Der Masseverwalter verkauft, was er kann. Am teuersten Johnny Herbert — den schon McLaren freikaufen wollte. Tom Walkinshaw, der Briatore-Partner, wollte vor ein paar Monaten das ganze Lotus-Team kaufen, kannte also alle Hintertürln — und holt Herbert über Nacht zu Ligier. Was in Jerez passiert, zeichnet sich in Estoril ab.
„Ich hab's selber erst am Mittwoch gewußt", tut Johnny später auf unschuldig. Gegenfrage: Und darum bist du schon am Dienstag ins Flugzeug gestiegen?
„Aber Hauptsache, ich bin weg von Lotus. Das war wirklich hoffnungslos. Ich fragte mich jeden Morgen: Warum kann ich nicht im Bett bleiben, statt diese Shit-Box zu fahren? Ich fürchtete schon, ich muß ewig dort bleiben. Mit einem Vertrag bis 2015. Und einer Option für weitere 20 Jahre." McLaren—Mercedes ist der Superdeal. Herbert zu Ligier der Sklavenhandel.
Johnny Herbert — blond und blauäugig, hohe Stimme, immer witzig — hat schon einmal Renngeschichte geschrieben. 1991 zusammen mit Gachot und Weidler das 24-Stunden-Rennen von Le Mans gewonnen. Ein historischer Sieg: für den japanischen Mazda mit dem Wankel-Motor. „Ich fuhr die letzten zweieinhalb Turns — und als ich nachher aufstand, wurde mir total schwindlig." Auf der Tragbahre kam Johnny die Idee: „Bleib liegen wie Nigel Mansell!"
Nigel kommt zurück, Hill, der in der Formel 3000 nie gute Ergebnisse hatte, hat ihn längst überholt — armer Johnny. 1990/91 mußte er sogar nach Japan ausweichen: Formel 3000. „Aber ich flüchtete nach Europa, so oft ich konnte. Einmal sogar für einen Tag nach England." Ein enorm bodenständiger Typ mit zwei kleinen Kindern — jetzt zwei und fünf. Starruhm prallt von ihm ab. „Nichts bringt dich so rasch in die Wirklichkeit zurück wie Windeln wechseln."
Aufs „Stockerl" hat er's noch nicht geschafft: dreimal Vierter, „aber nur in Silverstone 1994 ist ein wirklich guter vierter Platz".

Herbert, das heißt Schulbuben- oder Seekadettencharm. Mit viel Humor hält er durch — bis Oktober, wenn Ligier kommt.
Als Herbert sieht, wie gut Lamy schon wieder gehen kann, ruft er scherzhaft: „Du Bastard! Ich hab zwei Jahre gebraucht, bis ich wieder gehen konnte — und du schlägst mich schon nach einem halben Jahr."
Bergers portugiesische Freundin Ana wieder in den Boxen — nach zwei Jahren zum erstenmal. „Alle meine Freundinnen sind weg: Patricia Boutsen, Suzy Patrese, Sennas Freundin. Und Ferrari ist sowieso der reinste Männerorden — sogar verglichen mit McLaren!" Ana, die in Lissabon „international Relations" studiert, hat große Prüfung: „Ich will, so wie Gerhard, in meinem Beruf die Pole-position..."
Und dann große Aufregung vorm Start. Grund: eine blödsinnige 50.000-Dollar-Strafe (mehr als eine halbe Million Schilling) wegen eines lächerlichen Zwischenfalls. Als die Ferrari-Mechaniker Freitag spätabends, müde und hungrig, das Autodrom verlassen wollen, sind alle Tore versperrt, mit Ketten abgesichert. Kein Problem für die besten Mechaniker der Formel 1 — und auch die Mitglieder der anderen Teams schlüpfen ins Freie.
Aber plötzlich Polizei und Waffen, Geschrei und Gezeter, schließlich Gelächter und Autogramme — aber tags darauf das böse Erwachen: 50.000 Dollar Strafe — nur für Ferrari. Ausgesprochen von den drei Sportkommissären.
„Typisch für die jetzige Formel 1! Totale Verwirrung, nicht mehr glaubwürdig und seriös", protestiert Ferrari. „Am besten wäre überhaupt, unsere Autos vom Start zurückzuziehen — wir tun es nur nicht aus Respekt vor den Formel-1-Fans in aller Welt."
Die Schatten des schrecklichen Monats April sind verblaßt, aber Berger ist unvermindert hungrig nach Siegen, aber wieder einmal der unbelohnte Held: 8 Runden in Führung, dann Motorschaden.
„Die Hälfte meiner Ausfälle", rekapituliert Gerhard, „sind Defekte am Motor und im Umfeld — aber das Getriebe haben wir wenigstens im Griff. Nur Schumacher und Hill fallen fast nie aus."
Coulthard hofft auf ein starkes Good-bye: „Auf meinen ersten Podestplatz". Er wird Zweiter hiner Hill.
Alle bedauern, daß das Williams-Superduo Hill—Coulthard gesprengt wurde — der zweite Platz des jungen Schotten in seinem Williams-

Abschiedsrennen für 1994 schmeckte bittersüß. Schnellste Rennrunde, eine Zeitlang in Führung, dann von Hill (sagt er) überrascht — und als Geleitschutz für Damon bis zur Zielflagge: Erster Williams-Renault-Doppelsieg seit Prost/Hill 1993, und der sympathische David erstmals auf dem Podest.
Schade, daß er jetzt gehen muß. Aber Williams hat — auf Drängen von Renault — Mansell schon im Sommer für die drei Finalrennen verpflichten müssen. „Damals hatte Coulthard erst ein Rennen, Barcelona. Und war noch schwierig einzuschätzen", sagt man jetzt im Team, wo man plötzlich gar nicht mehr so glücklich ist, daß Mansell zurückkehrt.
Hill, grenzenlos erleichtert: „Ich hatte mir vorgenommen: Ich muß Monza und Estoril gewinnen. Ich hab getan, was ich tun mußte. Jetzt freu ich mich auf die große Entscheidung. Ich weiß, ich kann aus eigener Kraft Weltmeister werden, bin aber nicht überoptimistisch. Der Benetton war 1994 das ganze Jahr die Klasse im Feld, auch wenn über seiner Leistung Fragezeichen stehen. Aber der Benetton ist immer noch konkurrenzfähig. Schumacher ein wirklich überragender Fahrer, schwer zu schlagen. Aber die WM entwickelt natürlich ihre Eigendynamik, und der ganze Schwung spricht jetzt für mich!"
Das Finale, ein Krimi um jeden Punkt? Nur noch 76:75 für Schumacher, der im Kölner TV-Studio wehrlos zusehen muß, wie sein Erzrivale Damon Hill auch in Estoril gewinnt — sein fünfter Saisonsieg 1994, sein achter total, nur noch einer weniger als Schumacher und Berger (je 9).
Längst rauchten im Grand-Prix-Zirkus die Köpfe, als „Schumi" seine Koffer packt und nach Portugal fliegt für die große Testwoche vorm WM-Finish. Schon ein Präludium fürs „grande finale"?
„Michael kommt ganz sicher aufgeheizt und erfolgshungrig nach Estoril", weiß Damon Hill schon Sonntag nacht. „Schließlich ist er einen Monat, seit Spa Ende August, nicht mehr im Formel-1-Auto gesessen — und dementsprechend brennend vor Ehrgeiz!"
Schumacher hat die Option für 1996 weg! Der Hauptgrund, warum er so lang gefightet hat. Und das Geld? „Wäre ich Schumacher, würde ich auf den Prämien bestehen: 100.000 Dollar für Spa, 60.000 für Silverstone — war ja alles nicht seine Schuld. Und extra noch zweimal

100.000 Dollar für die zwei Rennen, die er gesperrt war, weil er ja sagen könnte: Die hätte ich auch gewonnen", rät ihm Niki Lauda.

Schon 250 Grand Prix — Debüt 1978 in Kyalami — aber immer noch kein Sieg! Arrows hat 1994 stark begonnen, fällt dann weit zurück. „Die Reglementänderungen", schimpft Jackie Oliver, „haben uns schlimmer getroffen als alle anderen: wegen der Aerodynamik." Erst im Herbst geht's aufwärts.

Oliver war jahrelang ein Fan älterer Piloten, hat Lauda, Reutemann, Jones umgarnt, teils zum Comeback überreden können — heute trompetet er: „Die Zukunft gehört der Jugend!"

Kein Schweizer Pilot im Formel-1-Zirkus, aber wenigstens einer mit Schweizer Paß: Nr. 9, Christian Fittipaldi — seine Mutter Susi stammt ja aus Zürich. Und die Mama ist auch schuld daran, daß Christian neuerdings außer dem Schweizer und dem brasilianischen noch einen italienischen Paß hat. „Emersons und Wilsons Großvater war Italiener. Und ich kam auf ein italienisches Gesetz drauf: Die Staatsbürgerschaft vererbt sich auf drei Generationen — also bis zu Christian und seiner Schwester. Also begann ich, alte Dokumente aufzutreiben — eineinhalb Jahre Papierkrieg. Aber jetzt hat Christian seinen dritten Paß."

Zu Hause in der Schweiz, wo er selber Rasen mäht, aber einmal, in Eile, das Garagentor niederreißt, hängt sein erster Formel-1-Wagen an der Wand: sein Minardi Nr. 24, Schnauze nach unten. Erinnerung an seinen „Salto Mortale" auf der Monza-Ziellinie 1993? Vater Wilson hatte einen noch böseren, aber fast heimlichen Crash: Armbruch in Zeltweg 1975 — damals im Copersucar. Ende der Karriere.

Christian schenkt seiner reizenden brasilianischen Freundin Marianna zum Geburtstag seinen Helm als Goldanhänger. Marianna erwartet eher einen Ring, will heiraten, aber Christian fühlt sich „mit 24 noch viel zu jung". Die Romanze zerbricht im September: „Fitti" wieder solo, mit hübschen Girls rechts und links, in der „Coconut"-Disco von Cascais — wo Lauda 1984 seinen WM-Titel gefeiert und Bio-Papst Willi Dungl (ich zitiere die Engländer) seine „sensational guest performance as Whisky drinker" gegeben hat.

Auch Teamkollege Giannio Morbidelli, früher Protege von Alain Prost während seiner Testpilotenzeit bei Ferrari, hat sich von seiner bild-

hübschen brasilianischen Freundin getrennt. Annapaola wollte nicht von Sao Paulo nach Pesaro bei Rimini übersiedeln — umgekehrt ist Gianni rasend eifersüchtig. Logische Folge: Ciao auf italienisch. Dafür wächst die GPDA zusammen.

„Fitti" ist mit Lauda, Berger und Schumacher im Fahrerkomitee. „Weil wir auch die Meinung eines jungen Piloten hören wollen." Und, Christian? „Mit den umgebauten Strecken bin ich glücklicher als mit den modifizierten Autos — die wurden mit weniger Downforce nur noch gefährlicher. Aber Silverstone tat einen Superjob."

Im September fliegt Christian nach Nazareth, um seinen „Onkel Emo" anzufeuern — Emerson Fittipaldi, Weltmeister 1972 und 1974, der die neue Welt erobert, auch die „Indy 500" gewonnen hat — mit 47 still going strong. Unglaublich, lächelt Christian, „mein Onkel wird immer jünger, fährt sicher noch vier, fünf Jahre Rennen — der einzige in unserer Familie, der älter wird, bin ich."

Er liebäugelt selber mit der Indy-Car-Serie: „Ich hab zwei Angebote, und im Motorsport einen wichtigen Satz gelernt: Schmeiß dir nie selber die Türen zu!"

JEREZ: „FROM ZERO TO HERO"

Blaß, ein bißl blutarm — so wird Schumachers großer WM-Titelrivale Damon Hill von vielen skizziert. Aber stimmt das Bild? Okay, ihm mag das totale Helden-Image, das große Charisma, fehlen, er wirkt eher wie ein Student, vielleicht auch Bankangestellter, als ein möglicher Nachfolger der James Hunt und Nigel Mansell auf dem „schnellsten Thron der Sportwelt" — aber der 34jährige Londoner hat viel aus sich gemacht und ist vor allem in diesem Jahr einen ganz weiten Weg vorangekommen. „From zero to hero", wie die Briten ihren Piloten des Williams mit Startnummer null titulieren.

Er hat schon 1993 Geschichte geschrieben: Der erste Rennfahrersohn, der ebenfalls einen Grand Prix gewann — sogar drei hintereinander, der klassische Hattrick: Budapest, Spa, Monza. „Jetzt gibt's keine weißen Flecken mehr, jetzt ist die Hill-Familiensaga komplett!" jubelte er. Graham Hill, der Daddy, war Weltmeister 1962 auf BRM und

1968 auf Lotus. Und viele seiner klassischen Sprüche sind heute noch überliefert. Etwa: „Wann immer mich ein Hinterrad überholt, weiß ich, daß ich in einem Lotus sitze..."

Von seiner Mutter Bette, der einstigen „Queen of Motor Racing", hat Damon den Charme geerbt, von seinem Vater Zähigkeit und Durchhaltevermögen. Und die Parallelen: unübersehbar — späte Karrieren. Graham machte erst mit 24 Jahren (!) den Führerschein — Damon nur unwesentlich früher. Beide kamen erst mit 30 in die Formel 1. Wobei Damon im Zeitalter der „Wunderkinder" seine Daten ein bißl modifizieren, sich verjüngen mußte: Rennfahrer über 30 nimmt kein Sponsor mehr...

Langsam aber sicher löst sich Hill aus den großen Schatten seiner Karriere: Vater Graham und Stallrivale Nigel Mansell; nicht gerade glücklich über Mansells Engagement, „weil das Unruhe und Verwirrung im Team schafft, gerade, wenn wir die meiste Ruhe und Ordnung brauchen!"

Im Kampf gegen Schumacher, den Hill heuer nach einem Hitzerennen staunend angriff: „Du schwitzt ja gar nicht — sag, bist du überhaupt noch ein menschliches Wesen?"

Hill selber ist sicher eines. „Down to earth", total am Boden. Geboren am 17. September 1962. An einem Tag, an dem Papa Graham gerade in Snetterton ein Rennen fuhr. Seine Frau Bette rief ihn gleich nach der Geburt aus dem Spital an: „Dein Sohn ist gerade zur Welt gekommen." Graham knurrte halb verschlafen: „Und deswegen rufst du mich in aller Herrgottsfrüh an?"

Englischer Humor, den auch Damon bitter benötigte, um dieses für ihn zeitweise fürchterliche Unglücksjahr durchzustehen. Nach Sennas Imola-Todessturz dachte er ans Aufgeben, gewann aber, wie schon sein Vater Graham 1968 nach Jimmy Clarks Todessturz, fast unmittelbar danach — ebenfalls in Spanien! „Er klaubte die Trümmer seines Teams auf, lud alle Verantwortung auf seine Schultern" — und gewann nach Schumacher-Disqualifikation auch in Silverstone und Spa, in Schumis Abwesenheit in Monza und Estoril. „Ich tat, was ich tun mußte."

„Ich muß zwei der drei letzten Rennen gewinnen, dann bin ich World Champion!" Aber auch Schumi hat recht: „Im direkten Kampf, Mann

gegen Mann, hat mich Hill heuer noch nie besiegt. Warum jetzt?"
Lassen wir Niki Lauda die beiden WM-Rivalen vergleichen — Schumi und Hill auf dem Prüfstand. Lauda urteilt: „Schumi ist für mich der Bessere, eine Spur schneller als Hill, und auch der Benetton ist eine Spur besser — also wenn technisch nichts passiert, hat Michael die besseren Möglichkeiten. Hill ist ein trockener Engländer, der sich mühsam in die Formel 1 hochgekämpft hat, aber es hat sehr, sehr lang gedauert. Vom Talent und vom Speed her hat Schumacher Vorteile. Aber Hill hat durch sein Hochkämpfen viel an Zähigkeit gewonnen."
Die 800.000 Dollar Jahresgage reichen für ein Reihenhaus in London. Nur wenige wissen, daß Damon und seine Frau Georgie ein behindertes Kind haben. Und noch weniger, daß Damon als halbwüchsiger Punker in einer Jugendband abwechselnd Gitarre und Schlagzeug gespielt hat. Ihr eher skurriler Name, typisch für die damalige Punk-Zeit: „Sex, Hitler an the Hormons".
Sein Fan-Service klappt. 1994 arrangiert die „Krone", wie jeden August, ein Gewinnspiel für Budapest-Tickets. Alle Fahrer kritzeln für ihre Gewinner ihre nackten Autogramme, nur Damon schreibt höflich auf zehn Autogrammkarten: „Good luck!"
Wer sagt, er wäre blaß und blutarm, tut ihm Unrecht. Manche brauchen halt etwas länger, um Charisma zu kriegen — wie schon sein Vater, der erst mit 24 Jahren seinen Führerschein gemacht hat — unwesentlich früher als Damon.
Als Stirling Moss 1962 schwer verunglückte, waren viele Formel-1-Insider besorgt: „Das Ende der Giganten und Heroen! Jetzt regiert die Generation der biederen Schafzüchter und der stillosen Mechaniker." Gemeint waren Jim Clark und Graham Hill — heute die Helden des Jahrhunderts.
Einmal treffen wir in Australien, draußen am Barrier Reef, beim Segeln zusammen. Totale Flaute, kein Windhauch.
„Jetzt werden wir sehen, was die österreichische Marine zusammenbringt", grinst Damon. Oder die British Navy, konterte ich.
Ein Williams-Simulator reist 1994 durch ganz Europa. „Vergleichen Sie sich mit Hill und Coulthard!" werden die Fans aufgefordert. Genau wie früher vom Honda-Simulator.
Nach Clark und Stewart also wieder ein Schotte: David Coulthard.

„Wenn ich nur halb soviel Erfolg hätte wie die beiden, wäre ich schon total glücklich." Die Hälfte von fünf WM-Titeln und 25/27 Grand-Prix-Siegen — Coulthard spart nicht mit Ehrgeiz. Ich glaub: Könnte er ohne Druck fahren, ohne Angst, das Auto rauszuschmeißen — er wäre glatt eine Sekunde schneller!
Senna hat ihn mögen. Und ihm noch aus Imola ein aufmunterndes Fax geschickt: „Viel Glück für dein Formel-3000-Rennen..."
Armer David. So eindrucksvoll, flott und mannschaftsdienlich — und dann muß er das Cockpit für Mansell räumen. Um woanders unterzuschlüpfen? „Kein Grund, irgendwas zu sagen. Ich weiß nicht, ob und wann etwas passiert — wenn, denk ich drüber nach."
„Löwe" Mansell brüllt wieder: Drei Williams-Rennen 1994, als Paul Newman und Carl Haas in den USA die Trennung von ihrem vorjährigen Indy-Car-Champion Nigel Mansell bekanntgeben — Mittwoch dann ihr neues Fahrerduo Michael Andretti/Paul Tracy präsentieren — und dann kann Williams endlich sein Versteckspiel beenden und „mit Stolz und Freude" verkünden, was so lang hartnäckig dementiert wird: Nigel Mansell fährt 1994 noch drei Formel-1-Rennen für Williams — Jerez, Suzuka und Adelaide!
Den Vertrag hat „King Nigel" im Williams-Werk in Didcot unterschrieben. Und 1995: Das totale Formel-1-Comeback? Gerüchte sprechen von einem 30-Millionen-Pfund-Vertrag für drei Jahre.
Ein Williams-Teammitglied: „Selbst wenn wir soviel Geld hätten, würden wir es nie für einen einzelnen Fahrer ausgeben. Schon gar nicht für diesen..."
Englischer Humor, der Damon Hill vorläufig kalt läßt: „Ich bin recht nahe dran, meine Situation zu komplettieren. Ich erwarte nicht, 1995 Zuschauer zu sein. Aber ich verschwende meine Zeit nicht damit, Tag und Nacht an meine Lage zu denken — ich will einfach soviele Rennen gewinnen wie möglich. Wenn ich kann, sogar den WM-Titel — denn dann bestimm ich, wo's langgeht."

Neid und Eifersucht, Intrigenspiel und Powerplay, Machtkämpfe und Debatten über Teamwork oder Stallorder — die ganze, grellbunte Farbenpalette der Formel 1 präsentiert sich in Jerez in Andalusien, Ersatzrennen für Buenos Aires. Der Hit des Jahres: Schumacher erstmals

wieder seit Spa am Start — Mansell erstmals wieder seit Magny-Cours im Juli!
Dahinter versteckt sich Dynamit. Das WM-Finish — mit Mansell — ist explosiv, so wie die Rollen verteilt sind.
Michael Schumacher, der strahlende Heimkehrer. Nur noch 76:76 gegen Damon Hill. „Aber mich kann der Engländer nicht besiegen!" trompetet er selbstbewußt. „Ich hab unter normalen Umständen gegen ihn noch immer gewonnen!" Michael aufgeheizt, übermotiviert, hat in Jerez schon bei den Frühjahrstests alle deklassiert — er ist vom Auto her hoher Favorit.
Von der Politik auch: „Ich bin glücklich darüber, daß Mansell wieder fährt — weil seine Anwesenheit das Williams-Team destabilisiert!" frohlockt Schumacher. „Und Mansell wird Hill mit Sicherheit überhaupt nicht helfen — oder lang nicht soviel wie Coulthard, der schon in Estoril schneller als Hill war, aber Damon gewinnen ließ."
David Coulthard ist der bedauerte Abwesende. Jeder, aber wirklich fast jeder im Williams-Team, hätte lieber den jungen Schotten weiter im Auto Nr. 2. „Aber wir konnten ja im Frühsommer noch nicht ahnen, wie super sich Coulthard entwickelt", gibt Frank Williams heute zu. Und läßt spekulieren: Hätten wir sonst Mansell verpflichtet? Coulthard hätte Möglichkeiten, in Jerez, Suzuka und Adelaide für andere Teams zu fahren, will aber Williams treu bleiben, schon allein wegen 1995.
Plötzlich kommt Williams drauf: Eigentlich braucht man ihn gar nimmer so notwendig, zumal er auch recht teuer ist: eine Million Dollar Startgeld pro Rennen — mehr als Damon Hill (800.000 Dollar) im ganzen Jahr verdient! Für 1995 verlangt Mansell für einen Williams-Jahresvertrag 10 Millionen Dollar. Und, das ganz große Geheimnis: Als sich „Nice Nigel" zum halben Comebach 1994 bereit erklärte, ließ er sich seine „Nothilfe" zusätzlich mit 3 Millionen Dollar Ausfallshaftung versüßen, falls ihn Williams für 1995 NICHT engagieren sollte...
Aber alle, inbegriffen Sponsor Rothmans, wollen 1995 ein Williams-Team Hill–Coulthard — ausgenommen Bernie Ecclestone, der in seinem Zirkus die großen Namen braucht. „Nigel ist immer gut für irgendwelche Stories." Patrick Head, nie ein fanatischer Mansell-Fan,

geht sogar ausgerechnet in der Jerez-Woche demonstrativ auf Urlaub. Armer Mansell: Williams wird ihn für 1995 „nur dann engagieren, wenn er atemberaubend schnell ist" — und genau das, fürchtet Damon Hill, könnte ihn den WM-Titel kosten!
Hill: „Grundsätzlich mag ich ihn nicht als Teamkollegen, interessier mich auch gar nicht für ihn. Mein einziges Ziel: der Fight mit Schumacher — nur daran denk ich. Ich will, ich brauch keine Hilfe: Ich will selber Schumacher schlagen und Weltmeister werden!"
Und die zwiespältige Situation von Mansell: War's eine tapfere Entscheidung von Nigel, zurückzukommen? „Für eine Million Dollar", lächelt Damon gequält, „ist das nicht sooo tapfer..."
„Nigel, wir alle lieben dich — aber gib doch Coulthard die Autoschlüssel!" Das beste Transparent von Jerez.
Comeback einer Rennstrecke, Comeback von Schumacher, Comeback von Mansell! Seit dem schweren Lotus-Unglück von Martin Donnelly dort kein Formel-1-Rennen mehr — jetzt besser abgesichert. Langsame Kurven, das Handling wichtig, ein leichtes Auto unbezahlbar: Schumacher/Benetton sind in Jerez haushohe Favorits.
Berger als Torero — Schumacher als Fußballstar. Beim Europafinale verblassen die Schatten dieser Saison, die Formel 1 lacht wieder. Ein Ferrari-Abendessen in Jerez, der Heimat der andalusischen Kampfstiere, artet fast zur „Corrida" aus. Plötzlich sind Berger und Alesi als Toreros verkleidet — nur als sich Alesi wieder umzieht, steht er plötzlich halb im Freien: Berger hat von den Alesi-Jeans ein ganzes Hosenbein abgeschnitten — und Signora Cerrutti, die Mode-Industrielle, vermißt plötzlich ihre Handtasche.
Rollentausch im Stadion von Jerez: Das traditionelle Fußballmatch der Formel-1-Piloten — statt Imola und Monza. Schumacher zögert: „Ich riskier doch nicht meinen WM-Titel, mach nur den Ankick und guck lieber zu, wie ihr euch die Knochen brecht" — aber dann zieht er sich um, schießt dem Barrichello-Vater als Tormann ein herrliches Goal, knallt aber einen Elfer drüber und pfeffert einen zweiten an die Stange. Auf der Gegenseite erzielt David Brabham zwei Tore. Endstand: 2:2, Elferschießen — und alle happy.
„Schumi" ist Fan des 1. FC Köln. Aber von Toni Polster hat er noch nichts gehört...

Für Schumacher und Frentzen heißt es in Jerez: „Zurück zur Schulbank." Hier hat 1989 ihre Superausbildung bei Mercedes begonnen: 8000 Testkilometer im Winter, alles über Autoabstimmung gelernt. „Keine Atmosphäre. Aber wieso kommen zum Motorradrennen hier 150.000 Zuschauer?" staunt Damon Hill über die Zuschauerpleite. „Moment — ich hol nur schnell mal meine Krücken", lacht Mansell, nach seiner Fitness befragt. Er hat seinen englischen Humor behalten. Als die Rede auf Paul Tracys Benetton-Testfahrten kommt, legt er Wert auf die Feststellung: „Dieser Kanadier ist dicker als ich — ich hab sechs Kilo abgenommen."
Jerez ist die Stätte des unglaublichen Foto-Finish 1986, als Senna den vehementen Schlußangriff Mansells um 0,014 parierte — der knappste Zieleinlauf der Formel-1-Geschichte.
Die ersten sieben innerhalb einer Sekunde, Berger ist Siebenter: „Genau wie erwartet. Ich hab aus Estoril vom Testen meinen Chef angerufen und ihm gesagt: Uns fehlen genau 8, 9 Zehntel auf Hill oder Schumacher — hat sich genau bestätigt. Aber mit unserem Radstand, mit unserer Motorcharakteristik, ist auf dieser Strecke nicht mehr zu erwarten. Schade nur, daß relativ viele Mittelklasseteams vorn sind, weil einfach das hohe Drehmoment auf dieser Strecke sehr viel Rolle spielt. Unser Top-End-Power überhaupt keine."
Unmittelbar vorm Abschlußtraining: Knalleffekt mit Trommelwirbel. Bernie Ecclestone vergattert Schumacher und Hill zu einem freundschaftlichen Shakehands an der Boxenmauer — unglaubliches Blitzlichtgewitter nach dem „Krieg der Worte".
Was ist passiert: „Vergießt keine Tränen für Schumacher, er hat mich mit einem illegalen Auto besiegt!" wettert Hill seit der Schumacher-Disqualifikation von Spa — und fordert von Benetton den Pokal. „Den kriegt er natürlich — aber Benetton behält sich sowieso immer die Original-Trophäen und gibt mir nur Replicas." Aber kaum wieder zurück im Stahlgewitter der Formel 1, bei den Tests in Estoril, schimpft Schumacher über Hill: „Ich hab vor ihm keinen Respekt mehr ... und fast alle Piloten wollen sowieso, daß ICH die WM gewinn!"
Ich rede natürlich mit beiden Streithansln. Hill, lächelnd: „Ich seh das nur als schlechten Versuch von Schumacher mich nervös zu machen — aber dazu muß er früher aufstehen, sich etwas Gescheiteres einfallen

lassen. Das war unüberlegt und unreif — Michael ist halt noch sehr jung." Schumi kontert: „Und dann ist eben Hill ein alter Mann."
Hill findet: „Ich würde nie die WM entwerten, indem ich einen Konkurrenten runtermach. Und die Formel 1 hat viel zu lang darunter gelitten, daß die beiden Hauptrivalen einander haßten" — Prost und Senna. „Das muß nicht wieder sein." Schumacher nickt: „Ich bin auch lieber für einen Kampf auf der Strecke. Aber ich kann auch anders!" droht er.
Und welche Rolle spielt heute Mansell? „Gar keine."
Im totalen Blitzlichtgewitter geben einander Michael und Damon, von Bernie gezwungen, die Hand.
„Und jetzt noch ein Kuß", lächelt Bernie. Worauf sich der angehende Weltmeister Schumacher von der Boxenmauer zu Ecclestone hinunterbeugt und den Formel-1-Zampano fast zärtlich auf die Stirn küßt: wie ein folgsamer Sohn den Vater.
Ähnliches ist zuletzt 1981 in Rio passiert: Mario Andretti warf Ecclestone samt blütenweißem Anzug in den Hotel-Swimmingpool. Als Bernie prustend wieder auftauchte, sich abschüttelte wie ein begossener Pudel, küßte er Andretti demonstrativ auf die Stirn.
Man weiß, was diese Szene in einem Mafia-Film bedeutet hätte. Aber Andretti ist jetzt — eine Woche vor Jerez — in Laguna Seca gesund und happy zurückgetreten.
Die Formel 1, immer gut für Überraschungen.
Für ein paar Sekunden sonnt sich Berger in Pole-position — dann der 6. Startplatz: „Für uns das Maximum auf dem kurvenreichen Kurs. Aber es geht um den dritten WM-Rang gegen Hakkinen!" Ganz vorn ein Königssprint: Schumacher und Hill nur um 0,130 getrennt, dahinter Comeback-Star Mansell: „Die Titelfighter nebeneinander in der ersten Reihe. Das Beste, das der Formel 1 passieren kann. Genau, wie es sein soll", lobte Mansell. „Ich bleib dahinter und schau mir das WM-Duell ganz bequem an."
Den Einwand, ob er wirklich nur fürs Zuschauen bezahlt würde, wehrt Nigel lächelnd ab: „Vielleicht arbeit ich auch am Sonntag und hilf Damon Hill."
Viel sieht der Comeback-Superstar nicht: den Start verpatzt, dann „wild herumgerudert, dauernd quergestanden und rausgeflogen".

Barrichello fightet so verbissen mit Mansell, bis dessen Schnauze im Nahkampf beschädigt wird. „Von da weg", weiß Frank Williams, „ist Nigels Comeback-Rennen mißglückt." Boxenstop, und noch einer, weil vorn ein Bolzen weggebrochen ist.

Schumacher hat das Training gewonnen, dafür gewinnt Hill den Start und führt sofort. Frentzen ist Dritter, verliert aber pro Runde zwei Sekunden. Nur ein Tankstop, darum viel Sprit, ein schweres Auto. „Falsche Taktik", weiß Sauber später.

Berger leidet darunter: Was er tut, ist fehlerlos. Nur leider, was er nicht einkalkuliert hat: Frentzen hält das halbe Feld auf. Vorbeikommen unmöglich. „Und die Boxenstops sind auch nicht so flink. Schade — so verlier ich die Sekunden, die mir später auf den dritten Platz fehlen." Die Duelle mit den Jordan-Fightern Barrichello und Irvine? „Die beiden riskieren mehr als ich — sie haben ja nichts zu verlieren — ich will meinen dritten WM-Platz nicht aufs Spiel setzen."

„Das Maximum! Mehr war nicht drin, das hab ich gewußt — die zwei WM-Punkte aber dringend gebraucht", atmet Berger nach der Hitzeschlacht auf. „Hakkinen hat mir nur zwei Punkte abgenommen, jetzt rückt mein dritter WM-Schlußrang greifbar nahe — und mehr ist heuer wirklich nicht möglich!"

Das Duell Hill—Schumacher ist ein Poker. „Weil ich seine Strategie nicht kenn, versuch ich, draufzukommen, ob er zwei- oder dreimal stopt", kalkuliert Schumacher, hält in der 16. Runde als erster, tankt in 6,8 Sekunden 72 Liter und überholt Hill, der drei Runden später kommt, durch den flinkeren Boxenstop. Der Williams tankt in 8,7 Sekunden 96 Liter, aber die Williams-Ingenieure lesen mit Entsetzen von der Meßskala ab: 13 Liter sind nicht durchgeronnen — also Angst, daß Damon ohne Sprit liegenbleibt.

Mit dem zweiten Reifensatz gelingt „Schumi" die Soloflucht: In der 33. Runde sein zweiter Boxenstop — 6,6 Sekunden für 70 Liter. Zwei Runden später bremst sich Hill ein, stoppt für 9 Sekunden, 100 Liter schießen in den Tank.

Als zusätzliche Sicherheit die 13 Liter vom ersten Stop, wo aber die 13 Liter sehr wohl ins Auto geflossen sind — bloß hat die Tankanlage falsch angezeigt. Aber darauf kommt Williams erst, als es zu spät ist.

Hill schleppt ein unnötig schweres Auto über die Distanz, wird von

Schumacher deklassiert. Während „Schumi" beim Überrunden wie ein heißes Messer durch Butter schneidet, steckt Hill immer wieder beim Überrunden fest. Hinter de Cesaris verliert er in einer Runde 4 Sekunden!

Schumacher hat „mit zwei Sekunden Vorsprung auf Hill gerechnet", tatsächlich führt er bereits bombig um 35 Sekunden! Genügt bei weitem, um vorn zu bleiben, als er zum drittenmal tankt und Reifen wechselt. 7,7 Sekunden für 80 Liter — aber Hill hält kein drittesmal. Auch Benetton hatte ursprünglich eine andere Taktik, sie aber während des Rennens korrigiert. „Und es war richtig. Nächstes Mal wieder."

Aber Alain Prost, Superstar am TV-Mikro, relativiert: „Ob zwei oder drei Boxenstops — bei Schumacher ist das alles egal. Er ist sowieso der Schnellste von allen." Auch Berger glaubt: „Schumacher wird den WM-Titel holen — aber unterschätzt Damon Hill nicht."

Der Brite zieht ein langes Gesicht. „Aber noch ist nichts verloren — in Suzuka und Adelaide kann alles passieren." Vor allem für Ferrari — weil Berger dort schon je zweimal gewonnen hat, Schumacher noch nie.

„Aber ich bin so zurückgekehrt, wie ich weggegangen bin — das hab ich allen bestätigt!" jubelt Schumi. „Schöner und besser geht es nicht. Ich freu mich wahnsinnig über meinen Sieg, meine Leistung, und fürs ganze Team!"

Schumacher strahlt in Jerez — diesen Pokal kann ihm keiner wegnehmen! Er gewann den Psycho-Krieg gegen Damon Hill mit 24 Sekunden, führt in der WM jetzt 86:81.

„Schumi ist schon Weltmeister!" gratuliert Alain Prost.

Hill schimpft nachher: „Benetton soll ja nicht glauben, daß man uns zertrümmert hat. Dieses Rennen wäre viel leichter zu gewinnen gewesen, als alle glauben."

Für Schumacher: „Vielleicht nicht unbedingt das beste Rennen, aber sicher das wichtigste von allen, die wir bisher hatten. Aber eine Rangliste meiner Siege? Ich tu mir schwer, sie einzureihen — weil sie alle schön sind."

Niki Lauda hat mir einmal gesagt: Im Moment ist jeder Sieg der schönste, meist der letzte — aber in der Erinnerung sind sie alle gleich?

„Das wird auch für mich gelten, wenn ich einmal ein bißchen länger in der Formel 1 bin und vielleicht über mehrere Jahre Siege herausgefahren hab — dann werd ich auch darüber reden können. Jetzt ist das noch verfrüht."

Warum nur wenige Rennfahrer nach einem Unfall an Rücktritt denken, hat mir Jackie Stewart einmal so erklärt: „Weil du an den Unfall meist keine Erinnerung hast — und im Augenblick des Unfalls auch keine Schmerzen. Nur oft starke Schmerzen danach."
Am meisten litt Graham Hill nach seinem Crash in Watkins Glen 1969: der Jochen Rindts ersten GP-Sieg überschattete: Weil Morphium zu schwach war, um die Schmerzen zu lindern, gaben ihm die Ärzte Heroin.
Graham konnte lang nicht gehen, humpelte sechs Monate später in Kyalami zu seinem Lotus — und wurde Sechster.
Willi Dungl ist der Mann hinter den unglaublichsten österreichischen Sportler-Comebacks: Von Lauda und Klammer über Muster bis zu Berger und Wendlinger. Immer in Zusammenarbeit mit Ärzten — aber oft mit Psycho-Tricks: Bei Niki zündete er, betont ungeschickt am offenen Kamin ein Riesenfeuer an, um Laudas Reaktionen nach dem Nürburgring-Unfall zu testen — Lauda machte keinen Muckser: Überhaupt nicht erschrocken.
Viele prophezeien Wendlinger Angstzustände: „Aber ich hab keine — weil ich ja keine Erinnerung an den Unfall hab. Auch nicht an die letzten Sekunden vorm Anprall — an den ganzen Tag nicht." Nach 100 Porsche-Runden auf dem Salzburgring: Le Castellet, 172 Tage nachher: Frentzen wärmt den Sauber auf, dann steigt Wendlinger ein.
„Es geht relativ rasch, stimmt, aber ich hab große Fortschritte gemacht." Und: „Wenn die Ärzte Vorbehalte haben, muß man alles nochmals überlegen. Aber ich fühl mich bereit. Ein paar Kilo fehlen halt noch."
Und dann darf man gratulieren.
„Erstens: Es funktioniert wieder. Zweitens: Es macht mir Freud. Eigentlich alles wie vorher, nicht zu früh. Meine Entscheidungen werde ich sicher immer selber treffen. Und ich hab's bestätigt: Es war richtig, daß ich jetzt schon wieder probier."

Warst du in großer Spannung? Niki Lauda hat vorm ersten Rutschen gewarnt, das ihm 1976 soviel Angst machte — Gerhard Berger vorm Schüttelfrost, als er zum erstenmal wieder den Overall anzog.
„Nein, ich hatte keine Bedenken — und auch keine Angst. Im Gegenteil: Ziemlich langweilig — kein Unterschied, das ganze. Ich fahr normal wie immer, bin in manchen Bereichen schon nahe am Limit, in anderen nicht."
Wo genau?
„Manchmal könnt ich noch ein bißl später bremsen. Und das Auto in den Kurven driften lassen, muß ich auch noch ausfeilen."
Ohne Angst?
„Ohne Bedenken und ohne Angst."
Willi Dungl sagt, er hätte dich gern noch im Regen gesehen...
„Der war gestern: 35 Runden auf Regenreifen. Und einmal ein Dreher in einer langsamen Kurve — kein Problem."
Und jetzt die große Frage: Fährst du in Suzuka und Adelaide?
„Die Entscheidung treff ich erst, nachdem ich mit den Ärzten gesprochen habe: was möglich ist und was nicht. Wenn ich selber entscheiden könnte: Noch einen Tag abwarten, nachdenken und dann entscheiden."
Bist du stolz auf dich?
„Alles läuft, wie ich mir's vorgenommen hab, das freut mich."
Karls Renningenieur Tim Wright ist überrascht: „Genau das gleiche Feedback. Karl gibt die gleichen präzisen Infos wie vor dem Unfall."
In England staunt Prof. Sid Watkins, der noch in Monza empfohlen hat: „Besser ein Comeback später als so früh wie möglich — damit er wieder voll hergestellt wird."
Die Dungl-Tests sind sehr gut, werden von Gars am Kamp direkt zu Prof. Schmutzhard nach Innsbruck gefaxt — Dienstag wird entschieden. *Nächste Station ist Barcelona, Testfahrten abgebrochen — das Wendlinger-Comeback wird verschoben. Noch kein Renneinsatz in Suzuka. Karls sensationelle Rückkehr ist für 1995 aufgeschoben.* „Ich hab immer gesagt: Ich möchte gern fahren — aber nur, wenn die Ärzte keinerlei Bedenken haben!"
Haben sie jetzt offenbar doch. „Wendys" zweite Testserie in Barcelona, eine Woche nach Le Castellet, ist leider nicht der große Erfolg: „Mir tut der Nacken weh!" Erst jetzt, unter extremer Belastung auf

der buckligen Piste von Barcelona, hat sich offenbar herausgestellt: Vielleicht ist es doch zu früh. Anfang Dezember geht's nochmals nach Barcelona.

„Lieber wäre mir Saturday Sex", grinst Martin Brundle auf die Frage, wie ihm „Saturday Six" gefällt — die traditionelle öffentliche Talk-Show mit sechs Piloten an jedem GP-Samstag.
Brundle wirkt selbstgefällig, leidet aber offensichtlich unter seinem „offenen Vertrag für drei Jahre. Die Option verlängert sich Jahr für Jahr — wenn Ron Dennis will."
Was muß ich tun, fragt Martin, damit ich meinen McLaren-Platz sicher hab? „Den", belehrt in Ron Dennis, „muß man sich erst verdienen!"
Soviel ist 1994 passiert, soviel Böses. „Aber heuer darf man das nicht egoistisch sehen. Ein Team ist durchs neue Reglement mehr betroffen, eines weniger — aber Hauptsache, die ganze Formel 1 ist sicherer geworden." Und überhaupt: „Wer auch immer in der Formel 1 wechselt oder abtritt — ist fast egal. Echtes Erdbeben gab es nur bei Lauda, Prost, und leider Gottes, bei Senna."
Brundle hat sich mit Senna vor zehn Jahren ein aufsehenerregendes Formel-3-Duell über die ganze Saison geliefert. Und Mika Hakkinen mit Schumacher ähnliches erlebt.
Formel-3-Spektakel in Macao 1990, inoffizielle WM. Hakkinen im besseren Auto von Schumacher besiegt, steckt in dessen Getriebe, will, ein Verzweiflungsakt, den Deutschen in der letzten Runde, auf der schnellen Geraden zum Casino aus dem Windschatten heraus überholen — und sowas läßt sich ein Schumacher nicht gefallen.
Hakkinen bleibt hängen. Schumacher gewinnt trotz weggerissenem Heckflügel, triumphiert auch noch in Fuji und ist damit inoffizieller Weltmeister.
Hakkinen aber hockt heulend auf den Leitplanken. Überhol nie einen Schumacher in der letzten Runde.
Der McLaren-Peugeot — ohne Kupplungspedal — ist 1994 etwas ganz Spezielles. „Aber kein Problem für mich: Ich fahr ja auch meine Straßenautos oft mit Linksbremsen", lächelt Mika über den Wagen mit nur 2 Pedalen — nach 5000 Testkilometern mit Linksbrems-Technik.

Ron Dennis: „Mika fährt von allen Piloten am aggressivsten!" Er setzt auch zu seinen Autogrammen immer: „The Flying Finn" — fast ein Kriegsname — wie das Motto „Attacking Vikings" der norwegischen Skirennläufer. Lange war Mika blaß, still, verschlossen — sein Landsmann J. J. Lehto dagegen der strahlende Sunnyboy. Was sich 1994 komplett umgedreht hat: Lehto verunglückt, dann von Schumacher völlig entzaubert — während Hakkinen aufs Podium stürmt.
„Anfangs 1994 geht das Auto sehr gut, dafür haben wir Motorprobleme (Schwungrad, Überhitzung, die pneumatischen Ventile, verrät Brundle). Später halten die Motoren — aber das Chassis ist nimmer so gut. Aber fünfmal auf dem Podest ist nicht so schlecht."
Die schönsten Erinnerungen hat Hakkinen an Jerez: „Dort bin ich 1988 Opel-Lotus-Europameister geworden — und nachher habe ich wie ein Verrückter die ganze Nacht gefeiert."
Hakkinen, lässig im Boot im Mittelmeer dümpelnd, Euro-Handy alarmbereit — das Bild von 1993 stimmt nicht mehr: McLaren-Platz fix, Aufstieg zur Weltklasse garantiert.
Ein exklusives Geheimnis: Der Vertrag zwischen McLaren und Mercedes ist bereits seit August fix! Nur plagen sich alle mit der offiziellen Verlautbarung, weil ja McLaren einen 4-Jahres-Exklusivvertrag mit Peugeot hat — und die vielen dritten Plätze von Mika Hakkinen signalisieren Aufwärtstrend und Zuverlässigkeit.
„Du mußt denken und denken und denken, solang, bis es dich schmerzt, dir alles wehtut. Und bis du sicher bist, daß du jede, aber auch wirklich jede Möglichkeit durchgedacht und nichts vergessen hast." Ron Dennis hat — mit wolfsähnlichem Grinsen und Nicken — die Philosophie eines amerikanischen Genies übernommen, um sich Schumacher zu angeln.
Was klarerweise nur über Mercedes geht. Die Heimat des Silberpfeils, die „Schumi" bereits 1991 für das berühmte Premierenrennen von Spa für 150.000 Pfund bei Jordan eingekauft hatte und vertraglich garantierte: Jede Saison, drei Jahre lang, 3,5 Millionen Pfund an Jordan, damit man „Schumi" Formel 1 fahren läßt!
Ungeheure Summen, die unglaublichste Investition in eine Sportlerkarriere, von der man je gehört hat. Aber Jordan hat mir diese Zahlen verraten und erst in Jerez wieder bestätigt.

Natürlich war die Klausel: Sobald Mercedes ein eigenes Team für die Formel 1 meldet — als Bewerber, nicht nur als Motorenlieferant — ist der „Fahrschüler Schumacher" sofort freizugeben und in den „Silberpfeil" zu setzen.
Daß Benetton diese Vertragsklausel übernommen hat, ist sicher. „Denn 1994", verrät Schumacher, „läuft diese Option aus." Und wohin gingen die 3,5 Millionen Pfund...?
Schumacher-Manager Willi Weber hat die Benetton-Option für 1996 wegbringen können, weil er dem Team auf ein kleines Foul draufkam: Laut einem anderen Vertragspunkt darf kein Schumacher-Stallkollege mehr Geld verdienen als Michael himself — und Patrese wurde 1993 etwas überbezahlt.
Damit konnte „Mr. 20 Prozent" die Option löschen: „Jetzt sind wir frei, können ab Mitte 1995 ohne Angst mit jedem verhandeln, der will!"
Schumacher drückt das etwas dezenter aus: „Ich hab immer nur gesagt: Für einen italienischen Piloten ist es immer das Schönste, mit einem Ferrari Weltmeister zu werden — und für einen Deutschen halt mit einem Mercedes."
Formel 1, die Welt der tausend Gesichter und hundert Wahrheiten. „Wir machen Geschichte, und ihr schreibt drüber", schnauzt Dennis einmal die versammelte Presse an. Arroganter hat in der Motorbranche noch nie jemand geredet. Und er betont wochenlang offiziell: „Natürlich haben wir mit Peugeot einen Vertrag: Wir kooperieren, koordinieren — und wie ich schon in Monza sagte: McLaren bricht niemals einen Vertrag."
Jean-Pierre Jabouille, der Peugeot-Rennchef, starrt traurig zu Boden. Der Superdeal ist längst perfekt, trotz aller Dementis.
Frage an Ron Dennis von einer französischen Reporterin: Was haben Sie vorige Woche in Stuttgart gemacht?
Dennis: „Die Boss-Fabrik besucht, unseren Sponsor. Dann BMW in München — wegen unserem Straßensportwagen. Und dann war ich mit einem Freund auf dem Oktoberfest."
Und bei Mercedes waren Sie nicht?
„Doch, ein höflicher Freundschaftsbesuch... aber ich frag Sie ja auch nicht, wann Sie zum letzten Mal Sex hatten." Kann ich Ihnen schon

verraten, trotzte Madame, aber nur wenn Sie alle Kameras abschalten.
Ron Dennis taktiert entweder besonders raffiniert — oder er braucht ganz einfach Geld. Jedenfalls bietet er Peugeot an: „Zahlt mir doppelt oder dreimal so viel wie bisher, dann übernehmen wir mit unserer TAG-Electronics für eure Pkw-Produktion Forschungs- und Entwicklungsaufgaben." 200 Millionen Schilling pro Jahr mal 2 oder 3? Daran sind die Franzosen nicht interessiert: „Wir haben unsere eigene Super-Entwicklungsabteilung."
Der 4-Jahres-Exklusivvertrag zerbröselt nach einem Jahr. Peugeot läßt McLaren in Gnaden ziehen.
Am 26. Oktober meldet Peugeot den Wechsel zu Jordan — und am 28. Mercedes den Deal mit McLaren. Die Traumhochzeit der Großen und Mächtigen.
„Join the best!" Mercedes-Chef Helmut Werner strahlt: rechts von ihm sitzt der mächtige US-Gigant Roger Penske, links Ron Dennis. Die Elefantenhochzeit im großen Motorsport ist seit Oktober perfekt.
Und hätte nicht stilvoller sein können: im berühmten Mercedes-Museum von Stuttgart, zwischen den Silberpfeilen von Caracciola, Fangio usw. Nirgendwo hat Motorsport soviel Tradition — vor genau 100 Jahren, beim ersten Autorennen Paris–Rouen, ein vierfacher Mercedes-Sieg. Nirgendwo hat die Formel 1 so viel Stil.
Details des McLaren-Mercedes-Vertrags? Fünf Jahre, exklusiv. Werner auf meine Frage: „Nur in Amerika geben wir anderen Teams Motoren, in der Formel 1 nicht. Und wir bauen auch keinen eigenen, reinrassigen Silberpfeil."
Warum der Wechsel von Sauber zu McLaren? „Weil wir dort unsere Ziele nicht erreicht haben, weil Sauber für 1993 und 1994 keine Sponsoren auftrieb. Wir haben geholfen. Aber das Team auch 1995 zu finanzieren, hätte bedeutet: Es ist unser Auto — und dagegen gibt's ja Beschlüsse."
Keine Frage — der Superdeal gilt bald für Michael Schumacher. „Der gehört zu unserer Familie", lächelt Werner. „Wie ein Sohn. Söhne ziehen oft aus, wenn sie erwachsen sind — und kommen dann wieder zurück. Für Karl Wendlinger und Frentzen, die anderen Mercedes-Junioren, gilt das gleiche..."
Ron Dennis: „Ich bin Realist. Daß wir Schumacher schon für 1995 ge-

winnen, ist höchst unwahrscheinlich — aber wer weiß? Doch Ende 1995 überzeugen wir ihn: wir haben das beste Chassis, den besten Motor. Das senkt dann seinen Preis..."
Piloten 1995? „Hakkinen steht fest. Dazu Frentzen, Barrichello, Coulthard oder Brundle — Ende November ist alles klar."
Im Februar: die ersten Tests mit dem V 10. Ab dann gilt Mercedes-Strategie: „1995 unter die ersten fünf der WM, 1996 um den WM-Titel." Und Ron Dennis: „Wenn ein Team alle 16 WM-Läufe gewinnen kann, dann wir."
Roger Penske dementiert: „Ich kauf McLaren nicht; hab keine Anteile. Jeder gewinnt für sich allein: Ich in den USA, McLaren in Europa."
Noch nie im großen Motorsport saß soviel Power, soviel Macht gemeinsam an einem Tisch. Geheim blieb nur eines: das Geld.

JAPAN: GEPOKERT UND GEWONNEN

Kritik an den Williams-Boxenstops. „Aber hört doch auf, uns von außen zu kritisieren", klagt Damon Hill nach Jerez — wo einiges passiert ist: defekte Dichtung, falsche Tankanzeige, mehrere Liter zurückgeflossen, niemand wußte genau, wieviel Sprit Hill wirklich an Bord hatte — zur Sicherheit wurde die Tankanlage blitzschnell ausgetauscht. Hill bekam 20 Extra-Liter in den Tank, schleppte aber unnötig 20 Liter zuviel mit sich ins Ziel — weil nur die Anzeige falsch war. Das war Jerez.
Benetton wiegt sich in Sicherheit: „Unsere Taktik hat uns in Jerez einen Vorsprung von 25 Sekunden gebracht..."
De Cesaris will den Sauber nicht mehr, sondern geht lieber mit Freunden im Mittelmeer Motorbootfahren. Darum kehrt J. J. Lehto, Ende 1993 ausgebootet, weil Mercedes einen deutschen Piloten forderte, ab Suzuka ins Schweizer Team zurück.
Und schon wieder drei neue Gesichter: Ligier-Testpilot Lagorce, der Japaner Inoue und bei Lotus der Finne Mika Salo, 1990 in der englischen Formel-3-Meisterschaft mit Hakkinen Rad an Rad, „aber dann gingen mir die Sponsorgelder aus und ich mußte in Japan Formel 3000 fahren — gewonnen hab ich vier Jahre lang nichts". Sein Vater ist

Telefoningenieur in Helsinki, hätte zwar „genug Möglichkeiten, um wegen Sponsoren zu telefonieren, aber leider kein Geld".

„Wir brechen mit einer langjährigen Tradition: Zum erstenmal zahlen wir einem Fahrer Geld", sagt dafür Ian Phillips, Finanzdirektor von Jordan: Darum unterschreibt Barrichello wieder.

„Die einzige Passage von Suzuka, wo du dir einen Fehler erlauben darfst: unter der Brücke. Weil dort gibt es wegen dem Funkschatten keine Telemetrie", lächelt Ukyio Katayama, Lieblingspilot der Japaner: „The Rising Sun".

„Also fährt Ron Dennis bald in einem Rolls-Royce spazieren. Kein schlechter Aufstieg — von Peugeot über Mercedes bis Rolls Royce..." ist der Fahrerlager-Plausch über den McLaren-Chef, nachdem die Industrie-News bekannt werden: Mercedes hat ein Drittel der englischen Nobel-Autoschmiede gekauft.

„Weil der dortige Kundenkreis mit dem sauberen High-Tech-Image der Formel 1 genau übereinstimmt", begründet der Williams-Marketingchef den neuen Teamsponsor — eine japanische Privatklinik für Plastik-Chirurgie. Die Williams-Presselady: „Sie machen auch künstliche Penisse."

Den speziellen Gag von Suzuka liefert aber Nigel Mansell: „Ich verbitte mir, daß Coulthard meine Box betritt!" Eifersüchtig auf einen jungen Piloten? Worauf Jochen Mass ein Coulthard-Foto in die Box klebt, mit rotem Kreis und rotem Schrägbalken — als Fahrverbot. „Sofort runterreißen!" befiehlt die Williams-Box. Das WM-Titelduell frißt Nerven.

2:0 für Michael Schumacher gegen Damon Hill! Beide Samstag-Trainings in Suzuka gewonnen, dann kommt der Regen. Weltmeister ist Schumi, wenn er siegt und Hill maximal Dritter wird. Aber der Deutsche kämpft gegen den Fluch von Suzuka: noch nie im Ziel! 1991 böser Unfall im Piquet-Auto, 1992 Getriebeschaden, 1993 Kollision ausgerechnet mit Hill im Dreikampf mit Gerhard Berger.

„Aber heute nacht", donnert Manager Willi Weber, „kann Michael gar nicht Damon ins Heck fahren — weil er schon viel zu weit vorn sein wird." Trainings-Vorsprung: 0,487 Sekunden! „Nie hätte ich von einem so großen Vorsprung geträumt." Hill ist tief getroffen: „Ich hab nichts zu sagen...", läßt er die englische Reportermeute stehen.

Hat Schumacher, ein Bündel Dynamit, total selbstbewußt, voll konzentriert, den Psycho-Krieg schon gewonnen? „Ich wundere mich selber, wie leicht und locker ich alles wegsteck!" Sein Rezept: Drei Tage Singapur, Zeitumstellung, dann Schiedsrichter bei einem Ski-Parallelslalom in einer Riesenhalle von Tokio — während Gerhard Berger und Jean Alesi am Fuß des Fujijama die japanischen Ferrari-VIP's im Renntempo spazierenfahren — auf Niki Laudas Schicksalsstrecke von 1976.

Während Ferrari eine neue Hinterradaufhängung, aber noch Abstimmungsprobleme hat: Bei Benetton keine Experimente! Schumacher-Ingenieur Pat Simmonds: „Ich hab alle Teile ausgewechselt, auch solche, die wir nur alle zwei Rennen tauschen. Damit nur ja kein Defekt passiert. Unser Auto hat 3800 Teile. Was ist, wenn 3799 halten, aber ein einziger kaputt wird? Dann bin ich schuld, ich kann vor Spannung kaum mehr schlafen."

Willi Weber hat für Schumacher schon die großen WM-Feiern organisiert. Wie Kilius/Bäumler 1964 in Innsbruck — und dann wurden die Protopopows Olympiasieger im Paarlaufen...

Nach total 20.000 Kilometer Fahren, Testen, Racing, ist Frentzen Dritter. Sein Suzuka-Geheimnis? „Jetzt kann ich's verraten. Ich hab mich immer in die Spurrillen eingehängt. Aber jetzt, mit der Neuasphaltierung, ist dieser Vorteil weg."

Der Experte in Suzuka: Willst du Regen?

Ja, grinst Frentzen. Es ist körperlich viel weniger anstrengend. Du mußt nicht so schwitzen.

...und machst Pause für Kaffee und Kuchen, fügt Schumacher grinsend dazu.

3. Platz mit dem Sauber, darüber wird sich auch Karl Wendlinger freuen. „Nur schade, daß Damon dazwischen ist, sonst wär's genauso ausgefallen wie in der deutschen Formel-3-Meisterschaft 1989, wo Karl, Michael und ich zusammen waren" — als die Mercedes-Junioren schon damals so auftrumpften.

Schumacher schaut so ruhig und cool. Noch kein Druck? „Nein, noch nicht." Und Damon Hill?

„Ich muß mehr arbeiten als Michael — weil ich ihn schlagen muß. Das heißt mehr Druck. Michael hat fünf Punkte Vorsprung, es wär ein

Fehler, überoptimistisch zu sein. Für uns laufen die Sachen hier immer besser. Wenn ich als erster in die erste Kurve komm, schaut's für mich sehr gut aus." Und Hill geht hinaus in den Regen.

Schumacher rutscht quer, von außen nach innen, „wie mit einem Rallyeauto". Sieht im TV zum Fürchten aus, für Hill nicht: „Da sind schon genug Wagenlängen dazwischen. Ich brauch Zeit, bis ich die Kraft auf den Boden bring — und er produziert einen Slide, aber er ist deutlich vorn."

„Weil Schumacher führt, sieht er den Regen. Aber ich dahinter spür nicht einmal die Straße, rutsch überall. Dabei hab ich das Gefühl, ich steh — und spür überhaupt kein Tempo", schildert Hill die Sintflut. Die halbe Runde, eine nasse Hölle, ist die Ewigkeit.

Dann kommt über Boxenfunk die Nachricht: „Schwerer Unfall auf der Strecke — das Safety-Car geht jetzt raus."

Schumacher analysiert später: „Ich muß zuerst checken, wann die gelben Flaggen herausgekommen sind. Ob wirklich erst, nachdem der Unfall passiert ist oder nicht. Erst danach kann man alles beurteilen."

Wie Brundle einen Streckenposten erfaßt (Beinbruch), sehen Millionen im TV — aber Schumacher natürlich nicht. „Kann ich also nicht beurteilen. Aber wir haben in Adelaide ein Meeting, da wird auf jeden Fall diskutiert."

Man wartet lang aufs Pace-Car. Der führende Schumacher ist eine Zeitlang beides: Formel-1-Pilot und Pace-Car-Fahrer. „Ich bin informiert, wo es ist."

Über Funk hat Schumacher Kontakt mit der Box, ob man abbrechen soll. „Ja, ganz sicher." Hättest du einen Abbruch befürwortet?

„Gänzlicher Abbruch wäre nicht richtig. Aber es wäre richtig gewesen, das Pace-Car noch länger draußen zu lassen — denn in dem Moment fängt's wieder an stark zu regnen. Aber es ist sehr schwierig, kann ich mir gut vorstellen, für die Leute oben im Rennleiterturm das zu entscheiden."

Auf der Zielgeraden steht das Wasser knöcheltief. Ja kein Fehler — aber auch Hill im Nacken. „Ein gewisses Risiko gehst du ein, und ich bin absolut am Limit, weil die ganze Gerade runter hab ich Aquaplaning, bin teilweise quer, aber gottlob nach innen, weil die Strecke nach innen abfällt."

Im Gegensatz zu sonst, besonders Spa, fährt Schumacher Hill vom Start weg nicht auf und davon — erst später, als das Pace-Car verschwindet, um drei bis vier Sekunden pro Runde schneller als Hill. Extra vorsichtig gewesen? „Nein, ich vermute eher, daß Hill nachher vorsichtig ist — und am Anfang auch voll gefahren ist."
Gerhard Berger ist sicher im Trockenen — gerade, als die mörderische Crash-Serie beginnt. „Wasser im Motor, sofort vier Zylinder ausgefallen. Den Schreck spült er hinunter: „Soviel Wasserfontänen auf der Geraden — ich hab nichts gesehen. Richtig Angst gehabt. Und deshalb eher vorsichtig begonnen — damit ich am Ende noch da bin." Und Alesi beweist ja, was möglich ist.
Zwei lange Pace-Car-Phasen, einmal rote Flagge für den Abbruch. Ein Fünftel des Rennens wird unter Gelblicht gefahren, aber der zweite Start ist okay. „Nicht mehr zuviel Wasser auf der Strecke."
Was für ein GP von Japan, der 200.000 in Suzuka und Millionen an den TV-Geräten in Atem hält. „Endlich wieder ein spannender Grand Prix!" gibt auch Schumacher zu, „obwohl ich mir weniger Aufregung gewünscht hätte. Und daß alles schon in Japan vorbei ist."
Regenwetter, gefährliche Lotterie, Blindflug, weil Autos auf der Zielgeraden gegen die Boxenmauer prallen, und dann der Poker um die Tankstops.
Hill tankt nur einmal — das goldene Rezept. Schumacher aber zweimal, weil er ein leichteres Auto mit weniger Sprit wollte — konnte aber seinen Vorteil wegen der zwei langen Gelblicht-Phasen mit Pace-Car nicht nützen. Die 8,3 Sekunden Vorsprung vom ersten Lauf zerrinnen beim zweiten Boxenstop.
„Da denk ich mir schon: Hill kommt kein zweites Mal rein." Also voller Angriff, Zeitgewinn zwei Sekunden pro Runde — aber die 30 Sekunden vom Boxenstop sind nicht mehr ganz aufzuholen.
Vorne balanciert Hill mit letztem Risiko. „Sogar auf die Gefahr, rauszufliegen. Aber wenn ich nicht gewinn, hat Schumacher neun Punkte Vorsprung — damit wäre die WM gelaufen." Michaels Aufholjagd war sensationell. „Ein solches Rennen ist für mich erst auf der Ziellinie zu Ende."
„Schade ist bloß, daß wir nicht nebeneinander, Rad an Rad, um das gleiche Stück Straße kämpfen können" — weil ja die beiden Läufe

addiert werden. Hill und Schumacher sehen einander nie, wissen aber, daß sie nur wenige Sekunden auseinanderliegen.

Hill gegen Schumacher, Schumacher gegen Hill, das Geisterduell von Suzuka — und beide kämpfen gegen den Computer.

„Schumacher zu besiegen, ist ein verdammt harter Befehl! Er war das ganze Jahr die Klasse im Feld, und zumeist hat er uns geschlagen." Die Regenschlacht wetterleuchtet noch lang in Damons Augen: „Unter diesen Bedingungen — eine Lotterie. Mit so vielen Gefahren, daß du einen Fehler machst. Aber die Formel 1 hat schon viel zu lang auf so ein aufregendes Rennen warten müssen."

Zwei Rennfahrer im Fernduell gegeneinander — und gegen den Computer. Durch die Zeiten-Addition weiß letztlich keiner, wer gewonnen hat. Auch nicht im Duell um Platz 3.

Alesis Bordkamera zeigt die spannendsten Szenen des Jahres: Infight mit Mansell. Es schaut nach direktem Beschleunigungsduell aus? „Mansell ist wirklich ein Verrückter. Steckt hinter meinem Heckflügel. Sicht null. Unmöglich zu überholen, wirklich crazy. Aber ganz gut für einen alten Mann..."

300 km/h, mit Millimeterabständen — bis zur letzten Schikane. Alesi: „Ich weiß, daß ich auf dem Computer vor Mansell bin, also hab ich innen ganz behutsam gebremst und ihn außen vorbeigelassen."

Mansell wundert sich nachher: „Wieso bin ich nur Vierter, nicht Dritter?" Er hat total vergessen, daß die beiden Läufe addiert werden...

Als Hill die Ziellinie quert: kein Applaus, kein hochgerissener Arm, nichts. „Ich kann ja nicht wissen, ob ich gewonnen hab." Und „Radio Williams" klingt so schrecklich aufgedreht, drei, vier Stimmen quasseln durcheinander. „Bitte Ruhe! Mund halten! Nicht alle auf einmal", brüllt Hill in den Boxenfunk. „Sagt mir nur: Hab ich gewonnen?" Yes, you won. Und jetzt erst kann Damon die Arme hochreißen.

„Das Schönste ist, als ich auf der riesigen Video-Wand meinen Chef Frank Williams mit breitem Grinsen seh. Das allein war alle Mühe wert."

Schumacher ist enttäuscht: „Ich war sicher, zu gewinnen. Jetzt wurden wir durch einen ziemlich großen Fehler in der Strategie geschlagen — und zwar eindeutig. Aber wie oft haben wir durch bessere Taktik gewonnen."

Hättest du Hill diese Vorstellung noch zugetraut?

„Prinzipiell haben er und das Team uns geschlagen. Dazu kann man ihm nur gratulieren, werde ihm diesen Sieg auch nicht aberkennen. Man kann ihm vielleicht dazu gratulieren, daß er mich dieses Jahr auf der Strecke zum erstenmal geschlagen hat..."

Papa Graham wäre in Japan stolz auf Damon gewesen: Wie er sich aufbäumte, zurückschlug und Schumacher zum erstenmal im direkten Kampf, Mann gegen Mann, besiegte: riskiert und gewonnen! Dagegen Schumacher und Benetton: gepokert und verloren.

92:91! Schumacher nur noch einen winzigen Punkt vor Hill! Die Formel 1 hat ihr Fotofinish — zum erstenmal seit 1986, als Mansells Reifen bei 330 km/h explodierte, Piquet an die Box fuhr und Prost um 4 Sekunden gewann, wird die WM erst im allerletzten Lauf entschieden. Millionen Rennfans fiebern bereits.

„Ja, der Krimi von Adelaide", sagt Schumacher, etwas bitter. „Mir wäre viel lieber gewesen, es wäre schon in Japan alles vorbei gewesen." Der Deutsche, mit traurigen, enttäuschten Augen, bekämpft die Bitterkeit — der Engländer ist unheimlich aufgedreht: „Jetzt ist der ganze Druck auf Schumacher. Er war so sicher, daß er gewinnt — und jetzt hat er nur noch einen Punkt Vorsprung."

Wie gefeiert wird? Williams hat nichts reserviert, der Italiener im „Suzuka Circuit Hotel" ist ausgebucht — also ißt Damon Hill mit dem Jordan-Team, spendet dann allen seinen Fans ein paar Runden Bier und beschwört das Personal: Bitte, schaltet die Karaoke-Maschinen nicht ab.

ADELAIDE: WELTMEISTER DURCH K.O.

„Sag mal, Michael, hast du überhaupt damit gerechnet, daß der Hill zu Saisonende noch zuckt? Du hattest ihn ja schon entgrätet." Typisch deutsche Reporterfrage an Michael Schumacher. Hieß wohl: schon aufgegessen. Aber Damon liegt Schumacher im Magen — Williams übrigens auch: Weil er immer noch einen Billigvertrag als Testpilot hat — sogar jetzt noch, da er um den WM-Titel kämpft. Hill will mehr Geld.

„Ich hab seit drei Jahren meinen Vertrag als Testpilot. Wenig Geld, immer nur Versprechungen: Wenn du gewinnst, sehen wir weiter... Ich glaub, ich hab schon genug gewonnen. Wenn du keinen Erfolg hast, kannst du nicht aufstehen und sagen: Ich verlang mehr Geld! Aber wenn ich schau, wieviele Fahrer soviel mehr verdienen als ich..."
Nigel Mansell 1 Million Dollar pro Rennen, Schumacher höchstwahrscheinlich auch bereits — nur Damon fährt immer noch für 800.00 bis 900.000 Dollar pro Jahr. Wenig für einen möglichen World Champion. Als ich seinen Vater Graham 1968 in Mexico City fragte: „Was ist dein WM-Titel wert?" grinste er: „Ten quid." Und meinte 10.000 Pfund — damals 720.000 Schilling Prämie.
Und Damon, heute: „Mir paßt nicht, daß ich für sowenig Geld so hart fahren muß. Ich steh pausenlos unter Druck, beweisen zu müssen, was ich wert bin. Ich hab's das ganze Jahr gezeigt, in Japan besonders. Sorry — aber ich leb vom Rennfahren. Ich muß an mich glauben. Und auch daran, daß die Gage den Wert reflektiert, den du fürs Team hast — was du den Leuten wert bist."
Frank Williams hat — um Damon fürs WM-Finish moralisch zu stärken — schon in Monza garantiert: „Wir lösen unsere Option ein, du fährst auch 1995 für uns!" Weil Frank schon genug World Champions mit dem Titel weggerannt waren: 1992 Mansell, 1993 Prost.
Aber durch Hills Gedanken geistert unentwegt das leere Bankkonto und ein Williams-Team 1995 mit Mansell und Coulthard. „Daß ich 1995 woanders fahr, ist eher unwahrscheinlich, über Angebote red ich nicht — aber die Geldfrage müssen wir möglichst bald klären!"
Frank Williams, scharf wie immer, sieht „nur wenig Spielraum, zu manövrieren. Seit September hat sich nichts geändert, der Vertrag ist bumfest, juristisch abgesichert." Und stimmt die Bezahlung wirklich? „Damon ist ein absoluter Spitzenfahrer, der Schumacher direkt schlagen kann, aber als Grand-Prix-Pilot halt immer noch sehr jung. Er wird schon noch eine Weile brauchen, bis er voll akzeptiert ist. Viele Leute im Fahrerlager und in den Boxen messen jeden Fahrer immer noch an den Leistungen von Senna, Mansell und Prost — ich auch!"
Armer Damon Hill, der Mann mit so vielen Schatten: Papa Graham — und die ganze große Garde der Grand-Prix-Superstars.
Er kommt von der Goldküste, wo er mit Barry Sheene Jet-Ski gefah-

ren ist – der Ex-Motorrad-Superstar brach sich dabei das Handgelenk. Damon atmet auf: „Hätte auch mich erwischen können ..."

Ich plaudere mit Damon Hill über die zwei Finalrennen, in denen sein Vater die WM gewonnen hat:
1962 in East London, Südafrika: Graham Hill (BRM) gegen Jim Clark (Lotus-Climax) steht 33:30, an Siegen 3:3 – wenn Clark gewinnt, ist er Weltmeister. Und Jimmy führt auch 62 von 65 Runden – bis ein Bolzen vom Motorblock herausfällt.
Hill gewinnt und wird World Champion.
1968 in Mexico City: Hill 39, Jackie Stewart (Matra) 36, Denny Hulme (McLaren) 33 Punkte. Phasenweise liegen sie im Rennen auf den Plätzen 1, 2 und 3. Dann geht Stewarts Benzinpumpe k.o., Hulmes Auto brennt ab – wieder Spiel, Satz und Sieg für Graham Hill.
Aber auch Mexico City 1964: Als Lorenzo Bandini (Ferrari) zuerst Hill unabsichtlich (sagt er) abschießt und dann seinen Teamkapitän John Surtees vorbeiwinkt – zum WM-Titel. Sonst wäre Hill dreifacher Weltmeister geworden!

Damon lächelt und winkt ab: „Reden wir später mehr über die WM-Titel meines Vaters. Jetzt hätte ich ein bißl Angst, daß ich mir meine große Chance zerstör – aus Aberglauben."

Freitag, 9 Uhr früh, in Europa erst Donnerstag, halbe Stunde vor Mitternacht. Trainingsbeginn in Adelaide, atemlose Spannung. Hill geht 1:0 in Führung: um 0,143 Sekunden schneller als Schumacher und absolut happy und siegessicher: „Nachmittag sind wir noch schneller, wir können das Auto noch verbessern."

Dagegen Schumacher, zweifelnd: „Der Wagen springt zuviel über die Bodenwellen. Außerdem: zuviel Untersteuern in den langsamen Kurven." Mansell ist Vierter, wie immer mit Drama: Zuerst rutscht er gegen die Boxenmauer, lädiert die Schnauze links vorn, dann, ganz knapp hinter einem Minardi, ein wilder Dreher am Ende der langen Geraden – dort, wo ihm 1986 bei 330 km/h ein Reifen explodiert ist. Aber nachmittags noch größerer Schreck: Plötzlich kommt ihm der Benetton von Johnny Herbert entgegen. „Solche Herzattacken brauch ich nicht", sag Nigel gequält. „Da ist schon eine Portion Humor nötig." Weil die Kurve blockiert ist, zwingt Mansell den Williams in einen wilden Dreher – Paarlauf-Pirouette in der Formel 1.

Mansell beruhigt sich mit einer langsameren Runde — dann fährt er Pole-position. Womit alle Zweifel beseitigt sind: Mansell, das ist kein Mann für Nebenrollen.

Schumacher, bis dahin Schnellster, will sofort zurückschlagen: „Ein wirklich guter Kampf mit Mansell. Ich weiß nicht, ob es für mich möglich ist, schneller zu fahren — aber ich denke schon." Und dann verstolpert er sich in der „Senna-Schikane"; 3. Gang, 180 bis 200 km/h. „Diese Curbs haben mich schon gestern beunruhigt, darum bat ich, sie zu ändern. Sie haben zwar etwas getan, aber nicht genug."

Und so verstolpert sich Schumacher: Ein wilder Sturzflug, sein erster Unfall 1994!

„Am Eingang zur Schikane fahr ich über die Curbs, der Wagen springt vorn weg, über die nächsten Curbs, dann stellt er sich quer und ich kann ihn nicht mehr beruhigen."

Großer Schreck in der Benetton-Box: Alle sehen die High-Speed-Rotationen. Wie Schumacher sich rückwärts gegen die Reifenmauer dreht, linkes Hinterrad weggerissen — nochmals herumgewirbelt — linkes Vorderrad weggerissen — dreht sich noch ein paar Meter die Strecke hinunter und stoppt auf den Curbs.

Michael hat „überhaupt nicht verkrampft reagiert, sondern nur den Kopf etwas eingezogen". Die Lehren von Senna und Imola — wenn Trümmer fliegen, die FIA die Cockpitwände aber noch immer nicht hochgezogen hat, um die Fahrer mehr zu schützen.

„Schumi" springt behend aus dem Auto, auf die Reifenmauer. „Keine Muskelverspannungen, nichts tut weh."

In der Box ein Kuß von Corinna, die Computer-Ausdrucke und die Trainingsliste: 1. Mansell, 2. Schumacher, nur 0,018 sec dahinter, 3. Hill, bereits um 0,651 distanziert.

„Besser Mansell vorn als Hill", grinst Michael. Sein WM-Rivale rätselt, „wohin die gute Balance vom Frühtraining verschwunden ist. Ich bin enttäuscht — aber nicht entmutigt!"

Und Schumacher angeschlagen? Überhaupt nicht. „Zum Glück ein Dreher, bei dem der ganze Anprall absorbiert wird. Und mich selber schreckt sowas auch nicht." Kurze Analyse: „Ich wußte nicht, wo es hinging, weil sich das Auto immer drehte und drehte... aber ich spür nichts. Vielleicht morgen — im Nacken oder im Rücken."

Benetton präpariert sofort den Ersatzwagen — aber natürlich mit genau der gleichen High-Tech, um kein Jota schlechter. „Ich glaub, den hat Verstappen in Monza gefahren."
Samstag früh preschen die zwei Ferrari und Schumacher als erste auf die Strecke. Panis dreht sich als erster, Hill als zweiter: In der Linkskurve bei Turn 5 bricht das Williams-Heck aus, und Damon rutscht seitwärts in die Reifenmauer: seine 6. Runde, auf Platz 2 hinter Alesi. Dann kommt der Regen. Nach der Pause gehen die Benetton als erste raus, Herbert dreht sich, Frentzen sogar zweimal, und am Ende rutschen auch beide Williams aus: Mansell in den Notausgang, Hill in den Sand. Schumacher fährt drei Serien, und so schnell wie Berger — leider auf dem 11. Startplatz eingesperrt: „Schade, heute wär es viel besser gegangen. Die Abstimmung ist da im Regen nicht so wichtig, irrsinnig rutschig, aber nicht so gefährlich. Rutschen kannst kontrollieren."

1991 Adelaide: Der kürzeste Grand Prix aller Zeiten, Abbruch nach 15 Runden. „Ich hoff, daß es trocken ist", sagt Berger — sagen alle außer Schumacher.

Schöner Abschluß für Ferrari? „Ich geh nicht davon aus, daß ich gewinn, sondern daß ich ein paar Punkte mach."
Ihr seid weit gekommen heuer? „Unser Ziel ist erreicht. Und wir haben jede Menge Daten, von denen wir wissen, wo wir schlecht sind — was wir für 1995 verbessern können."
Die Formel-1-Fans stehen zeitig auf — zum großen Duell Schumacher—Hill — um 4.30 Uhr!
„Ich hoff, ihr steht's auch wegen mir auf, nicht nur wegen Schumacher und Hill. Wir werden ja sehen, wer die WM gewinnt — es wird sicher sehr interessant."
Willi Weber — die Gedanken des Managers, der 1988 den großen Mut hatte, alles auf Schumacher zu setzen — der sich für die „Lotterie Schumacher" als einziger ein Los gekauft hat. „Keine klaren Gedanken, ich bin sehr nervös. Kommt mir vor wie High Noon, alles spitzt sich zu: die Regen-Lotterie, der Ausgang von Japan..."
Der Sonntag dämmert trocken, aber kühl. Das Aufwärmtraining, wie immer die letzte Orchesterprobe. Mit den üblichen kleinen Dramen: Unfall von Hakkinen, Berger rutscht mit blockierten Bremsen in den

Sand, auch Alesi dreht sich — und in der letzten Runde rutscht auch Schumacher aus. Kann aber vom Reifenstapel weglenken, durch Sand und Wiese zurück auf die Piste.
Mansell ist schon wieder Schnellster, 0,4 vor Jean Alesi im Ferrari, 0,7 vor Schumacher. Hill, mit 1,2 Rückstand, nur auf Platz sechs. Aber bei diesem Poker weiß man nie, wer wieviel Sprit im Tank hat.
Dicke Luft bei Ferrari. Berger hatte die Ferrari-Motortechniker in Jerez recht heftig angetrieben — als Revanche kam in Suzuka die Anklage eines Ingenieurs: "Berger hatte Angst im Regen, darum aufgegeben!" Berger dementierte. In Adelaide bekommt er den schwächeren Motor als Alesi: auf der Geraden um 7, 8 km/h langsamer. "Schönen Gruß von Ingenieur Lombardi..."
Schumacher also im "Williams-Sandwich", aber Hill und auch Mansell streiten empört jede Absicht ab, gegen Michael schmutzige Tricks auszupacken.
Sagt Damon: "Auf linke Aktionen brauchst nicht stolz sein. Mein einziger Gedanke: Vor Michael in Führung zu gehen — und dort zu bleiben. Und wenn Nigel vorn flüchtet und auf und davon ist — für mich kein Problem. Meine einzige Sorge: *Racing against Michael!*"
Schumacher erinnert sich mit Stolz an "die vielen deutschen Fahnen, die ich schon 1993 in Adelaide gesehen hab. Ich hoff, alle Deutschen drücken mir fest die Daumen."
Mansell hat, wie immer, eine ganze Armee Fans hinter sich — wie seine Indy-Mechaniker, die sich zum US-Abschied dicke Schnurrbärte und buschige Augenbrauen aufgeklebt haben.
Hill, der "Underdog", ist wie immer am stillsten, aber jeder muß spüren, was in ihm vorgeht.
Rob Walker, der Ur-Ur-Urenkel der legendären Whisky-Figur, als Rennstallbesitzer früher Chef von Stirling Moss, Jo Siffert und Graham Hill — Damons Vater: "Wer immer gewinnt, zu dem wird man unfair sein. Wird Hill Weltmeister, sagen alle: Weil Schumacher zwei Rennen gesperrt war. Holt trotzdem Michael den Titel, wird es heißen: weil Benetton getrickst hat..."
Jackie Stewart, dreifacher Champion, relativiert: "Schumacher in eine Reihe mit den ganz Großen zu stellen, ist noch ein wenig verfrüht. Er hat natürlich die Nummer-1-Position an sich gerissen — in den

Boxen, bei den Team-Managern, vielen Fahrerkollegen. Aber im gleichen Atemzug wie Senna und Prost würde ich Michael noch nicht nennen. Dazu muß er Rennen nicht nur gewinnen, sondern ganze Saisonen dominieren!"

Nur etwas Geduld, Jackie: Wird schon noch kommen.

Was passiert in der 35. Runde von Adelaide wirklich? „Darüber werden die Fans und Zuschauer noch sehr, sehr lang diskutieren", sagt Damon Hill später. „What really happened at that point." Aber er lehnt strikt ab, Schumacher die Schuld dran zu geben — oder ihm sogar Absicht zu unterstellen.

Hill: „Ich hab nicht gesehen, daß Schumacher die Mauer berührt hat. Ich seh nur, wie er zurückkommt: quer übers Gras, wieder auf die Strecke. Hey, sag ich in dem Moment zu mir, er hat einen Fehler gemacht!"

Schumacher gibt an: „Ich seh Hill erst, als mein Auto in der Luft ist. Mein schlimmster Moment, weil ich fürchten muß: Ich überschlag mich." Mit Glück kommt er auf die Räder, aber Hill spürt, „daß sein Auto kaputt ist — und meine linke Vorderradaufhängung leider auch".

Hätte er gewartet, wäre er jetzt Weltmeister?

Damon: „Es ist sehr leicht, hinterher zu sagen: Der Hill hat einen Fehler gemacht. Hätte einfach warten, Schumacher passieren lassen müssen. Aber ich seh die Lücke, spür sofort, daß ich da durchmuß — I go for it."

Und dann die bittere Erkenntnis: „Ich out, er out, das Ende unserer Weltmeisterschaft."

Zu Hause in Ascot, England, sitzen Damons Mutter Bette und seine Frau Georgie vor dem Fernseher: „Bette reagiert unheimlich emotionell und bitter enttäuscht. Für die Familie zu Hause ist es oft fast schwieriger als für mich, mit der Formel 1 fertigzuwerden..."

Aber Hill ist „stolz darauf, was ich getan hab: 1994 Superarbeit geleistet — unter immensem Druck. Ich bin wieder unheimlich motiviert, hab meine Leidenschaft fürs Rennfahren neu entdeckt — nach Imola war es sehr, sehr schwierig, sich zu freuen, wenn du ins Rennauto steigst."

Aber die letzten zwei Rennen — super. „Als alles drauf ankam, hab ich mein Maximum gegeben. Jetzt fühl ich mich wieder gut, freu mich

auf die große Herausforderung 1995. We will be back! We return!"
So hat schon General McArthur gesprochen — auf den Philippinen.
Hill ist auch als Vizeweltmeister happy, „weil ich in meinem Herzen weiß: Die WM 1994 war über die ganze Saison hinweg gewonnen — vorm letzten Rennen. Meine schönste Erinnerung: Silverstone. Ich hab heuer viel erreicht, brauch jetzt nur Zeit, die Saison zu reflektieren — und komm noch stärker zurück!"
Wann wirst du mit Schumacher über die Kollision reden?
Hill: „Ich schätz, daß wir uns irgendwann, irgendwo wieder treffen... aber Michael war großartig, die ganze Saison. Du darfst ihm nichts wegnehmen!"
Und das eine Stunde nach dem K.o.-Schlag, der viele andere Rivalen ins Herz getroffen hätte: englisches Fair-play.

Nach der WM-Entscheidung geht's um den Adelaide-Sieg: Superduell Berger—Mansell. Gerhard führt, auch durch gescheite Tankstops — dann leider in der 65. Runde ein Ausrutscher, der die Führung kostet. Solang Hakkinen im Rennen ist, kämpft Berger mit Mansell behutsam. „Sonst fliegen wir beide raus, wie Schumacher und Hill — dann gewinnt Hakkinen und schnappt mir noch den 3. WM-Rang weg." Nach Hakkinens Unfall wird das Duell um den Sieg schärfer. „Leider hält mich Frentzen auf. Schaut der nie in den Rückspiegel?"
Frentzens Gegner ist Alesi — und als plötzlich Berger in seinem Rückspiegel auftaucht, verwechselt der Deutsche die beiden Ferrari!
Peter Sauber: „Ich muß Frentzen anfunken — dann macht er sofort Platz." Frentzen: „Ich begreif erst, als mir Berger die Faust zeigt — aber da schlüpft Alesi auch gleich durch." Nachher geht Frentzen zu Berger, Sauber zu Jean Todt, um sich zu entschuldigen. „Mir ist das so peinlich..."
So nahe am Sieg! Nur 2,511 Sekunden fehlen Berger auf Comeback-Superstar Nigel Mansell! „Ich hätte gewinnen können — aber vom elften Startplatz darf man nicht so undankbar sein. Aber was mir am wichtigsten war: Ich hab meinen 3. WM-Platz endgültig geschafft, mein großes Ziel — mehr war 1994 nicht möglich."
Im Warm-up ein Crash, im Rennen ein Ausrutscher, der ihn die Führung kostet: Das ist der flache Flügel, wenig Bodendruck.

„Aber nach einem zweiten Platz will ich mich nicht beschweren — vergessen wir die Motorgeschichte..."

Was für ein Super-Comeback: Nigel Mansell, in der Indy-Car-Serie 1994 sieglos, schafft seine persönliche Abrechnung mit Adelaide, überglücklich: „Ich wollte mich ins WM-Duell gar nicht einmischen — die beiden Gentlemen sollten ihr großartiges Duell selber auskämpfen! Nie hätte ich Schumacher blockiert — was für eine abscheuliche Idee. Und Hill hätte ich nicht geholfen, der hat das nicht nötig."

Und jetzt, 1995? Mansell zeigt immer stärkeres Interesse, wieder eine ganze Saison Formel 1 zu fahren. Frank Williams: „Aber zwei Stunden nach dem Rennen kann ich nichts entscheiden — es dauert Wochen."

Schumacher und Benetton freuen sich — ein paar Boxen weiter — über ihren ersten WM-Titel, den Michael Ayrton Senna widmet: „Er wäre Weltmeister geworden, aber ich hätte es spannend gemacht!"

Noch hat „Schumi", sagt er, nicht ganz begriffen, was es heißt, Formel-1-Weltmeister zu sein.

„Bei meinem ersten WM-Titel", tröstet ihn Jackie Stewart, „war's genauso. Da hab ich auch erst in der Früh kapiert, was wirklich los ist, was der Titelgewinn bedeutet." Ich stand damals in Monza neben Jackie, als er den Heimflug buchte, und der Rezeptionist telefonierte dienerhaft: „Yes, for Mr. Stewart, the World Champion."

Als Schumacher heimkommt: ein triumphaler Empfang — wie für die Fußballhelden von Bern 1954 oder zuletzt Italia Novanta.

Berger geht mit Ex-Beatle George Harrison auf Segeltörn an die Goldküste — Karl Wendlinger stürzt sich in verbissenes Krafttraining: Anfang Dezember sein dritter — und alles entscheidender — Test in Barcelona. Die letzte Aktion mit dem Sauber-Mercedes — danach wandern die Motoren ins Museum.

Aber der Ford-V-8 dreht sich schon auf dem Prüfstand, der Sauber-Deal, wie gemeldet, ist fix. Ein Jahr exklusiv, dann schaut man auf die WM-Punkte. Peter Sauber hat „Wendy" zugesagt: „Ich halt dir dein Cockpit frei" — aber wie lang? „Ich drück ihm alle Daumen, daß es ab 6. Dezember in Barcelona klappt — er kein Kopfweh mehr hat."

Als Ersatzmann für 1995 steht Christian Fittipaldi bereit. Wie lang er warten kann? „Eigentlich ist es schon fast zu spät. Aber ich hoff, er hat noch ein bißl Geduld."

Überschattet von der doppelten Imola-Tragödie, aber ein Rekordjahr für die Statistiker: Das war die Formel-1-Saison 1994.
- Mit Michael Schumacher der erste Deutsche neuer Champion,
- McLaren erstmals seit 1980 ein ganzes Jahr sieglos,
- dafür der erste Ferrari-Sieg nach 59 Rennen — dank Gerhard Berger in Hockenheim,
- soviele Fahrer wie noch nie im Einsatz — 44. Der 45. ist der Schweizer Deletraz in Adelaide,
- soviele Fahrer wie noch nie in den WM-Punkterängen — 25,
- soviele neue Gesichter wie noch nie — insgesamt 13 Neulinge, zum Teil sehr erfolgreich: Verstappen (zweimal), Coulthard, Panis schon in ihrer ersten Saison auf dem Siegerfoto der ersten drei,
- mehr Fahrerwechsel als je zuvor, Johnny Herbert z. B. fuhr für drei Teams: von Lotus über Ligier zu Benetton,
- nur vier Teams kamen ohne Fahrerwechsel durch, beendeten die Saison genauso, wie sie begonnen hat: Tyrrell mit Katayama/Blundell, überraschend auch Arrows, Minardi und Pacific — letztere brachten aber nur fünfmal ein Auto an den Start,
- erstmals gravierende technische Reglementänderungen während der Staison, stufenweise „Abrüstung" nach Imola,
- mehr Disqualifikationen als je zuvor: Schumacher als Zweiter in Silverstone (schwarze Flagge mißachtet) und Sieger von Spa (abgeschliffene Holzleisten), Fittipaldi in Montreal (Untergewicht), Panis in Estoril (Holzleisten),
- härtere Strafen und Sperren denn je: Irvine (Massenkollision von Interlagos) 3 Rennen, Schumacher (Schwarzfahrt in Silverstone) zwei Rennen, Hakkinen (Massenkollision in Hockenheim) ein Rennen,
- Comeback des Jahres: Wendlinger — weil er schon wieder im Formel 1 fahren konnte. Glückspilz des Jahres: Verstappen — weil er das Boxenfeuer von Hockenheim ungezeichnet überlebt hat.

Siege: Schumacher 8, Hill 6, Berger 1, Mansell 1.
Pole-positions: Schumacher 6, Senna 3, Hill, Berger 2, Alesi, Barrichello, Mansell je 1.
Schnellste Runde: Schumacher 8, Hill 6, Coulthard 2.

Mission erfüllt! Der „Piccolo Commendatore" ist mit der Ferrari-Saison 1994 zufrieden, „aber noch nicht restlos glücklich". In Adelaide, wo er 1985 sein letztes Rennen gefahren war — bis zum Bremsdefekt, aber auf Platz 1 — zieht Niki Lauda seine persönliche Bilanz. Und blickt in die Zukunft.

DIE RETTUNG DER FORMEL 1 — und mancher Menschenleben: „In Imola redete ich Sonntag vormittags, nach Ratzenbergers Unfall, 30 Minuten mit Ayrton Senna. Er sagte: Wir brauchen mehr Sicherheit. Darauf ich: Wenn du nicht sofort etwas organisierst, Autos und Strecken, werdet ihr einer nach dem anderen sterben. Darauf Senna: Du hast vollkommen recht, wir müssen etwas tun — in Monte Carlo geh ich's an."

Paar Stunden später war Ayrton tot — von der eigenen Radaufhängung am Kopf getroffen. Die jetzigen Williams-Dementis („kein Lenkungsbruch") glaubt Lauda nicht: „Warum fährt er sonst in der Tamburello-Kurve gradaus?"

MITSPRACHERECHT DER PILOTEN: „Wir haben die GPDA neu gegründet — die Rennfahrergewerkschaft. Und Max Mosley war sofort einverstanden, zwei Fahrer in die Sicherheitskomitees Strecken/Autos aufzunehmen: Berger und Schumacher. Auch Bernie Ecclestone akzeptierte sofort: Wie sollen die Konstrukteure sonst wissen, daß tiefergelegte Autos über Bodenwellen unfahrbar sind?"

SICHERHEITSDENKEN: „Nach Karl Wendlinger in Monte Carlo haben die katastrophalen Unfälle Gott sei Dank aufgehört. Alle Strecken haben reagiert, Silverstone als erste total — parallel dazu wurden die Autos abgerüstet. Hat super funktioniert. Aber ich allein hab die Formel 1 nicht gerettet — das war Teamwork!"

DAS WM-FINALE: „Anfangs hat es nach einem Superduell Senna–Schumacher ausgesehen — war aber nach Imola leider vorbei. Dann entwickelte sich plötzlich das Duell mit Hill, auf hohem Niveau — ich gib beiden Piloten für ihr Superrennen in Suzuka 10 Punkte!"

DIE FERRARI-BILANZ: „Durchaus positiv: Drei Pole-positions, die ersten seit 1990, Gerhard Bergers Hockenheim-Sieg, der erste seit 1991 — aber wir hätten auch in Monza gewinnen müssen! Insgesamt neunmal auf dem Stockerl, Gerhard fünfmal, Alesi viermal — gar nicht schlecht. Aber glücklich bin ich erst dann, wenn Ferrari auf jeder Strecke das Auto ist, das es zu schlagen gilt. Heuer haben wir mit einem schlechten Auto begonnen — und ein halbes Jahr gearbeitet, bis es ein Siegerauto war."

DIE FERRARI-ZUKUNFT: „Mein Ferrari-Vertrag läuft heuer aus, wegen 1995 muß ich mit Präsident Luca Montezemolo noch reden. Er hat mir sogar vorgeschlagen: Probier jetzt einmal unser Formel-1-Auto selber in Fiorano, damit du dir ein Bild machen kannst. Ich warte jetzt schon dringend auf den zweiten Sieg, dann bekomm ich laut Vertrag einen Fiat Uno."

Ansonsten arbeitet Lauda „mit Ferrari im Herzen" gratis. Und auch mein Parmalat-Kappl verkauf ich seit 1985, als der Vertrag auslief, nicht mehr, aber ich trag's halt weiter. Wegen meiner Kopfnarben — und weil ich ein treuer Mensch bin."

Schumacher auch — zu Benetton und Willi Weber. Es rechnet sich: Eine Million Dollar WM-Prämie und Traumgage — 18 Millionen für 1995. Gratuliere!

Statistik

AUTOMOBILWELTMEISTER

1950: Dr. Giuseppe Nino Farina (Italien) auf Alfa Romeo
1951: Juan Manuel Fangio (Argentinien) auf Alfa Romeo
1952: Alberto Ascari (Italien) auf Ferrari
1953: Alberto Ascari (Italien) auf Ferrari
1954: Juan Manuel Fangio (Argentinien) auf Maserati und Mercedes
1955: Juan Manuel Fangio (Argentinien) auf Mercedes
1956: Juan Manuel Fangio (Argentinien) auf Ferrari
1957: Juan Manuel Fangio (Argentinien) auf Maserati
1958: Mike Hawthorn (England) auf Ferrari
1959: Jack Brabham (Australien) auf Cooper-Climax
1960: Jack Brabham (Australien) auf Cooper-Climax
1961: Phil Hill (USA) auf Ferrari
1962: Graham Hill (England) auf BRM
1963: Jim Clark (Schottland) auf Lotus-Climax
1964: John Surtees (England) auf Ferrari
1965: Jim Clark (Schottland) auf Lotus-Climax
1966: Jack Brabham (Australien) auf Brabham-Repco
1967: Denis Hulme (Neuseeland) auf Brabham-Repco
1968: Graham Hill (England) auf Lotus-Ford
1969: Jackie Stewart (Schottland) auf Matra-Ford
1970: Jochen Rindt (Österreich) auf Lotus-Ford
1971: Jackie Stewart (Schottland) auf Tyrrell-Ford
1972: Emerson Fittipaldi (Brasilien) auf Lotus-Ford
1973: Jackie Stewart (Schottland) auf Tyrrell-Ford
1974: Emerson Fittipaldi (Brasilien) auf McLaren-Ford
1975: Niki Lauda (Österreich) auf Ferrari
1976: James Hunt (England) auf McLaren-Ford
1977: Niki Lauda (Österreich) auf Ferrari
1978: Mario Andretti (USA) auf Lotus-Ford
1979: Jody Scheckter (Südafrika) auf Ferrari
1980: Alan Jones (Australien) auf Williams-Ford
1981: Nelson Piquet (Brasilien) auf Brabham-Ford
1982: Keke Rosberg (Finnland) auf Williams-Ford
1983: Nelson Piquet (Brasilien) auf Brabham-BMW-Turbo
1984: Niki Lauda (Österreich) auf McLaren-Porsche-Turbo
1985: Alain Prost (Frankreich) auf McLaren-Porsche-Turbo
1986: Alain Prost (Frankreich) auf McLaren-Porsche-Turbo
1987: Nelson Piquet (Brasilien) auf Williams-Honda
1988: Ayrton Senna (Brasilien) auf McLaren-Honda
1989: Alain Prost (Frankreich) auf McLaren-Honda
1990: Ayrton Senna (Brasilien) auf McLaren-Honda
1991: Ayrton Senna (Brasilien) auf McLaren-Honda
1992: Nigel Mansell (England) auf Williams-Renault
1993: Alain Prost (Frankreich) auf Williams-Renault
1994: Michael Schumacher (Deutschland) auf Benetton-Ford

Fahrerweltmeisterschaft 1994

	Brasilien	Pazifik	San Marino	Monaco	Spanien	Kanada	Frankreich	England	Deutschland	Ungarn	Belgien	Italien	Portugal	Europa	Japan	Australien		
1. Michael Schumacher (D) Benetton-Ford	10	10	10	10	6	10	10	–	–	10	–	–	–	10	6	–	=	92
2. Damon Hill (GB) Williams-Renault	6	–	1	–	10	6	6	10	–	6	10	10	10	6	10	–	=	91
3. Gerhard Berger (A) Ferrari	–	6	–	4	–	3	4	–	10	–	–	6	–	2	–	6	=	41
4. Mika Hakkinen (SF) McLaren-Peugeot	–	–	4	–	–	–	–	4	–	–	6	4	4	4	–	–	=	26
5. Jean Alesi (F) Ferrari	4	–	–	2	3	4	–	6	–	–	–	–	–	–	4	1	=	24
6. Rubens Barrichello (BRA) Jordan-Hart	3	4	–	–	–	–	–	3	–	–	3	3	–	–	3	–	=	19
7. Martin Brundle (GB) McLaren-Peugeot	–	–	–	6	–	–	–	–	–	3	–	2	1	–	–	4	=	16
8. David Coulthard (GB) Williams-Renault	–	–	–	–	2	–	3	–	–	–	3	1	6	–	–	–	=	14
9. Nigel Mansell (GB) Williams-Renault	–	–	–	–	–	–	–	–	–	–	–	–	–	–	3	10	=	13
10. Jos Verstappen (NL) Benetton-Ford	–	–	–	–	–	–	–	–	4	4	–	2	–	–	–	–	=	10
11. Olivier Panis (F) Ligier-Renault	–	–	–	–	–	–	–	–	6	1	–	–	–	–	–	2	=	9
12. Mark Blundell (GB) Tyrrell-Yamaha	–	–	–	–	4	–	–	–	–	2	2	–	–	–	–	–	=	8
13. Heinz-Harald Frentzen (D) Sauber-Mercedes	–	2	–	–	–	3	–	–	–	–	–	–	1	1	–	–	=	7
14. Nicola Larini (I) Ferrari	–	–	6	–	–	–	–	–	–	–	–	–	–	–	–	–	=	6
Christian Fittipaldi (BRA) Footwork-Ford	–	3	–	–	–	–	–	3	–	–	–	–	–	–	–	–	=	6
Eddie Ervine (IRL) Jordan-Hart	–	–	–	–	1	–	–	–	–	–	–	–	–	3	2	–	=	6
17. Ukyo Katayama (JPN) Tyrrell-Yamaha	2	–	2	–	–	–	–	1	–	–	–	–	–	–	–	–	=	5
18. Eric Bernard (F) Ligier-Renault	–	–	–	–	–	–	–	–	4	–	–	–	–	–	–	–	=	4
Andrea de Cesaris (I) Lotus-Honda/Sauber-Mercedes	–	–	–	3	–	–	1	–	–	–	–	–	–	–	–	–	=	4
Pierluigi Martini (I) Minardi-Ford	–	–	–	–	2	–	2	–	–	–	–	–	–	–	–	–	=	4
Karl Wendlinger (A) Sauber-Mercedes	1	–	3	–	–	–	–	–	–	–	–	–	–	–	–	–	=	4
22. Gianni Morbidelli (I) Footwork-Ford	–	–	–	–	–	–	–	–	2	–	1	–	–	–	–	–	=	3
23. Erik Comas (F) Larrousse-Ford	–	1	–	–	–	–	–	–	1	–	–	–	–	–	–	–	=	2
24. Michele Alboreto (I) Minardi-Ford	–	–	–	1	–	–	–	–	–	–	–	–	–	–	–	–	=	1
Jyrki Järvi Lehto (SF) Beneton-Ford/Sauber-Mercedes	–	–	–	–	1	–	–	–	–	–	–	–	–	–	–	–	=	1

Konstrukteurbewerb 1994

	Brasilien	Pazifik	San Marino	Monaco	Spanien	Kanada	Frankreich	England	Deutschland	Ungarn	Belgien	Italien	Portugal	Europa	Japan	Australien	=	
Williams-Renault	6	–	1	–	10	8	6	11	–	6	13	11	16	6	13	10	=	118
Benetton-Ford	10	10	10	10	6	11	10	6	–	14	4	–	2	10	6	–	=	103
Ferrari	4	6	6	6	3	7	4	4	10	–	–	6	–	2	4	7	=	71
McLaren-Peugeot	–	–	4	–	–	–	–	3	–	3	6	6	5	4	–	4	=	42
Jordan-Hart	3	4	–	3	1	–	–	2	–	–	–	3	3	3	2	3	=	28
Ligier-Renault	–	–	–	–	–	–	–	–	10	1	–	–	–	–	–	2	=	13
Tyrrell-Yamaha	2	–	2	–	4	–	–	–	–	2	2	–	–	–	–	–	=	13
Sauber-Mercedes	1	2	3	–	–	–	4	–	–	–	–	–	–	1	1	–	=	12
Footwork-Ford	–	3	–	–	–	–	–	–	5	–	1	–	–	–	–	–	=	9
Minardi-Ford	–	–	–	1	2	–	2	–	–	–	–	–	–	–	–	–	=	5
Larrousse-Ford	–	1	–	–	–	–	–	–	1	–	–	–	–	–	–	–	=	2

PLACIERUNGEN ALLER 45 PILOTEN 1994

	Interlagos	Aida	Imola	Monte Carlo	Barcelona	Montreal	Magny-Cours	Silverstone	Hockenheim	Budapest	Spa	Monza	Estoril	Jerez	Suzuka	Adelaide
Schumacher	1	1	1	1	2	1	1	▲	O	1	▲	—	—	1	2	O
Hill	2	O	8	O	1	2	2	1	8	2	1	1	1	2	1	O
Berger	O	2	O	3	O	4	3	O	1	12	O	2	O	5	O	2
Hakkinen	O	O	3	O	O	O	O	3	O	—	2	3	3	3	7	O
Alesi	3	—	—	5	4	3	O	2	O	O	O	O	O	10	3	6
Barrichello	4	3	—	O	O	7	O	4	O	O	O	4	4	12	O	4
Brundle	O	O	8	2	O	O	O	O	O	4	O	5	6	O	O	3
Coulthard	—	—	—	—	O	5	—	5	O	O	4	6	2	—	—	—
Mansell	—	—	—	—	—	—	O	—	—	—	—	—	—	O	4	1
Verstappen	O	O	—	—	—	—	O	8	O	3	3	O	5	O	O	—
Panis	11	9	11	9	7	12	O	12	2	6	7	10	▲	9	11	5
Blundell	O	O	9	O	3	10	10	O	O	5	5	O	O	13	O	O
Frentzen	O	5	7	—	O	O	4	7	O	O	O	O	O	6	6	7
Larini	—	O	2	—	—	—	—	—	—	—	—	—	—	—	—	—
Fittipaldi	O	4	13	O	O	▲	8	9	4	14	O	O	8	17	8	8
Irvine	O	—	—	—	6	O	O	O	O	O	13	O	7	4	5	O
Katayama	5	O	5	O	O	O	O	8	O	O	O	O	O	7	O	O
Bernard	O	10	12	O	8	13	O	13	3	10	10	7	10	18	—	—
Wendlinger	6	O	4	—	—	—	—	—	—	—	—	—	—	—	—	—
de Cesaris	—	—	O	4	—	O	6	O	O	O	O	O	O	—	—	—
Martini	8	O	O	O	5	9	5	10	O	O	O	8	O	12	15	9
Morbidelli	O	O	O	O	O	O	O	O	5	O	O	6	O	9	11	O
Comas	9	6	×	10	O	O	11	O	6	8	O	8	O	O	9	—
Alboreto	O	O	O	6	O	11	O	O	7	O	9	O	13	14	O	O
Lehto	—	—	O	7	O	6	—	O	O	O	O	9	O	—	—	10
Herbert	7	7	10	O	O	8	7	11	O	O	12	O	11	8	O	O
Beretta	O	O	O	8	O	O	O	14	7	9	—	—	—	—	—	—
Lamy	10	8	O	11	—	—	—	—	—	—	—	—	—	—	—	—
Gounon	—	—	—	—	—	—	9	16	O	O	11	O	15	—	—	—
Zanardi	—	—	—	—	9	15	O	O	O	13	O	—	O	16	13	O
Brabham	12	O	O	O	10	14	O	15	O	11	O	O	O	O	12	O
Salo	—	—	—	—	—	—	—	—	—	—	—	—	—	—	10	O
Ratzenberger	●	11	†	—	—	—	—	—	—	—	—	—	—	—	—	—
Lagorce	—	—	—	—	—	—	—	—	—	—	—	—	—	—	O	11
Dalmas	—	—	—	—	—	—	—	—	O	—	—	—	O	14	—	—
Adams	—	—	—	—	—	—	—	—	O	—	16	—	—	—	—	O
Schiattarella	—	—	—	—	—	—	—	—	—	—	—	—	—	19	—	O
Gachot	O	●	O	O	O	O	●	●	●	●	●	●	●	●	●	●
Senna	O	O	†	—	—	—	—	—	—	—	—	—	—	—	—	—
Belmondo	●	●	●	O	O	●	●	●	●	●	●	●	●	●	●	●
Alliot	—	—	—	—	—	—	—	—	—	O	O	—	—	—	—	—
Noda	—	—	—	—	—	—	—	—	—	—	—	—	—	O	O	O
Suzuki	—	O	—	—	—	—	—	—	—	—	—	—	—	—	—	—
Inoue	—	—	—	—	—	—	—	—	—	—	—	—	—	—	O	—
Deletraz	—	—	—	—	—	—	—	—	—	—	—	—	—	—	—	O

Erklärung: Zahl ① = Resultat; O = ausgefallen, gestürzt, aufgegeben; ● = nicht qualifiziert; ▲ = disqualifiziert; × = zurückgezogen; — = nicht gefahren.

Grand-Prix-Sieger 1950–1994

51 Große Preise:	Alain Prost (Frankreich)
41 Große Preise:	Ayrton Senna (Brasilien)
31 Große Preise:	Nigel Mansell (England)
27 Große Preise:	Jackie Stewart (Englad)
25 Große Preise:	Jim Clark (Schottland)
	Niki Lauda (Österreich)
24 Große Preise:	Juan Manuel Fangio (Argentinien)
23 Große Preise:	Nelson Piquet (Brasilien)
16 Große Preise:	Sterling Moss (England)
14 Große Preise:	Jack Brabham (Australien)
	Graham Hill (England)
	Emerson Fittipaldi (Brasilien)
13 Große Preise:	Alberto Ascari (Italien)
12 Große Preise:	Mario Andretti (USA)
	Alan Jones (Australien)
	Carlos Reutemann (Argentinien)
10 Große Preise:	James Hunt (England)
	Ronnie Peterson (Schweden)
	Jody Scheckter (Südafrika)
	Michael Schumacher (Deutschland)
9 Große Preise:	Gerhard Berger (Österreich)
	Damon Hill (England)
8 Große Preise:	Jacky Ickx (Belgien)
	Denis Hulme (Neuseeland)
7 Große Preise:	Rene Arnoux (Frankreich)
6 Große Preise:	Tony Brooks (England)
	John Surtees (England)
	Jochen Rindt (Österreich)
	Gilles Villeneuve (Kanada)
	Jacques Laffitte (Frankreich)
5 Große Preise:	Dr. Giuseppe Nino Farina (Italien)
	Clay Regazzoni (Schweiz)
	John Watson (Irland)
	Keke Rosberg (Finnland)
	Michele Alboreto (Italien)
	Riccardo Patrese (Italien)
4 Große Preise:	Bruce McLaren (Neuseeland)
	Dan Gurney (USA)
3 Große Preise:	Mike Hawthorn (England)
	Peter Collins (England)
	Phil Hill (USA)
	Didier Pironi (Frankreich)
	Thierry Boutsen (Belgien)
2 Große Preise:	Froilan Gonzales (Argentinien)
	Maurice Trintignant (Frankreich)
	Wolfgang Graf Berghe von Trips (Deutschland)
	Pedro Rodrigues (Mexiko)
	Jo Siffert (Schweiz)
	Peter Revson (USA)
	Patrick Depailler (Frankreich)
	Jean-Pierre Jabouille (Frankreich)
	Patrick Tambay (Frankreich)
	Elio de Angelis (Italien)
1 Großer Preis:	Giancarlo Baghetti (Italien)
	Lorenzo Bandini (Italien)
	Jean-Pierre Beltoise (Frankreich)
	Vittorio Brambilla (Italien)
	Joakim Bonnier (Schweden)
	Francois Cevert (Frankreich)
	Luigi Fagioli (Italien)
	Peter Gethin (England)
	Richie Ginther (USA)
	Innes Ireland (Schottland)
	Jochen Mass (Deutschland)
	Luigi Musso (Italien)
	Alessandro Nannini (Italien)
	Gunnar Nilsson (Schweden)
	Carlos Pace (Brasilien)
	Ludovico Scarfiotti (Italien)
	Piero Taruffi (Italien)

Analyse der 16 WM-Läufe 1994

Rennen	Pole-position (Vorsprung)	Führungskilometer		Sieger (Vorsprung)	Schnellste Runde
Interlagos (Brasilien)	Senna + 0,328	Senna Schumacher	90,8 216,3	Schumacher + 26,724	Schumacher
Aida (Pazifik)	Senna + 0,222	Schumacher	307,3	Schumacher + 1:15,300	Schumacher
Imola (San Marino)	Senna + 0,337	Senna Berger Hakkinen Larini Schumacher	25,2 20,1 20,1 25,2 201,7	Schumacher + 54,942	Hill
Monte Carlo (Monaco)	Schumacher + 0,928	Schumacher	259,5	Schumacher + 37,278	Schumacher
Barcelona (Spanien)	Schumacher + 0,651	Hill Schumacher Hakkinen	142,4 128,1 38,0	Hill + 24,166	Schumacher
Montreal (Kanada)	Schumacher + 0,099	Schumacher	307,0	Schumacher + 39,660	Schumacher
Magny-Cours (Frankreich)	Hill + 0,077	Schumacher Hill	276,3 29,7	Schumacher + 12,642	Hill
Silverstone (England)	Hill + 0,003	Hill Schumacher Berger	242,7 40,5 20,2	Hill + 18,778	Hill
Hockenheim (Deutschland)	Berger + 0,430	Berger	307,0	Berger + 54,779	Coulthard
Budapest (Ungarn)	Schumacher + 0,566	Schumacher Hill	269,8 35,7	Schumacher + 20,827	Schumacher
Spa (Belgien)	Barrichello + 0,331	Hill Schumacher Coulthard	196,0 105,0 7,0	Hill + 51,381	Hill
Monza (Italien)	Alesi + 0,134	Hill Alesi Berger Coulthard Hakkinen	150,8 81,2 52,2 17,4 5,8	Hill + 4,930	Hill
Estoril (Portugal)	Berger + 0,158	Barrichello Alesi Berger Coulthard Hill	13,1 17,4 30,5 56,7 191,8	Hill + 0,603	Coulthard
Jerez (Spanien)	Schumacher + 0,130	Schumacher Hill	221,4 84,1	Schumacher + 24,689	Schumacher
Suzuka (Japan)	Schumacher + 0,487	Hill Schumacher	158,3 134,9	Hill + 3,365	Hill
Adelaide (Australien)	Mansell + 0,018	Schumacher Mansell Berger	132,3 136,1 37,8	Mansell + 2,511	Schumacher

Totale Führungskilometer 1994: Schumacher 2600,1; Hill 1231,5; Berger 467,8; Mansell 136,1; Senna 116,0; Alesi 98,6; Coulthard 81,1; Hakkinen 63,9; Larini 25,2; Barrichello 13,1.

Lauf 1 – Großer Preis von Brasilien – Interlagos, 27. März 1994

1. Training (inoffiziell)		2. Training (offiziell)		3. Training (inoffiziell)		4. Training (offiziell)	
1. Senna	1:16,201	1. Senna	1:16,386	1. Senna	1:16,082	1. Senna	1:15,962
2. Schumacher	1:17,168	2. Schumacher	1:16,575	2. Schumacher	1:17,074	2. Schumacher	1:16,290
3. Fittipaldi	1:18,059	3. Alesi	1:17,772	3. Hill	1:17,617	3. Alesi	1:17,385
4. Blundell	1:18,076	4. Wendlinger	1:17,982	4. Alboreto	1:17,818	4. Hill	1:17,554
5. Wendlinger	1:18,134	5. Hakkinen	1:18,122	5. Fittipaldi	1:18,253	5. Frentzen	1:17,806
6. Hakkinen	1:18,580	6. Frentzen	1:18,144	6. Verstappen	1:18,254	6. Morbidelli	1:17,866
7. Morbidelli	1:18,677	7. Hill	1:18,270	7. Morbidelli	1:18,300	7. Wendlinger	1:17,927
8. Berger	1:18,754	8. Martini	1:18,659	8. Alesi	1:18,430	8. Verstappen	1:18,183
9. Alesi	1:18,800	9. Fittipaldi	1:18,730	9. Barrichello	1:18,459	9. Katayama	1:18,194
10. Katayama	1:19,065	10. Barrichello	1:18,759	10. Irvine	1:18,505	10. Fittipaldi	1:18,204
11. Panis	1:19,401	11. Verstappen	1:18,787	11. Comas	1:18,675	11. Blundell	1:18,246
12. Frentzen	1:19,453	12. Brundle	1:18,864	12. Hakkinen	1:18,714	12. Comas	1:18,321
13. Barrichello	1:19,540	13. Berger	1:18,931	13. Katayama	1:18,782	13. Barrichello	1:18,414
14. Verstappen	1:19,625	14. Morbidelli	1:18,970	14. Frentzen	1:18,823	14. Irvine	1:18,751
15. Martini	1:19,815	15. Comas	1:18,990	15. Blundell	1:19,123	15. Berger	1:18,855
16. Comas	1:19,815	16. Blundell	1:19,045	16. Beretta	1:19,625	16. Herbert	1:19,483
17. Alboreto	1:20,004	17. Irvine	1:19,269	17. Martini	1:19,670	17. Beretta	1:19,524
18. Herbert	1:20,123	18. Panis	1:19,304	18. Herbert	1:19,775	18. Panis	1:19,533
19. Bernard	1:20,149	19. Bernard	1:19,396	19. Brundle	1:19,955	19. Hakkinen	1:19,576
20. Brundle	1:20,314	20. Alboreto	1:19,517	20. Bernard	1:20,091	20. Bernard	1:19,633
21. Irvine	1:20,872	21. Katayama	1:19,519	21. Panis	1:20,100	21. Lamy	1:19,975
22. Beretta	1:21,707	22. Herbert	1:19,798	22. Berger	1:20,202	22. Gachot	1:20,729
23. Lamy	1:21,735	23. Beretta	1:19,922	23. Wendlinger	1:20,206	23. Brabham	1:21,186
24. Brabham	1:22,537	24. Lamy	1:21,029	24. Brabham	1:20,396	24. Ratzenberger	1:23,109
25. Ratzenberger	1:23,549	25. Brabham	1:22,266	25. Lamy	1:21,381	25. Brundle	13:18,601
26. Gachot	1:24,372	26. Gachot	1:22,495	26. Gachot	1:22,029		
27. Belmondo	1:25,836	27. Ratzenberger	1:22,707	27. Ratzenberger	1:24,432		
28. Hill	1:51,368			28. Belmondo	3:48,480		

Nicht qualifiziert: Roland Ratzenberger (Simtek-Ford) 1:22,707, Paul Belmondo (Pacific-Ilmor) 1:25,836.

Startaufstellung:

Ayrton Senna
Williams FW16-Renault V10
1:15,962

    Michael Schumacher
    Benetton B194-Ford V8
    1:16,290

Jean Alesi
Ferrari 412 T1
1:17,385

    Damon Hill
    Williams FW16-Renault V10
    1:17,554

Heinz-Harald Frentzen
Sauber C13-Mercedes V10
1:17,806

    Gianni Morbidelli
    Footwork FA15-Ford V8
    1:17,866

Karl Wendlinger
Sauber C13-Mercedes V10
1:17,927

    Mika Hakkinen
    McLaren MP4/9-Peugeot V10
    1:18,122

Jos Verstappen
Benetton B194-Ford V8
1:18,183

    Ukyo Katayama
    Tyrrell 022-Yamaha V10
    1:18,194

Christian Fittipaldi
Footwork FA15-Ford V8
1:18,204

    Mark Blundell
    Tyrrell 022-Yamaha V10
    1:18,246

Erik Comas
Larrousse LH94-Ford V8
1:18,321

    Rubens Barrichello
    Jordan 194-Hart V10
    1:18,414

Pierluigi Martini
Minardi M193B-Ford V8
1:18,659

    Eddie Irvine
    Jordan 194-Hart V10
    1:18,751

Gerhard Berger
Ferrari 412 T1
1:18,855

    Martin Brundle
    McLaren MP4/9-Peugeot V10
    1:18,864

Olivier Panis
Ligier JS39B-Renault V10
1:19,304

    Eric Bernard
    Ligier JS39B-Renault V10
    1:19,396

Johnny Herbert
Lotus 107C-Honda V10
1:19,483

    Michele Alboreto
    Minardi M193B-Ford V8
    1:19,517

Olivier Beretta
Larrousse LH94-Ford V8
1:19,524

    Pedro Lamy
    Lotus 107C-Honda V10
    1:19,975

Bertrand Gachot
Pacific PR01-Ilmor V10
1:20,729

    David Brabham
    Simtek S941-Ford V8
    1:21,186

Geschwindigkeiten auf der Ziellinie (Freitag): Senna 310,3, Berger 306,6, Hill 306,6, Alesi 304,2, Wendlinger 303,4, Frentzen 300,8, Panis 300,0, Irvine 300,0, Barrichello 300,0, Lamy 298,3, ... Schumacher 297,5 km/h. – (Samstag): Berger 305,9, Alesi 305,1, Senna 303,4, Wendlinger 301,7, Katayama 300,0, Schumacher 300,0, Hill 300,0, Frentzen 298,3, Barrichello 297,5, Blundell 297,5 km/h.

Sonntag-Aufwärmtraining: 1. Senna 1:18,667, 2. Wendlinger 1:18,904, 3. Alboreto 1:19,367, 4. Blundell 1:19,650, 5. Alesi 1:19,872, 6. Hill 1:19,874, 7. Barrichello 1:19,892, 8. Katayama 1:19,903, 9. Morbidelli 1:19,943, 10. Schumacher 1:20,035, ... 14. Frentzen 1:20,533, 15. Berger 1:21,127.

Wetter am Renntag: Anfangs bewölkt, dann aufklarend, 31° C; 47 000 Zuschauer.

Distanz: 71 Runden à 4,325 km = 307,075 km.

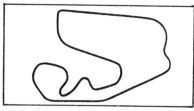

Rekorde: Training: Mansell (Williams-Renault FW14B) 1:15,703 = 205,172 km/h (1992); Rennen: Schumacher (Benetton-Ford B194) 1:18,455 = 198,458 km/h (1994). – Distanz: Schumacher (Benetton-Ford B194) 192,632 km/h (1994).

Boxenstops:

Brundle:	15. Runde:	Reifenwechsel, Auftanken (10,3 sec); Platz 13 – 15
Wendlinger:	17. Runde:	Reifenwechsel, Auftanken (10,5 sec); Platz 8 – 13
Alesi:	18. Runde:	Reifenwechsel, Auftanken (9,1 sec); Platz 4 – 6
Irvine:	18. Runde:	Reifenwechsel, Auftanken (10,7 sec); Platz 10 – 14
Verstappen:	18. Runde:	Reifenwechsel, Auftanken (38,0 sec); Platz 7 – 15
Barrichello:	20. Runde:	Reifenwechsel, Auftanken (9,2 sec); Platz 7 – 10
Senna:	21. Runde:	Reifenwechsel, Auftanken (7,8 sec); Platz 1 – 2
Schumacher:	21. Runde:	Reifenwechsel, Auftanken; Platz 2 – 1
Senna:	44. Runde:	2. Stop, Reifenwechsel, Auftanken (8,5 sec); Platz 2
Schumacher:	45. Runde:	2. Stop, Reifenwechsel, Auftanken (7,4 sec); Platz 1

Ausfälle:

Gachot:	2. Runde:	Unfall mit Beretta; Platz 24
Beretta:	3. Runde:	Folgeschaden von Unfall mit Gachot; Platz 24
Berger:	6. Runde:	Motorschaden; Platz 22
Morbidelli:	6. Runde:	Getriebeschaden; Platz 10
Alboreto:	8. Runde	Motorschaden; Platz 21
Hakkinen:	14. Runde:	Motoraussetzer; Platz 10
Frentzen:	16. Runde:	Dreher; Platz 5
Fittipaldi:	22. Runde:	Getriebeschaden; Platz 19
Blundell:	22. Runde:	Unfall; Platz 6
Bernard:	34. Runde:	Unfall mit Verstappen, Irvine und Brundle; Platz 16
Verstappen:	34. Runde:	Unfall mit Irvine, Bernard und Brundle; Platz 9
Irvine:	34. Runde:	Unfall mit Verstappen, Bernard und Brundle; Platz 8
Brundle:	34. Runde:	Unfall mit Verstappen, Irvine und Bernard; Platz 7
Senna:	56. Runde:	Dreher; Platz 2

Stand nach 1 Runde: 1. Schumacher, 2. Alesi, 3. Schumacher, 4. Hill, 5. Frentzen, 6. Hakkinen, 7. Wendlinger, 8. Berger, 9. Verstappen, 10. Morbidelli.

Stand nach 18 Runden: 1. Senna (77,850 km in 23:53,933 = 195,4 km/h), 2. Schumacher –1,046, 3. Hill –34,725, 4. Alesi –35,580, 5. Barrichello –51,190, 6. Katayama –51,641, 7. Verstappen –52,386, 8. Blundell –57,733, 9. Fittipaldi –1:01,516, 10. Irvine –1:02,313, ... 13. Wendlinger –1:13,116.

Stand nach 36 Runden: 1. Schumacher (155,700 km in 48:10,087 = 193,9 km/h), 2. Senna –5,691, 3. Hill –50,224, 4. Alesi –1:18,263, 5. Wendlinger –1 Runde, 6. Barrichello, 7. Katayama, 8. Herbert, 9. Martini, 10. Comas.

Stand nach 54 Runden: 1. Schumacher (233,550 km in 1.12:28,032 = 193,3 km/h), 2. Senna –6,038, 3. Hill –1 Runde, 4. Alesi, 5. Barrichello, 6. Wendlinger, 7. Katayama, 8. Herbert, 9. Comas, 10. Martini.

Ergebnis:

1. Michael Schumacher (Deutschland), Benetton-Ford	1.35:38,759 = 192,6 km/h	
2. Damon Hill (England), Williams-Renault	1.36:05,483 = 189,0 km/h	1 Runde zurück
3. Jean Alesi (Frankreich), Ferrari	1.36:39,334 = 187,9 km/h	1 Runde zurück
4. Rubens Barrichello (Brasilien), Jordan-Hart	1.36:46,976 = 187,6 km/h	1 Runde zurück
5. Ukyo Katayama (Japan), Tyrell-Yamaha	1.35:49,727 = 186,8 km/h	2 Runden zurück
6. Karl Wendlinger (Österreich), Sauber-Mercedes	1.35:55,372 = 186,6 km/h	2 Runden zurück
7. Johnny Herbert (England), Lotus-Honda	1.36:17,478 = 185,9 km/h	2 Runden zurück
8. Pierluigi Martini (Italien), Minardi-Ford	1.36:55,657 = 184,7 km/h	2 Runden zurück
9. Eric Comas (Frankreich), Larrousse-Ford	1.35:44,573 = 184,3 km/h	3 Runden zurück
10. Pedro Lamy (Portugal), Lotus-Honda	1.36:43,164 = 182,4 km/h	3 Runden zurück
11. Olivier Panis (Frankreich), Ligier-Renault	1.36:44,654 = 182,3 km/h	3 Runden zurück
12. David Brabham (Australien), Simtek-Ford	1.36:37,723 = 179,9 km/h	4 Runden zurück
13. Ayrton Senna (Brasilien), Williams-Renault	1.13:53,402 = 193,1 km/h	16 Runden zurück

Senna bei Rennschluß nicht mehr im Rennen, aber gewertet.

Schnellste Runde: Schumacher (Benetton-Ford) 1:18,455 = 198,458 km/h (7. Runde).

Schnellste Runde jedes Fahrers im Rennen: Schumacher 1:18,455 (7.), Senna 1:18,764 (11.), Hill 1:20,386 (21.), Alesi 1:20,452 (12.), Brundle 1:20,717 (17.), Barrichello 1:20,809 (56.), Katayama 1:20,842 (34.), Verstappen 1:20,896 (8.), Frentzen 1:20,907 (12.), Wendlinger 1:20,987 (8.), Hakkinen 1:20,989 (6.), Blundell 1:21,039 (19.), Morbidelli 1:21,570 (3.), Fittipaldi 1:21,582 (8.), Irvine 1:21,696 (8.), Comas 1:21,756 (30.), Martini 1:21,872 (13.), Herbert 1:22,007 (40.), Berger 1:22,021 (4.), Alboreto 1:22,088 (5.), Panis 1:22,744 (38.), Lamy 1:23,234 (11.), Bernard 1:23,459 (13.), Brabham 1:23,911 (29.), Beretta 1:38,618 (1.), Gachot 1:39,561 (1.).

WM-Stand: 1. Schumacher 10, 2. Hill 6, 3. Alesi 4, 4. Barrichello 3, 5. Katayama 2, 6. Wendlinger 1.

Konstrukteur-WM: 1. Benetton-Ford 10, 2. Williams-Renault 6, 3. Ferrari 4, 5. Jordan-Hart 3, 5. Tyrrell-Yamaha 2, 6. Sauber-Mercedes 1.

Piloten/Runde		ERGEBNIS
SENNA	1	SCHUMACHER
ALESI	2	HILL
SCHUMACHER	3	ALESI
HILL	4	BARRICHELLO
FRENTZEN	5	KATAYAMA
HAKKINEN	6	WENDLINGER
WENDLINGER	7	HERBERT
BERGER	8	MARTINI
VERSTAPPEN	9	COMAS
MORBIDELLI	10	LAMY
BARRICHELLO	11	PANIS
KATAYAMA	12	BRABHAM
IRVINE	13	
FITTIPALDI	14	
BLUNDELL	15	
BRUNDLE	16	
MARTINI	17	
HERBERT	18	
COMAS	19	
ALBORETO	20	
PANIS	21	
BERNARD	22	
BERETTA	23	
LAMY	24	
GACHOT	25	
BRABHAM	26	

Lauf 2 – Großer Preis von Pazifik – Aida, 17. April 1994

Donnerstag-Informationstraining: 1. Schumacher 1:11,307, 2. Senna 1:12,572, 3. Hill 1:12,601, 4. Hakkinen 1:13,169, 5. Verstappen 1:13,703, 6. Fittipaldi 1:13,727, 7. Berger 1:13,783, 8. Frentzen 1:13,867, 9. Comas 1:13,906, 10. Wendlinger 1:14,335, ... 27. Ratzenberger 1:18,047.

1. Training (inoffiziell)		2. Training (offiziell)		3. Training (inoffiziell)		4. Training (offiziell)	
1. Senna	1:10,223	1. Senna	1:10,218	1. Schumacher	1:11,852	1. Hill	1:12,048
2. Schumacher	1:11,223	2. Schumacher	1:10,440	2. Senna	1:12,067	2. Berger	1:12,184
3. Comas	1:12,230	3. Hill	1:10,771	3. Frentzen	1:12,937	3. Fittipaldi	1:12,444
4. Hill	1:12,323	4. Hakkinen	1:11,683	4. Larini	1:13,021	4. Verstappen	1:12,881
5. Hakkinen	1:12,722	5. Berger	1:11,744	5. Hakkinen	1:13,101	5. Blundell	1:12,751
6. Barrichello	1:12,827	6. Brundle	1:12,351	6. Verstappen	1:13,223	6. Frentzen	1:12,797
7. Brundle	1:13,103	7. Larini	1:12,372	7. Barrichello	1:13,613	7. Alboreto	1:13,016
8. Berger	1:13,152	8. Barrichello	1:12,409	8. Fittipaldi	1:13,691	8. Morbidelli	1:13,090
9. Frentzen	1:13,424	9. Verstappen	1:12,554	9. Brundle	1:13,716	9. Barrichello	1:13,172
10. Verstappen	1:13,623	10. Frentzen	1:12,686	10. Berger	1:13,819	10. Katayama	1:13,411
11. Panis	1:13,658	11. Morbidelli	1:12,866	11. Alboreto	1:14,017	11. Comas	1:13,550
12. Blundell	1:13,757	12. Blundell	1:13,013	12. Martini	1:14,116	12. Martini	1:13,758
13. Martini	1:13,778	13. Katayama	1:13,013	13. Morbidelli	1:14,140	13. Suzuki	1:13,932
14. Fittipaldi	1:13,936	14. Comas	1:13,111	14. Wendlinger	1:14,323	14. Wendlinger	1:14,163
15. Wendlinger	1:13,984	15. Fittipaldi	1:13,169	15. Hill	1:14,365	15. Bernard	1:14,204
16. Morbidelli	1:14,147	16. Alboreto	1:13,342	16. Suzuki	1:14,526	16. Beretta	1:14,271
17. Katayama	1:14,175	17. Martini	1:13,529	17. Blundell	1:14,538	17. Herbert	1:14,424
18. Larini	1:14,253	18. Bernard	1:13,613	18. Comas	1:14,714	18. Panis	1:14,667
19. Herbert	1:14,357	19. Wendlinger	1:13,855	19. Katayama	1:14,806	19. Brabham	1:14,748
20. Suzuki	1:14,436	20. Suzuki	1:14,036	20. Beretta	1:14,837	20. Lamy	1:15,148
21. Alboreto	1:14,746	21. Beretta	1:14,101	21. Herbert	1:14,962	21. Ratzenberger	1:16,356
22. Brabham	1:14,923	22. Panis	1:14,106	22. Panis	1:15,008	22. Belmondo	1:17,450
23. Lamy	1:14,985	23. Herbert	1:14,538	23. Bernard	1:15,608	23. Gachot	1:18,571
24. Beretta	1:15,093	24. Lamy	1:14,657	24. Lamy	1:15,836	24. Senna	1:19,304
25. Bernard	1:15,772	25. Brabham	1:14,946	25. Brabham	1:15,946	25. Larini	5:32,428
26. Ratzenberger	1:16,931	26. Gachot	1:16,927	26. Ratzenberger	1:16,289		
27. Gachot	1:17,218	27. Belmondo	1:18,671	27. Belmondo	1:18,536		
28. Belmondo	1:19,597			28. Gachot	1:18,586		

Nicht qualifiziert: Bertrand Gachot (Pacifik-Ilmor) 1:16,927, Paul Belmondo (Pacifik-Ilmor) 1:18,671.

Startaufstellung:

Ayrton Senna
Williams FW16-Renault V10
1:10,218

    Damon Hill
    Williams FW16-Renault V10
    1:10,771

Michael Schumacher
Benetton B194-Ford V8
1:10,440

    Mika Hakkinen
    McLaren MP4/9-Peugeot V10
    1:11,683

Gerhard Berger
Ferrari 412 T1
1:11,744

    Nicola Larini
    Ferrari 412 T1
    1:12,372

Martin Brundle
McLaren MP4/9-Peugeot V10
1:12,351

    Rubens Barrichello
    Jordan 194-Hart V10
    1:12,409

Christian Fittipaldi
Footwork FA15-Ford V8
1:12,466

    Heinz-Harald Frentzen
    Sauber C13-Mercedes V10
    1:12,686

Jos Verstappen
Benetton B194-Ford V8
1:12,554

    Mark Blundell
    Tyrrell 022-Yamaha V10
    1:12,751

Gianni Morbidelli
Footwork FA15-Ford V8
1:12,866

    Michele Alboreto
    Minardi M193B-Ford V8
    1:13,016

Ukyo Katayama
Tyrrell 022-Yamaha V10
1:13,013

    Erik Comas
    Larrousse LH94-Ford V8
    1:13,111

Pierluigi Martini
Minardi M193B-Ford V8
1:13,529 Karl Wendlinger

    Sauber C13-Mercedes V10
    1:13,613

Eric Bernard
Ligier JS39B-Renault V10
1:13,855

    Aguri Suzuki
    Jordan 194-Hart V10
    1:13,932

Olivier Beretta
Larrousse LH94-Ford V8
1:14,101

    Olivier Panis
    Ligier JS39B-RenaultV10
    1:14,106

Johnny Herbert
Lotus 107C-Honda V10
1:14,424

    Roland Ratzenberger
    Simtek S941-Ford V8
    1:16,356

David Brabham
Simtek S941-Ford V8
1:14,748

    Pedro Lamy
    Lotus 107C-Honda V10
    1:14,657

Geschwindigkeiten auf der Ziellinie (Freitag): Larini 287,2, Frentzen 283,5, Hill 282,7, Berger 282,0, Wendlinger 281,3, Senna 280,5, Blundell 277,6, Barrichello 276,9, Katayama 275,5, Comas 274,1 km/h. – Schumacher 274,1 km/h. – (Samstag): Berger 285,0, Katayama 279,8, Suzuki 279,1, Senna 278,4, Hill 277,6, Frentzen 276,9, Blundell 276,9, Wendlinger 276,2, Morbidelli 274,8, Bernard 274,1, ... Ratzenberger 272,7 km/h, Schumacher (ohne Zeit). – (Sonntag): Berger 284,2, Brundle 278,4, Comas 276,2, Fittipaldi 274,8, Hakkinen 273,4, Hill 273,4, Frentzen 273,4, Wendlinger 273,4, Barrichello 272,7, Schumacher 272,7, ... Ratzenberger 265,4 km/h.

Geschwindigkeiten am Sector 1 (Freitag): Larini 277,6, Hill 276,2, Berger 275,5, Wendlinger 274,8, Senna 274,8, Frentzen 273,4, Suzuki 272,7, Blundell 272,0, Gachot 271,4, Schumacher 271,4 km/h. – (Samstag): Berger 276,9, Senna 276,9, Katayama 274,8, Hill 274,1, Suzuki 272,7, Blundell 272,7, Larini 272,0, Herbert 270,7, Frentzen 270,0, Verstappen 270,0, ... Wendlinger 268,7, Schumacher 266,7, Ratzenberger 265,4 km/h. – (Sonntag): Berger 275,5, Comas 271,4, Hill 271,4, Frentzen 268,7, Wendlinger 268,7, Barrichello 268,7, Suzuki 268,7, Schumacher 268,7, Brundle 268,0, Panis 266,7, ... Ratzenberger 258,4 km/h.

Geschwindigkeiten am Sector 2 (Freitag): Larini 297,5, Wendlinger 291,9, Berger 291,1, Frentzen 288,0, Hill 287,2, Senna 285,0, Panis 284,2, Katayama 284,2, Suzuki 283,5, Blundell 282,0 km/h. – (Samstag): Berger 293,5, Hill 285,7, Katayama 283,5, Suzuki 282,7, Senna 282,7, Frentzen 282,0, Wendlinger 281,3, Blundell 278,4, Herbert 277,6, Brabham 276,9, ... Ratzenberger 273,4, Schumacher 268,7 km/h. – (Sonntag): Berger 295,9, Hill 295,9, Comas 289,5, Wendlinger 288,8, Brundle 288,0, Frentzen 288,0, Barrichello 287,2, Suzuki 287,2, Herbert 285,0, Verstappen 285,0, ... Ratzenberger 283,5, Schumacher 281,3 km/h.

Sonntag-Aufwärmtraining: 1. Senna 1:12,872, 2. Hill 1:12,916, 3. Berger 1:13,653, 4. Wendlinger 1:13,665, 5. Schumacher 1:13,744, 6. Blundell 1:13,825, 7. Comas 1:13,834, 8. Hakkinen 1:14,098, 9. Fittipaldi 1:14,116, 10. Frentzen 1:14,148, ... 26. Ratzenberger 1:17,110.

Wetter am Renntag: Leicht bedeckt, warm; 55 000 Zuschauer.

Distanz: 83 Runden à 3,703 km = 307,349 km.

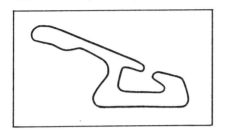

Rekorde: Training: Senna (Williams-Renault FW16 1:10,218 = 189,849 km/h (1994); Rennen: Schumacher (Benetton-Ford B194) 1:14,023 = 180,090 km/h (1994). – Distanz: Schumacher (Benetton-Ford B194) 173,925 km/h (1994).

Boxenstops:

Hill:	19. Runde:	Reifenwechsel, Auftanken; Platz 4 – 10
Schumacher:	22. Runde:	Reifenwechsel, Auftanken (8,0 sec); Platz 1
Brundle:	28. Runde:	Reifenwechsel, Auftanken; Platz 4 – 6
Berger:	28. Runde:	Reifenwechsel, Auftanken; Platz 2 – 4
Barrichello:	32. Runde:	Reifenwechsel, Auftanken; Platz 2 – 4
Hill:	42. Runde:	2. Stop, Reifenwechsel, Auftanken (6,9 sec); Platz 2
Schumacher:	50. Runde:	2. Stop, Reifenwechsel, Auftanken (8,3 sec); Platz 1
Brundle:	52. Runde:	2. Stop, Reifenwechsel, Auftanken (9,5 sec); Platz 4 – 5
Verstappen:	54. Runde:	Reifenwechsel, Auftanken (9,2 sec); Platz 4 – 5
Berger:	56. Runde:	2. Stop, Reifenwechsel, Auftanken (7,7 sec); Platz 2 – 3
Barrichello:	63. Runde:	2. Stop, Reifenwechsel, Auftanken; Platz 2 – 4

Ausfälle:

Senna:	1. Runde:	Unfall mit Hakkinen; Platz 2
Larini:	1. Runde:	Unfall mit Senna; Platz 7
Blundell:	1. Runde:	Unfall mit Comas; Platz 12
Brabham:	3. Runde:	Elektrikschaden; Platz 18
Beretta:	15. Runde:	Elektrikschaden; Platz 16
Hakkinen:	20. Runde:	Kein Hydraulikdruck; Platz 9
Katayama:	43. Runde:	Motorschaden; Platz 14
Suzuki:	45. Runde:	Lenkungsdefekt; Platz 13
Hill:	50. Runde:	Getriebeschaden; Platz 2
Verstappen:	55. Runde:	Dreher; Platz 5
Martini:	64. Runde:	Dreher; Platz 10
Brundle:	68. Runde:	Motor überhitzt; Platz 3
Wendlinger:	70. Runde:	Unfall mit Alboreto; Platz 6
Alboreto:	70. Runde:	Unfall mit Wendlinger; Platz 6
Morbidelli:	70. Runde:	Motorschaden; Platz 5

Stand nach 1 Runde: 1. Schumacher, 2. Hakkinen, 3. Hill, 4. Berger, 5. Barrichello, 6. Brundle, 7. Fittipaldi, 8. Frentzen, 9. Verstappen, 10. Morbidelli, ... 15. Wendlinger, 21. Ratzenberger.

Stand nach 21 Runden: 1. Schumacher (77,763 km in 26:13,970 = 177,8 km/h), 2. Berger –41,043, 3. Barrichello –44,921, 4. Brundle –45,614, 5. Fittipaldi –49,410, 6. Frentzen –50,875, 7. Verstappen –51,950, 8. Hill –56,271, 9. Morbidelli –57,966, 10. Martini –1:07,642, ... 12. Wendlinger –1 Runde, 18. Ratzenberger.

Stand nach 42 Runden: 1. Schumacher (155,526 km in 53:06,262 = 175,7 km/h), 2. Hill –52,368, 3. Berger –55,630, 4. Barrichello –1:09,469, 5. Brundle –1 Runde, 6. Fittipaldi, 7. Verstappen, 8. Frentzen, 9. Morbidelli, 10. Wendlinger, ... 18. Ratzenberger –3 Runden.

Stand nach 63 Runden: 1. Schumacher (233,289 km in 1.20:00,651 = 174,9 km/h), 2. Berger –1:14,665, 3. Brundle –1 Runde, 4. Barrichello, 5. Fittipaldi, 6. Morbidelli, 7. Frentzen, 8. Alboreto, 9. Wendlinger – 2 Runden, 10. Martini, ... 16. Ratzenberger –4 Runden.

Ergebnis:
1. Michael Schumacher (Deutschland), Benetton-Ford	1.46:01,693 = 173,9 km/h	
2. Gerhard Berger (Österreich), Ferrari	1.47:16,993 = 171,8 km/h	1:15,300 zurück
3. Rubens Barrichello (Brasilien), Jordan-Hart	1.46:17,605 = 171,4 km/h	1 Runde zurück
4. Christian Fittipaldi (Brasilien), Footwork-Ford	1.46:58,555 = 170,3 km/h	1 Runde zurück
5. Heinz-Harald Frentzen (Deutschland), Sauber-Mercedes	1.47:08,922 = 170,0 km/h	1 Runde zurück
6. Erik Comas (Frankreich), Larrousse-Ford	1.46:04,616 = 167,5 km/h	3 Runden zurück
7. Johnny Herbert (England), Lotus-Honda	1.47:05,707 = 165,9 km/h	3 Runden zurück
8. Pedro Lamy (Portugal), Lotus-Honda	1.46:30,007 = 164,8 km/h	4 Runden zurück
9. Olivier Panis (Frankreich), Ligier-Renault	1.46:11,749 = 163,1 km/h	5 Runden zurück
10. Eric Bernard (Frankreich), Ligier-Renault	1.46:33,365 = 162,6 km/h	5 Runden zurück
11. Roland Ratzenberger (Österreich), Simtek-Ford	1.47:01,984 = 161,9 km/h	5 Runden zurück

Schnellste Runde: Schumacher (Benetton-Ford) 1:14,023 = 180,090 km/h (10. Runde).

Schnellste Runde jedes Fahrers im Rennen: Schumacher 1:14,023 (10.), Hill 1:14,348 (45.), Brundle 1:14,684 (54.), Hakkinen 1:14,697 (8.), Verstappen 1:15,257 (49.), Fittipaldi 1:15,884 (26.), Berger 1:15,931 (24.), Alboreto 1:15,994 (44.), Barrichello 1:16,061 (64.), Comas 1:16,120 (3.), Frentzen 1:16,239 (51.), Morbidelli 1:16,304 (32.), Katayama 1:16,482 (40.), Martini 1:16,639 (56.), Wendlinger 1:16,651 (27.), Panis 1:16,795 (2.), Suzuki 1:17.015 (32.), Bernard 1:17,390 (45.), 19. Herbert 1:17,775 (29.), Beretta 1:17,880 (9.), Lamy 1:18,527 (12), Ratzenberger 1:19,248 (9.), 23. Brabham 1:19,401 (2.), Senna, Blundell, Larini (ohne Zeit).

WM-Stand: 1. Schumacher 20, 2. Barrichello 7, 3. Berger, Hill je 6, 5. Alesi 4, 6. Fittipaldi 3, 7. Frentzen, Katayama je 2, 9. Comas, Wendlinger je 1.

Konstrukteur-WM: 1. Benetton-Ford 20, 2. Ferrari 10, 3. Jordan-Hart 7, 4. Williams-Renault 6, 5. Sauber-Mercedes, Footwork-Ford je 3, 7. Tyrrell-Yamaha 2, Larrousse-Ford 1.

Lauf 3 – Großer Preis von San Marino – Imola, 1. Mai 1994

1. Training (inoffiziell)		2. Training (offiziell)		3. Training (inoffiziell)		4. Training (offiziell)	
1. Senna	1:21,598	1. Senna	1:21,548	1. Senna	1:22,083	1. Schumacher	1:21,885
2. Hill	1:22,755	2. Schumacher	1:22,015	2. Schumacher	1:22,200	2. Hill	1:22,168
3. Schumacher	1:22,848	3. Berger	1:22,113	3. Hill	1:23,234	3. Berger	1:22,226
4. Berger	1:23,067	4. Lehto	1:22,717	4. Brundle	1:23,246	4. Larini	1:23,006
5. Hakkinen	1:23,495	5. Larini	1:22,841	5. Wendlinger	1:23,396	5. Hakkinen	1:23,140
6. Lehto	1:24,066	6. Frentzen	1:23,119	6. Larini	1:23,596	6. Katayama	1:23,322
7. Larini	1:24,189	7. Hill	1:23,199	7. Berger	1:23,732	7. Wendlinger	1:23,347
8. Martini	1:24,428	8. Hakkinen	1:23,611	8. Frentzen	1:23,742	8. Blundell	1:23,831
9. Brundle	1:24,449	9. Morbidelli	1:23,663	9. Lehto	1:23,747	9. Brundle	1:23,858
10. Barrichello	1:24,508	10. Blundell	1:23,703	10. Blundell	1:23,857	10. Lehto	1:24,029
11. Morbidelli	1:24,591	11. Wendlinger	1:23,788	11. Katayama	1:24,013	11. Martini	1:24,423
12. Alboreto	1:24,662	12. Katayama	1:24,000	12. Hakkinen	1:24,092	12. Fittipaldi	1:24,472
13. Bernard	1:24,671	13. Martini	1:24,078	13. Morbidelli	1:24,347	13. Morbidelli	1:24,682
14. Fittipaldi	1:24,847	14. Alboreto	1:24,276	14. Fittipaldi	1:24,719	14. Alboreto	1:24,780
15. Katayama	1:25,023	15. Brundle	1:24,443	15. Alboreto	1:25,045	15. Comas	1:24,852
16. Blundell	1:25,519	16. Fittipaldi	1:24,655	16. Martini	1:25,092	16. Herbert	1:25,141
17. Herbert	1:25,549	17. Bernard	1:24,678	17. Comas	1:25,578	17. Panis	1:25,160
18. Frentzen	1:25,589	18. Panis	1:24,996	18. Lamy	1:25,583	18. Lamy	1:25,295
19. Panis	1:25,670	19. Herbert	1:25,114	19. Panis	1:25,641	19. de Cesaris	1:25,872
20. Comas	1:25,849	20. de Cesaris	1:25,234	20. Bernard	1:25,924	20. Beretta	1:25,991
21. Gachot	1:27,003	21. Comas	1:26,295	21. de Cesaris	1:25,992	21. Brabham	1:26,817
22. Wendlinger	1:27,008	22. Lamy	1:26,453	22. Herbert	1:26,491	22. Gachot	1:27,143
23. de Cesaris	1:27,106	23. Beretta	1:27,179	23. Beretta	1:26,631	23. Ratzenberger	1:27,584
24. Brabham	1:27,250	24. Brabham	1:27,607	24. Brabham	1:26,904	24. Belmondo	1:27,881
25. Lamy	1:27,663	25. Ratzenberger	1:27,657	25. Ratzenberger	1:27,371	25. Bernard	1:40,411
26. Ratzenberger	1:27,917	26. Gachot	1:27,732	26. Belmondo	1:28,435		
27. Beretta	1:28,001	27. Belmondo	1:28,361	27. Gachot	1:28,722		
28. Belmondo	1:28,780						

Nicht qualifiziert: Paul Belmondo (Pacifik-Ilmor) 1:27,881.

Nicht am Start: Rubens Barrichello (Jordan-Hart) 14:57,323 (schwerer Unfall im ersten Qualifikationstraining); Roland Ratzenberger (Simtek-Ford) 1:27,657 (tödlicher Unfall im Abschlußtraining).

Startaufstellung:

Ayrton Senna
Williams FW16-Renault V10
1:21,548

Michael Schumacher
Benetton B194-Ford V8
1:21,885

Gerhard Berger
Ferrari 412 T1 V12
1:22,113

Damon Hill
Williams FW16-Renault V10
1:22,168

J.J. Lehto
Benetton B194-Ford V8
1:22,717

Nicola Larini
Ferrari 412 T1 V12
1:22,841

Heinz-Harald Frentzen
Sauber C13-Mercedes V10
1:23,119

Mika Hakkinen
McLaren MP4/9-Peugeot V10
1:23,140

Ukyo Katayama
Tyrrell 022-Yamaha V10
1:23,322

Karl Wendlinger
Sauber C13-Mercedes V10
1:23,347

Gianni Morbidelli
Footwork FA15-Ford V8
1:23,663

Mark Blundell
Tyrrell 022-Yamaha V10
1:23,703

Martin Brundle
McLaren MP4/9-Peugeot V10
1:23,858

Pierluigi Martini
Minardi M193B-Ford V8
1:24,078

Christian Fittipaldi
Footwork FA15-Ford V8
1:24,472

Michele Alboreto
Minardi M193B-Ford V8
1:24,276

Eric Bernard
Ligier JS39B-Renault V10
1:24,678

Erik Comas
Larrousse LH94-Ford V8
1:24,852

Johnny Herbert
Lotus 107C-Honda V10
1:25,114

Olivier Panis
Ligier JS39B-Renault V10
1:24,996

Pedro Lamy
Lotus 107C-Honda V10
1:25,295

Andrea de Cesaris
Jordan 194-Hart V10
1:25,234

Olivier Beretta
Larrousse LH94-Ford V8
1:25,991

David Brabham
Simtek S941-Ford V8
1:26,817

Bertrand Gachot
Pacific PR01-Ilmor V10
1:27,143

Geschwindigkeiten auf der Ziellinie (Freitag): Larini 270,0, Berger 268,2, Katayama 265,2, Blundell 264,6, Hill 264,0, Panis 262,8, Fittipaldi 262,8, Schumacher 262,8, Bernard 262,3, Frentzen 262,3, Wendlinger 262,3, Senna 262,3, ... Ratzenberger 251,2 km/h. – (Samstag): Berger 270,0, Larini 269,4, Katayama 264,6, Blundell 262,8, Panis 262,3, Hakkinen 260,5, Comas 260,0, Lamy 260,0, Hill 260,0, Wendlinger 259,4, ... Schumacher 258,3, ... Ratzenberger 249,6 km/h.

Geschwindigkeiten am Sector 1 (Freitag): Panis 330,3, Senna 330,3, Larini 329,3, Berger 327,3, Hill 327,3, Barrichello 326,3, Schumacher 326,3, Alboreto 324,3, Martini 323,4, Lamy 322,4, ... Ratzenberger 320,5, ... Wendlinger 319,5, ... Frentzen 318,6 km/h. – (Samstag): Berger 335,4, Larini 331,3, Brundle 327,3, Katayama 325,3, Beretta 324,3, Schumacher 324,3, Martini 323,4, Comas 323,4, Hakkinen 323,4, Fittipaldi 322,4, ... Ratzenberger 315,8, Wendlinger 315,8 km/h.

Geschwindigkeiten am Sector 2 (Freitag): Senna 225,0, Larini 222,7, Berger 221,3, Martini 218,2, Lehto 218,6, Barrichello 218,2, Morbidelli 217,7, Frentzen 217,7, Schumacher 217,7, Bernard 217,3, ... Wendlinger 216,4, ... Ratzenberger 209,3 km/h. – (Samstag): Berger 224,5, Larini 222,7, Hill 222,2, Katayama 220,4, Schumacher 220,4, Hakkinen 218,2, Blundell 217,7, Lehto 217,3, Brundle 216,9, Lamy 216,9, Wendlinger 216,4, ... Ratzenberger 211,4 km/h.

Sonntag-Aufwärmtraining: 1. Senna 1:22,597, 2. Hill 1:23,449, 3. Larini 1:23,795, 4. Wendlinger 1:23,922, 5. Berger 1:24,302, 6. Fittipaldi 1:24,396, 7. Morbidelli 1:24,468, 8. Lehto 1:24,856, 9. Blundell 1:24,891, 10. Hakkinen 1:24,924, 11. Schumacher 1:24,978, ... 13. Frentzen 1:25,133.

Wetter am Renntag: Leicht bedeckt; heiß; 120 000 Zuschauer.

Distanz: 58 Runden à 5,040 km = 292,320 km.

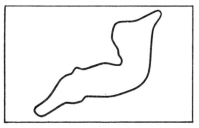

Rekorde: Training: Senna (Williams-Renault FW16) 1:21,548 = 222,495 km/h (1994); Rennen: Hill (Williams-Renault FW16) 1:24,335 = 215,142 km/h (1994). – Distanz: Mansell (Williams-Renault FW14B) 204,596 km/h (1992).

Boxenstops:
Hill:	6. Runde:	Reifenwechsel, Auftanken (ohne Zeit); Platz 4 – 21
Schumacher:	13. Runde:	Reifenwechsel, Auftanken (10,1 sec, total 22,226 sec); Platz 2 – 7
Berger:	15. Runde:	Reifenwechsel, Auftanken (7,7 sec, total 20,219 sec); Platz 1 – 4
de Cesaris:	15. Runde:	Reifenwechsel, Auftanken (total 25,751 sec); Platz 20
Herbert:	16. Runde:	Reifenwechsel, Auftanken (total 21,721 sec); Platz 17 – 19
Hakkinen:	18. Runde:	Reifenwechsel, Auftanken (total 21,705 sec); Platz 1 – 6
Blundell:	20. Runde:	Reifenwechsel, Auftanken (total 23,713 sec); Platz 10 – 11
Bernard:	20. Runde:	Reifenwechsel, Auftanken (total 55,371 sec); Platz 12 – 18
Gachot:	20. Runde:	Reifenwechsel, Auftanken (total 37,006 sec); Platz 16 – 19
Morbidelli:	21. Runde:	Reifenwechsel, Auftanken (total 25,398 sec); Platz 5 – 9
Katayama:	21. Runde:	Reifenwechsel, Auftanken (total 22,256 sec); Platz 3 – 7
Panis:	22. Runde:	Reifenwechsel, Auftanken (total 21,326 sec); Platz 10 – 13
Fittipaldi:	23. Runde:	Reifenwechsel, Auftanken (total 21,193 sec); Platz 4 – 5
Martini:	23. Runde:	Reifenwechsel, Auftanken (total 23,669 sec); Platz 9 – 10
Frentzen:	24. Runde:	Reifenwechsel, Auftanken (total 24,356 sec); Platz 6 – 8
Alboreto:	27. Runde:	Reifenwechsel, Auftanken (total 24,607 sec); Platz 12 – 16
Larini:	30. Runde:	Reifenwechsel, Auftanken (total 23,539 sec); Platz 2
Frentzen:	30. Runde:	2. Stop, Reifenwechsel, Auftanken (total 37,857 sec); Platz 9 – 11
Schumacher:	31. Runde:	2. Stop, Reifenwechsel, Auftanken (total 20,358 sec); Platz 1
Wendlinger:	37. Runde:	Reifenwechsel, Auftanken (9,0 sec, total 22,260 sec); Platz 4 – 7
Hakkinen:	38. Runde:	2. Stop, Reifenwechsel, Auftanken (7,7 sec, total 20,763 sec); Platz 3 – 6
Hill:	38. Runde:	2. Stop, Reifenwechsel, Auftanken (total 21,532 sec); Platz 9 – 10
Brundle:	39. Runde:	Reifenwechsel, Auftanken (9,8 sec, total 37,899 sec); Platz 8 – 10
Frentzen:	44. Runde:	3. Stop, Reifenwechsel, Auftanken (total 20,493 sec); Platz 7 – 8
Schumacher:	44. Runde:	3. Stop, Reifenwechsel, Auftanken (total 15,946 sec); Platz 1
Alboreto:	45. Runde:	2. Stop, Reifenwechsel, Auftanken (total 23,740 sec); Platz 13

Ausfälle:
Lehto:	1. Runde:	Unfall mit Lamy; Platz 21
Lamy:	1. Runde:	Unfall mit Lehto; Platz 22
Comas:	6. Runde:	Vibrationen; Platz 17
Senna:	6. Runde:	Unfall; Platz 1
Berger:	17. Runde:	Auto unfahrbar; Platz 20
Beretta:	18. Runde:	Motorschaden; Platz 20
Gachot:	24. Runde:	Kein Öldruck; Platz 19
Brabham:	28. Runde:	Platter Reifen; Platz 18
Martini:	38. Runde:	Motorschaden; Platz 14
Morbidelli:	41. Runde:	Motor überhitzt; Platz 7
Alboreto:	45. Runde:	Rad verloren; Platz 11
de Cesaris:	50. Runde:	Unfall; Platz 10
Fittipaldi:	55. Runde:	Dreher aufgrund schwacher Bremsen; Platz 5

Stand nach 1 Runde: 1. Senna, 2. Schumacher, 3. Berger, 4. Hill, 5. Frentzen, 6. Hakkinen, 7. Larini, 8. Wendlinger, 9. Katayama, 10. Brundle.

Stand nach 16 Runden: 1. Hakkinen (80,640 km in 28:05,266 = 172,260 km/h), 2. Schumacher –1,388, 3. Larini –2,201, 4. Wendlinger –3,615, 5. Berger –5,419, 6. Katayama –8,784, 7. Morbidelli –12,281, 8. Fittipaldi –15,859, 9. Frentzen –20,066, 10. Martini –26,738.

Stand nach 31 Runden: 1. Schumacher (156,240 km in 49:40,780 = 188,697 km/h), 2. Larini –21,540, 3. Hakkinen –27,756, 4. Wendlinger –33,308, 5. Katayama –37,002, 6. Morbidelli –39,465, 7. Fittipaldi –41,879, 8. Brundle –56,011, 9. Hill –1:09,792, 10. Martini –1:17,748, 11. Frentzen –1:23,713.

Stand nach 46 Runden: 1. Schumacher (231,840 km in 1.11:14,010 = 195,279 km/h), 2. Larini –31:814, 3. Hakkinen –1:04,432, 4. Wendlinger –1:07,055, 5. Katayama –1:15,033, 6. Fittipaldi –1:18,927, 7. Hill –1:25,162, 8. Frentzen –1 Runde, 9. Brundle, 10. de Cesaris.

Ergebnis:
1. Michael Schumacher (Deutschland), Benetton-Ford — 1.28:28,642 = 198,233 km/h
2. Nicola Larini (Italien), Ferrari — 1.29:23,584 = 196,203 km/h — 54,942 zurück
3. Mika Hakkinen (Finnland), McLaren-Peugeot — 1.29:39,321 = 195,629 km/h — 1:10,697 zurück
4. Karl Wendlinger (Österreich), Sauber-Mercedes — 1.29:42,300 = 195,520 km/h — 1:13,658 zurück
5. Ukyo Katayama (Japan), Tyrrell-Yamaha — 1.28:39,183 = 194,429 km/h — 1 Runde zurück
6. Damon Hill (England), Williams-Renault — 1.28:39,437 = 194,420 km/h — 1 Runde zurück
7. Heinz-Harald Frentzen (Deutschland), Sauber-Mercedes — 1.28:40,518 = 194,381 km/h — 1 Runde zurück
8. Martin Brundle (England), McLaren-Peugeot — 1.28:54,669 = 193,865 km/h — 1 Runde zurück
9. Mark Blundell (England), Tyrrell-Yamaha — 1.28:49,109 = 190,663 km/h — 2 Runden zurück
10. Johnny Herbert (England), Lotus-Honda — 1.29:02,511 = 190,184 km/h — 2 Runden zurück
11. Olivier Panis (Frankreich), Ligier-Renault — 1.29:16,475 = 189,688 km/h — 2 Runden zurück
12. Eric Bernard (Frankreich), Ligier-Renault — 1.29:43,571 = 185,363 km/h — 3 Runden zurück
13. Christian Fittipaldi (Brasilien), Footwork-Ford — 1.24:11,359 = 197,553 km/h — 3 Runden zurück

Fittipaldi bei Rennschluß nicht mehr im Rennen, aber gewertet.

Schnellste Runde: Hill (Williams-Renault) 1:24,335 = 215,100 km/h (10. Runde).

Schnellste Runde jedes Fahrers im Rennen: Hill 1:24,335 (10.), Schumacher 1:24,438 (43.), Berger 1:25,040 (11.), Frentzen 1:25,307 (41.), Morbidelli 1:25,652 (12.), Wendlinger 1:25,727 (54.), Hakkinen 1:15,737 (18.), Brundle 1:25,774 (54.), Larini 1:25,825 (18.), Fittipaldi 1:25,954 (11.), Katayama 1:26,176 (11.), Blundell 1:26,259 (25.), Martini 1:27.221 (21.), de Cesaris 1:27,627 (38.), Panis 1:27,908 (16.), Alboreto 1:27,995 (21.), Herbert 1:28,032 (10.), Bernard 1:28,091 (23.), Brabham 1:28,613 (10.), Beretta 1:28,891 (10.), Gachot 1:29,094 (12.), Senna 1:44,068 (1.), Comas 1:58,505 (1.).

Entwicklung der schnellsten Runde: Senna 1:44,068 (1.); Berger 1:30,292 (6.); Schumacher 1:25,821 (7.); Hill 1:25,104 (8.), 1:24,335 (10.).

WM-Stand: 1. Schumacher 30, 2. Barrichello, Hill je 7, 4. Berger, Larini je 6, 6. Alesi, Wendlinger, Katayama, Hakkinen je 4, 10. Fittipaldi 2, 11. Frentzen 2, 12. Comas 1.

Konstrukteur-WM: 1. Benetton-Ford 30, 2. Ferrari 16, 3. Williams-Renault, Jordan-Hart je 7, Sauber-Mercedes 6, McLaren-Peugeot, Tyrrell-Yamaha je 4, 8. Footwork-Ford 3, 9. Larrousse-Ford 1.

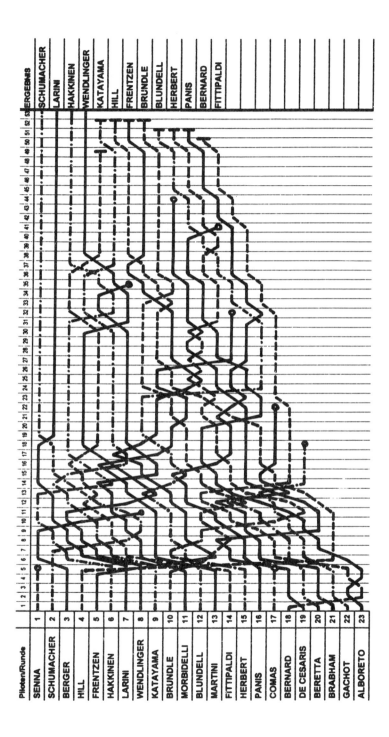

Lauf 4 – Großer Preis von Monaco – Monte Carlo, 15. Mai 1994

1. Training (inoffiziell)		2. Training (offiziell)		3. Training (inoffiziell)		4. Training (offiziell)	
1. Schumacher	1:21,822	1. Schumacher	1:20,230	1. Schumacher	1:20,464	1. Schumacher	1:18,560
2. Brundle	1:22,942	2. Brundle	1:21,580	2. Hakkinen	1:20,915	2. Hakkinen	1:19,488
3. Blundell	1:23,561	3. Hakkinen	1:21,881	3. Berger	1:21,045	3. Berger	1:19,958
4. Comas	1:23,816	4. Berger	1:22,038	4. Hill	1:22,030	4. Hill	1:20,079
5. Hakkinen	1:23,939	5. Alesi	1:22,521	5. Blundell	1:22,273	5. Alesi	1:20,452
6. Berger	1:24,015	6. Hill	1:22,605	6. Alesi	1:22,474	6. Fittipaldi	1:21,053
7. Frentzen	1:24,021	7. Martini	1:23,162	7. Fittipaldi	1:22,824	7. Morbidelli	1:21,189
8. Hill	1:24,460	8. Comas	1:23,514	8. Morbidelli	1:22,895	8. Brundle	1:21,222
9. Alesi	1:24,550	9. Blundell	1:23,522	9. Martini	1:23,009	9. Martini	1:21,288
10. Wendlinger	1:24,926	10. Morbidelli	1:23,580	10. de Cesaris	1:23,184	10. Blundell	1:21,614
11. Morbidelli	1:25,055	11. Fittipaldi	1:23,588	11. Katayama	1:23,274	11. Katayama	1:21,731
12. Lehto	1:25,156	12. Lehto	1:23,885	12. Barrichello	1:23,855	12. Alboreto	1:21,793
13. Beretta	1:25,417	13. Herbert	1:24,103	13. Alboreto	1:23,908	13. Comas	1:22,211
14. Lamy	1:25,957	14. Beretta	1:24,126	14. Brundle	1:23,936	14. de Cesaris	1:22,265
15. Barrichello	1:26,301	15. Katayama	1:24,488	15. Lehto	1:24,273	15. Barrichello	1:22,359
16. Herbert	1:26,427	16. de Cesaris	1:24,519	16. Bernard	1:24,734	16. Herbert	1:22,375
17. Brabham	1:26,688	17. Barrichello	1:24,731	17. Herbert	1:24,930	17. Lehto	1:22,679
18. de Cesaris	1:26,708	18. Panis	1:25,115	18. Comas	1:25,543	18. Beretta	1:23,025
19. Martini	1:26,754	19. Alboreto	1:25,421	19. Panis	1:25,571	19. Lamy	1:23,858
20. Bernard	1:27,148	20. Lamy	1:25,859	20. Lamy	1:25,642	20. Panis	1:24,131
21. Alboreto	1:28,241	21. Brabham	1:26,690	21. Beretta	1:25,860	21. Bernard	1:24,377
22. Panis	1:28,762	22. Bernard	1:27,694	22. Brabham	1:25,939	22. Brabham	1:24,656
23. Gachot	1:29,846	23. Belmondo	1:29,984	23. Gachot	1:28,675	23. Gachot	1:26,082
24. Belmondo	1:30,088	24. Gachot	1:48,173	24. Belmondo	1:29,836	24. Belmondo	8:36,897
25. Katayama	1:30,275						
26. Fittipaldi	1:31,013						

Nicht am Start: Karl Wendlinger (Sauber-Mercedes) 1:24,926 (schwerer Unfall im ersten inoffiziellen Training), Heinz-Harald Frentzen (Sauber-Mercedes) – zurückgezogen.

Startaufstellung:

Michael Schumacher
Benetton B194-Ford V8
1:18,560

Mika Hakkinen
McLaren MP4/9-Peugeot V10
1:19,488

Gerhard Berger
Ferrari 412 T1 V12
1:19,958

Damon Hill
Williams FW16-Renault V10
1:20,079

Jean Alesi
Ferrari 412 T1 V12
1:20,452

Christian Fittipaldi
Footwork FA15-Ford V8
1:21,053

Martin Brundle
McLaren MP4/9-Peugeot V10
1:21,222

Gianni Morbidelli
Footwork FA15-Ford V8
1:21,189

Mark Blundell
Tyrrell 022-Yamaha V10
1:21,614

Pierluigi Martini
Minardi M193B-Ford V8
1:21,288

Ukyo Katayama
Tyrrell 022-Yamaha V10
1:21,731

Michele Alboreto
Minardi M193B-Ford V8
1:21,793

Erik Comas
Larrousse LH94-Ford V8
1:22,211

Rubens Barrichello
Jordan 194-Hart V10
1:22,359

Andrea de Cesaris
Jordan 194-Hart V10
1:22,265

Johnny Herbert
Lotus 107C-Honda V10
1:22,375

J.J. Lehto
Benetton B194-Ford V8
1:22,679

Olivier Beretta
Larrousse LH94-Ford V8
1:23,025

Pedro Lamy
Lotus 107C-Honda V10
1:23,858

Olivier Panis
Ligier JS39B-Renault V10
1:24,131

Eric Bernard
Ligier JS39B-Renault V10
1:24,377

David Brabham
Simtek S941-Ford V8
1:24,656

Bertrand Gachot
Pacific PR01-Ilmor V10
1:26,082

Paul Belmondo
Pacific PR01-Ilmor V10
1:29,984

Geschwindigkeiten auf der Ziellinie (Samstag): Berger 257,8, Alesi 255,9, Hill 251,7, Panis 249,3, Herbert 249,3, Alboreto 248,7, Bernard 248,1, Lamy 248,1, Schumacher 248,1, Brundle 247,6 km/h. – (Sonntag): Berger 257,8, Schumacher 255,9, Alesi 252,9, Panis 251,7, Brundle 249,9, Comas 249,3, Lehto 249,3, Herbert 248,7, Barrichello 247,6, DeCesaris 246,4 km/h.

Geschwindigkeiten vor der Hafenschikane (Donnerstag): Alesi 281,0, Berger 278,7, Hill 271,6, Hakkinen 269,5, Lamy 268,9, Blundell 268,9, Herbert 268,2, Brundle 267,5, Katayama 267,5, Lehto 265,5, ... Schumacher 263,5 km/h. – (Samstag): Berger 283,2, Alesi 279,5, Schumacher 271,6, Hill 270,9, Hakkinen 268,9, Brundle 268,2, Lamy 268,2, Herbert 267,5, Lehto 266,8, Blundell 266,8 km/h. – (Sonntag): Berger 282,4, Alesi 278,0, Schumacher 275,1, Brundle 270,9, Blundell 270,9, Lehto 270,2, Herbert 269,5, Bernard 268,2, Lamy 268,2, Panis 265,9 km/h.

Sonntag-Aufwärmtraining: 1. Schumacher 1:21,294, 2. Hakkinen 1:21,560, 3. Hill 1:22,038, 4. Brundle 1:22,458, 5. Berger 1:22,943, 6. Alesi 1:23,259, 7. Fittipaldi 1:23,342, 8. de Cesaris 1:23,925, 9. Katayama 1:23,972, 10. Comas 1:24,024.

Wetter am Renntag: Schön und warm; 125 000 Zuschauer.

Distanz: 78 Runden à 3,328 km = 259,584 km.

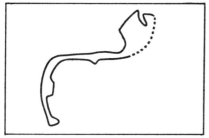

Rekorde: Training: Schumacher (Benetton-Ford B194) 1:18,560 = 152,505 km/h (1994); Rennen: Schumacher (Benetton-Ford B194) 1:21,076 = 147,772 km/h (1994). – Distanz: Schumacher (Benetton-Ford B194) 141,690 km/h (1994).

Boxenstops:

Brundle:	22. Runde:	Reifenwechsel, Auftanken (8,0 sec, total 29,818 sec); Platz 5 – 6
Schumacher:	24. Runde:	Reifenwechsel, Auftanken (11,0 sec, total 32,669sec); Platz 1
Berger:	24. Runde:	Reifenwechsel, Auftanken (total 28,911 sec); Platz 2 – 4
Lehto:	28. Runde:	Reifenwechsel, Auftanken (8,2 sec, total 29,770 sec); Platz 14-17
Katayama:	29. Runde:	Reifenwechsel, Auftanken (20,8 sec, total 49,331 sec); Platz 9 – 16
Beretta:	32. Runde:	Reifenwechsel, Auftanken (12,3 sec, total 43,053 sec); Platz 11-16
Blundell:	33. Runde:	Reifenwechsel, Auftanken (15,2 sec, total 35,839 sec); Platz 5 – 8
Alesi:	34. Runde:	Reifenwechsel, Auftanken (10,1 sec, total 32,919 sec); Platz 2 – 4
Fittipaldi	34. Runde:	Reifenwechsel, Auftanken (total 32,065 sec); Platz 3 – 5
Alboreto:	36. Runde:	Reifenwechsel, Auftanken (total 34,314 sec); Platz 6 – 8
Panis:	36. Runde:	Reifenwechsel, Auftanken (total 29,608 sec); Platz 11 – 15
de Cesaris:	37. Runde:	Reifenwechsel, Auftanken (total 30,997 sec); Platz 6 – 7
Herbert:	37. Runde:	Reifenwechsel, Auftanken (11,1 sec, total 32,682 sec); Platz 10 – 11
Brabham:	38. Runde:	Reifenwechsel, Auftanken (total 40,705 sec); Platz 15
Comas:	40. Runde:	Reifenwechsel, Auftanken, ohne Kupplung (total 1:29,049 sec); Platz 9 – 14
Lamy:	40. Runde:	Reifenwechsel, Auftanken (13,8 sec, total 36,268 sec); Platz 14
Gachot:	40. Runde:	Reifenwechsel, Auftanken (total 39,562 sec); Platz 15
Belmondo:	40. Runde:	Reifenwechsel, Auftanken (total 1:00,620 sec); Platz 16
Brundle:	46. Runde:	2. Stop, Reifenwechsel, Auftanken (10,1 sec, total 30,569 sec); Platz 2 – 3
Belmondo:	48. Runde:	2. Stop, Reifenwechsel, Auftanken (total 55,468 sec); Platz 13
Alesi:	49. Runde:	2. Stop, neuer Frontflügel nach Brabham in der Schikane (18,7 sec, total 42,431 sec); Platz 4 – 5
Schumacher:	50. Runde:	2. Stop, Reifenwechsel, Auftanken (9,3 sec, total 34,106 sec); Platz 1
Lamy:	50. Runde:	2. Stop, Bremsflüssigkeit im linken Hinterreifen gefunden, daher noch ein Sicherheitsstop (total 40,084 sec); Platz 12
Berger:	52. Runde:	2. Stop, Reifenwechsel, Auftanken (8,3 sec, total 29,024 sec); Platz 2 – 3
Lehto:	53. Runde:	2. Stop, Reifenwechsel, Auftanken (8,2 sec, total 29,669 sec); Platz 7
Lamy:	61. Runde:	3. Stop, Reifenwechsel (14,1 sec, total 59,036 sec); Platz 12

Ausfälle:

Hakkinen:	1. Runde:	Kollision mit Hill in der St. Devote-Schikane, von hinten gestoßen; Platz 2
Morbidelli:	1. Runde:	Kollision mit Martini in der St. Devote; Platz 4
Hill:	1. Runde:	Kollision mit Hakkinen in der St. Devote, Hinterradaufhängung und Lenkung gebrochen; Platz 3
Martini:	1. Runde:	Kollision mit Morbidelli in der St. Devote; Platz 5
Barrichello:	28. Runde:	Elektrikdefekt beim Boxenstop; Platz 12
Bernard:	35. Runde:	Dreher in der Hafenschikane; Platz 13
Katayama:	38. Runde:	Kraftübertragung; Platz 13
Blundell:	41. Runde:	Kraftübertragung, Öl verloren, Hinterräder blockiert, Stop in der St. Devote; Platz 6
Brabham:	46. Runde:	in der Hafenschikane von hinten von Alesi gerammt, Mißverständnis, Hinterradaufhängung gebrochen; Platz 13
Fittipaldi:	48. Runde:	Getriebe/Elektrik; Platz 5
Gachot:	50. Runde:	Getriebe/Elektrik; Platz 13
Belmondo:	54. Runde:	Fahrer erschöpft aufgegeben, Krämpfe im rechten Bein, Bremsprobleme; Platz 13
Herbert:	69. Runde:	Getriebe/Elektrik, ab 15. Runde elektrisches Problem, Getriebe schaltete selbständig; Platz 9

Stand nach 1 Runde: 1. Schumacher, 2. Berger, 3. Alesi, 4. Fittipaldi, 5. Brundle, 6. Blundell, 7. Katayama, 8. Alboreto, 9. Comas, 10. de Cesaris.

Stand nach 20 Runden: 1. Schumacher (66,560 km in 27:44,947 = 143,918 km/h), 2. Berger –13,755, 3. Alesi –30,340, 4. Fittipaldi –34,831, 5. Brundle –36,287, 6. Blundell –44,373, 7. Alboreto –1:01,880, 8. de Cesaris –1:08,619, 9. Katayama –1:19,800, 10. Comas –1 Runde.

Stand nach 39 Runden: 1. Schumacher (129,792 km in 54:40,149 = 142,448 km/h), 2. Berger –28,281, 3. Brundle –37,880, 4. Alesi –1:02,256, 5. Fittipaldi –1:02,814, 6. Blundell –1:19,890, 7 de Cesaris –1 Runde, 8. Alboreto, 9. Comas, 10. Lehto.

Stand nach 60 Runden: 1. Schumacher (196,352 km in 1.23:07,262 = 141,734 km/h), 2. Brundle –35,716, 3. Berger –43,806, 4. de Cesaris –1 Runde, 5. Alesi, 6. Alboreto, 7. Lehto, 8. Herbert –2 Runden, 9. Beretta, 10. Panis.

Ergebnis:

1. Michael Schumacher (Deutschland), Benetton-Ford	1.49:55,372 = 141,690 km/h	
2. Martin Brundle (England), McLaren-Peugeot	1.50:32,650 = 140,894 km/h	37,278 zurück
3. Gerhard Berger (Österreich), Ferrari	1.51:12,196 = 140,059 km/h	1:16,824 zurück
4. Andrea de Cesaris (Italien), Jordan-Hart	1.50:27,791 = 139,189 km/h	1 Runde zurück
5. Jean Alesi (Frankreich), Ferrari	1.50:42,460 = 138,882 km/h	1 Runde zurück
6. Michele Alboreto (Italien), Minardi-Ford	1.50:59,689 = 138,523 km/h	1 Runde zurück
7. J.J. Lehto (Finnland), Benetton-Ford	1.51:24,061 = 138,018 km/h	1 Runde zurück
8. Olivier Beretta (Monaco), Larrousse-Ford	1.50:48,072 = 136,963 km/h	2 Runden zurück
9. Olivier Panis (Frankreich), Ligier-Renault	1.51:12,577 = 136,460 km/h	2 Runden zurück
10. Erik Comas (Frankreich), Larrousse-Ford	1.50:39,324 = 135,339 km/h	3 Runden zurück
11. Pedro Lamy (Portugal), Lotus-Honda	1.50:57,586 = 131,368 km/h	5 Runden zurück

Schnellste Runde: Schumacher (Benetton-Ford) 1:21,076 = 147,772 km/h (35. Runde).

Schnellste Runde jedes Fahrers im Rennen: Schumacher 1:21,076 (35.), Brundle 1:21,998 (29.), Berger 1:22,248 (16.), de Cesaris 1:23,978 (70.), Alesi 1:23,420 (64.), Alboreto 1:23,996 (26.), Lehto 1:23,737 (75.), Beretta 1:25,169 (24.), Panis 1:25,563 (67.), Comas 1:24,080 (46.), Lamy 1:26,339 (42.), Herbert 1:25,479 (43.), Belmondo 1:30,048 (33.), Gachot 1:27,711 (21.), Fittipaldi 1:23,765 (14.), Brabham 1:25,844 (18.), Blundell 1:23,840 (37.), Katayama 1:24,498 (9.), Bernard 1:25,904 (14.), Barrichello 1:25,240 (16.).

Entwicklung der schnellsten Runde: Schumacher 1:23,425 (3.), 1:22,570 (4.), 1:22,284 (5.), 1:22,235 (6.), 1:21,650 (8.), 1:21,249 (34.), 1:21,076 (35.).

WM-Stand: 1. Schumacher 40, 2. Berger 10, 3. Hill, Barrichello je 7, 5. Alesi, Larini, Brundle je 6, 8. Hakkinen, Katayama, Wendlinger je 4, 11. de Cesaris, Fittipaldi je 3, 13. Frentzen 2, 14. Alboreto, Comas je 1.

Konstrukteur-WM: 1. Benetton-Ford 40, 2. Ferrari 22, 3. McLaren-Peugeot, Jordan-Hart je 10, 5. Williams-Renault 7, 6. Sauber-Mercedes 6, 7. Tyrrell-Yamaha 4, 8. Footwork-Ford 3, 9. Larrousse-Ford, Minardi-Ford je 1.

Piloten/Runde		1 2 3 4 5 6 7 8 9 10 11 12 13 14 15 16 17 18 19 20 21 22 23 24 25 26 27 28 29 30 31 32 33 34 35 36 37 38 39 40 41 42 43 44 45 46 47 48 49 50 51 52 53 54 55 56 57 58 59 60 61 62 63 64 65 66 67 68 69 70 71 72 73 74 75 76 77	ERGEBNIS
SCHUMACHER	1		SCHUMACHER
BERGER	2		BRUNDLE
ALESI	3		BERGER
FITTIPALDI	4		DE CESARIS
BRUNDLE	5		ALESI
BLUNDELL	6		ALBORETO
KATAYAMA	7		LEHTO
ALBORETO	8		BERETTA
COMAS	9		PANIS
DE CESARIS	10		COMAS
HERBERT	11		LAMY
BARRICHELLO	12		
BERETTA	13		
LEHTO	14		
BERNARD	15		
PANIS	16		
BRABHAM	17		
LAMY	18		
GACHOT	19		
BELMONDO	20		

Lauf 5 – Großer Preis von Spanien – Barcelona, 29. Mai 1994

1. Training (inoffiziell)		2. Training (offiziell)		3. Training (inoffiziell)		4. Training (offiziell)	
1. Blundell	1:26,144	1. Schumacher	1:23,426	1. Schumacher	1:22,084	1. Schumacher	1:21,908
2. Alesi	1:26,539	2. Hakkinen	1:24,580	2. Hill	1:22,432	2. Hill	1:22,559
3. Martini	1:26,823	3. Hill	1:24,716	3. Hakkinen	1:22,772	3. Hakkinen	1:22,660
4. Comas	1:27,313	4. Alesi	1:24,957	4. Coulthard	1:22,929	4. Lehto	1:22,983
5. Frentzen	1:27,463	5. Frentzen	1:25,115	5. Brundle	1:23,846	5. Barrichello	1:23,594
6. Alboreto	1:27,637	6. Martini	1:25,502	6. Barrichello	1:24,530	6. Alesi	1:23,700
7. Berger	1:27,903	7. Lehto	1:25,587	7. Katayama	1:24,675	7. Berger	1:23,715
8. Katayama	1:28,043	8. Blundell	1:25,863	8. Frentzen	1:24,833	8. Brundle	1:23,763
9. Beretta	1:29,120	9. Barrichello	1:25,990	9. Martini	1:24,984	9. Coulthard	1:23,782
		10. Comas	1:26,097	10. Blundell	1:25,123	10. Katayama	1:23,969
		11. Berger	1:26,121	11. Comas	1:25,149	11. Blundell	1:23,981
		12. Irvine	1:26,368	12. Lehto	1:25,153	12. Frentzen	1:24,254
		13. Alboreto	1:26,595	13. Panis	1:25,193	13. Irvine	1:24,930
		14. Brundle	1:26,614	14. Irvine	1:25,206	14. Alboreto	1:24,996
		15. Katayama	1:27,017	15. Alboreto	1:25,352	15. Morbidelli	1:25,018
		16. Coulthard	1:27,428	16. Alesi	1:25,458	16. Comas	1:25,050
		17. Morbidelli	1:27,459	17. Bernard	1:25,536	17. Beretta	1:25,161
		18. Fittipaldi	1:27,631	18. Morbidelli	1:25,645	18. Martini	1:25,247
		19. Panis	1:27,872	19. Fittipaldi	1:26,263	19. Panis	1:25,577
		20. Beretta	1:28,011	20. Beretta	1:26,333	20. Bernard	1:25,766
		21. Bernard	1:28,289	21. Berger	1:26,427	21. Fittipaldi	1:26,084
		22. Zanardi	1:30,379	22. Brabham	1:27,240	22. Herbert	1:26,397
		23. Brabham	1:30,797	23. Herbert	1:28,054	23. Zanardi	1:27,685
		24. Montermini	1:31,111	24. Zanardi	1:28,553	24. Brabham	1:28,151
		25. Belmondo	1:31,750	25. Montermini	1:28,887	25. Gachot	1:28,873
		26. Gachot	1:34,318	26. Gachot	1:30,099	26. Belmondo	1:30,657
		27. Herbert	1:59,009	27. Belmondo	1:31,217		

Nicht am Start: Andrea Montermini (Simtek-Ford) 1:31,111 (schwerer Unfall im zweiten inoffiziellen Training).

Startaufstellung:

Michael Schumacher
Benetton B194-Ford V8
1:21,908

Damon Hill
Williams FW16-Renault V10
1:22,559

Mika Hakkinen
McLaren MP4/9-Peugeot V10
1:22,660

J.J. Lehto
Benetton B194-Ford V8
1:22,983

Rubens Barrichello
Jordan 194-Hart V10
1:23,594

Jean Alesi
Ferrari 412 T1 V12
1:23,700

Gerhard Berger
Ferrari 412 T1 V12
1:23,715

Martin Brundle
McLaren MP4/9-Peugeot V10
1:23,763

David Coulthard
Williams FW16-Renault V10
1:23,782

Ukyo Katayama
Tyrrell 022-Yamaha V10
1:23,969

Mark Blundell
Tyrrell 022-Yamaha V10
1:23,981

Heinz-Harald Frentzen
Sauber C13-Mercedes V10
1:24,254

Eddie Irvine
Jordan 194-Hart V10
1:24,930

Michele Alboreto
Minardi M193B-Ford V8
1:24,996

Gianni Morbidelli
Footwork FA15-Ford V8
1:25,018

Erik Comas
Larrousse LH94-Ford V8
1:25,050

Olivier Beretta
Larrousse LH94-Ford V8
1:25,161

Pierluigi Martini
Minardi M194-Ford V8
1:25,247

Olivier Panis
Ligier JS39B-Renault V10
1:25,577

Eric Bernard
Ligier JS39B-Renault V10
1:25,766

Christian Fittipaldi
Footwork FA15-Ford V8
1:26,084

Johnny Herbert
Lotus 109-Honda V10
1:26,397

Alessandro Zanardi
Lotus 107C-Honda V10
1:27,685

David Brabham
Simtek S941-Ford V8
1:28,151

Bertrand Gachot
Pacific PR01-Ilmor V10
1:28,873

Paul Belmondo
Pacific PR01-Ilmor V10
1:30,657

Geschwindigkeiten auf der Ziellinie (Freitag): Barrichello 277,9, Berger 275,1, Alesi 275,1, Frentzen 274,4, Hill 273,7, Irvine 273,0, Schumacher 272,3, Coulthard 270,9, Panis 268,9, Lehto 268,9 km/h. – (Samstag): Alesi 285,2, Berger 280,8, Frentzen 276,8, Coulthard 276,5, Panis 275,8, Hill 275,1, Hakkinen 273,7, Schumacher 273,0, Barrichello 272,3, Bernard 271,6 km/h.

Sonntag-Aufwärmtraining: 1. Lehto 1:23,834, 2. Schumacher 1:23,925, 3. Hakkinen 1:24,616, 4. Coulthard 1:24,737, 5. Alesi 1:25,136, 6. Katayama 1:25,160, 7. Hill 1:25,352, 8. Brundle 1:25,464, 9. Berger 1:25,792, 10. Fittipaldi 1:25,806, ... 13. Frentzen 1:26,378.

Wetter am Renntag: Leicht bewölkt, leichter Wind, sommerlich warm; 45 000 Zuschauer.

Distanz: 65 Runden à 4,747 km = 308,555 km.

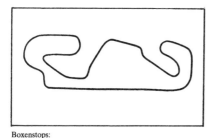

Rekorde: Training: Prost (Williams-Renault FW15C) 1:17,809 = 219,630 km/h (1993); Rennen: Schumacher (Benetton-Ford B193B) 1:20,989 = 211,006 km/h (1993). – Distanz: Prost (Williams-Renault FW15C) 200,227 km/h (1993).

Boxenstops:

Bernard:	8. Runde:	Reifenwechsel, Auftanken (total 33,230 sec); Platz 22 – 23
Hakkinen:	16. Runde:	Reifenwechsel, Auftanken (7,4 sec, total 32,864 sec); Platz 3 – 12
Coulthard:	17. Runde:	Reifenwechsel, Auftanken, Motor abgestorben (total 1:27,166 sec); Platz 11 – 20
Berger:	17. Runde:	Reifenwechsel, Auftanken (total 32,588 sec); Platz 15 – 17
Brundle:	18. Runde:	Reifenwechsel, Auftanken (11,5 sec, total 38,584 sec); Platz 9 – 13
Comas:	18. Runde:	Reifenwechsel, Auftanken (total 38,183 sec); Platz 10 – 14
Lehto:	19. Runde:	Reifenwechsel, Auftanken (7,5 sec, total 33,778 sec); Platz 7 – 9
Irvine:	19. Runde:	Reifenwechsel, Auftanken (total 37,599 sec); Platz 8 – 12
Hill:	20. Runde:	Reifenwechsel, Auftanken (9,0 sec, total 36,781 sec); Platz 2 – 4
Alesi:	20. Runde:	Reifenwechsel, Auftanken (total 35,390 sec); Platz 5 – 8
Blundell:	20. Runde:	Reifenwechsel, Auftanken (total 35,950 sec); Platz 6 – 9
Martini:	20. Runde:	Reifenwechsel, Auftanken (total 34,701 sec); Platz 13 – 16
Panis:	20. Runde:	Reifenwechsel, Auftanken (total 34,216 sec); Platz 17 – 18
Schumacher:	20. Runde:	Reifenwechsel, Auftanken (7,6 sec, total 37,571 sec); Platz 1
Herbert:	21. Runde:	Reifenwechsel, Auftanken (7,8 sec, total 37,228 sec); Platz 14 – 16
Barrichello:	22. Runde:	Reifenwechsel, Auftanken (total 51,350 sec); Platz 4 – 12
Brabham:	22. Runde:	Reifenwechsel, Auftanken (total 40,093 sec); Platz 20
Bernard:	23. Runde:	2. Stop, Reifenwechsel, Auftanken (total 33,740 sec); Platz 18 – 19
Zanardi:	24. Runde:	Reifenwechsel, Auftanken (total 33,723 sec); Platz 14 – 17
Gachot:	30. Runde:	Reifenwechsel, Auftanken (total 45,196 sec); Platz 17 – 18
Hakkinen:	31. Runde:	2. Stop, Reifenwechsel, Auftanken (7,4 sec, total 33,028 sec); Platz 1 – 3
Brabham:	36. Runde:	2. Stop, Reifenwechsel, Auftanken (total 42,625 sec); Platz 15
Blundell:	37. Runde:	2. Stop, Reifenwechsel, Auftanken (total 33,927 sec); Platz 9
Alesi:	39. Runde:	2. Stop, Reifenwechsel, Auftanken (8,5 sec, total 36,185 sec); Platz 9
Lehto:	41. Runde:	2. Stop, Reifenwechsel, Auftanken (13,2 sec, total 42,301 sec); Platz 5
Panis:	41. Runde:	2. Stop, Reifenwechsel, Auftanken (total 34,405 sec); Platz 11
Brundle:	41. Runde:	2. Stop, Reifenwechsel, Auftanken (total 36,647 sec); Platz 6
Hill:	42. Runde:	2. Stop, Reifenwechsel, Auftanken (5,8 sec, total 32,748 sec); Platz 2 – 3
Irvine:	42. Runde:	2. Stop, Reifenwechsel, Auftanken (total 37,731 sec); Platz 4 – 7
Martini:	42. Runde:	2. Stop, Reifenwechsel, Auftanken (total 34,862 sec); Platz 9
Herbert:	42. Runde:	2. Stop, Reifenwechsel, Auftanken (total 32,096 sec); Platz 10
Bernard:	43. Runde:	3. Stop, Reifenwechsel, Auftanken (total 32,800 sec); Platz 12
Zanardi:	45. Runde:	2. Stop, Reifenwechsel, Auftanken (total 35,266 sec); Platz 11 – 12
Schumacher:	46. Runde:	2. Stop, Reifenwechsel, Auftanken (total 30,614 sec); Platz 1 – 2
Hakkinen:	46. Runde:	3. Stop, Reifenwechsel, Auftanken (total 33,668 sec); Platz 2 – 3
Lehto:	53. Runde:	3. Stop, Reifenwechsel, Auftanken (9,6 sec, total 37,067 sec); Platz 3 – 5

Ausfälle:

Beretta:	Aufwärmrunde:	Motorschaden; Platz 17
Belmondo:	3. Runde:	Dreher; Platz 25
Alboreto:	5. Runde:	Motorschaden; Platz 16
Katayama:	17. Runde:	Motorschaden; Platz 10
Comas:	20. Runde:	Leck im Wasserkühler; Platz 14
Frentzen:	22. Runde:	Sensor des Getriebes defekt; Platz 13
Morbidelli:	25. Runde:	Tankventilschaden; Platz 5
Berger:	28. Runde:	Sechster Gang blockiert, Auto unfahrbar; Platz 10
Coulthard:	33. Runde:	Elektrikdefekt; Platz 12
Gachot:	33. Runde:	Heckflügel gebrochen; Platz 18
Fittipaldi:	36. Runde:	Motorschaden; Platz 8
Barrichello:	40. Runde:	Motorschaden; Platz 7
Herbert:	42. Runde:	Dreher; Platz 10
Hakkinen:	49. Runde:	Motorschaden; Platz 3
Lehto:	54. Runde:	Motorschaden; Platz 5
Brundle:	60. Runde:	Motorschaden; Platz 3

Stand nach 1 Runde: 1. Schumacher, 2. Hill, 3. Hakkinen, 4. Alesi, 5. Lehto, 6. Coulthard, 7. Barrichello, 8. Brundle, 9. Irvine, 10. Blundell, ... 12. Berger, 14. Frentzen.

Stand nach 16 Runden: 1. Schumacher (75,952 km in 23:04,778 = 197,452 km/h), 2. Hill –14,716, 3. Alesi –32,912, 4. Lehto –33,245, 5. Barrichello –35,324, 6. Brundle –36,005, 7. Irvine –37,359, 8. Blundell –38,217, 9. Comas –39,885, 10. Katayama –40,270, ... 13. Frentzen –56,391, 15. Berger –57,896.

Stand nach 32 Runden: 1. Hill (151,904 km in 47:11,000 = 193,165 km/h), 2. Schumacher −10,683, 3. Hakkinen −21,740, 4. Lehto −25,158, 5. Brundle −39,029, 6. Alesi −42,196, 7. Blundell −42,610, 8. Fittipaldi −42,988, 9. Irvine −43,705, 10. Barrichello −53,018.

Stand nach 48 Runden: 1. Hill (227,856 km in 1.11:12,285 = 192,001 km/h), 2. Schumacher −7,540, 3. Hakkinen −10,469, 4. Lehto −28,433, 5. Brundle −38,260, 6. Blundell −48,424, 7. Alesi −1:11,848, 8. Irvine −1:19,608, 9. Martini −1 Runde, 10. Panis.

Ergebnis:

1. Damon Hill (England), Williams-Renault	1.36:14,374 = 192,366 km/h	
2. Michael Schumacher (Deutschland), Benetton-Ford	1.36:38,540 = 191,565 km/h	24,166 zurück
3. Mark Blundell (England), Tyrrell-Yamaha	1.37:41,343 = 189,513 km/h	1:26,969 zurück
4. Jean Alesi (Frankreich), Ferrari	1.36:40,141 = 188,566 km/h	1 Runde zurück
5. Pierluigi Martini (Italien), Minardi-Ford	1.37:12,385 = 187,523 km/h	1 Runde zurück
6. Eddie Irvine (Irland), Jordan-Hart	1.37:32,798 = 186,869 km/h	1 Runde zurück
7. Olivier Panis (Frankreich), Ligier-Renault	1.36:44,800 = 185,471 km/h	2 Runden zurück
8. Eric Bernard (Frankreich), Ligier-Renault	1.36:15,687 = 183,447 km/h	3 Runden zurück
9. Alessandro Zanardi (Italien), Lotus-Honda	1.37:42,211 = 180,739 km/h	3 Runden zurück
10. David Brabham (Australien), Simtek-Ford	1.37:05,051 = 178,958 km/h	4 Runden zurück
11. Martin Brundle (England), McLaren-Peugeot	1.27:57,425 = 191,052 km/h	5 Runden zurück

Brundle bei Rennschluß nicht mehr im Rennen, aber gewertet.

Schnellste Runde: Schumacher (Benetton-Ford) 1:25,155 = 200,683 km/h (16. Runde).

Schnellste Runde jedes Fahrers im Rennen: Schumacher 1:25,155 (16.), Hakkinen 1:25,872 (29.), Hill 1:25,874 (17.), Brundle 1:26,233 (33.), Lehto 1:26,346 (38.), Irvine 1:26,580 (40.), Katayama 1:26,658 (15.), Barrichello 1:26,863 (31.), Coulthard 1:26,983 (10.), Blundell 1:27,468 (14.), Comas 1:27,533 (14.), Alesi 1:27,558 (9.), Berger 1:27,614 (11.), Fittipaldi 1:28,002 (27.), Morbidelli 1:28,032 (23.), Frentzen 1:28,279 (17.), Martini 1:28,610 (58.), Herbert 1:28,901 (38.), Panis 1:29,118 (39.), Bernard 1:29,233 (34.), Alboreto 1:29,880 (4.), Zanardi 1:30,493 (9.), Brabham 1:30,558 (13.), Gachot 1:31,557 (28.), Belmondo 1:35,061 (2.), Beretta (ohne Zeit).

Entwicklung der schnellsten Runde: Schumacher 1:26,462 (4.), 1:25,936 (5.), 1:25,709 (6.), 1:25,579 (8.), 1:25,553 (10.), 1:25,155 (18.).

WM-Stand: 1. Schumacher 46, 2. Hill 17, 3. Berger 10, 4. Alesi 9, 5. Barrichello 7, 6. Larini, Brundle je 6, 8. Blundell, Hakkinen, Katayama, Wendlinger je 4, 12. de Cesaris, Fittipaldi je 3, 14. Frentzen, Martini je 2, 16. Alboreto, Comas, Irvine je 1.

Konstrukteur-WM: 1. Benetton-Ford 46, 2. Ferrari 25, 3. Williams-Renault 17, 4. Jordan-Hart 11, 5. McLaren-Peugeot 10, 6. Tyrrell-Yamaha 8, 7. Sauber-Mercedes 6, 8. Minardi-Ford, Footwork-Ford je 3, 10. Larrousse-Ford 1.

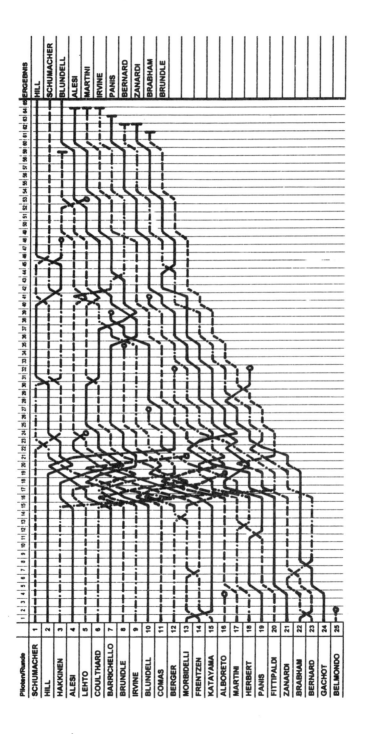

Lauf 6 – Großer Preis von Kanada – Montreal, 12. Juni 1994

1. Training (inoffiziell)		2. Training (offiziell)		3. Training (inoffiziell)		4. Training (offiziell)	
1. Alesi	1:27,013	1. Alesi	1:26,277	1. Alesi	1:26,966	1. Schumacher	1:26,178
2. Berger	1:27,061	2. Schumacher	1:26,820	2. Schumacher	1:27,135	2. Alesi	1:26,319
3. Schumacher	1:27,471	3. Hakkinen	1:27,616	3. Hill	1:27,472	3. Berger	1:27,059
4. Hill	1:27,818	4. Berger	1:27,652	4. Morbidelli	1:27,635	4. Hill	1:27,094
5. Hakkinen	1:27,990	5. Katayama	1:27,827	5. Irvine	1:27,745	5. Coulthard	1:27,211
6. Brundle	1:28,561	6. Hill	1:28,011	6. Hakkinen	1:27,848	6. Barrichello	1:27,554
7. Morbidelli	1:28,828	7. Frentzen	1:28,048	7. Berger	1:27,900	7. Irvine	1:27,780
8. Frentzen	1:28,896	8. Brundle	1:28,451	8. Coulthard	1:27,905	8. Hakkinen	1:27,851
9. Coulthard	1:29,221	9. Barrichello	1:28,612	9. Barrichello	1:28,124	9. Katayama	1:27,953
10. Barrichello	1:29,373	10. Coulthard	1:28,636	10. Katayama	1:28,147	10. Frentzen	1:27,977
11. Panis	1:29,746	11. Morbidelli	1:28,730	11. Brundle	1:28,285	11. Morbidelli	1:27,989
12. Fittipaldi	1:29,821	12. Irvine	1:28,843	12. Blundell	1:28,543	12. Brundle	1:28,197
13. Katayama	1:29,853	13. Blundell	1:29,108	13. Martini	1:28,670	13. Blundell	1:28,579
14. Martini	1:30,273	14. Fittipaldi	1:29,493	14. Alboreto	1:28,764	14. de Cesaris	1:28,694
15. Lehto	1:30,351	15. Panis	1:29,530	15. Fittipaldi	1:28,782	15. Martini	1:28,847
16. Alboreto	1:30,544	16. Lehto	1:29,580	16. Comas	1:28,843	16. Fittipaldi	1:28,882
17. Bernard	1:30,568	17. Alboreto	1:29,597	17. Frentzen	1:28,878	17. Herbert	1:28,889
18. Blundell	1:30,595	18. Comas	1:29,653	18. Panis	1:28,882	18. Alboreto	1:28,903
19. Comas	1:30,613	19. Martini	1:29,691	19. Lehto	1:29,138	19. Panis	1:28,950
20. de Cesaris	1:31,340	20. de Cesaris	1:29,793	20. Beretta	1:29,205	20. Lehto	1:28,993
21. Irvine	1:31,405	21. Herbert	1:30,063	21. de Cesaris	1:29,222	21. Comas	1:29,039
22. Herbert	1:32,433	22. Bernard	1:30,806	22. Zanardi	1:29,973	22. Beretta	1:29,403
23. Brabham	1:33,527	23. Beretta	1:31,167	23. Herbert	1:30,107	23. Zanardi	1:30,160
24. Zanardi	1:33,923	24. Zanardi	1:31,698	24. Bernard	1:30,593	24. Bernard	1:30,493
25. Beretta	1:34,088	25. Brabham	1:32,376	25. Brabham	1:31,158	25. Brabham	1:31,632
26. Belmondo	1:34,417	26. Gachot	1:32,838	26. Gachot	1:32,973	26. Gachot	1:32,877
27. Gachot	1:34,581	27. Belmondo	1:33,291	27. Belmondo	1:34,205	27. Belmondo	1:33,006

Nicht qualifiziert: Paul Belmondo (Pacific-Ilmor) 1:33,006.

Startaufstellung:

Michael Schumacher
Benetton B194-Ford V8
1:26,178

Jean Alesi
Ferrari 412 T1 V12
1:26,277

Gerhard Berger
Ferrari 412 T1 V12
1:27,059

Damon Hill
Williams FW16-Renault V10
1:27,094

David Coulthard
Williams FW16-Renault V10
1:27,211

Rubens Barrichello
Jordan 194-Hart V10
1:27,554

Eddie Irvine
Jordan 194-Hart V10
1:27,780

Ukyo Katayama
Tyrrell 022-Yamaha V10
1:27,827

Mika Hakkinen
McLaren MP4/9-Peugeot V10
1:27,616

Heinz-Harald Frentzen
Sauber C13-Mercedes V10
1:27,977

Martin Brundle
McLaren MP4/9-Peugeot V10
1:28,197

Mark Blundell
Tyrrell 022-Yamaha V10
1:28,579

Gianni Morbidelli
Footwork FA15-Ford V8
1:27,989

Andrea de Cesaris
Sauber C13-Mercedes V10
1:28,694

Christian Fittipaldi
Footwork FA15-Ford V8
1:28,882

Johnny Herbert
Lotus 109-Honda V10
1:28,889

Pierluigi Martini
Minardi M194-Ford V8
1:28,847

Michele Alboreto
Minardi M194-Ford V8
1:28,903

J.J. Lehto
Benetton B194-Ford V8
1:28,993

Erik Comas
Larrousse LH94-Ford V8
1:29,039

Olivier Panis
Ligier JS39B-Renault V10
1:28,950

Olivier Beretta
Larrousse LH94-Ford V8
1:29,403

Eric Bernard
Ligier JS39B-Renault V10
1:30,493

David Brabham
Simtek S941-Ford V10
1:31,632

Alessandro Zanardi
Lotus 107C-Honda V10
1:30,160

Bertrand Gachot
Pacific PR01-Ilmor V10
1:32,838

Geschwindigkeiten auf der Ziellinie (Freitag): Alesi 286,8, Berger 286,0, Katayama 277,9, Coulthard 275,1, Panis 274,4, Hakkinen 274,4, Blundell 274,4, Hill 274,4, Bernard 272,3, Frentzen 272,3, ... Schumacher 268,2 km/h. – (Samstag): Berger 282,3, Alesi 281,5, Coulthard 277,9, Hill 276,5, Belmondo 275,8, Frentzen 273,7, Panis 273,7, Katayama 273,7, Blundell 273,0, Bernard 272,3, ... Schumacher 268,9 km/h. – (Sonntag): Berger 278,6, Hakkinen 276,5, Hill 275,8, Morbidelli 273,7, Alesi 272,3, Coulthard 271,6, Schumacher 270,2, Comas 269,6, Beretta 268,9, Blundell 268,9, ... Frentzen 266,2 km/h.

Geschwindigkeiten am Sector 1 (Freitag): Hakkinen 257,3, Alesi 257,3, Schumacher 253,7, Martini 253,1, Brabham 251,3, Katayama 251,3, Morbidelli 249,6, Brundle 248,4, Hill 247,9, Berger 247,3, ... Frentzen 243,9 km/h. – (Samstag): Hakkinen 260,4, Schumacher 257,9, Martini 256,1, Morbidelli 253,1, Berger 251,9, Alesi 251,9, Brundle 251,3, Frentzen 250,7, Brabham 249,0, Hill 247,3 km/h. – (Sonntag): Morbidelli 245,6, Martini 245,6, Schumacher 243,4, Lehto 242,8, Hakkinen 241,7, Alesi 240,7, Brabham 240,1, Berger 240,1, de Cesaris 238,5, Katayama 238,0, ... Frentzen 216,9 km/h.

Geschwindigkeiten am Sector 2 (Freitag): Berger 306,2, Alesi 306,3, Katayama 292,2, Barrichello 290,6, Coulthard 287,5, Hill 287,5, Bernard 286,8, de Cesaris 286,8, Blundell 286,0, Panis 285,2, ... Frentzen 284,5, ... Schumacher 277,2 km/h. – (Samstag): Alesi 294,6, Berger 293,8, Coulthard 289,8, Hill 289,1, Belmondo 288,3, Frentzen 285,2, Beretta 285,2, Blundell 285,2, Bernard 284,5, Panis 284,5, ... Schumacher 277,2 km/h. – (Sonntag): Berger 296,2, Comas 289,8, Hill 288,3, Alesi 287,5, Hakkinen 285,2, Coulthard 283,7, Morbidelli 283,0, Beretta 283,0, Bernard 282,3, Panis 281,5, ... Schumacher 281,5, Frentzen 277,9 km/h.

Sonntag-Aufwärmtraining: 1. Brundle 1:27,664, 2. Berger 1:28,401, 3. Alesi 1:28,491, 4. Barrichello 1:28,588, 5. Hill 1:28,669, 6. Coulthard 1:28,735, 7. de Cesaris 1:28,819, 8. Blundell 1:28,857, 9. Katayama 1:28,931, 10. Schumacher 1:29,079, ... 16. Frentzen 1:30,013.

Wetter am Renntag: Bewölkt, kurzer Regenschauer, warm; 62 300 Zuschauer.

Distanz: 69 Runden à 4,450 km = 307,050 km.

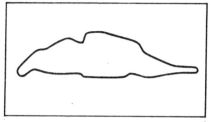

Rekorde: Training: Prost (Williams-Renault FW15C) 1:18,987 = 201,970 km/h (1993); Rennen: Schumacher (Benetton-Ford B193B) 1:21,500 = 196,564 km/h (1993). – Distanz: Prost (Williams FW15C) 189,667 km/h (1993).

Boxenstops:

Zanardi:	14. Runde:	Reifenwechsel, Auftanken (total 34,735 sec); Platz 21 – 24
Blundell:	16. Runde:	Reifenwechsel, Auftanken (total 32,880 sec); Platz 16 – 17
Herbert:	17. Runde:	Reifenwechsel, Auftanken (total 33,429 sec); Platz 12 – 17
Hakkinen:	18. Runde:	Reifenwechsel, Auftanken (9,5 sec, total 34,007 sec); Platz 7 – 12
Katayama:	18. Runde:	Reifenwechsel, Auftanken (10,7 sec, total 63,283 sec); Platz 10 – 21
Comas:	18. Runde:	Reifenwechsel, Auftanken (total 34,691 sec); Platz 14 – 19
de Cesaris:	20. Runde:	Reifenwechsel, Auftanken (9,9 sec, total 37,358 sec); Platz 10 – 17
Gachot:	20. Runde:	Reifenwechsel, Auftanken (total 67,482 sec); Platz 22 – 24
Barrichello:	21. Runde:	Reifenwechsel, Auftanken (total 34,881 sec); Platz 6 – 9
Berger:	22. Runde:	Reifenwechsel, Auftanken (7,1 sec, total 31,817 sec); Platz 4 – 8
Bernard:	22. Runde:	Reifenwechsel, Auftanken (7,9 sec, total 31,949 sec); Platz 21 – 23
Irvine:	23. Runde:	Reifenwechsel, Auftanken (total 33,688 sec); Platz 6 – 11
Morbidelli:	24. Runde:	Reifenwechsel, Auftanken (10,6 sec, total 35,374 sec); Platz 4 – 10
Comas:	27. Runde:	2. Stop, Reifenwechsel, Auftanken (total 36,308 sec); Platz 17 – 18
Beretta:	30. Runde:	Reifenwechsel, Auftanken (total 41,808 sec); Platz 12 – 17
Alesi:	31. Runde:	Reifenwechsel, Auftanken (11,4 sec, total 36,315 sec); Platz 2 – 3
Blundell:	32. Runde:	2. Stop, Reifenwechsel, Auftanken (total 32,979 sec); Platz 9 – 14
Hill:	33. Runde:	Reifenwechsel, Auftanken (total 36,301 sec); Platz 2
Martini:	33. Runde:	Reifenwechsel, Auftanken (total 35,359 sec); Platz 11 – 16
Brabham:	33. Runde:	Reifenwechsel, Auftanken (total 38,723 sec); Platz 21 – 22
Coulthard:	34. Runde:	Reifenwechsel, Auftanken (12,2 sec, total 36,382 sec); Platz 4 – 10
Lehto:	35. Runde:	Reifenwechsel, Auftanken (11,2 sec, total 36,501 sec); Platz 9 – 13
Fittipaldi:	36. Runde:	Reifenwechsel, Auftanken (total 39,019 sec); Platz 4 – 8
Katayama:	39. Runde:	2. Stop, Reifenwechsel, Auftanken (total 42,423 sec); Platz 13 – 14
Alboreto:	39. Runde:	Reifenwechsel, Auftanken (total 35,626 sec); Platz 15 – 18
Comas:	39. Runde:	3. Stop, Reifenwechsel, Auftanken (total 35,450 sec); Platz 19
Schumacher:	40. Runde:	Reifenwechsel, Auftanken (10,4 sec, total 35,128 sec); Platz 1
Panis:	40. Runde:	Reifenwechsel, Auftanken (total 34,494 sec); Platz 17 – 18
Hakkinen:	43. Runde:	2. Stop, Reifenwechsel, Auftanken (total 32,599 sec); Platz 5 – 7
Herbert:	43. Runde:	2. Stop, Reifenwechsel, Auftanken (total 39,160 sec); Platz 11 – 12
Berger:	44. Runde:	2. Stop, Reifenwechsel, Auftanken (7,9 sec, total 32,530 sec); Platz 4 – 6
Barrichello:	45. Runde:	2. Stop, Reifenwechsel, Auftanken (total 34,285 sec); Platz 4 – 7
Bernard:	45. Runde:	2. Stop, Reifenwechsel, Auftanken (total 30,502 sec); Platz 19
Morbidelli:	50. Runde:	2. Stop, Reifenwechsel, Auftanken (total 42,035 sec); Platz 4 – 11
Blundell:	51. Runde:	3. Stop, Reifenwechsel, Auftanken (total 32,684 sec); Platz 8 – 10
Barrichello:	52. Runde:	3. Stop, Reifenwechsel, Auftanken (total 20,480 sec); Platz 6 – 7
Brabham:	54. Runde:	3. Stop; Reifenwechsel, Auftanken (total 58,630 sec); Platz 18

Ausfälle:

Brundle:	4. Runde:	Motor setzte aus; Platz 13
Frentzen:	6. Runde:	Fahrfehler; Platz 11
de Cesaris:	25. Runde:	Getriebeölleck; Platz 17
Irvine:	41. Runde:	Unfall; Platz 10
Katayama:	45. Runde:	Dreher; Platz 14
Comas:	46. Runde:	Kupplungsschaden; Platz 17
Gachot:	48. Runde:	Motor überhitzt; Platz 20
Morbidelli:	51. Runde:	Kraftübertragung blockiert; Platz 11
Beretta:	58. Runde:	Motorschaden; Platz 13
Hakkinen:	62. Runde:	Motorschaden; Platz 5
Zanardi:	63. Runde:	Motorschaden; Platz 14
Blundell:	68. Runde:	Dreher; Platz 9

Stand nach 1 Runde: 1. Schumacher, 2. Alesi, 3. Berger, 4. Coulthard, 5. Hill, 6. Barrichello, 7. Hakkinen, 8. Irvine, 9. Morbidelli, 10. Katayama, 11. Frentzen.

Stand nach 18 Runden: 1. Schumacher (80,100 km in 27:12,669 = 176,618 km/h), 2. Alesi −9,107, 3. Hill −13,699, 4. Berger −19,785, 5. Barrichello −21,507, 6. Coulthard −23,082, 7. Morbidelli −25,488, 8. Irvine −26,127, 9. Fittipaldi −30,300, 10. de Cesaris −39,187.

Stand nach 35 Runden: 1. Schumacher (155,750 km in 52:44,232 = 177,199 km/h), 2. Hill −52,752, 3. Alesi −55,791, 4. Fittipaldi −59,179, 5. Berger −1:02,816, 6. Hakkinen −1:05,747, 7. Barrichello −1:10,204, 8. Morbidelli −1:16,618, 9. Coulthard −1:29,735, 10. Lehto −1 Runde.

Stand nach 52 Runden: 1. Schumacher (231,400 km in 1.18:49,317 = 176,143 km/h), 2. Hill −32,038, 3. Alesi −46,343, 4. Berger −1:12,426, 5. Hakkinen −1:13,180, 6. Coulthard −1:28,387, 7. Barrichello −1 Runde, 8. Fittipaldi, 9. Lehto, 10. Blundell.

Ergebnis:

1. Michael Schumacher (Deutschland), Benetton-Ford 1.44:31,887 = 188,006 km/h
2. Damon Hill (England), Williams-Renault 1.45:11,547 = 186,825 km/h 39,660 zurück
3. Jean Alesi (Frankreich), Ferrari 1.45:45,275 = 185,832 km/h 1:13,388 zurück
4. Gerhard Berger (Österreich), Ferrari 1.45:47,496 = 185,766 km/h 1:15,609 zurück
5. David Coulthard (England), Williams-Renault 1.44:32,611 = 185,260 km/h 1 Runde zurück
  Christian Fittipaldi (Brasilien), Footwork-Ford*) 1.44:54,545 = 184,655 km/h 1 Runde zurück
6. Jyrki Järvi Lehto (Finnland), Benetton-Ford 1.44:59,463 = 184,470 km/h 1 Runde zurück
7. Rubens Barrichello (Brasilien), Jordan-Hart 1.45:08,017 = 184,220 km/h 1 Runde zurück
8. Johnny Herbert (England), Lotus-Honda 1.45:48,763 = 183,038 km/h 1 Runde zurück
9. Pierluigi Martini (Italien), Minardi-Ford 1.46:14,702 = 182,293 km/h 1 Runde zurück
10. Mark Blundell (England), Tyrrell-Yamaha 1.43:25,537 = 184,508 km/h 1 Runde zurück
11. Michele Alboreto (Italien), Minardi-Ford 1.45:12,617 = 181,379 km/h 2 Runden zurück
12. Olivier Panis (Frankreich), Ligier-Renault 1.45:13,178 = 181,362 km/h 2 Runden zurück
13. Eric Bernard (Frankreich), Ligier-Renault 1.45:02,766 = 178,951 km/h 3 Runden zurück
14. David Brabham (Australien), Simtek-Ford 1.45:08,928 = 176,067 km/h 4 Runden zurück
15. Alessandro Zanardi (Italien), Lotus-Honda 1.37:56,950 = 180,285 km/h 7 Runden zurück

*) Nach dem Rennen wegen Untergewichts von 2,5 kg disqualifiziert.
Blundell, Zanardi bei Rennschluß nicht mehr im Rennen, aber gewertet.

Schnellste Runde: Schumacher (Benetton-Ford) 1:28,927 = 192,171 km/h (31. Runde).

Schnellste Runde jedes Fahrers im Rennen: Schumacher 1:28,927 (31.), Hill 1:28,962 (56.), Berger 1:29,142 (58.), Alesi 1:29,260 (58.), Blundell 1:29,369 (54.), Hakkinen 1:29,512 (34.), Morbidelli 1:29,698 (39.), Barrichello 1:29,757 (65.), Coulthard 1:29,966 (55.), Katayama 1:30,079 (31.), Comas 1:30,194 (11.), Lehto 1:30,374 (33.), Irvine 1:30,626 (21.), Fittipaldi 1:30,700 (58.), Frentzen 1:30,796 (4.), Herbert 1:30,865 (14.), Panis 1:31,109 (65.), de Cesaris 1:31,187 (19.), Alboreto 1:31,221 (66.), Beretta 1:31,451 (21.), Martini 1:31,587 (66.), Zanardi 1:31,588 (6.), Bernard 1:31,703 (6.), Brundle 1:31,759 (3.), Brabham 1:31,840 (6.), Gachot 1:32,041 (6.).

Entwicklung der schnellsten Runde: Schumacher 1:30,842 (2.), 1:29,794 (4.); Hill 1:29,691 (10.), 1:29,562 (16.), 1:29,499 (25.); Schumacher 1:29,196 (30.), 1:28,927 (31.).

WM-Stand: 1. Schumacher 56, 2. Hill 23, 3. Berger, Alesi je 13, 5. Barrichello 7, 6. Larini, Brundle je 6, 8. Blundell, Hakkinen, Wendlinger, Katayama je 4, 12. de Cesaris, Fittipaldi je 3, 14. Martini, Frentzen, Coulthard je 2, 17. Alboreto, Irvine, Comas, Lehto je 1.

Konstrukteur-WM: 1. Benetton-Ford 57, 2. Ferrari 32, 3. Williams-Renault 25, 4. Jordan-Hart 11, 5. McLaren-Peugeot 10, 6. Tyrrell-Yamaha 8, 7. Sauber-Mercedes 6, 8. Footwork-Ford, Minardi-Ford je 3, 10. Larrousse 1.

Piloten/Runde		ERGEBNIS
SCHUMACHER	1	SCHUMACHER
ALESI	2	HILL
BERGER	3	ALESI
COULTHARD	4	BERGER
HILL	5	COULTHARD
BARRICHELLO	6	FITTIPALDI
HAKKINEN	7	LEHTO
IRVINE	8	BARRICHELLO
MORBIDELLI	9	HERBERT
KATAYAMA	10	MARTINI
FRENTZEN	11	BLUNDELL
BLUNDELL	12	ALBORETO
BRUNDLE	13	PANIS
FITTIPALDI	14	BERNARD
HERBERT	15	BRABHAM
DE CESARIS	16	
BERETTA	17	
MARTINI	18	
ALBORETO	19	
ZANARDI	20	
LEHTO	21	
COMAS	22	
PANIS	23	
BRABHAM	24	
BERNARD	25	
GACHOT	26	

Lauf 7 – Großer Preis von Frankreich – Magny-Cours, 3. Juli 1994

1. Training (inoffiziell)		2. Training (offiziell)		3. Training (inoffiziell)		4. Training (offiziell)	
1. Schumacher	1:17,143	1. Schumacher	1:17,085	1. Mansell	1:17,283	1. Hill	1:16,282
2. Alesi	1:17,962	2. Berger	1:17,441	2. Hill	1:17,297	2. Mansell	1:16,359
3. Hill	1:17,965	3. Hill	1:17,539	3. Schumacher	1:17,358	3. Schumacher	1:16,707
4. Hakkinen	1:18,801	4. Alesi	1:17,855	4. Alesi	1:17,439	4. Alesi	1:16,954
5. Berger	1:18,819	5. Brundle	1:18,112	5. Barrichello	1:17,502	5. Berger	1:16,959
6. Mansell	1:18,861	6. Barrichello	1:18,326	6. Brundle	1:17,609	6. Irvine	1:17,441
7. Brundle	1:19,191	7. Mansell	1:18,340	7. Panis	1:17,613	7. Barrichello	1:17,482
8. Verstappen	1:19,340	8. Verstappen	1:18,669	8. Irvine	1:17,614	8. Verstappen	1:17,645
9. Irvine	1:19,466	9. Hakkinen	1:19,041	9. Berger	1:17,775	9. Hakkinen	1:17,768
10. Barrichello	1:19,686	10. Bernard	1:19,292	10. Frentzen	1:17,876	10. Frentzen	1:17,830
11. Herbert	1:19,734	11. Frentzen	1:19,318	11. Hakkinen	1:18,167	11. de Cesaris	1:17,866
12. Panis	1:19,943	12. Irvine	1:19,463	12. de Cesaris	1:18,220	12. Brundle	1:18,031
13. Bernard	1:20,031	13. Panis	1:19,697	13. Verstappen	1:18,229	13. Panis	1:18,044
14. Frentzen	1:20,150	14. Katayama	1:19,969	14. Martini	1:18,325	14. Katayama	1:18,192
15. Blundell	1:20,241	15. Blundell	1:20,001	15. Katayama	1:18,543	15. Bernard	1:18,236
16. Fittipaldi	1:20,913	16. Martini	1:20,084	16. Bernard	1:18,566	16. Martini	1:18,248
17. Morbidelli	1:21,012	17. Alboreto	1:20,097	17. Comas	1:18,571	17. Blundell	1:18,381
18. Comas	1:21,029	18. Herbert	1:20,108	18. Morbidelli	1:18,727	18. Fittipaldi	1:18,568
19. Alboreto	1:21,153	19. Zanardi	1:20,122	19. Alboreto	1:18,733	19. Herbert	1:18,715
20. Katayama	1:21,249	20. de Cesaris	1:20,145	20. Blundell	1:18,864	20. Comas	1:18,811
21. de Cesaris	1:21,270	21. Comas	1:20,576	21. Fittipaldi	1:19,145	21. Alboreto	1:18,890
22. Beretta	1:21,775	22. Morbidelli	1:20,707	22. Herbert	1:19,445	22. Morbidelli	1:18,936
23. Zanardi	1:22,008	23. Fittipaldi	1:20,801	23. Zanardi	1:19,525	23. Zanardi	1:19,066
24. Brabham	1:22,035	24. Beretta	1:21,964	24. Beretta	1:19,938	24. Brabham	1:19,771
25. Martini	1:22,310	25. Brabham	1:22,527	25. Gounon	1:20,770	25. Beretta	1:19,863
26. Gachot	1:23,081	26. Gounon	1:23,264	26. Brabham	1:20,981	26. Gounon	1:21,829
27. Gounon	1:23,988	27. Gachot	1:24,048	27. Gachot	1:21,884	27. Gachot	1:21,952
28. Belmondo	1:24,344	28. Belmondo	1:24,637	28. Belmondo	1:22,630	28. Belmondo	1:23,004

Nicht qualifiziert: Bertrand Gachot (Pacific-Ilmor) 1:21,952, Paul Belmondo (Pacific-Ilmor) 1:23,004.

Startaufstellung:

Damon Hill
Williams FW16-Renault V10
1:16,282

    Michael Schumacher
    Benetton B194-Ford V8
    1:16,707

Nigel Mansell
Williams FW16-Renault V10
1:16,359

    Jean Alesi
    Ferrari 412 T1/B V12
    1:16,954

Gerhard Berger
Ferrari 412 T1/B V12
1:16,959

    Rubens Barrichello
    Jordan 194-Hart V10
    1:17,482

Eddie Irvine
Jordan 194-Hart V10
1:17,441

    Jos Verstappen
    Benetton B194-Ford V8
    1:17,645

Mika Hakkinen
McLaren MP4/9-Peugeot V10
1:17,768

    Andrea de Cesaris
    Sauber C13-Mercedes V10
    1:17,866

Heinz-Harald Frentzen
Sauber C13-Mercedes V10
1:17,830

    Martin Brundle
    McLaren MP4/9-Peugeot V10
    1:18,031

Olivier Panis
Ligier JS39B-Renault V10
1:18,044

    Eric Bernard
    Ligier JS39B-Renault V10
    1:18,236

Ukyo Katayama
Tyrrell 022-Yamaha V10
1:18,192

    Pierluigi Martini
    Minardi M194B-Ford V8
    1:18,248

Mark Blundell
Tyrrell 022-Yamaha V10
1:18,381

    Johnny Herbert
    Lotus 109C-Honda V10
    1:18,715

Christian Fittipaldi
Footwork FA15-Ford V8
1:18,568

    Erik Comas
    Larrousse LH94-Ford V8
    1:18,811

Michele Alboreto
Minardi M194B-Ford V8
1:18,890

    Alessandro Zanardi
    Lotus 109C-Honda V10
    1:19,066

Gianni Morbidelli
Footwork FA15-Ford V8
1:18,936

    David Brabham
    Simtek S941-Ford V8
    1:19,771

Olivier Beretta
Larrousse LH94-Ford V8
1:19,863

    Jean-Marc Gounon
    Simtek S941-Ford V8
    1:21,829

Geschwindigkeiten vor der Adelaide-Haarnadel (Freitag): Berger 293,5, Mansell 292,7, Hill 292,7, Alesi 291,9, Panis 291,1, Irvine 291,1, Brundle 290,3, Frentzen 289,5, Comas 289,5, Beretta 289,5, ... Schumacher 288,8 km/h. – (Samstag): Mansell 298,3, Hill 298,3, Alesi 295,1, Panis 293,5, Hakkinen 293,5, de Cesaris 292,7, Bernard 292,7, Irvine 292,7, Gounon 291,9, Barrichello 291,9, ... Schumacher 291,9, Frentzen 291,1, Berger 291,1 km/h.

Sonntag-Aufwärmtraining: 1. Schumacher 1:18,743, 2. Alesi 1:18,759, 3. Mansell 1:18,821, 4. Verstappen 1:19,159, 5. Hill 1:19,305, 6. Bernard 1:19,505, 7. Barrichello 1:19,591, 8. Berger 1:19,654, 9. Brundle 1:19,730, 10. Martini 1:20,045, 11. Frentzen 1:20,088.

Wetter am Renntag: Schön und heiß; 80.000 Zuschauer.

Distanz: 72 Runden à 4,250 km = 306,000 km.

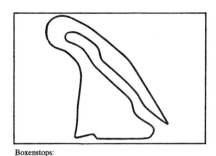

Rekorde: Training: Mansell (Williams-Renault FW14B) 1:13,864 = 207,137 km/h (1992); Rennen: Mansell (Williams-Renault FW14B) 1:17,070 = 198,521 km/h (1992). – Distanz: Mansell (Williams-Renault FW14B) 188,271 km/h (1992).

Boxenstops:

Verstappen:	12. Runde:	Frontspoiler ausgetauscht, Reifenwechsel (27,0 sec, total 46,887 sec); Platz 11 – 17
Mansell:	19. Runde:	Reifenwechsel, Auftanken (9,7 sec, total 26,166 sec); Platz 5 – 6
Alesi:	20. Runde:	Reifenwechsel, Auftanken (8,0 sec, total 25,678 sec); Platz 4 – 5
Frentzen:	21. Runde:	Reifenwechsel, Auftanken (total 29,049 sec); Platz 8 – 14
Brundle:	21. Runde:	Reifenwechsel, Auftanken (9,0 sec, total 25,491 sec); Platz 10 – 13
Katayama:	21. Runde:	Reifenwechsel, Auftanken (total 26,802 sec); Platz 14 – 18
Alboreto:	21. Runde:	Reifenwechsel, Auftanken (total 36,192 sec); Platz 22 – 24
Schumacher:	21. Runde:	Reifenwechsel, Auftanken (total 24,890 sec); Platz 1
Hill:	21. Runde:	Reifenwechsel, Auftanken (total 26,825 sec); Platz 2 – 4
Berger:	21. Runde:	Reifenwechsel, Auftanken (total 29,268 sec); Platz 3 – 6
Hakkinen:	22. Runde:	Reifenwechsel, Auftanken (total 26,267 sec); Platz 7 – 12
de Cesaris:	22. Runde:	Reifenwechsel, Auftanken (total 25,427 sec); Platz 9 – 16
Herbert:	23. Runde:	Reifenwechsel, Auftanken (total 28,020 sec); Platz 14 – 21
Verstappen:	23. Runde:	2. Stop, Reifenwechsel, Auftanken (total 24,345 sec); Platz 22
Brabham:	23. Runde:	Reifenwechsel, Auftanken (total 30,110 sec); Platz 23 – 24
Panis:	24. Runde:	Reifenwechsel, Auftanken (11,1 sec, total 27,709 sec); Platz 8 – 17
Martini:	24. Runde:	Reifenwechsel, Auftanken (total 27,679 sec); Platz 11 – 18
Barrichello:	25. Runde:	Reifenwechsel, Auftanken (total 29,560 sec); Platz 4 – 6
Bernard:	26. Runde:	Reifenwechsel, Auftanken (9,5 sec, total 29,184 sec); Platz 17 – 20
Gounon:	27. Runde:	Reifenwechsel, Auftanken (total 52,387 sec); Platz 18
Mansell:	30. Runde:	2. Stop, Reifenwechsel, Auftanken (8,3 sec, total 23,657 sec); Platz 4 – 6
Comas:	31. Runde:	Reifenwechsel, Auftanken (total 37,985 sec); Platz 13 – 17
Fittipaldi:	32. Runde:	Reifenwechsel, Auftanken (total 28,026 sec); Platz 7 – 12
Beretta:	33. Runde:	Reifenwechsel, Auftanken (total 32,062 sec); Platz 13 – 16
Alesi:	35. Runde:	2. Stop, Reifenwechsel, Auftanken (6,3 sec, total 22,917 sec); Platz 3 – 4
Schumacher:	38. Runde:	2. Stop, Reifenwechsel, Auftanken (7,0 sec, total 23,026 sec); Platz 1 – 2
Bernard:	40. Runde:	2. Stop, Reifenwechsel, Auftanken (total 51,739 sec); Platz 14 – 15
Katayama:	44. Runde:	2. Stop, Reifenwechsel, Auftanken (total 25,753 sec); Platz 8 – 11
Berger:	45. Runde:	2. Stop, Reifenwechsel, Auftanken (total 26,677 sec); Platz 3 – 4
Hill:	46. Runde:	2. Stop, Reifenwechsel, Auftanken (7,7 sec, total 24,232 sec); Platz 1 – 2
Hakkinen:	46. Runde:	2. Stop, Reifenwechsel, Auftanken (total 25,523 sec); Platz 5
Frentzen:	47. Runde:	2. Stop, Reifenwechsel, Auftanken (total 28,151 sec); Platz 4 – 5
de Cesaris:	47. Runde:	2. Stop, Reifenwechsel, Auftanken (total 30,953 sec); Platz 6 – 10
Martini:	47. Runde:	2. Stop, Reifenwechsel, Auftanken (total 28,978 sec); Platz 7 – 9
Herbert:	48. Runde:	2. Stop, Reifenwechsel, Auftanken (total 26,907 sec); Platz 7 – 10
Gounon:	51. Runde:	2. Stop, Reifenwechsel, Auftanken (total 45,164 sec); Platz 11
Schumacher:	55. Runde:	3. Stop, Reifenwechsel, Auftanken (6,8 sec, total 22,851 sec); Platz 1

Ausfälle:

Zanardi:	21. Runde:	Ölleck, Feuer; Platz 22
Alboreto:	22. Runde:	Motorschaden; Platz 25
Irvine:	25. Runde:	Getriebeschaden; Platz 7
Verstappen:	26. Runde:	Unfall; Platz 21
Brabham:	29. Runde:	Antriebsdefekt; Platz 21
Panis:	29. Runde:	Kollision mit Morbidelli; Platz 15
Morbidelli:	29. Runde:	Kollision mit Panis; Platz 14
Brundle:	30. Runde:	Motorschaden; Platz 7
Beretta:	37. Runde:	Motorschaden; Platz 16
Bernard:	41. Runde:	Defekt an der Getriebe-Hydraulik; Platz 15
Alesi:	42. Runde:	Kollision mit Barrichello; Platz 4
Barrichello:	42. Runde:	Kollision mit Alesi; Platz 5
Mansell:	46. Runde:	Antrieb der Hydraulikpumpe defekt; Platz 3
Hakkinen:	49. Runde:	Motorschaden; Platz 4
Katayama:	54. Runde:	Dreher; Platz 5
Comas:	67. Runde:	Motorschaden; Platz 9

Stand nach 1 Runde: 1. Schumacher, 2. Hill, 3. Mansell, 4. Alesi, 5. Berger, 6. Irvine, 7. Frentzen, 8. Hakkinen, 9. Barrichello, 10. Brundle.

Stand nach 18 Runden: 1. Schumacher (76,500 km in 24:18,465 = 188,829 km/h), 2. Hill –1,399, 3. Alesi –11,561, 4. Berger –14,360, 5. Mansell –15,392, 6. Barrichello –27,748, 7. Irvine –39,797, 8. Frentzen –40,645, 9. Hakkinen –42,231, 10. Brundle –42,857.

Stand nach 36 Runden: 1. Schumacher (153,000 km in 49:03,035 = 187,154 km/h), 2. Hill –11,309, 3. Berger –34,197, 4. Alesi –36,702, 5. Barrichello –44,434, 6. Mansell –50,674, 7. Hakkinen –1:14,038, 8. Frentzen –1:20,487, 9. de Cesaris –1 Runde.

Stand nach 54 Runden: 1. Schumacher (229,500 km in 1.13:38,828 = 186,973 km/h), 2. Hill –29,730, 3. Berger –1:03,050, 4. Frentzen –1 Runde, 5. Fittipaldi, 6. Martini, 7. de Cesaris, 8. Herbert –2 Runden, 9. Comas, 10. Gounon.

Ergebnis:

1. Michael Schumacher (Deutschland), Benetton-Ford	1.38:35,704 = 186,216 km/h	
2. Damon Hill (England), Williams-Renault	1.38:48,346 = 185,819 km/h	12,642 zurück
3. Gerhard Berger (Österreich), Ferrari	1.39:28,469 = 184,570 km/h	52,765 zurück
4. Heinz-Harald Frentzen (Deutschland), Sauber-Mercedes	1.39:22,743 = 182,181 km/h	1 Runde zurück
5. Pierluigi Martini (Italien), Minardi-Ford	1.38:36,932 = 181,006 km/h	2 Runden zurück
6. Andrea de Cesaris (Italien), Sauber-Mercedes	1.38:44,154 = 180,785 km/h	2 Runden zurück
7. Johnny Herbert (England), Lotus-Honda	1.38:44,813 = 180,765 km/h	2 Runden zurück
8. Christian Fittipaldi (Brasilien), Footwork-Ford	1.39:12,438 = 179,926 km/h	2 Runden zurück
9. Jean-Marc Gounon (Frankreich), Simtek-Ford	1.39:02,683 = 175,072 km/h	4 Runden zurück
10. Mark Blundell (England), Tyrrell-Yamaha	1.39:21,944 = 171,941 km/h	5 Runden zurück
11. Erik Comas (Frankreich), Larrousse-Ford	1.34:00,612 = 179,023 km/h	6 Runden zurück

Comas bei Rennschluß nicht mehr im Rennen, aber gewertet.

Schnellste Runde: Hill (Williams-Renault) 1:19,678 = 192,022 km/h (4. Runde).

Schnellste Runde jedes Fahrers im Rennen: Hill 1:19,678 (4.), Schumacher 1:19,753 (3.), Alesi 1:20,220 (3.), Mansell 1:20,242 (4.), Berger 1:20,659 (3.), Barrichello 1:20,762 (11.), Verstappen 1:21,536 (25.), Hakkinen 1:21,829 (37.), Brundle 1:21,992 (23.), Irvine 1:22,007 (8.), Frentzen 1:22,080 (4.), de Cesaris 1:22,121 (13.), Katayama 1:22,493 (10.), Panis 1:22,625 (14.), Martini 1:22,740 (57.), Herbert 1:22,763 (9.), Fittipaldi 1:22,852 (9.), Comas 1:23,037 (14.), Bernard 1:23,195 (9.), Morbidelli 1:23,299 (4.), Blundell 1:23,368 (34.), Zanardi 1:23,558 (13.), Alboreto 1:23,676 (5.), Beretta 1:23,739 (4.), Brabham 1:23,920 (5.), Gounon 1:24,351 (6.).

Entwicklung der schnellsten Runde: Schumacher 1:19,753 (3.), Hill 1:19,678 (4.).

WM-Stand: 1. Schumacher 66, 2. Hill 29, 3. Berger 17, 4. Alesi 13, 5. Barrichello 7, 6. Brundle, Larini je 6, 8. Frentzen 5, 9. Blundell, de Cesaris, Hakkinen, Katayama, Martini, Wendlinger je 4, 15. Fittipaldi 3, 16. Coulthard 2, 17. Alboreto, Comas, Irvine, Lehto je 1.

Konstrukteur-WM: 1. Benetton-Ford 67, 2. Ferrari 36, 3. Williams-Renault 31, 4. Jordan-Hart 11, 5. Sauber-Mercedes, McLaren-Peugeot je 10, 7. Tyrrell-Yamaha 8, 8. Minardi-Ford 6, 9. Footwork-Ford 3, 10. Larrousse-Ford 1.

Piloten/Runde		1 2 3 4 5 6 7 8 9 10 11 12 13 14 15 16 17 18 19 20 21 22 23 24 25 26 27 28 29 30 31 32 33 34 35 36 37 38 39 40 41 42 43 44 45 46 47 48 49 50 51 52 53 54 55 56 57 58 59 60 61 62 63 64 65 66 67 68 69 70 71 72	ERGEBNIS
SCHUMACHER	1		SCHUMACHER
HILL	2		HILL
MANSELL	3		BERGER
ALESI	4		FRENTZEN
BERGER	5		MARTINI
IRVINE	6		DE CESARIS
FRENTZEN	7		HERBERT
HAKKINEN	8		FITTIPALDI
BARRICHELLO	9		GOUNON
BRUNDLE	10		BLUNDELL
VERSTAPPEN	11		COMAS
DE CESARIS	12		
PANIS	13		
KATAYAMA	14		
MARTINI	15		
FITTIPALDI	16		
HERBERT	17		
COMAS	18		
BERNARD	19		
MORBIDELLI	20		
BERETTA	21		
BLUNDELL	22		
ALBORETO	23		
ZANARDI	24		
BRABHAM	25		
GOUNON	26		

Lauf 8 – Großer Preis von England – Silverstone, 10. Juli 1994

1. Training (inoffiziell)		2. Training (offiziell)		3. Training (inoffiziell)		4. Training (offiziell)	
1. Schumacher	1:27,432	1. Schumacher	1:26,323	1. Berger	1:25,349	1. Hill	1:24,960
2. Barrichello	1:27,935	2. Berger	1:26,738	2. Schumacher	1:25,708	2. Schumacher	1:24,963
3. Katayama	1:28,108	3. Alesi	1:26,891	3. Hill	1:26,075	3. Berger	1:24,980
4. Hill	1:28,144	4. Hill	1:26,894	4. Alesi	1:26,554	4. Alesi	1:25,541
5. Irvine	1:28,160	5. Frentzen	1:27,284	5. Irvine	1:26,877	5. Hakkinen	1:26,268
6. Hakkinen	1:28,216	6. Coulthard	1:27,698	6. Brundle	1:27,004	6. Barrichello	1:26,271
7. Coulthard	1:28,569	7. Barrichello	1:27,890	7. Coulthard	1:27,054	7. Coulthard	1:26,337
8. Blundell	1:28,592	8. Irvine	1:27,890	8. Verstappen	1:27,236	8. Katayama	1:26,414
9. Morbidelli	1:28,880	9. Katayama	1:27,936	9. Katayama	1:27,295	9. Brundle	1:26,768
10. Brundle	1:29,167	10. Hakkinen	1:27,983	10. Barrichello	1:27,340	10. Verstappen	1:26,841
11. Martini	1:29,403	11. Morbidelli	1:28,159	11. Blundell	1:27,354	11. Blundell	1:26,920
12. Frentzen	1:29,726	12. Brundle	1:28,224	12. Martini	1:27,582	12. Irvine	1:27,065
13. Verstappen	1:29,743	13. Blundell	1:28,510	13. Alboreto	1:27,822	13. Martini	1:27,522
14. Alboreto	1:30,032	14. Martini	1:28,517	14. Morbidelli	1:27,874	14. Panis	1:27.785
15. Alesi	1:30,109	15. Fittipaldi	1:28,816	15. de Cesaris	1:28,051	15. Morbidelli	1:27,886
16. Fittipaldi	1:30,135	16. Verstappen	1:29,142	16. Hakkinen	1:28,375	16. Alboreto	1:28,100
17. Panis	1:30,383	17. Zanardi	1:29,240	17. Panis	1:28,398	17. de Cesaris	1:28,212
18. Bernard	1:30,686	18. Herbert	1:29,268	18. Fittipaldi	1:28,444	18. Zanardi	1:28,225
19. Beretta	1:30,960	19. Panis	1:29,381	19. Frentzen	1:28,512	19. Fittipaldi	1:28,231
20. Herbert	1:31,155	20. Alboreto	1:29,403	20. Zanardi	1:28,658	20. Frentzen	1:28,231
21. Comas	1:31,436	21. Beretta	1:29,971	21. Comas	1:28,706	21. Herbert	1:28,340
22. Zanardi	1:31,785	22. de Cesaris	1:30,034	22. Herbert	1:29,026	22. Comas	1:28,519
23. Gounon	1:31,964	23. Bernard	1:30,058	23. Beretta	1:29,100	23. Bernard	1:28,955
24. de Cesaris	1:32,059	24. Comas	1:30,274	24. Bernard	1:30,021	24. Beretta	1:29,299
25. Gachot	1:32,068	25. Gounon	1:31,225	25. Gounon	1:30,562	25. Brabham	1:30,690
26. Brabham	1:32,648	26. Brabham	1:31,437	26. Brabham	1:30,640	26. Gounon	1:30,722
27. Belmondo	1:34,999	27. Gachot	1:31,496	27. Gachot	1:30,885	27. Gachot	1:31,877
		28. Belmondo	1:34,631	28. Belmondo	1:32,303	28. Belmondo	1:32,507

Nicht qualifiziert: Bertrand Gachot (Pacific-Ilmor) 1:31,496, Paul Belmondo (Pacific-Ilmor) 1:32,507.

Startaufstellung:

Damon Hill
Williams FW16-Renault V10
1:24,960

Michael Schumacher
Benetton B194-Ford V8
1:24,963

Gerhard Berger
Ferrari 412 T1/B V12
1:24,980

Jean Alesi
Ferrari 412 T1/B V12
1:25,541

Mika Hakkinen
McLaren MP4/9-Peugeot V10
1:26,268

Rubens Barrichello
Jordan 194-Hart V10
1:26,271

Ukyo Katayama
Tyrrell 022-Yamaha V10
1:26,414

Martin Brundle
McLaren MP4/9-Peugeot V10
1:26,768

David Coulthard
Williams FW16-Renault V10
1:26,337

Jos Verstappen
Benetton B194-Ford V8
1:26,841

Eddie Irvine
Jordan 194-Hart V10
1:27,065

Heinz-Harald Frentzen
Sauber C13-Mercedes V10
1:27,284

Mark Blundell
Tyrrell 022-Yamaha V10
1:26,920

Pierluigi Martini
Minardi M194B-Ford V8
1:27,522

Gianni Morbidelli
Footwork FA15-Ford V8
1:27,886

Michele Alboreto
Minardi M194B-Ford V8
1:28,100

Olivier Panis
Ligier JS39B-Renault V10
1:27,785

Andrea de Cesaris
Sauber C13-Mercedes V10
1:28,212

Christian Fittipaldi
Footwork FA15-Ford V8
1:28,231

Johnny Herbert
Lotus 109C-Honda V10
1:28,340

Alessandro Zanardi
Lotus 109C-Honda V10
1:28,225

Erik Comas
Larrousse LH94-Ford V8
1:28,519

Olivier Beretta
Larrousse LH94-Ford V8
1:28,231

David Brabham
Simtek S941-Ford V8
1:30,690

Eric Bernard
Ligier JS39B-Renault V10
1:28,955

Jean-Marc Gounon
Simtek S941-Ford V8
1:30,722

Geschwindigkeiten auf der Ziellinie (Freitag): Herbert 248,1, Frentzen 247,2, Bernard 247,2, Hill 247,2, Gounon 246,3, Beretta 246,3, de Cesaris 245,4, Martini 245,4, Irvine 245,4, Barrichello 245,4, ... Schumacher 243,7, Berger (ohne Zeit) km/h. – (Samstag): Berger 282,9, Alesi 282,9, Hill 280,6, Coulthard 278,3, Blundell 277,2, Bernard 275,0, Katayama 275,0, Frentzen 272,8, Irvine 272,8, Zanardi 272,8, ... Schumacher 272,8 km/h.

Geschwindigkeiten am Sector 1 (Freitag): Berger 306,5, Martini 302,2, Katayama 302,2, Coulthard 300,5, Hill 298,0, Alesi 297,2, Alboreto 296,4, Bernard 295,6, Blundell 294,8, Frentzen 294,0, ... Schumacher 290,0 km/h. – (Samstag): Coulthard 300,5, Hill 299,7, Alesi 298,0, de Cesaris 297,2, Berger 296,4, Blundell 291,6, Frentzen 290,8, Barrichello 290,0, Zanardi 290,0, Brundle 289,3, ... Schumacher 286,2 km/h. – (Sonntag): Coulthard 305,6, Hill 305,6, Berger 300,5, Hakkinen 298,0, Frentzen 296,4, Alboreto 296,4, Barrichello 296,4, Schumacher 296,4, Alesi 294,8, Panis 294,8 km/h.

Geschwindigkeiten am Sector 2 (Freitag): Zanardi 271,8, Hill 262,6, Alesi 260,7, Frentzen 260,0, Berger 258,8, Katayama 258,2, Coulthard 257,6, Hakkinen 256,4, de Cesaris 255,1, Bernard 255,1, ... Schumacher 255,1 km/h. – (Samstag): Berger 273,2, Hill 266,5, Katayama 264,4, Coulthard 262,6, Alesi 260,7, Schumacher 260,0, Barrichello 259,4, Irvine 258,8, Brundle 258,2, Hakkinen 258,2, ... Frentzen 257,0 km/h. – (Sonntag): Hill 263,2, Coulthard 261,3, Berger 259,4, Schumacher 258,8, Katayama 258,2, Barrichello 255,7, Frentzen 254,5, Alesi 254,5, Blundell 254,5, Morbidelli 252,8 km/h.

Sonntag-Aufwärmtraining: 1. Coulthard 1:26,674, 2. Schumacher 1:26,928, 3. Hill 1:26,941, 4. Blundell 1:27,489, 5. Katayama 1:27,622, 6. Hakkinen 1:27,736, 7. Berger 1:27,770, 8. Irvine 1:27,840, 9. Barrichello 1:27,874, 10. Alesi 1:27,921, ... 18. Frentzen 1:29,665.

Wetter am Renntag: Leicht bewölkt, windig, warm; 100 000 Zuschauer.

Distanz: 60 Runden à 5,057 km = 303,420 km.

Rekorde: Training: Mansell (Williams-Renault FW 14B) 1:18,965 = 238,252 km/h (1992); Rennen: Hill (Williams-Renault FW15C) 1:22,515 = 220,629 km/h (1993). – Distanz: Hill (Williams-Renault FW16) 202,143 km/h (1994).

Boxenstops:

Hill:	15. Runde:	Reifenwechsel, Auftanken (total 38,997 sec); Platz 2 – 3
Panis:	15. Runde:	Reifenwechsel, Auftanken (total 41,375 sec); Platz 12 – 14
Blundell:	16. Runde:	Reifenwechsel, Auftanken (9,7 sec, total 40,720 sec); Platz 10 – 11
Schumacher:	17. Runde:	Reifenwechsel, Auftanken (7,6 sec, total 38,654 sec); Platz 1 – 2
Coulthard:	17. Runde:	Reifenwechsel, Auftanken (8,8 sec, total 40,234 sec); Platz 9 – 10
Bernard:	17. Runde:	Reifenwechsel, Auftanken (total 40,315 sec); Platz 18 – 20
Katayama:	18. Runde:	Reifenwechsel, Auftanken (total 40,842 sec); Platz 8 – 9
Brabham:	18. Runde:	Reifenwechsel, Auftanken(total 45,298 sec); Platz 18 – 20
Blundell:	19. Runde:	2. Stop, (total 4:01,559 sec); Platz 16 – 20
Barrichello:	20. Runde:	Reifenwechsel, Auftanken (total 40,252 sec); Platz 5 – 6
Verstappen:	20. Runde:	Reifenwechsel, Auftanken (total 41,155 sec); Platz 7 – 10
Panis:	21. Runde:	2. Stop, Reifenwechsel, Auftanken (total 47,456 sec); Platz 15 – 16
Berger:	22. Runde:	Reifenwechsel, Auftanken (7,5 sec, total 38,494 sec); Platz 3 – 5
Beretta:	25. Runde:	Reifenwechsel, Auftanken (total 46,855 sec); Platz 15 – 17
Schumacher:	27. Runde:	2. Stop, "Stop and Go"-Strafe (total 35,501 sec); Platz 2 – 3
Martini:	27. Runde:	Reifenwechsel, Auftanken (total 42,260 sec); Platz 11 – 13
Herbert:	27. Runde:	Reifenwechsel, Auftanken (total 42,741 sec); Platz 13 – 14
Alesi:	28. Runde:	Reifenwechsel, Auftanken (10,9 sec, total 44,203 sec); Platz 2 – 5
Hakkinen:	28. Runde:	Reifenwechsel, Auftanken (total 40,455 sec); Platz 4 – 6
Frentzen:	28. Runde:	Reifenwechsel, Auftanken(total 42,470 sec); Platz 7 – 10
Gounon:	29. Runde:	Reifenwechsel, Auftanken (total 48,323 sec); Platz 18 – 19
Fittipaldi:	30. Runde:	Reifenwechsel, Auftanken (total 42,915 sec); Platz 11 – 12
Alboreto:	31. Runde:	Reifenwechsel, Auftanken (total 46,320 sec); Platz 11 – 15
Panis:	34. Runde:	3. Stop, Reifenwechsel, Auftanken (total 40,958 sec); Platz 13 – 14
Brabham:	37. Runde:	2. Stop, Reifenwechsel, Auftanken (total 44,296 sec); Platz 17 – 18
Hill:	38. Runde:	2. Stop, Reifenwechsel, Auftanken (8,0 sec, total 39,162 sec); Platz 1
Schumacher:	38. Runde:	2. Stop, Reifenwechsel, Auftanken (7,6 sec, total 38,529 sec); Platz 2
Katayama:	39. Runde:	2. Stop, Reifenwechsel, Auftanken (total 40,423 sec); Platz 7 – 9
Coulthard:	39. Runde:	2. Stop, Reifenwechsel, Auftanken (9,0 sec, total 40,120 sec); Platz 6 – 8
Bernard:	39. Runde:	2. Stop, Reifenwechsel, Auftanken (total 40,090 sec); Platz 14 – 16
Barrichello:	41. Runde:	2. Stop, Reifenwechsel, Auftanken (total 40,537 sec); Platz 3 – 5
Verstappen:	41. Runde:	2. Stop, Reifenwechsel, Auftanken (8,7 sec, total 41,749 sec); Platz 6 – 9

Ausfälle:

Irvine:	Aufwärmrunde:	Motorschaden; Platz 12
Brundle:	1. Runde:	Motorschaden; Platz 9
Zanardi:	5. Runde:	Motorschaden; Platz 22
Morbidelli:	6. Runde:	Lecke Benzinleitung; Platz 21
de Cesaris:	12. Runde:	Motorschaden; Platz 21
Comas:	13. Runde:	Motorschaden; Platz 16
Blundell:	21. Runde:	Elektrikdefekt; Platz 11
Berger:	33. Runde:	Motorschaden; Platz 10
Alboreto:	49. Runde:	Motorschaden; Platz 13

Stand nach 1 Runde: 1. Hill, 2. Schumacher, 3. Berger, 4. Barrichello, 5. Alesi, 6. Verstappen, 7. Hakkinen, 8. Katayama, 9. Frentzen, 10. Morbidelli.

Stand nach 15 Runden: 1. Schumacher (75,855 km in 22:04,350 = 206,197 km/h), 2. Hill –4,036, 3. Berger –22,865, 4. Barrichello –27,198, 5. Alesi –31,691, 6. Verstappen –36,513, 7. Hakkinen –37,679, 8. Katayama –38,512, 9. Blundell –42,703, 10. Coulthard –43,435, 11. Frentzen –53,406.

Stand nach 30 Runden: 1. Hill (151,710 km in 44:49,032 = 203,105 km/h), 2. Schumacher –20,733, 3. Berger –38,119, 4. Barrichello –41,541, 5. Alesi –48,693, 6. Hakkinen –56,274, 7. Coulthard –59,025, 8. Katayama –1:01,685, 9. Verstappen –1:10,433, 10. Frentzen –1:16,785.

Stand nach 45 Runden: 1. Hill (227,565 km in 1.07:28,863 = 202,336 km/h), 2. Schumacher –17,025, 3. Alesi –58,567, 4. Hakkinen –1:09,213, 5. Barrichello –1:09,846, 6. Coulthard –1:25,862, 7. Frentzen –1 Runde, 8. Katayama, 9. Verstappen, 10. Fittipaldi.

Ergebnis:

1. Damon Hill (England), Williams-Renault — 1.30:03,640 = 202,143 km/h
2. Jean Alesi (Frankreich), Ferrari — 1.31:11,768 = 199,626 km/h — 1:08,128 zurück
3. Mika Hakkinen (Finnland), McLaren-Peugeot — 1.31:44,299 = 198,447 km/h — 1:40,659 zurück
4. Rubens Barrichello (Brasilien), Jordan-Hart — 1.31:45,391 = 198,407 km/h — 1:41,751 zurück
5. David Coulthard (England), Williams-Renault — 1.30:06,704 = 198,662 km/h — 1 Runde zurück
6. Ukyo Katayama (Japan), Tyrrell-Yamaha — 1.30:20,793 = 198,145 km/h — 1 Runde zurück
7. Heinz-Harald Frentzen (Deutschland), Sauber-Mercedes — 1.30:23,245 = 198,056 km/h — 1 Runde zurück
8. Jos Verstappen (Niederlande), Benetton-Ford — 1.30:45,792 = 197,236 km/h — 1 Runde zurück
9. Christian Fittipaldi (Brasilien), Footwork-Ford — 1.30:04,684 = 195,367 km/h — 2 Runden zurück
10. Pierluigi Martini (Italien), Minardi-Ford — 1.30:20,159 = 194,810 km/h — 2 Runden zurück
11. Johnny Herbert (England), Lotus-Honda — 1.30:28,411 = 194,513 km/h — 2 Runden zurück
12. Olivier Panis (Frankreich), Ligier-Renault — 1.30:38,634 = 194,148 km/h — 2 Runden zurück
13. Eric Bernard (Frankreich), Ligier-Renault — 1.30:49,394 = 193,765 km/h — 2 Runden zurück
14. Olivier Beretta (Monaco), Larrousse-Ford — 1.30:53,492 = 193,619 km/h — 2 Runden zurück
15. David Brabham (Australien), Simtek-Ford — 1.30:51,590 = 190,347 km/h — 3 Runden zurück
16. Jean-Marc Gounon (Frankreich), Simtek-Ford — 1.30:52,328 = 190,321 km/h — 3 Runden zurück

Schnellste Runde: Hill (Williams-Renault) 1:27,100 = 209,014 km/h (11. Runde).

Schnellste Runde jedes Fahrers im Rennen: Hill 1:27,100 (11.), Schumacher 1:27,335 (8.), Coulthard 1:27,889 (7.), Berger 1:28,603 (18.), Blundell 1:28,659 (13.), Alesi 1:29,181 (23.), Barrichello 1:29,197 (11.), Hakkinen 1:29,406 (24.), Katayama 1:29,556 (6.), Frentzen 1:29,695 (26.), Verstappen 1:29,876 (8.), Panis 1:29,993 (8.), Morbidelli 1:30,587 (4.), Fittipaldi 1:30,683 (26.), Bernard 1:30,769 (41.), Alboreto 1:31,136 (17.), Beretta 1:31,253 (22.), Martini 1:31,481 (7.), Herbert 1:31,711 (8.), Comas 1:31,741 (12.), de Cesaris 1:32,368 (9.), Brabham 1:32,986 (15.), 23. Gounon 1:33,127 (14.), Zanardi 1:34,266 (4.), Brundle (ohne Zeit), Irvine (ohne Zeit).

Entwicklung der schnellsten Runde: Hill 1:28,386 (2.); Schumacher 1:28,122 (3.); Hill 1:27,383 (5.), 1:27,215 (8.), 1:27,152 (10.), 1:27,100 (11.).

WM-Stand: 1. Schumacher 66, 2. Hill 39, 3. Berger, Alesi je 17, 5. Barrichello 9, 6. Hakkinen 7, 7. Brundle, Larini je 6, 9. Frentzen 5, 10. Blundell, de Cesaris, Katayama, Martini, Wendlinger je 4, 15. Coulthard, Fittipaldi je 3, 17. Alboreto, Comas, Irvine, Lehto je 1.

Konstrukteur-WM: 1. Benetton-Ford 67, 2. Williams-Renault 42, 3. Ferrari 40, 4. Jordan-Hart, McLaren-Peugeot je 13, 6. Sauber-Mercedes 10, 7. Tyrrell-Yamaha 8, 8. Minardi-Ford 5, 9. Footwork-Ford 3, 10. Larrousse 1.

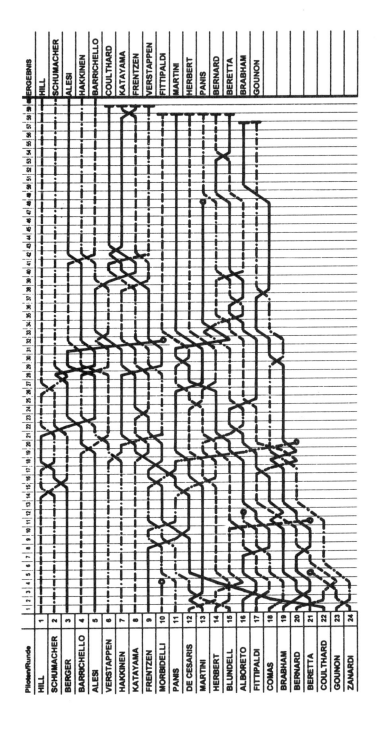

Lauf 9 – Großer Preis von Deutschland – Hockenheim, 31. Juli 1994

1. Training (inoffiziell)		2. Training (offiziell)		3. Training (inoffiziell)		4. Training (offiziell)	
1. Hill	1:45,497	1. Hill	1:44,026	1. Alesi	1:44,354	1. Berger	1:43,582
2. Schumacher	1:45,830	2. Berger	1:44,616	2. Coulthard	1:44,580	2. Alesi	1:44,012
3. Berger	1:46,081	3. Schumacher	1:44,875	3. Hill	1:45,006	3. Hill	1:44,131
4. Coulthard	1:46,310	4. Alesi	1:45,272	4. Berger	1:45,070	4. Schumacher	1:44,268
5. Alesi	1:46,312	5. Coulthard	1:45,477	5. Schumacher	1:45,740	5. Katayama	1:44,718
6. Frentzen	1:46,991	6. Hakkinen	1:45,487	6. Katayama	1:45,884	6. Coulthard	1:45,146
7. Barrichello	1:47,027	7. Hill	1:45,814	7. Barrichello	1:45,970	7. Blundell	1:45,474
8. Irvine	1:47,138	8. Irvine	1:45,911	8. Brundle	1:46,452	8. Hakkinen	1:45,878
9. Blundell	1:47,404	9. Barrichello	1:45,962	9. Hakkinen	1:46,557	9. Frentzen	1:45,893
10. Katayama	1:47,518	10. Frentzen	1:46,488	10. Blundell	1:46,657	10. Barrichello	1:45,939
11. Verstappen	1:47,593	11. Katayama	1:46,534	11. Irvine	1:46,664	11. Irvine	1:45,942
12. Zanardi	1:47,981	12. Brundle	1:46,644	12. Frentzen	1:46,894	12. Panis	1:46,165
13. Hakkinen	1:48,095	13. Fittipaldi	1:47,150	13. Panis	1:46,928	13. Brundle	1:46,218
14. Brundle	1:48,268	14. Bernard	1:47,531	14. Herbert	1:47,351	14. Bernard	1:46,290
15. Morbidelli	1:48,419	15. Zanardi	1:47,678	15. Fittipaldi	1:47,488	15. Herbert	1:46,630
16. de Cesaris	1:48,499	16. de Cesaris	1:47,745	16. Verstappen	1:47,520	16. Morbidelli	1:46,817
17. Fittipaldi	1:48,986	17. Morbidelli	1:47,814	17. Bernard	1:47,605	17. Fittipaldi	1:47,102
18. Martini	1:49,094	18. Martini	1:47,831	18. Martini	1:47,751	18. de Cesaris	1:47,235
19. Comas	1:49,259	19. Panis	1:47,925	19. Zanardi	1:48,074	19. Verstappen	1:47,316
20. Beretta	1:49,545	20. Alboreto	1:48,402	20. Comas	1:48,792	20. Martini	1:47,402
21. Panis	1:49,566	21. Herbert	1:48,621	21. Alboreto	1:49,034	21. Zanardi	1:47,425
22. Alboreto	1:49,614	22. Beretta	1:48,681	22. Morbidelli	1:49,372	22. Comas	1:48,229
23. Bernard	1:49,735	23. Comas	1:48,770	23. Beretta	1:49,528	23. Alboreto	1:48,295
24. Herbert	1:50,042	24. Gounon	1:50,361	24. Gounon	1:49,531	24. Brabham	1:48,870
25. Brabham	1:51,216	25. Brabham	1:50,685	25. de Cesaris	1:49,856	25. Beretta	1:48,875
26. Gounon	1:52,104	26. Belmondo	1:51,916	26. Brabham	1:50,805	26. Gounon	1:49,204
27. Gachot	1:54,597	27. Gachot	1:52,839	27. Belmondo	1:52,208	27. Belmondo	1:51,122
28. Belmondo	1:55,756	28. Verstappen	40:34,496	28. Gachot	1:52,423	28. Gachot	1:51,292

Nicht qualifiziert: Paul Belmondo (Pacific-Ilmor) 1:51,122, Bertrand Gachot (Pacific-Ilmor) 1:51,292.

Startaufstellung:

Gerhard Berger
Ferrari 412 T1/B V12
1:43,582

        Jean Alesi
        Ferrari 412 T1/B V12
        1:44,012

Damon Hill
Williams FW16-Renault V10
1:44,026

        Michael Schumacher
        Benetton B194-Ford V8
        1:44,268

Ukyo Katayama
Tyrrell 022-Yamaha V10
1:44,718

        David Coulthard
        Williams FW16-Renault V10
        1:45,146

Mark Blundell
Tyrrell 022-Yamaha V10
1:45,474

        Mika Hakkinen
        McLaren MP4/9-Peugeot V10
        1:45,487

Rubens Barrichello
Jordan 194-Hart V10
1:45,939

        Eddie Irvine
        Jordan 194-Hart V10
        1:45,911

Heinz-Harald Frentzen
Sauber C13-Mercedes V10
1:45,893

        Olivier Panis
        Ligier JS93B-Renault V10
        1:46,165

Martin Brundle
McLaren MP4/9-Peugeot V10
1:46,218

        Eric Bernard
        Ligier JS39B-Renault V10
        1:46,290

Johnny Herbert
Lotus 109-Honda V10
1:46,630

        Gianni Morbidelli
        Footwork FA15-Ford V8
        1:46,817

Christian Fittipaldi
Footwork FA15-Ford V8
1:47,102

        Andrea de Cesaris
        Sauber C13-Mercedes V10
        1:47,235

Jos Verstappen
Benetton B194-Ford V8
1:47,316

        Pierluigi Martini
        Minardi M194B-Ford V8
        1:47,402

Alessandro Zanardi
Lotus 109-Honda V10
1:47,425

        Erik Comas
        Larrousse LH94-Ford V8
        1:48,229

Michele Alboreto
Minardi M194B-Ford V8
1:48,295

        Olivier Beretta
        Larrousse LH94-Ford V8
        1:48,681

David Brabham
Simtek S941-Ford V8
1:48,870

        Jean-Marc Gounon
        Simtek S941-Ford V8
        1:49,204

Geschwindigkeiten auf der Ziellinie (Freitag): Katayama 266,0, Hill 264,7, Alesi 263,4, Coulthard 263,4, Berger 262,8, Panis 262,1, Bernard 262,1, Blundell 261,5, Schumacher 260,9, Frentzen 260,2 km/h. – (Samstag): Berger 266,0, Katayama 266,0, Hill 266,0, Alesi 264,7, Coulthard 264,7, Panis 264,1, Bernard 264,1, Blundell 262,1, Brundle 261,5, Herbert 260,9, ... Schumacher 260,9, Frentzen 259,0 km/h.

Geschwindigkeiten am Sector 1 (Freitag): Bernard 332,3, Katayama 331,3, Hill 329,3, Panis 328,3, Blundell 328,3, Coulthard 328,3, Berger 327,3, Zanardi 325,3, Martini 323,4, Barrichello 323,4, ... Frentzen 320,5, Schumacher 317,6 km/h. – (Samstag): Bernard 335,4, Berger 334,4, Panis 334,4, Hill 333,3, Katayama 332,3, Alesi 331,3, Coulthard 331,3, Zanardi 330,3, Blundell 330,3, Barrichello 326,3, ... Schumacher 323,4, Frentzen 322,4 km/h. – (Sonntag): Hill 335,4, Bernard 334,4, Coulthard 333,3, Panis 332,3, Berger 330,3, Verstappen 329,3, Katayama 329,3, Schumacher 327,3, Comas 326,3, Brundle 326,3 km/h.

Geschwindigkeiten am Sector 2 (Freitag): Coulthard 330,3, Berger 321,4, Blundell 321,4, Hill 320,5, Alesi 319,5, Katayama 319,5, Panis 318,6, Barrichello 317,6, Irvine 316,7, Martini 314,9, ... Frentzen 314,0, Schumacher 314,0 km/h. – (Samstag): Berger 327,3, Alesi 327,3, Hill 324,3, Panis 323,4, Katayama 323,4, Coulthard 323,4, Herbert 319,5, Zanardi 319,5, Bernard 318,6, Barrichello 318,6, ... Schumacher 317,6, Frentzen 313,0 km/h. – (Sonntag): Verstappen 320,5, Coulthard 320,5, Schumacher 319,5, Hill 317,6, Berger 316,7, Brundle 315,8, Fittipaldi 310,3, Panis 305,1, Beretta 305,1, Gounon 304,2 km/h.

Sonntag-Aufwärmtraining: 1. Schumacher 1:46,642, 2. Berger 1:46,721, 3. Hill 1:46,770, 4. Coulthard 1:46,996, 5. Brundle 1:47,126, 6. Irvine 1:47,281, 7. Hakkinen 1:47,398, 8. Katayama 1:47,480, 9. Blundell 1:47,535, 10. Morbidelli 1:48,050, ... 13. Frentzen 1:48,351.

Wetter am Renntag: Schön und heiß; 150 000 Zuschauer.

Distanz: 45 Runden à 6,823 km = 307,035 km.

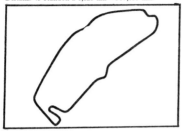

Rekorde: Training: Mansell (Williams-Renault FW14B) 1:37,960 = 250,449 km/h (1992); Rennen: Patrese (Williams-Renault FW14B) 1:41,591 = 241,781 km/h (1992). – Distanz: Mansell (Williams-Renault FW14B) 234,798 km/h (1992).

Boxenstops:

Coulthard:	1. Runde:	Frontflügel gewechselt (total 1:35,916 sec); Platz 12 – 14
Hill:	1. Runde:	Wagen beschädigt am Start (total 3:12,227 sec); Platz 14 – 15
Schumacher:	12. Runde:	Reifenwechsel, Auftanken (total 30,019 sec); Platz 2 – 4
Brundle:	12. Runde:	Reifenwechsel, Auftanken (total 28,948 sec); Platz 6 – 10
Morbidelli:	14. Runde:	Reifenwechsel, Auftanken (total 33,080 sec); Platz 7 – 10
Coulthard:	16. Runde:	2. Stop, Reifenwechsel, Auftanken (total 2:09,563 sec); Platz 12 – 13
Beretta:	19. Runde:	Reifenwechsel, Auftanken (total 34,628 sec); Platz 8
Berger:	20. Runde:	Reifenwechsel, Auftanken (16,3 sec, total 37,910 sec); Platz 1
Comas:	21. Runde:	Reifenwechsel, Auftanken (total 37,739 sec); Platz 6 – 7
Brabham:	21. Runde:	Reifenwechsel, Auftanken (total 43,953 sec); Platz 8 – 9
Panis:	22. Runde:	Reifenwechsel, Auftanken (9,7 sec, total 30,921 sec); Platz 3
Fittipaldi:	22. Runde:	Reifenwechsel, Auftanken (total 32,285 sec); Platz 4
Gounon:	22. Runde:	Reifenwechsel, Auftanken (total 1:00,392 sec); Platz 8 – 9
Hill:	22. Runde:	2. Stop, Reifenwechsel, Auftanken (total 31,181 sec); Platz 10
Bernard:	23. Runde:	Reifenwechsel, Auftanken (total 31,625 sec); Platz 2 – 3
Morbidelli:	29. Runde:	2. Stop, Reifenwechsel, Auftanken (8,7 sec, total 29,366 sec); Platz 5

Ausfälle:

Hakkinen:	1. Runde:	Kollision mit Coulthard; Platz 8
Blundell:	1. Runde:	Kollision mit Coulthard, Irvine und Frentzen; Platz 7
de Cesaris:	1. Runde:	Kollision mit Martini und Alboreto; Platz 18
Frentzen:	1. Runde:	Kollision mit Blundell; Platz 9
Barrichello:	1. Runde:	Von der Strecke gerutscht; Platz 11
Alboreto:	1. Runde:	Kollision mit Martini und de Cesaris; Platz 23
Martini:	1. Runde:	Kollision mit Alboreto und Zanardi; Platz 20
Herbert:	1. Runde:	Kollision mit Brundle; Platz 15
Zanardi:	1. Runde:	Kollision mit de Cesaris und Martini; Platz 21
Irvine:	1. Runde:	Kollision mit Blundell; Platz 10
Alesi:	1. Runde:	Elektrikausfall; Platz 2
Katayama:	6. Runde:	Gaszug steckte fest, Dreher; Platz 13
Verstappen:	15. Runde:	Feuer beim Auftanken; Platz 5
Brundle:	19. Runde.	Motorschaden, Platz 6
Coulthard:	17. Runde:	Getriebeschaden; Platz 13
Schumacher:	20. Runde:	Motorschaden; Platz 4
Brabham:	37. Runde:	Kupplungsschaden; Platz 9
Gounon:	39. Runde:	Motor setzte aus; Platz 9

Stand nach 1 Runde: 1. Berger, 2. Schumacher, 3. Katayama, 4. Panis, 5. Verstappen, 6. Bernard, 7. Morbidelli, 8. Fittipaldi, 9. Comas, 10. Beretta.

Stand nach 11 Runden: 1. Berger (75,053 km in 20:04,691 = 224,282 km/h), 2. Schumacher –0,440, 3. Panis –17,795, 4. Bernard –19,989, 5. Verstappen –20,787, 6. Brundle –24,804, 7. Morbidelli –28,783, 8. Fittipaldi –31,134, 9. Comas –35,761, 10. Beretta –41,024.

Stand nach 22 Runden: 1. Berger (150,106 km in 40:28,951 = 222,475 km/h), 2. Bernard –8,035, 3. Panis –8,816, 4. Fittipaldi –24,565, 5. Morbidelli –48,159, 6. Comas –1:06,428, 7. Beretta –1:09,385, 8. Gounon 1:28,812, 9. Brabham –1 Runde, 10. Hill.

Stand nach 33 Runden: 1. Berger (225,159 km in 1.00:34,939 = 222,994 km/h), 2. Panis –41,492, 3. Bernard –49,961, 4. Fittipaldi –1:01,045, 5. Morbidelli –1:22,357, 6. Comas –1:29,341, 7. Beretta –1:35,434, 8. Hill –1 Runde, 9. Brabham, 10. Gounon.

Ergebnis:
1. Gerhard Berger (Österreich), Ferrari   1.22:37,272 = 222,970 km/h
2. Olivier Panis (Frankreich), Ligier-Renault   1.23:32,051 = 220,533 km/h   54,779 zurück
3. Eric Bernard (Frankreich), Ligier-Renault   1.23:42,314 = 220,083 km/h   1:05,042 zurück
4. Christian Fittipaldi (Brasilien), Footwork-Ford 1.23:58,881 = 219,359 km/h 1:21,609 zurück
5. Gianni Morbidelli (Italien), Footwork-Ford   1.24:07,816 = 218,971 km/h   1:30,544 zurück
6. Erik Comas (Frankreich), Larrousse-Ford   1.24:22,717 = 218,326 km/h   1:45,445 zurück
7. Olivier Beretta (Monaco), Larrousse-Ford   1.22:44,883 = 217,681 km/h   1 Runde zurück
8. Damon Hill (England), Williams-Renault   1.22:47,124 = 217,583 km/h   1 Runde zurück

Schnellste Runde: Coulthard (Williams-Renault) 1:46,211 = 231,264 km/h (11. Runde).

Schnellste Runde jedes Fahrers im Rennen: Coulthard 1:46,211 (11.), Hill 1:46,303 (9.), Schumacher 1:47,103 (17.), Berger 1:47,544 (12.), Brundle 1:48,329 (11.), Verstappen 1:49,219 (12.), Panis 1:49,253 (11.), Bernard 1:49,459 (8.), Katayama 1:49,966 (4.), Morbidelli 1:49,981 (12.), Fittipaldi 1:49,982 (13.), Comas 1:50,409 (9.), Beretta 1:50,466 (12.), Gounon 1:52,023 (17.), Brabham 1:52,364 (18.).

Entwicklung der schnellsten Runde: Brundle 1:49,423 (4.); Hill 1:47,369 (5.), 1:46,528 (6.), 1:46,460 (7.), 1:46,303 (9.); Coulthard 1:46,211 (11.).

WM-Stand: 1. Schumacher 66, 2. Hill 39, 3. Berger 27, 4. Alesi 19, 5. Barrichello 10, 6. Hakkinen 8, 7. Panis, Brundle, Larini, Fittipaldi je 6, 11. Frentzen, Katayama je 5, 13. Bernard, Blundell, de Cesaris, Wendlinger, Martini, Coulthard je 4, 19. Morbidelli, Comas je 2, 21. Lehto, Alboreto, Irvine je 1.

Konstrukteur-WM: 1. Benetton-Ford 67, 2. Ferrari 52, 3. Williams-Renault 43, 4. McLaren-Peugeot, Jordan-Hart je 14, 6. Ligier-Renault, Sauber-Mercedes je 10, 8. Tyrrell-Yamaha 9, 9. Footwork-Ford 8, 10. Minardi-Ford 5, 11. Larrousse-Ford 2.

Piloten/Runde		1	2	3	4	5	6	7	8	9	10	11	12	13	14	15	16	17	18	19	20	21	22	23	24	25	26	27	28	29	30	31	32	33	34	35	36	37	38	39	40	41	42	43	44	45	ERGEBNIS
BERGER	1																																														BERGER
SCHUMACHER	2																																														PANIS
KATAYAMA	3																																														BERNARD
PANIS	4																																														FITTIPALDI
VERSTAPPEN	5																																														MORBIDELLI
BERNARD	6																																														COMAS
MORBIDELLI	7																																														BERETTA
FITTIPALDI	8																																														HILL
COMAS	9																																														GOUNON
BERETTA	10																																														
BRABHAM	11																																														
COULTHARD	12																																														
BRUNDLE	13																																														
HILL	14																																														
GOUNON	15																																														

Lauf 10 – Großer Preis von Ungarn – Budapest, 14. August 1994

1. Training (inoffiziell)		2. Training (offiziell)		3. Training (inoffiziell)		4. Training (offiziell)	
1. Schumacher	1:20,726	1. Schumacher	1:19,479	1. Hill	1:18,971	1. Schumacher	1:18,258
2. Berger	1:21,228	2. Hill	1:19,700	2. Schumacher	1:19,427	2. Hill	1:18,824
3. Brundle	1:21,408	3. Coulthard	1:20,395	3. Coulthard	1:19,960	3. Coulthard	1:20,205
4. Alesi	1:21,927	4. Brundle	1:20,819	4. Brundle	1:20,061	4. Berger	1:20,219
5. Hill	1:22,544	5. Berger	1:21,009	5. Verstappen	1:20,092	5. Katayama	1:20,232
6. Barrichello	1:22,613	6. Verstappen	1:21,141	6. Berger	1:20,173	6. Brundle	1:20,629
7. Blundell	1:23,091	7. Alesi	1:21,280	7. Irvine	1:20,580	7. Irvine	1:20,698
8. Katayama	1:23,133	8. Irvine	1:21,406	8. Barrichello	1:20,782	8. Frentzen	1:20,858
9. Verstappen	1:23,246	9. Barrichello	1:21,498	9. Blundell	1:20,994	9. Panis	1:20,929
10. Morbidelli	1:23,364	10. Blundell	1:21,731	10. Frentzen	1:21,101	10. Barrichello	1:20,952
11. Coulthard	1:23,442	11. Katayama	1:21,877	11. Katayama	1:21,125	11. Blundell	1:20,984
12. Alboreto	1:23,448	12. Frentzen	1:22,268	12. Panis	1:21,180	12. Alesi	1:21,206
13. Frentzen	1:23,762	13. Morbidelli	1:22,311	13. Fittipaldi	1:21,523	13. Alliot	1:21,498
14. Alliot	1:23,813	14. Fittipaldi	1:22,375	14. Morbidelli	1:21,600	14. Martini	1:21,837
15. Comas	1:24,079	15. Alboreto	1:22,379	15. Alliot	1:21,669	15. Fittipaldi	1:21,873
16. Fittipaldi	1:24,447	16. Comas	1:22,754	16. Martini	1:21,953	16. de Cesaris	1:21,946
17. Bernard	1:24,925	17. Alliot	1:22,915	17. Bernard	1:22,097	17. Bernard	1:22,038
18. Panis	1:24,988	18. Panis	1:23,244	18. de Cesaris	1:22,141	18. Alboreto	1:22,379
19. de Cesaris	1:25,049	19. Bernard	1:23,269	19. Alesi	1:22,481	19. Comas	1:22,487
20. Irvine	1:25,242	20. Herbert	1:23,306	20. Herbert	1:22,542	20. Zanardi	1:22,513
21. Herbert	1:25,898	21. Zanardi	1:23,361	21. Alboreto	1:22,626	21. Brabham	1:22,614
22. Beretta	1:27,372	22. de Cesaris	1:23,573	22. Brabham	1:22,809	22. Herbert	1:22,705
23. Gounon	1:29,071	23. Brabham	1:24,181	23. Comas	1:22,996	23. Beretta	1:22,899
24. Brabham	1:29,879	24. Martini	1:24,440	24. Beretta	1:23,021	24. Gounon	1:24,191
25. Belmondo	1:30,633	25. Beretta	1:24,645	25. Zanardi	1:24,079	25. Gachot	1:24,908
26. Zanardi	1:30,954	26. Gachot	1:26,521	26. Gachot	1:24,486	26. Belmondo	1:26,275
27. Gachot	1:33,967	27. Gounon	1:26,678	27. Gounon	1:24,497	27. Morbidelli	1:30,262
28. Martini	1:42,529	28. Belmondo	1:28,334	28. Belmondo	1:26,767	28. Verstappen	9:03,939

Nicht qualifiziert: Bertrand Gachot (Pacific-Ilmor) 1:24,908; Paul Belmondo (Pacific-Ilmor) 1:26,275.

Startaufstellung:

Michael Schumacher
Benetton B194-Ford V8
1:18,258

    David Coulthard
    Williams FW16B-Renault V10
    1:20,205

Damon Hill
Williams FW16B-Renault V10
1:18,824

    Gerhard Berger
    Ferrari 412T1/B V12
    1:20,219

Ukyo Katayama
Tyrrell 022-Yamaha V10
1:20,232

    Eddie Irvine
    Jordan 194-Hart V10
    1:20,698

Martin Brundle
McLaren MP4/9-Peugeot V10
1:20,629

    Heinz-Harald Frentzen
    Sauber C13-Mercedes V10
    1:20,858

Olivier Panis
Ligier JS39B-Renault V10
1:20,929

    Mark Blundell
    Tyrrell 022-Yamaha V10
    1:20,984

Rubens Barrichello
Jordan 194-Hart V10
1:20,952

    Jos Verstappen
    Benetton B194-Ford V8
    1:21,141

Jean Alesi
Ferrari 412T1/B V12
1:21,206

    Pierluigi Martini
    Minardi M194B-Ford V8
    1:21,837

Philippe Alliot
McLaren MP4/9-Peugeot V10
1:21,498

    Christian Fittipaldi
    Footwork FA15-Ford V8
    1:21,873

Andrea de Cesaris
Sauber C13-Mercedes V10
1:21,946

    Gianni Morbidelli
    Footwork FA15-Ford V8
    1:22,311

Eric Bernard
Ligier JS39B-Renault V10
1:22,038

    Michele Alboreto
    Minardi M194B-Ford V8
    1:22,379

Erik Comas
Larrousse LH94-Ford V8
1:22,487

    Alessandro Zanardi
    Lotus 109-Honda V10
    1:22,513

Jean-Marc Gounon
Simtek S941-Ford V8
1:24,191

    Johnny Herbert
    Lotus 109-Honda V10
    1:22,705

Olivier Beretta
Larrousse LH94-Ford V8
1:22,899

    David Brabham
    Simtek S941-Ford V8
    1:22,614

Geschwindigkeiten auf der Ziellinie (Freitag): Coulthard 250,0, Hill 250,0, Panis 249,4, Berger 246,6, Katayama 246,6, Alesi 246,0, Bernard 244,9, Blundell 244,3, Frentzen 243,8, Irvine 243,2, ... Schumacher 240,0 km/h. – (Samstag): Hill 252,9, Coulthard 252,3, Panis 249,4, Katayama 248,8, Alesi 247,7, Blundell 247,7, de Cesaris 246,6, Berger 246,6, Bernard 246,6, Frentzen 246,0, ... Schumacher 242,2 km/h. – (Sonntag): Coulthard 252,9, Hill 252,9, Panis 249,4, Berger 246,6, Bernard 246,6, Blundell 246,6, Frentzen 246,0, Alesi 245,5, Herbert 242,2, Morbidelli 242,2, ... Schumacher 239,5 km/h.

Geschwindigkeiten am Sector 1 (Freitag): Coulthard 208,5, Hill 206,1, Alesi 204,5, Irvine 204,2, Brundle 204,2, Katayama 203,4, Blundell 203,0, Barrichello 201,9, Herbert 201,9, Morbidelli 201,9, ... Frentzen 200,4, Schumacher 200,4, Berger 199,6 km/h. – (Samstag): Hill 210,5, Coulthard 209,7, Alliot 206,1, Irvine 205,7, Alesi 204,9, Panis 204,9, Brundle 204,9, Blundell 204,2, Frentzen 203,8, Berger 203,0, ... Schumacher 201,9 km/h. – (Sonntag): Coulthard 206,9, Hill 205,7, Alesi 202,6, Frentzen 201,9, Panis 201,5, Brundle 200,7, Verstappen 199,6, Blundell 199,6, Berger 199,3, Alliot 199,3, Schumacher 199,3 km/h.

Geschwindigkeiten am Sector 2 (Freitag): Hill 228,3, Katayama 227,8, Schumacher 226,9, Alesi 225,0, Bernard 224,5, Brundle 224,5, Panis 224,1, Verstappen 223,1, Coulthard 221,8, Frentzen 221,3, Berger 220,9 km/h. – (Samstag): Hill 230,8, Schumacher 227,8, Bernard 225,5, Katayama 225,0, Brundle 224,5, Alesi 223,6, Panis 223,6, Berger 223,1 Blundell 223,1, Coulthard 222,7, ... Frentzen 221,3 km/h. – (Sonntag): Hill 224,1, Schumacher 223,1, Verstappen 222,7, Frentzen 221,3, Bernard 220,9, Alesi 219,5, Panis 219,5, Coulthard 219,1, Martini 218,6, Blundell 218,6, Berger 218,2 km/h.

Sonntag-Aufwärmtraining: 1. Schumacher 1:20,502, 2. Coulthard 1:21,321, 3. Brundle 1:21,376, 4. Berger 1:21,557, 5. Hill 1:21,615, 6. Frentzen 1:21,672, 7. Katayama 1:21,974, 8. Barrichello 1:22,045, 9. Panis 1:22,061, 10. Verstappen 1:22,217.

Wetter am Renntag: Leicht bewölkt, warm, windig; 40 000 Zuschauer.

Distanz: 77 Runden à 3,968 km = 305,536 km.

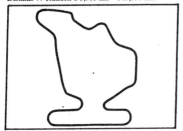

Rekorde: Training: Patrese (Williams-Renault FW14B) 1:15,476 = 189,263 km/h (1992); Rennen: Mansell (Williams-Renault FW14B) 1:18,308 = 182,418 km/h (1992). – Distanz: Senna (McLaren-Honda MP4/7A) 172,424 km/h (1992).

Boxenstops:
Zanardi:	5. Runde:	Reifenwechsel (total 49,113 sec); Platz 23
Zanardi:	9. Runde:	2. Stop, Probleme am Wagen (total 2:47,323 sec); Platz 23
de Cesaris:	16. Runde:	Reifenwechsel, Auftanken (total 30,407 sec); Platz 15 – 20
Comas:	16. Runde:	Reifenwechsel, Auftanken (total 31,534 sec); Platz 16 – 21
Schumacher:	17. Runde:	Reifenwechsel, Auftanken (7,5 sec, total 28,195 sec); Platz 1 – 2
Brundle:	19. Runde:	Reifenwechsel, Auftanken (8,2 sec,total 30,235 sec); Platz 6 – 11
Beretta:	19. Runde:	Reifenwechsel, Auftanken (total 31,445 sec); Platz 20 – 21
Coulthard:	20. Runde:	Reifenwechsel, Auftanken (total 29,945 sec); Platz 3 – 6
Morbidelli:	20. Runde:	Reifenwechsel, Auftanken (total 31,414 sec); Platz 14 – 19
Alesi:	24. Runde:	Reifenwechsel, Auftanken (8,1 sec, total 31,508 sec); Platz 4 – 11
Hill:	25. Runde:	Reifenwechsel, Auftanken (10,6 sec, total 32,050 sec); Platz 1 – 2
Verstappen:	25. Runde:	Reifenwechsel, Auftanken (8,2 sec, total 29,122 sec); Platz 8 – 11
Brabham:	25. Runde:	Reifenwechsel, Auftanken (total 35,814 sec); Platz 13 – 20
Frentzen:	26. Runde:	Reifenwechsel, Auftanken (total 31,201 sec); Platz 7 – 11
Martini:	26. Runde:	Reifenwechsel, Auftanken (total 31,837 sec); Platz 9 – 12
Panis:	27. Runde:	Reifenwechsel, Auftanken (total 29,921 sec); Platz 7 – 10
Alboreto:	29. Runde:	Reifenwechsel, Auftanken (total 44,556 sec); Platz 9 – 12
Berger:	32. Runde:	Reifenwechsel, Auftanken (9,3 sec, total 31,679 sec); Platz 3 – 8
Blundell:	33. Runde:	Reifenwechsel, Auftanken (total 38,308 sec); Platz 7 – 11
Zanardi:	36. Runde:	3. Stop, Reifenwechsel, Auftanken (total 32,057 sec); Platz 18
Schumacher:	37. Runde:	2. Stop, Reifenwechsel, Auftanken (8,1 sec, total 29,269 sec); Platz 1
Fittipaldi:	37. Runde:	Reifenwechsel, Auftanken (total 31,411 sec); Platz 13 – 17
Bernard:	38. Runde:	Reifenwechsel, Auftanken (total 32,248 sec); Platz 16 – 17
Comas:	41. Runde:	2. Stop, Reifenwechsel, Auftanken (total 31,231 sec); Platz 12 – 14
Beretta:	45. Runde:	2. Stop, Reifenwechsel, Auftanken (total 31,762 sec); Platz 12 – 15
Brundle:	47. Runde:	2. Stop, Reifenwechsel, Auftanken (8,8 sec, total 29,763 sec); Platz 5 – 7
Coulthard:	48. Runde:	2. Stop, Reifenwechsel, Auftanken (9,3 sec, total 29,973 sec); Platz 4 – 5
Panis:	50. Runde:	2. Stop, Reifenwechsel, Auftanken (total 30,934 sec); Platz 7 – 9
Martini:	50. Runde:	2. Stop, Reifenwechsel, Auftanken (total 29,529 sec); Platz 10 – 11
Hill:	51. Runde:	2. Stop, Reifenwechsel, Auftanken (8,2 sec, total 28,944 sec); Platz 2
Alesi:	51. Runde:	2. Stop, Reifenwechsel, Auftanken (7,6 sec, total 31,067 sec); Platz 3 – 5
Verstappen:	51. Runde:	2. Stop, Reifenwechsel, Auftanken (total 29,357 sec); Platz 4 – 6
Brabham:	51. Runde:	2. Stop, Reifenwechsel, Auftanken (total 37,077 sec); Platz 13 – 16
Alboreto:	54. Runde:	2. Stop, Reifenwechsel, Auftanken (ohne Zeit); Platz 10 – 11
Schumacher:	58. Runde:	3. Stop, Reifenwechsel, Auftanken (6,8 sec, total 27,962 sec); Platz 1

Ausfälle:
Barrichello:	1. Runde:	Kollision mit Irvine und Katayama; Platz 6
Irvine:	1. Runde:	Kollision mit Barrichello und Katayama; Platz 5
Katayama:	1. Runde:	Kollision mit Barrichello und Irvine; Platz 7
Gounon:	10. Runde:	Handlingprobleme; Platz 22
Alliot:	22. Runde:	Wasserleck; Platz 13
de Cesaris:	31. Runde:	Dreher, dann Kollision mit Morbidelli; Platz 16
Morbidelli:	31. Runde:	Kollision mit de Cesaris; Platz 17
Herbert:	35. Runde:	Elektrikschaden; Platz 13
Frentzen:	40. Runde:	Getriebeschaden; Platz 9
Martini:	59. Runde:	Dreher; Platz 10
Alesi:	59. Runde:	Sensor im Getriebe schadhaft; Platz 5
Coulthard:	60. Runde:	Unfall; Platz 3
Fittipaldi:	70. Runde:	Getriebeschaden; Platz 10
Berger:	73. Runde:	Motorschaden; Platz 5
Brundle:	77. Runde:	Elektrikschaden; Platz 3

Stand nach 1 Runde: 1. Schumacher, 2. Hill, 3. Coulthard, 4. Berger, 5. Brundle, 6. Panis, 7. Alesi, 8. Frentzen, 9. Verstappen, 10. Blundell.

Stand nach 20 Runden: 1. Hill (79,360 km in 27:37,004 = 172,417 km/h), 2. Schumacher −10,792, 3. Coulthard −22,022, 4. Berger −30,681, 5. Alesi −33,560, 6. Panis −39,840, 7. Frentzen −40,368, 8. Verstappen −41,301, 9. Blundell −49,756, 10. Martini −51,686.

Stand nach 39 Runden: 1. Schumacher (154,752 km in 54:27,009 = 170,525 km/h), 2. Hill −15,675, 3. Coulthard −55,053, 4. Brundle −58,442, 5. Alesi −59,199, 6. Verstappen −59,831, 7. Panis −1:09,380, 8. Berger −1:14,660, 9. Frentzen −1:20,777, 10. Martini −1:22,660.

Stand nach 58 Runden: 1. Schumacher (230,144 km in 1.20:42,578 = 171,090 km/h), 2. Hill −45,851, 3. Coulthard −1:35,861, 4. Brundle −1:36,533, 5. Alesi −1 Runde, 6. Verstappen, 7. Berger, 8. Blundell, 9. Panis, 10. Martini.

Ergebnis:

1. Michael Schumacher (Deutschland), Benetton-Ford 1.48:00,185 = 169,737 km/h
2. Damon Hill (England), Williams-Renault 1.48:21,012 = 169,193 km/h 20,827 zurück
3. Jos Verstappen (Niederlande), Benetton-Ford 1.49:10,514 = 167,915 km/h 1:10,329 zurück
4. Martin Brundle (England), McLaren-Peugeot 1.47:38,809 = 168,087 km/h 1 Runde zurück
5. Mark Blundell (England), Tyrrell-Yamaha 1.48:42,880 = 166,436 km/h 1 Runde zurück
6. Olivier Panis (Frankreich), Ligier-Renault 1.48:43,048 = 166,432 km/h 1 Runde zurück
7. Michele Alboreto (Italien), Minardi-Ford 1.48:07,914 = 165,131 km/h 2 Runden zurück
8. Erik Comas (Frankreich), Larrousse-Ford 1.48:21,973 = 164,774 km/h 2 Runden zurück
9. Olivier Beretta (Monaco), Larrousse-Ford 1.48:31,536 = 164,532 km/h 2 Runden zurück
10. Eric Bernard (Frankreich), Ligier-Renault 1.48:42,793 = 164,248 km/h 2 Runden zurück
11. David Brabham (Australien), Simtek-Ford 1.48:27,452 = 162,440 km/h 3 Runden zurück
12. Gerhard Berger (Österreich), Ferrari 1.42:25,698 = 167,353 km/h 5 Runden zurück
13. Alessandro Zanardi (Italien), Lotus-Honda 1.48:27,955 = 158,038 km/h 5 Runden zurück
14. Christian Fittipaldi (Brasilien), Footwork-Ford 1.39:48,866 = 164,580 km/h 8 Runden zurück

Brundle, Berger, Fittipaldi bei Rennschluß nicht mehr im Rennen, aber gewertet.

Schnellste Runde: Schumacher (Benetton-Ford) 1:20,881 = 176,615 km/h (5. Runde).

Schnellste Runde jedes Fahrers im Rennen: Schumacher 1:20,881 (5.), Hill 1:21,520 (6.), Coulthard 1:22,471 (12.), Berger 1:22,490 (5.), Brundle 1:22,739 (45.), Verstappen 1:23,021 (45.), Alesi 1:23,023 (44.), Panis 1:23,466 (5.), Frentzen 1:23,509 (7.), Alboreto 1:23,697 (44.), Fittipaldi 1:23,909 (63.), Blundell 1:23,964 (25.), 13. Comas 1:24,012 (43.), Beretta 1:24,130 (21.), Martini 1:24,146 (28.), Bernard 1:24,442 (57.), Alliot 1:24,609 (15.), de Cesaris 1:24,686 (15.), Morbidelli 1:24,704 (17.), Brabham 1:25,137 (12.), Zanardi 1:25,151 (60.), Herbert 1:25,850 (9.), Gounon 1:26,616 (5.), Katayama, Barrichello, Irvine (ohne Zeit).

Entwicklung der schnellsten Runde: Hill 1:21,878 (3.); Schumacher 1:21,471 (4.), 1:20,881 (5.).

WM-Stand: 1. Schumacher 76, 2. Hill 45, 3. Berger 27, 4. Alesi 19, 5. Barrichello 10, 6. Brundle 9, 7. Hakkinen 8, 8. Panis 7, 9. Larini, Blundell, Fittipaldi je 6, 12. Frentzen, Katayama je 5, 14. Verstappen, Bernard, de Cesaris, Wendlinger, Martini, Coulthard je 4, 20. Morbidelli, Comas je 2, 22. Lehto, Alboreto, Irvine je 1.

Konstrukteur-WM: 1. Benetton-Ford 81, 2. Ferrari 52, 3. Williams-Renault 49, 4. McLaren-Peugeot 17, 5. Jordan-Hart 14, 6. Tyrrell-Yamaha, Ligier-Renault je 11, 8. Sauber-Mercedes 10, 9. Footwork-Ford 8, 10. Minardi-Ford 5, 11. Larrousse-Ford 2.

Lauf 11 – Großer Preis von Belgien – Spa, 28. August 1994

1. Training (inoffiziell)		2. Training (offiziell)		3. Training (inoffiziell)		4. Training (offiziell)	
1. Hill	2:04,700	1. Barrichello	2:21,163	1. Brundle	2:32,600	1. Alesi	2:25,099
2. Alesi	2:04,854	2. Schumacher	2:21,494	2. Frentzen	2:34,251	2. Schumacher	2:25,501
3. Brundle	2:06,646	3. Hill	2:21,681	3. Hakkinen	2:35,033	3. Hill	2:25,570
4. Hakkinen	2:06,888	4. Irvine	2:22,074	4. Berger	2:35,278	4. Coulthard	2:27,180
5. Katayama	2:08,835	5. Alesi	2:22,202	5. Schumacher	2:35,347	5. Frentzen	2:28,026
6. Barrichello	2:09,277	6. Verstappen	2:22,218	6. Coulthard	2:37,630	6. Blundell	2:28,164
7. Coulthard	2:10,487	7. Coulthard	2:22,359	7. Hill	2:40,170	7. Brundle	2:28,428
8. Fittipaldi	2:11,116	8. Hakkinen	2:22,441	8. Morbidelli	2:41,165	8. Verstappen	2:28,576
9. Irvine	2:11,927	9. Frentzen	2:22,634	9. Fittipaldi	2:41,177	9. Hakkinen	2:28,997
10. Morbidelli	2:12,376	10. Martini	2:23,326	10. Comas	2:41,285	10. Berger	2:29,391
11. Alliot	2:12,802	11. Berger	2:23,895	11. Gounon	2:44,545	11. Katayama	2:29,925
12. Frentzen	2:14,385	12. Blundell	2:24,048	12. Gachot	2:45,642	12. de Cesaris	2:30,475
13. Brabham	2:16,251	13. Brundle	2:24,117	13. Alliot	2:48,847	13. Comas	2:30,524
14. Belmondo	2:23,992	14. Morbidelli	2:25,114	14. Adams	2:53,636	14. Martini	2:30,896
15. Berger	2:24,897	15. de Cesaris	2:25,695	15. Barrichello	2:57,980	15. Fittipaldi	2:30,931
16. Verstappen	2:29,133	16. Bernard	2:26,044	16. Alboreto	2:59,304	16. Bernard	2:31,025
17. Schumacher	2:29,350	17. Panis	2:26,079	17. de Cesaris	3:05,103	17. Alliot	2:31,350
18. Gounon	2:29,696	18. Alboreto	2:26,738	18. Katayama	4:57,558	18. Morbidelli	2:31,403
19. Blundell	2:29,746	19. Alliot	2:26,901	19. Verstappen	5:10,728	19. Panis	2:31,501
20. de Cesaris	2:32,745	20. Herbert	2:27,155	20. Martini	7:27,562	20. Alboreto	2:32,286
21. Alboreto	2:32,902	21. Brabham	2:27,212	21. Blundell	7:47,295	21. Herbert	2:32,610
22. Panis	2:32,962	22. Comas	2:28,156	22. Brabham	8:10,748	22. Adams	2:34,733
23. Comas	2:33,588	23. Katayama	2:28,979			23. Gachot	2:34,951
24. Martini	2:34,517	24. Gounon	2:31,755			24. Gounon	2:40,280
25. Bernard	2:35,177	25. Adams	2:33,885			25. Brabham	2:41,593
26. Herbert	2:35,524	26. Gachot	2:34,582				
27. Adams	2:41,974	27. Belmondo	2:35,729				
28. Gachot	2:43,544	28. Fittipaldi	16:56,162				

Nicht qualifiziert: Bertrand Gachot (Pacific-Ilmor) 2:34,582; Paul Belmondo (Pacific-Ilmor) 2:35,729.

Startaufstellung:

Rubens Barrichello
Jordan 194-Hart V10
2:21,163

    Michael Schumacher
    Benetton B194B-Ford V8
    2:21,494

Damon Hill
Williams FW16B-Renault V10
2:21,681

    Eddie Irvine
    Jordan 194-Hart V10
    2:22,074

Jean Alesi
Ferrari 412T1/B V12
2:22,202

    Jos Verstappen
    Benetton B194B-Ford V8
    2:22,218

David Coulthard
Williams FW16B-Renault V10
2:22,359

    Mika Hakkinen
    McLaren MP4/9-Peugeot V10
    2:22,441

Heinz-Harald Frentzen
Sauber C13-Mercedes V10
2:22,634

    Pierluigi Martini
    Minardi M194B-Ford V8
    2:23,326

Gerhard Berger
Ferrari 412T1/B V12
2:23,895

    Mark Blundell
    Tyrrell 022-Yamaha V10
    2:24,048

Martin Brundle
McLaren MP4/9-Peugeot V10
2:24,117

    Gianni Morbidelli
    Footwork FA15-Ford V8
    2:25,114

Andrea de Cesaris
Sauber C13-Mercedes V10
2:25,695

    Eric Bernard
    Ligier JS39B-Renault V10
    2:26,044

Olivier Panis
Ligier JS39B-Renault V10
2:26,079

    Michele Alboreto
    Minardi M194B-Ford V8
    2:26,738

Philippe Alliot
Larrousse LH94-Ford V8
2:26,901

    Johnny Herbert
    Lotus 109-Honda V10
    2:27,155

David Brabham
Simtek S941-Ford V8
2:27,212

    Erik Comas
    Larrousse LH94-Ford V8
    2:28,156

Ukyo Katayama
Tyrrell 022-Yamaha V10
2:28,979

    Christian Fittipaldi
    Footwork FA15-Ford V8
    2:30,931

Jean-Marc Gounon
Simtek S941-Ford V8
2:31,755

    Philippe Adams
    Lotus 109-Honda V10
    2:33,885

Geschwindigkeiten vor der Les Combes (Freitag): Alesi 295,9, Hill 295,1, Coulthard 293,5, Brundle 291,9, Frentzen 289,5, Berger 288,8, Hakkinen 288,8, Morbidelli 288,0, Bernard 287,2, Katayama 286,5, ... Schumacher 282,0 km/h. – (Samstag): Coulthard 288,8, Hill 288,0, Alesi 287,2, Katayama 285,0, Berger 284,2, Hakkinen 282,0, Schumacher 279,8, Frentzen 279,8, Brundle 279,1, de Cesaris 279,1 km/h.

Sonntag-Aufwärmtraining: 1. Schumacher 2:18,934, 2. Coulthard 2:21,953, 3. Berger 2:23,768, 4. Verstappen 2:24,027, 5. Alesi 2:24,110, 6. Brundle 2:24,613, 7. Comas 2:25,400, 8. Hakkinen 2:25,568, 9. Irvine 2:25,658, 10. Panis 2:26,013, ... 15. Frentzen 2:27,425.

Wetter am Renntag: Bewölkt, leichter Wind, warm; 83 000 Zuschauer.

Distanz: 44 Runden à 7,001 km = 308,044 km.

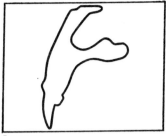

Rekorde: Training: Barrichello (Jordan-Hart 194) 2:21,163 = 178,543 km/h (1994); Rennen: Hill (Williams-Renault FW16B) 1:57,117 = 215,200 km/h (1994). – Distanz: Hill (Williams-Renault FW16B) 208,170 km/h (1994).

Boxenstops:
Herbert:	6. Runde:	Reifenwechsel, Auftanken, Bremsenprobleme (total 3:15,071); Platz 26
Fittipaldi:	10. Runde:	Reifenwechsel, Auftanken (total 36,229 sec); Platz 19
Hakkinen:	11. Runde:	Reifenwechsel, Auftanken (8,2 sec, total 34,784 sec); Platz 4 – 6
Blundell:	11. Runde:	Reifenwechsel, Auftanken (total 34,487 sec); Platz 10 – 12
Hill:	12. Runde:	Reifenwechsel, Auftanken (8,8 sec, total 36,242 sec); Platz 2 – 4
Brundle:	12. Runde:	Reifenwechsel, Auftanken (total 35,369 sec); Platz 8 – 9
Coulthard:	13. Runde:	Reifenwechsel, Auftanken (9,3 sec, total 35,897 sec); Platz 2 – 3
Schumacher:	14. Runde:	Reifenwechsel, Auftanken (7,6 sec, total 35,419 sec); Platz 1
Katayama:	14. Runde:	Reifenwechsel, Auftanken (total 35,599 sec); Platz 9 – 12
Martini:	14. Runde:	Reifenwechsel, Auftanken (total 35,734 sec); Platz 12 – 15
Verstappen:	15. Runde:	Reifenwechsel, Auftanken (7,1 sec, total 35,783 sec); Platz 6 – 7
Irvine:	15. Runde:	Reifenwechsel, Auftanken (total 35,083 sec); Platz 7 – 9
Alboreto:	15. Runde:	Reifenwechsel, Auftanken (total 35,548 sec); Platz 14 – 17
Brabham:	15. Runde:	Reifenwechsel, Auftanken (total 40,119 sec); Platz 18 – 19
Herbert:	15. Runde:	2. Stop, Reifenwechsel, Auftanken (total 34,067 sec); Platz 20
Bernard:	16. Runde:	Reifenwechsel, Auftanken (total 35,376 sec); Platz 10 – 12
Panis:	17. Runde:	Reifenwechsel, Auftanken (total 39,089 sec); Platz 10 – 12
de Cesaris:	17. Runde:	Reifenwechsel, Auftanken (total 41,120 sec); Platz 13 – 16
Barrichello:	18. Runde:	Reifenwechsel, Auftanken (12,2 sec, total 38,774 sec); Platz 4 – 5
Morbidelli:	20. Runde:	Reifenwechsel, Auftanken (total 39,310 sec); Platz 9 – 12
Gounon:	22. Runde:	Reifenwechsel, Auftanken (total 41,997 sec); Platz 16 – 17
Fittipaldi:	24. Runde:	2. Stop, Reifenwechsel, Auftanken (total 49,208 sec); Platz 11 – 13
Hakkinen:	25. Runde:	2. Stop, Reifenwechsel, Auftanken (9,9 sec, total 36,257 sec); Platz 4
Schumacher:	28. Runde:	2. Stop, Reifenwechsel, Auftanken (7,2 sec, total 34,381 sec); Platz 1 – 2
Hill:	28. Runde:	2. Stop, Reifenwechsel, Auftanken (9,9 sec, total 34,558 sec); Platz 3
Blundell:	28. Runde:	2. Stop, Reifenwechsel, Auftanken (7,0 sec, total 34,699 sec); Platz 6 – 7
Martini:	28. Runde:	2. Stop, Reifenwechsel, Auftanken (total 34,592 sec); Platz 11
Coulthard:	29. Runde:	2. Stop, Reifenwechsel, Auftanken (8,3 sec, total 34,633 sec); Platz 1 – 2
Bernard:	29. Runde:	2. Stop, Reifenwechsel, Auftanken (total 34,004 sec); Platz 8
Brabham:	29. Runde:	2. Stop, Reifenwechsel, Auftanken (total 40,549 sec); Platz 14
Herbert:	29. Runde:	3. Stop, Reifenwechsel, Auftanken (total 34,397 sec); Platz 16
Verstappen:	30. Runde:	2. Stop, Reifenwechsel, Auftanken (7,5 sec, total 35,274 sec); Platz 5
Irvine:	30. Runde:	2. Stop, Reifenwechsel, Auftanken (total 35,189 sec); Platz 6 – 7
Panis:	31. Runde:	2. Stop, Reifenwechsel, Auftanken (total 52,678 sec); Platz 8 – 9
Alboreto:	31. Runde:	2. Stop, Reifenwechsel, Auftanken (total 41,005 sec); Platz 10 – 12
Coulthard:	37. Runde:	3. Stop, Probleme am Heck des Wagens (22,5 sec, total 48,562 sec); Platz 3 – 4

Ausfälle:
Alesi:	3. Runde:	Motorschaden; Platz 2
Comas:	4. Runde:	Motorschaden; Platz 19
Frentzen:	11. Runde:	Dreher; Platz 6
Alliot:	12. Runde:	Motorschaden; Platz 19
Berger:	12. Runde:	Motorschaden; Platz 6
Adams:	16. Runde:	Dreher; Platz 19
Katayama:	19. Runde:	Motorschaden; Platz 10
Barrichello:	20. Runde:	Unfall; Platz 5
Brundle:	25. Runde:	Dreher; Platz 5
de Cesaris:	28. Runde:	Gaszug blieb hängen; Platz 12
Brabham:	30. Runde:	Unfall; Platz 14
Fittipaldi:	34. Runde:	Motorschaden; Platz 11
Irvine:	41. Runde:	Elektrikdefekt; Platz 7

Stand nach 1 Runde: 1. Schumacher, 2. Alesi, 3. Barrichello, 4. Hill, 5. Coulthard, 6. Hakkinen, 7. Verstappen, 8. Irvine, 9. Frentzen, 10. Brundle, 11. Berger.

Stand nach 11 Runden: 1. Schumacher (77,011 km in 22:02,476 = 208,828 km/h), 2. Hill –16,855, 3. Coulthard –18,678, 4. Hakkinen –28,504, 5. Barrichello –37,469, 6. Berger –40,869, 7. Verstappen –42,982, 8. Brundle –43,898, 9. Irvine –47,349, 10. Blundell –54,975, ... 21. Frentzen –1 Runde.

Stand nach 22 Runden: 1. Schumacher (154,022 km in 44:29,286 = 206,925 km/h), 2. Coulthard –17,428, 3. Hill –18,246, 4. Hakkinen –24,148, 5. Brundle –45,166, 6. Verstappen –58,444, 7. Blundell –59,304, 8. Irvine –1:03,858, 9. Panis –1:39,074, 10. Martini –1:46,529.

Stand nach 33 Runden: 1. Schumacher (231,033 km in 1.06:48,110 = 206,709 km/h), 2. Coulthard –10,421, 3. Hill –11,403, 4. Hakkinen –38,874, 5. Verstappen –1:02,886, 6. Blundell –1:07,384, 7. Irvine –1:17,888, 8. Morbidelli –1 Runde, 9. Panis, 10. Martini.

Ergebnis:

1. Damon Hill (England), Williams-Renault	1.28:47,170 = 208,170 km/h	
2. Mika Hakkinen (Finnland), McLaren-Peugeot	1.29:38,551 = 206,181 km/h	51,381 zurück
3. Jos Verstappen (Niederlande), Benetton-Ford	1.29:57,623 = 205,453 km/h	1:10,453 zurück
4. David Coulthard (England), Williams-Renault	1.30:32,957 = 204,116 km/h	1:45,787 zurück
5. Mark Blundell (England), Tyrrell-Yamaha	1.28:59,728 = 202,960 km/h	1 Runde zurück
6. Gianni Morbidelli (Italien), Footwork-Ford	1.29:09,393 = 202,594 km/h	1 Runde zurück
7. Olivier Panis (Frankreich), Ligier-Renault	1.29:26,175 = 201,960 km/h	1 Runde zurück
8. Pierluigi Martini (Italien), Minardi-Ford	1.29:49,362 = 201,091 km/h	1 Runde zurück
9. Michele Alboreto (Italien), Minardi-Ford	1.29:49,749 = 201,077 km/h	1 Runde zurück
10. Eric Bernard (Frankreich), Ligier-Renault	1.28:51,241 = 198,556 km/h	2 Runden zurück
11. Jean-Marc Gounon (Frankreich), Simtek-Ford	1.30:15,831 = 195,455 km/h	2 Runden zurück
12. Johnny Herbert (England), Lotus-Honda	1.28:52,365 = 193,787 km/h	3 Runden zurück
13. Eddie Irvine (Irland), Jordan-Hart	1.22:21,067 = 204,033 km/h	4 Runden zurück

Irvine bei Rennschluß nicht mehr im Rennen, aber gewertet.

Schnellste Runde: Hill (Williams-Renault) 1:57,117 = 215,200 km/h (41. Runde).

Schnellste Runde jedes Fahrers im Rennen: Hill 1:57,117 (41.), Schumacher 1:57,198 (37.), 3. Coulthard 1:57,793 (36.), Brundle 1:58,839 (24.), Verstappen 1:59,001 (24.), Blundell 1:59,031 (38.), Hakkinen 1:59,359 (10.), Panis 1:59,502 (30.), Barrichello 1:59,527 (15.), 10. Frentzen 2:00,068 (10.), Irvine 2:00,353 (29.), Berger 2:00,372 (11.), Katayama 2:00,531 (12.), Herbert 2:00,605 (17.), Alboreto 2:01,209 (33.), Morbidelli 2:01,295 (39.), Fittipaldi 2:01,653 (27.), Martini 2:02,298 (24.), Alesi 2:02,587 (2.), Bernard 2:02,665 (31.), de Cesaris 2:03,501 (19.), Gounon 2:04,732 (24.), Brabham 2:06,145 (10.), Alliot 2:06,157 (10.), Adams 2:06,759 (15.), Comas 2:07,153 (3.).

Entwicklung der schnellsten Runde: Schumacher 1:59,928 (5.), 1:59,079 (8.), 1:58,762 (9.), 1:57,833 (17.); Hill 1:57,117 (41.).

WM-Stand: 1. Schumacher 76, 2. Hill 55, 3. Berger 27, 4. Alesi 19, 5. Hakkinen 14, 6. Barrichello 10, 7. Brundle 9, 8. Verstappen, Blundell je 8, 10. Panis, Coulthard je 7, 12. Larini, Fittipaldi je 6, 14. Frentzen, Katayama je 5, 16. Bernard, Wendlinger, de Cesaris, Martini je 4, 20. Morbidelli 3, 21. Comas 2, 22. Alboreto, Irvine, Lehto je 1.

Konstrukteur-WM: 1. Benetton-Ford 94, 2. Williams-Renault 57, 3. Ferrari 52, 4. McLaren-Peugeot 21, 5. Jordan-Hart 14, 6. Tyrrell-Yamaha 12, 7. Ligier-Renault 11, 8. Sauber-Mercedes 10, 9. Footwork-Ford 8, 10. Minardi-Ford 5, 11. Larrousse-Ford 2.

Piloten/Runde																																														ERGEBNIS	
SCHUMACHER	1																																													SCHUMACHER
ALESI	2																																													HILL
BARRICHELLO	3																																													HAKKINEN
HILL	4																																													VERSTAPPEN
COULTHARD	5																																													COULTHARD
HAKKINEN	6																																													BLUNDELL
VERSTAPPEN	7																																													MORBIDELLI
IRVINE	8																																													PANIS
FRENTZEN	9																																													MARTINI
BRUNDLE	10																																													ALBORETO
BERGER	11																																													BERNARD
MARTINI	12																																													GOUNON
BLUNDELL	13																																													HERBERT
MORBIDELLI	14																																													
DE CESARIS	15																																													
PANIS	16																																													
BERNARD	17																																													
ALBORETO	18																																													
COMAS	19																																													
KATAYAMA	20																																													
ALLIOT	21																																													
BRABHAM	22																																													
GOUNON	23																																													
GACHOT	24																																													
ADAMS	25																																													
HERBERT	26																																													

Lauf 12 – Großer Preis von Italien – Monza, 11. September 1994

1. Training (inoffiziell)		2. Training (offiziell)		3. Training (inoffiziell)		4. Training (offiziell)	
1. Hill	1:25,859	1. Alesi	1:24,620	1. Alesi	1:23,974	1. Alesi	1:23,844
2. Berger	1:26,602	2. Hill	1:24,734	2. Hill	1:24,115	2. Berger	1:23,978
3. Coulthard	1:27,062	3. Coulthard	1:24,869	3. Berger	1:24,171	3. Hill	1:24,158
4. Herbert	1:27,476	4. Berger	1:24,915	4. Coulthard	1:24,488	4. Herbert	1:24,374
5. Blundell	1:27,737	5. Hakkinen	1:26,004	5. Frentzen	1:25,080	5. Coulthard	1:24,502
6. Frentzen	1:27,870	6. Herbert	1:26,365	6. Barrichello	1:25,325	6. Panis	1:25,455
7. de Cesaris	1:27,872	7. Frentzen	1:26,406	7. Irvine	1:25,390	7. Hakkinen	1:25,528
8. Brundle	1:27,921	8. Katayama	1:26,525	8. Katayama	1:25,459	8. de Cesaris	1:25,540
9. Panis	1:28,092	9. Blundell	1:26,574	9. Herbert	1:25,626	9. Irvine	1:25,568
10. Hakkinen	1:28,213	10. Brundle	1:26,899	10. Panis	1:25,877	10. Verstappen	1:25,618
11. Alesi	1:28,237	11. Panis	1:26,958	11. Hakkinen	1:25,903	11. Frentzen	1:25,628
12. Katayama	1:28,314	12. Barrichello	1:27,034	12. de Cesaris	1:26,078	12. Bernard	1:25,718
13. Fittipaldi	1:28,970	13. de Cesaris	1:27,188	13. Brundle	1:26,100	13. Zanardi	1:25,733
14. Irvine	1:29,009	14. Verstappen	1:27,361	14. Bernard	1:26,206	14. Katayama	1:25,889
15. Bernard	1:29,014	15. Bernard	1:27,387	15. Morbidelli	1:26,351	15. Brundle	1:25,933
16. Morbidelli	1:29,146	16. Lehto	1:27,611	16. Verstappen	1:26,391	16. Barrichello	1:25,946
17. Lehto	1:29,395	17. Zanardi	1:27,617	17. Zanardi	1:26,400	17. Morbidelli	1:26,002
18. Barrichello	1:29,420	18. Alboreto	1:27,623	18. Fittipaldi	1:26,500	18. Martini	1:26,056
19. Zanardi	1:29,861	19. Fittipaldi	1:27,675	19. Lehto	1:26,766	19. Fittipaldi	1:26,337
20. Alboreto	1:30,294	20. Morbidelli	1:27,939	20. Alboreto	1:26,998	20. Lehto	1:26,384
21. Comas	1:30,736	21. Dalmas	1:29,528	21. Blundell	1:27,014	21. Blundell	1:26,697
22. Verstappen	1:31,232	22. Gounon	1:29,594	22. Comas	1:27,770	22. Alboreto	1:26,832
23. Dalmas	1:32,394	23. Comas	1:30,530	23. Martini	1:28,185	23. Dalmas	1:27,846
24. Gachot	1:32,848	24. Brabham	1:30,691	24. Gounon	1:28,322	24. Comas	1:27,894
25. Gounon	1:33,934	25. Gachot	1:31,549	25. Dalmas	1:28,405	25. Gounon	1:28,353
26. Martini	1:45,031	26. Belmondo	1:32,035	26. Brabham	1:28,706	26. Brabham	1:28,619
27. Brabham	1:48,439	27. Martini	19:42,320	27. Gachot	1:30,712	27. Gachot	1:31,387
28. Belmondo	2:01,757	28. Irvine	(ohne Zeit)	28. Belmondo	1:31,887	28. Belmondo	1:32,035.

Nicht qualifiziert: Bertrand Gachot (Pacific-Ilmor) 1:31,387; Paul Belmondo (Pacific-Ilmor) 1:32,035.

Startaufstellung:

Jean Alesi
Ferrari 412T1/B V12
1:23,844

Gerhard Berger
Ferrari 412T1/B V12
1:23,978

Damon Hill
Williams FW16B-Renault V10
1:24,158

Johnny Herbert
Lotus 109-Honda V10
1:24,374

David Coulthard
Williams FW16B-Renault V10
1:24,502

Olivier Panis
Ligier JS39B-Renault V10
1:25,455

Mika Hakkinen
McLaren MP4/9-Peugeot V10
1:25,528

Andrea de Cesaris
Sauber C13-Mercedes V10
1:25,540

Eddie Irvine
Jordan 194-Hart V10
1:25,568

Jos Verstappen
Benetton B194B-Ford V8
1:25,618

Eric Bernard
Ligier JS39B-Renault V10
1:25,718

Heinz-Harald Frentzen
Sauber C13-Mercedes V10
1:25,628

Ukyo Katayama
Tyrrell 022-Yamaha V10
1:25,889

Alessandro Zanardi
Lotus 109-Honda V10
1:25,733

Rubens Barrichello
Jordan 194-Hart V10
1:25,946

Gianni Morbidelli
Footwork FA15-Ford V8
1:26,002

Martin Brundle
McLaren MP4/9-Peugeot V10
1:25,933

Pierluigi Martini
Minardi M194B-Ford V8
1:26,056

J.J. Lehto
Benetton B194B-Ford V8
1:26,384

Mark Blundell
Tyrrell 022-Yamaha V10
1:26,574

Christian Fittipaldi
Footwork FA15-Ford V8
1:26,337

Michele Alboreto
Minardi M194B-Ford V8
1:26,832

Jean-Marc Gounon
Simtek S941-Ford V8
1:28,353

Yannick Dalmas
Larrousse LH94-Ford V8
1:27,846

David Brabham
Simtek S941-Ford V8
1:28,619

Erik Comas
Larrousse LH94-Ford V8
1:27,894

Geschwindigkeiten auf der Ziellinie (Freitag): Alesi 334,4, Berger 328,3, Hill 325,3, Barrichello 324,3, Coulthard 324,3, Bernard 323,3, Herbert 323,4, Irvine 322,4, Hakkinen 322,4, Brundle 321,4, ... Frentzen 314,9 km/h. – (Samstag): Berger 330,3, Alesi 327,3, Herbert 325,3, Katayama 324,3, Irvine 323,4, Barrichello 323,4, Hill 323,4, Bernard 322,4, Panis 320,5, Coulthard 320,5, ... Frentzen 316,3 km/h. – (Sonntag): Katayama 326,3, Berger 324,3, Alesi 324,3, Blundell 324,3, Coulthard 324,3, Hill 324,3, Bernard 323,4, Barrichello 321,4, Irvine 320,5, Panis 319,5, ... Frentzen 315,8 km/h.

Geschwindigkeiten am Sector 1 (Freitag): Berger 301,7, Alesi 298,5, Lehto 295,1, Frentzen 294,3, de Cesaris 288,8, Coulthard 288,0, Hakkinen 282,7, Brundle 280,5, Barrichello 279,8, Herbert 275,5 km/h. – (Samstag): ? km/h. – (Sonntag): Panis 296,7, Hakkinen 292,7, Brundle 291,9, Alesi 288,8, Coulthard 285,0, Hill 281,3, 279,8, Blundell 279,1, Katayama 278,4, Martini 277,6, ... Frentzen 272,0, Berger 270,0 km/h.

Geschwindigkeiten am Sector 2 (Freitag): Alesi 279,8, Berger 275,5, Coulthard 274,8, Herbert 274,1, Bernard 272,0, Hakkinen 272,0, Hill 272,0, Frentzen 271,4. Katayama 271,4, Blundell 270,7 km/h. – (Samstag): ? km/h. – (Sonntag): Alesi 268,7, Coulthard 268,7, Hill 268,0, Katayama 267,3, Bernard 266,7, Panis 266,0, Blundell 266,0, Berger 265,4, Hakkinen 265,4, Frentzen 264,1 km/h.

Sonntag-Aufwärmtraining: 1. Alesi 1:25,371, 2. Katayama 1:25,855, 3. Coulthard 1:25,858, 4. Blundell 1:26,080, 5. Berger 1:26,199, 6. Hakkinen 1:26,433, 7. Herbert 1:26,528, 8. Hill 1:26,629, 9. Frentzen 1:26,787, 10. Panis 1:26,805.

Wetter am Renntag: Teilweise bewölkt, warm; 100 000 Zuschauer.

Distanz: 53 Runden à 5,800 km = 307,400 km.

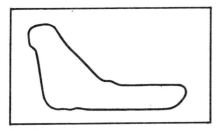

Rekorde: Training: Senna (McLaren-Honda MP4/6) 1:21,114 = 257,415 km/h (1991); Rennen: Hill (Williams-Renault FW15C) 1:23,575 = 249,835 km/h (1993). – Distanz: Hill (Williams-Renault RW15C) 239,144 km/h (1993).

Boxenstops:
Panis:	1. Runde:	Probleme am Wagen (total 50,948 sec); Platz 23
Blundell:	10. Runde:	Reifenwechsel, Auftanken (total 36,649 sec); Platz 9 – 21
Katayama:	12. Runde:	Reifenwechsel, Auftanken (total 41,443 sec); Platz 5 – 17
Lehto:	17. Runde:	Reifenwechsel, Auftanken (total 26,650 sec); Platz 7 – 14
Barrichello:	23. Runde:	Reifenwechsel, Auftanken (12,3 sec, total 26,614 sec); Platz 6 – 7
Brabham:	23. Runde:	Reifenwechsel, Auftanken (total 30,799 sec); Platz 16
Panis:	23. Runde:	2. Stop, Reifenwechsel, Auftanken (total 48,717 sec); Platz 17
Berger:	24. Runde:	Reifenwechsel, Auftanken (10,2 sec, total 29,759 sec); Platz 1 – 4
Brundle:	24. Runde:	Reifenwechsel, Auftanken (total 25,674 sec); Platz 5 – 12
Martini:	24. Runde:	Reifenwechsel, Auftanken (total 25,719 sec); Platz 9 – 14
Lehto:	24. Runde:	2. Stop, Reifenwechsel, Auftanken (total 30,330 sec); Platz 15
Hill:	25. Runde:	Reifenwechsel, Auftanken (10,7 sec, total 25,445 sec); Platz 1 – 3
Coulthard:	26. Runde:	Reifenwechsel, Auftanken (9,9 sec, total 24,417 sec); Platz 1 – 2
Comas:	26. Runde:	Reifenwechsel, Auftanken (total 26,857 sec); Platz 8 – 11
Irvine:	26. Runde:	Reifenwechsel, Auftanken (total 27,798 sec); Platz 10 – 12
Bernard:	26. Runde:	Reifenwechsel, Auftanken (total 25,045 sec); Platz 11 – 13
Alboreto:	26. Runde:	Reifenwechsel, Auftanken (total 30,023 sec); Platz 13 – 14
Hakkinen:	27. Runde:	Reifenwechsel, Auftanken (9,4 sec, total 25,453 sec); Platz 1 – 4
Fittipaldi:	30. Runde:	Reifenwechsel, Auftanken (total 25,005 sec); Platz 6 – 8
Blundell:	32. Runde:	2. Stop, Reifenwechsel, Auftanken (total 22,720 sec); Platz 6 – 7
Katayama:	34. Runde:	2. Stop, Reifenwechsel, Auftanken (total 22,108 sec); Platz 4 – 7
Lehto:	34. Runde:	3. Stop, Reifenwechsel, Auftanken (total 24,438 sec); Platz 13
Panis:	38. Runde:	3. Stop, Reifenwechsel, Auftanken (total 24,266 sec); Platz 14 – 15

Ausfälle:
Zanardi:	1. Runde:	Reifenschaden; Platz 14
Morbidelli:	1. Runde:	Unfall; Platz 17
Verstappen:	1. Runde:	Reifenschaden; Platz 10
Herbert:	14. Runde:	Lichtmaschine defekt; Platz 14
Dalmas:	19. Runde:	Dreher; Platz 16
Gounon:	21. Runde:	Getriebeschaden; Platz 20
de Cesaris:	21. Runde:	Motorschaden; Platz 8
Frentzen:	23. Runde:	Motorschaden; Platz 5
Alboreto:	29. Runde:	Getriebeschaden; Platz 15
Martini:	31. Runde:	Unfall; Platz 10
Blundell:	40. Runde:	Unfall wegen Bremsproblemen; Platz 7
Irvine:	42. Runde:	Motorschaden; Platz 10
Fittipaldi:	44. Runde:	Motorschaden; Platz 7
Katayama:	46. Runde:	Unfall wegen Bremsproblemen; Platz 5
Brabham:	47. Runde:	Reifenschaden wegen explodierter Bremsscheibe; Platz 10
Coulthard:	53. Runde:	Elektrikdefekt; Platz 2

Stand nach 1 Runde: 1. Alesi, 2. Berger, 3. Hill, 4. Coulthard, 5. Hakkinen, 6. Frentzen, 7. Katayama, 8. de Cesaris, 9. Barrichello, 10. Brundle.

Stand nach 13 Runden: 1. Alesi (75,400 km in 18:56,308 = 238,878 km/h), 2. Berger –11,321, 3. Hill –12,688, 4. Coulthard –13,681, 5. Hakkinen –23,224, 6. Frentzen –25,700, 7. Barrichello –29,696, 8. Lehto –39,184, 9. Brundle –44,960, 10. de Cesaris –46,696.

Stand nach 26 Runden: 1. Hakkinen (150,800 km in 38:22,678 = 235,760 km/h), 2. Coulthard –0,182, 3. Hill –3,002, 4. Berger –9,956, 5. Alesi –32,126, 6. Fittipaldi –35,416, 7. Barrichello –38,463, 8. Blundell –42,897, 9. Brundle –59,315, 10. Martini –1:06,620.

Stand nach 39 Runden: 1. Hill (226,200 km in 57:24,953 = 236,380 km/h), 2. Coulthard –0,814, 3. Berger –13,381, 4. Hakkinen –30,108, 5. Katayama –47,385, 6. Barrichello –48,430, 7. Blundell –1:05,580, 8. Fittipaldi –1:13,527, 9. Brundle –1:18,231, 10. Comas –1 Runde.

Ergebnis:
 1. Damon Hill (England), Williams-Renault   1.18:02,754 = 236,322 km/h
 2. Gerhard Berger (Österreich), Ferrari   1.18:07,684 = 236,073 km/h   4,930 zurück
 3. Mika Hakkinen (Finnland), McLaren-Peugeot   1.18:28,394 = 235,035 km/h   25,640 zurück
 4. Rubens Barrichello (Brasilien), Jordan-Hart 1.18:53,388 = 233,794 km/h   50,634 zurück
 5. Martin Brundle (England), McLaren-Peugeot   1.19:28,329 = 232,081 km/h   1:25,575 zurück
 6. David Coulthard (England), Williams-Renault 1.16:36,369 = 236,221 km/h   1 Runde zurück
 7. Eric Bernard (Frankreich), Ligier-Renault   1.18:06,491 = 231,678 km/h   1 Runde zurück
 8. Erik Comas (Frankreich), Larrousse-Ford   1.18:23,828 = 230,824 km/h   1 Runde zurück
 9. J.J. Lehto (Finnland), Benetton-Ford   1.19:00,339 = 229,046 km/h   1 Runde zurück
10. Olivier Panis (Frankreich), Ligier-Renault 1.18:33,332 = 225,929 km/h   2 Runden zurück

Coulthard bei Rennschluß nicht mehr im Rennen, aber gewertet.

Schnellste Runde: Hill (Williams-Renault) 1:25,930 = 242,988 km/h (24. Runde).

Schnellste Runde jedes Fahrers im Rennen: Hill 1:25,930 (24.), Alesi 1:26,279 (8.), Berger 1:26,541 (17.), Coulthard 1:26,607 (23.), Panis 1:26,630 (47.), Blundell 1:26,663 (36.), Katayama 1:26,702 (31.), Hakkinen 1:27,432 (46.), Barrichello 1:27,449 (21.), Bernard 1:27,488 (9.), Frentzen 1:27,786 (18.), Lehto 1:28,072 (13.), Fittipaldi 1:28,133 (27.), Brundle 1:28,185 (49.), Irvine 1:28,312 (19.), de Cesaris 1:28,411 (20.), Martini 1:28,473 (19.), Comas 1:28,571 (24.), Herbert 1:28,871 (9.), Alboreto 1:28,956 (12.), Dalmas 1:29,485 (10.), Brabham 1:30,036 (12.), Gounon 1:30,479 (17.), Morbidelli, Verstappen, Zanardi (ohne Zeit).

Entwicklung der schnellsten Runde: Alesi 1:26,793 (5.), 1:26,692 (6.); Hill 1:25,930 (24.).

WM-Stand: 1. Schumacher 76, 2. Hill 65, 3. Berger 33, 4. Alesi 19, 5. Hakkinen 18, 6. Barrichello 13, 7. Brundle 11, 8. Blundell, Verstappen, Coulthard je 8, 11. Panis 7, 12. Fittipaldi, Larini je 6, 14. Frentzen, Katayama je 5, 16. Bernard, de Cesaris, Martini, Wendlinger je 4, 20. Morbidelli 3, 21. Comas 2, 22. Alboreto, Irvine, Lehto je 1.

Konstrukteur-WM: 1. Benetton-Ford 85, 2. Williams-Renault 73, 3. Ferrari 58, 4. McLaren-Peugeot 29, 5. Jordan-Hart 17, 6. Tyrrell-Yamaha 13, 7. Ligier-Renault 11, 8. Sauber-Mercedes 10, 9. Footwork-Ford 9, 10. Minardi-Ford 5, 11. Larrousse-Ford 2.

Piloten/Runde		ERGEBNIS	
ALESI	1	HILL	
BERGER	2	BERGER	
HILL	3	HAKKINEN	
COULTHARD	4	BARRICHELLO	
HAKKINEN	5	BRUNDLE	
FRENTZEN	6	COULTHARD	
KATAYAMA	7	BERNARD	
DE CESARIS	8	COMAS	
BARRICHELLO	9	LEHTO	
BRUNDLE	10	PANIS	
LEHTO	11		
BLUNDELL	12		
FITTIPALDI	13		
MARTINI	14		
COMAS	15		
ALBORETO	16		
DALMAS	17		
BRABHAM	18		
HERBERT	19		
GOUNON	20		
IRVINE	21		
BERNARD	22		
PANIS	23		

Lauf 13 – Großer Preis von Portugal – Estoril, 25. September 1994

1. Training (inoffiziell)		2. Training (offiziell)		3. Training (inoffiziell)		4. Training (offiziell)	
1. Coulthard	1:22,133	1. Berger	1:20,608	1. Hill	1:20,699	1. Hill	1:20,766
2. Hill	1:22,204	2. Hill	1:20,803	2. Coulthard	1:20,954	2. Coulthard	1:21,033
3. Katayama	1:22,374	3. Coulthard	1:21,120	3. Alesi	1:22,004	3. Hakkinen	1:21,700
4. Barrichello	1:22,491	4. Hakkinen	1:21,251	4. Katayama	1:22,013	4. Barrichello	1:21,796
5. Hakkinen	1:22,565	5. Alesi	1:21,517	5. Barrichello	1:22,113	5. Berger	1:21,863
6. Brundle	1:22,735	6. Katayama	1:21,590	6. Irvine	1:22,242	6. Frentzen	1:21,921
7. Berger	1:22,796	7. Brundle	1:21,656	7. Brundle	1:22,266	7. Verstappen	1:22,000
8. Alesi	1:23,383	8. Barrichello	1:21,839	8. Verstappen	1:22,294	8. Brundle	1:22,035
9. Frentzen	1:23,782	9. Blundell	1:22,288	9. Fittipaldi	1:22,396	9. Alesi	1:22,086
10. Irvine	1:23,794	10. Lehto	1:22,613	10. Frentzen	1:22,414	10. Fittipaldi	1:22,132
11. Verstappen	1:23,818	11. Verstappen	1:22,614	11. Hakkinen	1:22,659	11. Irvine	1:22,294
12. Blundell	1:23,824	12. Fittipaldi	1:22,636	12. Berger	1:22,670	12. Lehto	1:22,369
13. Herbert	1:23,844	13. Frentzen	1:22,795	13. Morbidelli	1:22,717	13. Panis	1:22,672
14. Fittipaldi	1:24,026	14. de Cesaris	1:22,885	14. Bernard	1:22,994	14. Morbidelli	1:22,756
15. Lehto	1:24,191	15. Morbidelli	1:22,974	15. Panis	1:23,189	15. de Cesaris	1:22,888
16. Morbidelli	1:24,256	16. Martini	1:23,243	16. Lehto	1:23,204	16. Blundell	1:22,971
17. de Cesaris	1:24,272	17. Alboreto	1:23,364	17. Martini	1:23,239	17. Herbert	1:23,408
18. Alboreto	1:24,585	18. Irvine	1:23,411	18. Blundell	1:23,480	18. Martini	1:23,46
19. Martini	1:24,723	19. Panis	1:23,711	19. Herbert	1:23,514	19. Bernard	1:23,699
20. Dalmas	1:24,841	20. Comas	1:24,192	20. Comas	1:23,672	20. Alboreto	1:24,186
21. Brabham	1:25,345	21. Dalmas	1:24,438	21. de Cesaris	1:23,828	21. Comas	1:24,306
22. Comas	1:25,382	22. Brabham	1:24,527	22. Dalmas	1:24,304	22. Brabham	1:24,514
23. Panis	1:25,499	23. Bernard	1:25,039	23. Alboreto	1:24,321	23. Dalmas	1:24,920
24. Gounon	1:26,075	24. Adams	1:25,313	24. Brabham	1:24,389	24. Gounon	1:25,649
25. Bernard	1:26,381	25. Gounon	1:25,686	25. Gounon	1:24,986	25. Adams	1:25,708
26. Adams	1:26,846	26. Gachot	1:27,960	26. Adams	1:25,580	26. Gachot	1:27,385
27. Gachot	1:30,740	27. Belmondo	1:32,706	27. Gachot	1:26,922	27. Belmondo	1:29,000
28. Belmondo	1:31,253	28. Herbert	ohne Zeit	28. Belmondo	1:28,375	28. Katayama	4:03,441

Nicht qualifiziert: Bertrand Gachot (Pacific-Ilmor) 1:27,385; Paul Belmondo (Pacific-Ilmor) 1:29,000.

Startaufstellung:

Gerhard Berger
Ferrari 412T1/B V12
1:20,608

    Damon Hill
    Williams FW16B-Renault V10
    1:20,766

David Coulthard
Williams FW16B-Renault V10
1:21,033

    Mika Hakkinen
    McLaren MP4/9-Peugeot V10
    1:21,251

Jean Alesi
Ferrari 412T1/B V12
1:21,517

    Ukyo Katayama
    Tyrrell 022-Yamaha V10
    1:21,590

Martin Brundle
McLaren MP4/9-Peugeot V10
1:21,656

    Rubens Barrichello
    Jordan 194-Hart V10
    1:21,796

Heinz-Harald Frentzen
Sauber C13-Mercedes V10
1:21,921

    Jos Verstappen
    Benetton B194B-Ford V8
    1:22,000

Christian Fittipaldi
Footwork FA15-Ford V8
1:22,132

    Mark Blundell
    Tyrrell 022-Yamaha V10
    1:22,288

Eddie Irvine
Jordan 194-Hart V10
1:22,294

    J. J. Lehto
    Benetton B194B-Ford V8
    1:22,369

Andrea de Cesaris
Sauber C13-Mercedes V10
1:22,885

    Gianni Morbidelli
    Footwork FA15-Ford V8
    1:22,756

Olivier Panis
Ligier JS39B-Renault V10
1:22,672

    Pierluigi Martini
    Minardi M194B-Ford V8
    1:23,243

Michele Alboreto
Minardi M194B-Ford V8
1:23,364

    Johnny Herbert
    Lotus 109-Honda V10
    1:23,408

Eric Bernard
Ligier JS39B-Renault V10
1:23,699

    Erik Comas
    Larrousse LH94-Ford V8
    1:24,192

Yannick Dalmas
Larrousse LH94-Ford V8
1:24,438

    David Brabham
    Simtek S941-Ford V8
    1:24,514

Philippe Adams
Lotus 109-Honda V10
1:25,313

    Jean-Marc Gounon
    Simtek S941-Ford V8
    1:25,649

Geschwindigkeiten auf der Ziellinie (Freitag): Berger 310,3, Alesi 306,8, Coulthard 306,8, Katayama 305,9, Hill 305,1, de Cesaris 304,2, Panis 303,4, Blundell 303,4, Frentzen 302,5, Bernard 302,5 km/h. – (Samstag): Alesi 300,8, Berger 300,0, Hill 298,3, Panis 296,7, Coulthard 295,1, de Cesaris 294,3, Herbert 294,3, Bernard 291,1, Blundell 291,1, Frentzen 290,3 km/h.

Geschwindigkeiten am Sector 1 (Freitag): Berger 295,1, Coulthard 290,3, Alesi 289,5, Blundell 289,5, Hill 289,5, Katayama 288,8, Frentzen 287,2, Panis 287,2, Dalmas 285,7, Adams 285,7 km/h. – (Samstag): Alesi 301,7, Berger 300,0, Hill 300,0, Panis 299,2, Herbert 298,3, Bernard 297,5, Coulthard 297,5, Blundell 295,9, de Cesaris 295,1, Katayama 294,3, ... Frentzen 292,7 km/h.

Geschwindigkeiten am Sector 2 (Freitag): Lehto 179,4, Coulthard 179,1, Blundell 177,6, Brabham 177,0, Panis 176,5, Brundle 173,4, Berger 171,4, Dalmas 171,4, Fittipaldi 171,4, Verstappen 170,3, ... Frentzen 163,4 km/h. – (Samstag): Fittipaldi 185,9, Lehto 184,0, Coulthard 183,4, Verstappen 180,6, Brundle 177,0, Hill 177,0, de Cesaris 175,9, Bernard 175,0, Frentzen 174,5, Brabham 172,0, ... Berger 165,6 km/h.

Sonntag-Aufwärmtraining: 1. Coulthard 1:21,442, 2. Hill 1:21,929, 3. Hakkinen 1:22,152, 4. Brundle 1:22,456, 5. Irvine 1:22,567, 6. Barrichello 1:22,606, 7. Berger 1:22,611, 8. Katayama 1:22,894, 9. Alesi 1:23,008, 10. Morbidelli 1:23,242, ... 13. Frentzen 1:23,565.

Wetter am Renntag: Bewölkt, mild; 35 000 Zuschauer.

Distanz: 71 Runden à 4,360 km = 309,560 km.

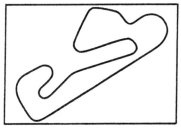

Rekorde: Training: Hill (Williams-Renault FW15C) 1:11,494 = 219,039 km/h (1993); Rennen: Hill (Williams-Renault FW15C) 1:14,859 = 209,674 km/h (1993). – Distanz: Schumacher (Benetton-Ford B193B) 199,748 km/h (1993).

Boxenstops:

Katayama:	Aufwärmrunde:	Nach Motorwechsel Elektrik-Probleme, aus der Box gestartet; Platz 6 – 26
Martini:	11. Runde:	Motor überprüft, Reifenwechsel; Platz 23 – 25
Brabham:	17. Runde:	Kollision mit Comas, Spurstange verbogen, Reifenwechsel; Platz 20 – 23
Coulthard:	19. Runde:	Reifenwechsel, Auftanken (10,0 sec); Platz 1 – 5
Morbidelli:	19. Runde:	Reifenwechsel, Auftanken (9,1 sec); Platz 15 – 17
Hill:	20. Runde:	Reifenwechsel, Auftanken (9,6 sec); Platz 1 – 5
Blundell:	20. Runde:	Reifenwechsel, Auftanken (9,0 sec); Platz 9 – 13
Verstappen:	21. Runde:	Reifenwechsel, Auftanken (6,3 sec); Platz 7 – 12
Katayama:	22. Runde:	Reifenwechsel, Auftanken; Platz 18 – 22
Alesi:	23. Runde:	Reifenwechsel, Auftanken (8,6 sec); Platz 1 – 5
Irvine:	23. Runde:	Reifenwechsel, Auftanken; Platz 8 – 13
Hakkinen:	24. Runde:	Reifenwechsel, Auftanken (8,6 sec); Platz 2 – 4
Lehto:	25. Runde:	Reifenwechsel, Auftanken (7,0 sec); Platz 11 – 14
Barrichello:	26. Runde:	Reifenwechsel, Auftanken (7,8 sec); Platz 1- 6
Panis:	26. Runde:	Reifenwechsel, Auftanken; Platz 8 – 12
de Cesaris:	36. Runde:	Reifenwechsel, Auftanken; Platz 9 – 14
Brundle:	43. Runde:	Reifenwechsel, Auftanken (8,2 sec); Platz 6
Verstappen:	46. Runde:	2. Stop, Reifenwechsel, Auftanken; Platz 6
Coulthard:	47. Runde:	2. Stop, Reifenwechsel, Auftanken (8,7 sec); Platz 2 – 4
Blundell:	47. Runde:	2. Stop, Reifenwechsel, Auftanken; Platz 7 – 9
Irvine:	47. Runde:	2. Stop, Reifenwechsel, Auftanken; Platz 9 – 11
Hill:	48. Runde:	2. Stop, Reifenwechsel, Auftanken (8,1 sec); Platz 1
Lehto:	48. Runde:	2. Stop, Reifenwechsel, Auftanken; Platz 7 – 11
Barrichello:	49. Runde:	2. Stop, Reifenwechsel, Auftanken; Platz 3 – 4

Ausfälle:

Berger:	8. Runde:	Getriebeschaden; Platz 1
Katayama:	27. Runde:	Motorschaden; Platz 21
Comas:	28. Runde:	Unfall, touchiert von einem Williams, Hinterradaufhängung gebrochen; Platz 20
Frentzen:	32. Runde:	Getriebe-Hauptwelle gebrochen, Kraftübertragung; Platz 3
Brabham:	39. Runde:	Kollision mit Alesi beim Überrunden; Platz 21
Alesi:	39. Runde:	Kollision mit Brabham; Platz 3
de Cesaris:	55. Runde:	Dreher, Differentialschaden; Platz 14
Lehto:	61. Runde:	Dreher, Unfall; Platz 10
Blundell:	62. Runde:	Motorschaden; Platz 7

Stand nach 1 Runde: 1. Berger, 2. Coulthard, 3. Hill, 4. Alesi, 5. Hakkinen, 6. Barrichello, 7. Frentzen, 8. Verstappen, 9. Brundle, 10. Fittipaldi.

Stand nach 18 Runden: 1. Hill (78,480 km in 25:11,961 = 186,862 km/h), 2. Coulthard –2,598, 3. Alesi –7,468, 4. Hakkinen –12,370, 5. Barrichello –14,095, 6. Frentzen –27,403, 7. Verstappen –28,065, 8. Brundle –29,398, 9. Blundell –35,183, 10. Fittipaldi –37,032.

Stand nach 37 Runden: 1. Hill (161,320 km in 52:21,829 = 184,845 km/h), 2. Coulthard –5,697, 3. Alesi –23,857, 4. Hakkinen –27,804, 5. Barrichello –31,136, 6. Verstappen –46,664, 7. Brundle –49,536, 8. Blundell –1:14,121, 9. Panis –1:15,433, 10. Irvine –1:16,653.

Stand nach 54 Runden: 1. Hill (235,440 km in 1.16:54,326 = 183,685 km/h), 2. Coulthard –5,456, 3. Hakkinen –25,969, 4. Barrichello –35,041, 5. Verstappen –41,760, 6. Brundle –48,259, 7. Blundell –1:20,405, 8. Fittipaldi –1:23,006, 9. Panis –1 Runde, 10. Irvine.

Ergebnis:
1. Damon Hill (England), Williams-Renault   1.41:10,165 = 183,589 km/h
2. David Coulthard (England), Williams-Renault   1.41:10,768 = 183,570 km/h   0,603 zurück
3. Mika Hakkinen (Finnland), McLaren-Peugeot   1.41:30,358 = 182,980 km/h   20,193 zurück
4. Rubens Barrichello (Brasilien), Jordan-Hart   1.41:38,168 = 182,746 km/h   28,003 zurück
5. Jos Verstappen (Niederlande), Benetton-Ford   1.41:39,550 = 182,704 km/h   29,385 zurück
6. Martin Brundle (England), McLaren-Peugeot   1.42:02,867 = 182,008 km/h   52,702 zurück
7. Eddie Irvine (Irland), Jordan-Hart   1.41:16,394 = 180,817 km/h   1 Runde zurück
8. Christian Fittipaldi (Brasilien), Footwork-Ford 1.41:20,632 = 180,691 km/h   1 Runde zurück
9. Gianni Morbidelli (Italien), Footwork-Ford   1.41:26,415 = 180,520 km/h   1 Runde zurück
   Olivier Panis (Frankreich), Ligier-Renault*)   1.41:25,947 = 180,534 km/h   1 Runde zurück
10. Eric Bernard (Frankreich), Ligier-Renault   1.42:10,305 = 179,227 km/h   1 Runde zurück
11. Johnny Herbert (England), Lotus-Honda   1.42:21,674 = 178,895 km/h   1 Runde zurück
12. Pierluigi Martini (Italien), Minardi-Ford   1.42:02,548 = 176,891 km/h   2 Runden zurück
13. Michele Alboreto (Italien), Minardi-Ford   1.42:03,256 = 176,870 km/h   2 Runden zurück
14. Yannick Dalmas (Frankreich), Larrousse-Ford   1.42:04,117 = 176,845 km/h   2 Runden zurück
15. Jean-Marc Gounon (Frankreich), Simtek-Ford   1.41:36,488 = 172,498 km/h   4 Runden zurück
16. Philippe Adams (Belgien), Lotus-Honda   1.41:59,533 = 171,848 km/h   4 Runden zurück

*) Nach dem Rennen wegen Unregelmäßigkeiten am Unterboden disqualifiziert.

Schnellste Runde: Coulthard (Williams-Renault) 1:22,446 = 190,379 km/h (12. Runde).

Schnellste Runde jedes Fahrers im Rennen: Coulthard 1:22,446 (12.), Berger 1:22,935 (3.), Hill 1:22,997 (10.), Alesi 1:23,236 (3.), Katayama 1:23,419 (4.), Verstappen 1:23,702 (58.), Barrichello 1:23,806 (69.), Hakkinen 1:23,819 (6.), Irvine 1:23,930 (61.), Bernard 1:24,069 (7.), Morbidelli 1:24,275 (6.), Brundle 1:24,325 (60.), Frentzen 1:24,560 (4.), Blundell 1:24,564 (16.), Fittipaldi 1:24,716 (5.), Lehto 1:24,728 (60.), Herbert 1:24,746 (3.), Panis 1:24,804 (42.), de Cesaris 1:25,568 (10.), Martini 1:25,690 (15.), Brabham 1:25,760 (19.), Gounon 1:26,192 (19.), Dalmas 1:26,288 (58.), Alboreto 1:26,577 (39.), Comas 1:26,786 (4.), Adams 1:27,082 (4.).

Entwicklung der schnellsten Runde: Coulthard 1:22,858 (3.), 1:22,778 (10.), 1:22,446 (12.).

WM-Stand: 1. Schumacher 76, 2. Hill 75, 3. Berger 33, 4. Hakkinen 22, 5. Alesi 19, 6. Barrichello 16, 7. Coulthard 14, 8. Brundle 12, 9. Verstappen 10, 10. Blundell 8, 11. Panis 7, 12. Fittipaldi, Larini je 6, 14. Frentzen, Katayama je 5, 16. Bernard, de Cesaris, Martini, Wendlinger je 4, 20. Morbidelli 3, 21. Comas 2, 22. Alboreto, Irvine, Lehto je 1.

Konstrukteur-WM: 1. Williams-Renault 89, 2. Benetton-Ford 87, 3. Ferrari 58, 4. McLaren-Peugeot 34, 5. Jordan-Hart 20, 6. Tyrrell-Yamaha 13, 7. Ligier-Renault 11, 8. Sauber-Mercedes 10, 9. Footwork-Ford 9, 10. Minardi-Ford 5, 11. Larrousse-Ford 2.

Lauf 14 – Großer Preis von Europa – Jerez, 16. Oktober 1994

1. Training (inoffiziell)		2. Training (offiziell)		3. Training (inoffiziell)		4. Training (offiziell)	
1. Schumacher	1:23,850	1. Hill	1:24,137	1. Hill	1:22,755	1. Schumacher	1:22,762
2. Hakkinen	1:24,337	2. Frentzen	1:24,184	2. Barrichello	1:23,510	2. Hill	1:22,892
3. Hill	1:24,426	3. Schumacher	1:24,207	3. Frentzen	1:23,544	3. Mansell	1:23,392
4. Frentzen	1:24,711	4. Barrichello	1:24,700	4. Schumacher	1:23,663	4. Frentzen	1:23,431
5. Berger	1:24,721	5. Irvine	1:24,794	5. Irvine	1:23,717	5. Barrichello	1:23,455
6. Mansell	1:24,907	6. Mansell	1:24,971	6. Mansell	1:23,832	6. Berger	1:23,677
7. Irvine	1:25,030	7. Berger	1:25,079	7. Hakkinen	1:23,863	7. Herbert	1:24,040
8. Barrichello	1:25,111	8. Alesi	1:25,182	8. Berger	1:24,341	8. Morbidelli	1:24,079
9. Alesi	1:25,192	9. Hakkinen	1:25,275	9. Herbert	1:24,405	9. Hakkinen	1:24,122
10. Verstappen	1:25,289	10. Panis	1:25,384	10. Verstappen	1:24,455	10. Irvine	1:24,157
11. de Cesaris	1:25,435	11. de Cesaris	1:25,407	11. Katayama	1:24,496	11. Panis	1:24,432
12. Katayama	1:25,614	12. Martini	1:25,812	12. Panis	1:24,576	12. Verstappen	1:24,643
13. Brundle	1:25,749	13. Brundle	1:25,942	13. Morbidelli	1:24,612	13. Katayama	1:24,738
14. Martini	1:25,925	14. Blundell	1:25,995	14. Alesi	1:24,738	14. Blundell	1:24,770
15. Panis	1:26,116	15. Morbidelli	1:26,048	15. Blundell	1:24,907	15. Brundle	1:25,110
16. Morbidelli	1:26,176	16. Fittipaldi	1:26,094	16. Brundle	1:25,146	16. Martini	1:25,294
17. Herbert	1:26,343	17. Herbert	1:26,241	17. Fittipaldi	1:25,219	17. de Cesaris	1:25,411
18. Alboreto	1:26,623	18. Katayama	1:26,304	18. Martini	1:25,530	18. Fittipaldi	1:25,427
19. Fittipaldi	1:26,913	19. Alboreto	1:26,744	19. Alboreto	1:25,713	19. Alboreto	1:25,511
20. Blundell	1:27,099	20. Zanardi	1:26,973	20. Zanardi	1:25,809	20. Zanardi	1:25,557
21. Comas	1:27,384	21. Comas	1:28,042	21. de Cesaris	1:26,199	21. Bernard	1:25,595
22. Zanardi	1:27,943	22. Bernard	1:28,047	22. Comas	1:26,310	22. Comas	1:26,272
23. Bernard	1:28,466	23. Brabham	1:28,388	23. Bernard	1:26,577	23. Noda	1:27,168
24. Brabham	1:28,643	24. Noda	1:29,041	24. Brabham	1:27,148	24. Brabham	1:27,201
25. Noda	1:28,883	25. Schiattarella	1:30,069	25. Noda	1:27,685	25. Schiattarella	1:27,976
26. Schiattarella	1:30,489	26. Gachot	1:30,500	26. Schiattarella	1:28,637	26. Gachot	1:29,488
27. Gachot	1:31,154	27. Belmondo	1:31,162	27. Gachot	1:29,528	27. Belmondo	1:30,234
28. Belmondo	1:31,337	28. Verstappen	1:35,441	28. Belmondo	1:29,830	28. Alesi	1:44,801

Nicht qualifiziert: Bertrand Gachot (Pacific-Ilmor) 1:29,488; Paul Belmondo (Pacific-Ilmor) 1:30,234.

Startaufstellung:

Michael Schumacher
Benetton B194B-Ford V8
1:22,762

Damon Hill
Williams FW16B-Renault V10
1:22,892

Nigel Mansell
Williams FW16B-Renault V10
1:23,392

Heinz-Harald Frentzen
Sauber C13-Mercedes V10
1:23,431

Rubens Barrichello
Jordan 194-Hart V10
1:23,455

Gerhard Berger
Ferrari 412T1/B V12
1:23,677

Johnny Herbert
Ligier JS39B-Renault V10
1:24,040

Gianni Morbidelli
Footwork FA15-Ford V8
1:24,079

Mika Hakkinen
McLaren MP4/9-Peugeot V10
1:24,122

Eddie Irvine
Jordan 194-Hart V10
1:24,157

Olivier Panis
Ligier JS39B-Renault V10
1:24,432

Jos Verstappen
Benetton B194B-Ford V8
1:24,643

Ukyo Katayama
Tyrrell 022-Yamaha V10
1:24,738

Mark Blundell
Tyrrell 022-Yamaha V10
1:24,770

Jean Alesi
Ferrari 412T1/B V12
1:25,182

Martin Brundle
McLaren MP4/9-Peugeot V10
1:25,110

Andrea de Cesaris
Sauber C13-Mercedes V10
1:25,407

Pierluigi Martini
Minardi M194B-Ford V8
1:25,294

Christian Fittipaldi
Footwork FA15-Ford V8
1:25,427

Michele Alboreto
Minardi M194B-Ford V8
1:25,511

Alessandro Zanardi
Lotus 109-Honda V10
1:25,557

Eric Bernard
Lotus 109-Honda V10
1:25,595

David Brabham
Simtek S941-Ford V8
1:27,201

Erik Comas
Larrousse LH94-Ford V8
1:26,272

Domenico Schiattarella
Simtek S941-Ford V8
1:27,976

Hideki Noda
Larrousse LH94-Ford V8
1:27,168

Geschwindigkeiten auf der Ziellinie (Freitag): Mansell 260,2, Hill 259,6, Berger 257,8, Alesi 257,8, Katayama 257,8, Frentzen 257,1, Zanardi 257,1, Herbert 256,5, Blundell 255,9, Panis 255,3, ... Schumacher 250,0 km/h. – (Samstag): Berger 258,4, Mansell 257,8, Alesi 256,5, Herbert 256,5, Zanardi 256,5, Bernard 255,9, Hill 255,9, Frentzen 254,7, Panis 254,7, Katayama 254,7, ... Schumacher 249,4 km/h. – (Sonntag): Alesi 255,3, Mansell 255,3, Katayama 254,7, Hill 254,7, Zanardi 254,1, Bernard 254,1, Herbert 252,9, Fittipaldi 252,9, Barrichello 252,3, Frentzen 251,7, Berger 251,7, ... Schumacher 250,0 km/h.

Geschwindigkeiten am Sector 1 (Freitag): Hill 279,8, Hakkinen 276,2, Brundle 274,1, Berger 268,7, Schumacher 267,3, Alesi 263,4, Irvine 259,0, Fittipaldi 258,4, Mansell 256,5, Barrichello 255,9, ... Frentzen 251,2 km/h. – (Samstag): Alesi 293,5, Mansell 293,5, Frentzen 292,7, Hill 292,7, Berger 289,5, Herbert 288,8, Panis 286,5, Irvine 286,5, Katayama 286,5, Morbidelli 285,7, ... Schumacher 281,3 km/h. – (Sonntag): Alesi 290,3, Hill 288,0, de Cesaris 287,2, Panis 285,7, Barrichello 285,7, Mansell 285,0, Katayama 283,5, Schumacher 282,7, Frentzen 282,0, Berger 282,0 km/h.

Geschwindigkeiten am Sector 2 (Freitag): Hill 215,1, Schumacher 214,3, Panis 212,2, Irvine 212,2, de Cesaris 210,1, Berger 210,1, Katayama 210,1, Barrichello 209,3, Alesi 208,9, Verstappen 208,9, ... Frentzen 207,3 km/h. – (Samstag): Schumacher 221,3, Verstappen 218,2, Mansell 215,6, Frentzen 214,7, Hill 214,3, Herbert 213,0, Fittipaldi 213,0, Irvine 212,6, Katayama 212,6, Blundell 212,2, ... Berger 209,7 km/h. – (Sonntag): Schumacher 211,4, Katayama 208,9, Herbert 208,5, Hakkinen 208,5, de Cesaris 206,5, Fittipaldi 206,5, Hill 206,5, Alesi 205,7, Panis 205,7, Verstappen 205,3, ... Berger 203,0, Frentzen 196,4 km/h.

Sonntag-Aufwärmtraining: 1. Hill 1:23,571, 2. Schumacher 1:24,402, 3. Mansell 1:24,455, 4. Hakkinen 1:24,514, 5. Berger 1:24,538, 6. Irvine 1:24,841, 7. Alesi 1:24,969, 8. Panis 1:25,180, 9. Frentzen 1:25,318, 10. Katayama 1:25,425.

Wetter am Renntag: Bewölkt, warm; 35 000 Zuschauer.

Distanz: 69 Runden à 4,428 km = 305,532 km.

Rekorde: Training: Schumacher (Benetton-Ford B194) 1:22,762 = 192,610 km/h (1994); Rennen: Schumacher (Benetton-Ford B194) 1:25,040 = 187,451 km/h (1994). – Distanz: Schumacher (Benetton-Ford B194) 182,507 km/h (1994).

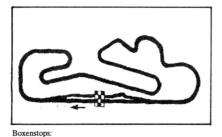

Boxenstops:
Fittipaldi:	1. Runde:	Probleme am Wagen (total 1:35,430 sec); Platz 26
Fittipaldi:	12. Runde:	2. Stop, Reifenwechsel, Auftanken (total 26,705 sec); Platz 24
Schumacher:	15. Runde:	Reifenwechsel, Auftanken (6,8 sec, total 25,276 sec); Platz 2
Mansell:	15. Runde:	Reifenwechsel, Auftanken, Frontflügel gewechselt (total 1:13,542 sec); Platz 5 – 22
Blundell:	16. Runde:	Reifenwechsel, Auftanken (total 29,698 sec); Platz 10 – 16
Alboreto:	16. Runde:	Reifenwechsel, Auftanken (total 32,024 sec); Platz 16 – 19
Morbidelli:	17. Runde:	Reifenwechsel, Auftanken (total 28,419 sec); Platz 9 – 14
Hill:	18. Runde:	Reifenwechsel, Auftanken (8,7 sec, total 26,953 sec); Platz 1 – 2
Berger:	18. Runde:	Reifenwechsel, Auftanken (total 27,014 sec); Platz 5 – 9
Herbert:	18. Runde:	Reifenwechsel, Auftanken (total 27,959 sec); Platz 7 – 12
de Cesaris:	18. Runde:	Reifenwechsel, Auftanken (total 30,865 sec); Platz 11 – 17
Brabham:	18. Runde:	Reifenwechsel, Auftanken (total 34,177 sec); Platz 19 – 21
Alesi:	20. Runde:	Reifenwechsel, Auftanken (total 28,002 sec); Platz 7 – 11
Comas:	20. Runde:	Reifenwechsel, Auftanken (total 28,956 sec); Platz 10 – 18
Barrichello:	21. Runde:	Reifenwechsel, Auftanken (total 27,827 sec); Platz 4 – 8
Zanardi:	21. Runde:	Reifenwechsel, Auftanken (total 28,502 sec); Platz 14 – 19
Katayama:	22. Runde:	Reifenwechsel, Auftanken (total 27,022 sec); Platz 8 – 12
Schiattarella:	22. Runde:	Reifenwechsel, Auftanken (total 36,760 sec); Platz 22 – 23
Martini:	23. Runde:	Reifenwechsel, Auftanken (total 29,398 sec); Platz 13 – 17
Bernard:	23. Runde:	Reifenwechsel, Auftanken (total 35,850 sec); Platz 15 – 20
Hakkinen:	24. Runde:	Reifenwechsel, Auftanken (6,8 sec, total 23,777 sec); Platz 5
Panis:	24. Runde:	Reifenwechsel, Auftanken (total 25,848 sec); Platz 6 – 9
Irvine:	25. Runde:	Reifenwechsel, Auftanken (total 26,910 sec); Platz 4
Fittipaldi:	31. Runde:	3. Stop, Reifenwechsel, Auftanken (total 27,648 sec); Platz 22
Schumacher:	33. Runde:	2. Stop, Reifenwechsel, Auftanken (6,6 sec, total 25,577 sec); Platz 1 – 2
Frentzen:	33. Runde:	Reifenwechsel, Auftanken (11,4 sec, total 30,351 sec); Platz 3 – 6
Alboreto:	34. Runde:	2. Stop, Reifenwechsel, Auftanken (total 31,449 sec); Platz 17 – 19
Hill:	35. Runde:	2. Stop, Reifenwechsel, Auftanken (9,0 sec, total 26,977 sec); Platz 1 – 2
Morbidelli:	35. Runde:	2. Stop, Reifenwechsel, Auftanken (total 30,151 sec); Platz 11 – 13
Katayama:	40. Runde:	2. Stop, Reifenwechsel, Auftanken (total 27,541 sec); Platz 11 – 12
Brabham:	40. Runde:	2. Stop, Reifenwechsel, Auftanken (total 32,099 sec); Platz 19 – 20
Hakkinen:	41. Runde:	2. Stop, Reifenwechsel, Auftanken (total 26,411 sec); Platz 3 – 6
Herbert:	41. Runde:	2. Stop, Reifenwechsel, Auftanken (total 29,412 sec); Platz 8 – 11
Berger:	42. Runde:	2. Stop, Reifenwechsel, Auftanken (9,1 sec, total 28,426 sec); Platz 4 – 6
Mansell:	42. Runde:	2. Stop, Reifenwechsel, Auftanken (total 28,521 sec); Platz 14
Panis:	43. Runde:	2. Stop, Reifenwechsel, Auftanken (total 25,455 sec); Platz 8 – 10
Alesi:	43. Runde:	2. Stop, Reifenwechsel, Auftanken (total 29,075 sec); Platz 9 – 13
Zanardi:	44. Runde:	2. Stop, Reifenwechsel, Auftanken (total 28,268 sec); Platz 16 – 17
Schiattarella:	44. Runde:	2. Stop, Reifenwechsel, Auftanken (total 36,380 sec); Platz 20
Blundell:	45. Runde:	2. Stop, Reifenwechsel, Auftanken (total 28,339 sec); Platz 8 – 13
Mansell:	45. Runde:	3. Stop, Reifenwechsel, Auftanken (total 26,889 sec); Platz 14 – 15
Martini:	45. Runde:	2. Stop, Reifenwechsel, Auftanken (total 30,570 sec); Platz 15 – 16
Bernard:	46. Runde:	2. Stop, Reifenwechsel, Auftanken (total 29,336 sec); Platz 14 – 15
Barrichello:	47. Runde:	2. Stop, Reifenwechsel, Auftanken (total 26,480 sec); Platz 4 – 5
Fittipaldi:	48. Runde:	4. Stop, Reifenwechsel, Auftanken (total 29,089 sec); Platz 18
Irvine:	49. Runde:	2. Stop, Reifenwechsel, Auftanken (total 28,223 sec); Platz 3 – 4
Schumacher:	52. Runde:	3. Stop, Reifenwechsel, Auftanken (7,7 sec, total 26,934 sec); Platz 1
Morbidelli:	52. Runde:	3. Stop, Reifenwechsel, Auftanken (total 27,027 sec); Platz 8 – 12
Alboreto:	52. Runde:	3. Stop, Reifenwechsel, Auftanken (total 28,946 sec); Platz 14
Barrichello:	60. Runde:	3. Stop, Reifenwechsel, Auftanken (total 32,503 sec); Platz 6 – 13

Ausfälle:

Brundle:	9. Runde:	Motorschaden; Platz 12
Noda:	11. Runde:	Getriebeschaden; Platz 24
Verstappen:	16. Runde:	Dreher; Platz 14
Comas:	38. Runde:	Lichtmaschine gebrochen; Platz 16
de Cesaris:	38. Runde:	Gaszug gerissen; Platz 15
Brabham:	43. Runde:	Motorschaden; Platz 20
Mansell:	48. Runde:	Dreher; Platz 15.

Stand nach 1 Runde: 1. Hill, 2. Schumacher, 3. Frentzen, 4. Barrichello, 5. Berger, 6. Mansell, 7. Irvine, 8. Herbert, 9. Hakkinen, 10. Morbidelli.

Stand nach 18 Runden: 1. Schumacher (79,704 km in 26:11,312 = 182,608 km/h), 2. Hill –0,841, 3. Frentzen –27,860, 4. Barrichello –28,494, 5. Irvine –29,538, 6. Hakkinen –32,338, 7. Alesi –33,395, 8. Panis –35,208, 9. Berger –46,823, 10. Comas –47,701.

Stand nach 35 Runden: 1. Schumacher (154,980 km in 50:51,407 = 182,842 km/h), 2. Hill –13,945, 3. Hakkinen –53,977, 4. Irvine –56,429, 5. Berger –59,462, 6. Barrichello –1:04,450, 7. Frentzen –1:07,954, 8. Herbert –1:08,293, 9. Panis –1:10,512, 10. Alesi –1:12,114.

Stand nach 52 Runden: 1. Schumacher (230,256 km in 1.15:44,242 = 182,411 km/h), 2. Hill –16,491, 3. Hakkinen –1:09,250, 4. Irvine –1:11,484, 5. Barrichello –1:15,928, 6. Berger –1:23,185, 7. Frentzen –1:28,060, 8. Morbidelli –1 Runde, 9. Katayama, 10. Herbert.

Ergebnis:

1. Michael Schumacher (Deutschland), Benetton-Ford	1.40:26,689 = 182,507 km/h	
2. Damon Hill (England), Williams-Renault	1.40:51,378 = 181,762 km/h	24,689 zurück
3. Mika Hakkinen (Finnland), McLaren-Peugeot	1.41:36,337 = 180,422 km/h	1:09,648 zurück
4. Eddie Irvine (Irland), Jordan-Hart	1.41:45,135 = 180,446 km/h	1:18,446 zurück
5. Gerhard Berger (Österreich), Ferrari	1.40:31,515 = 179,718 km/h	1 Runde zurück
6. Heinz-Harald Frentzen (Deutschland), Sauber-Mercedes	1.40:38,757 = 179,502 km/h	1 Runde zurück
7. Ukyo Katayama (Japan), Tyrrell-Yamaha	1.40:38,910 = 179,498 km/h	1 Runde zurück
8. Johnny Herbert (England), Ligier-Renault	1.40:51,752 = 179,117 km/h	1 Runde zurück
9. Olivier Panis (Frankreich), Ligier-Renault	1.40:52,310 = 179,100 km/h	1 Runde zurück
10. Jean Alesi (Frankreich), Ferrari	1.40:52,887 = 179,083 km/h	1 Runde zurück
11. Gianni Morbidelli (Italien), Footwork-Ford	1.41:11,272 = 178,541 km/h	1 Runde zurück
12. Rubens Barrichello (Brasilien), Jordan-Hart	1.41:20,659 = 178,265 km/h	1 Runde zurück
13. Mark Blundell (England), Tyrrell-Yamaha	1.41:24,708 = 178,147 km/h	1 Runde zurück
14. Michele Alboreto (Italien), Minardi-Ford	1.41:05,095 = 176,095 km/h	2 Runden zurück
15. Pierluigi Martini (Italien), Minardi-Ford	1.41:18,363 = 175,710 km/h	2 Runden zurück
16. Alessandro Zanardi (Italien), Lotus-Honda	1.41:20,538 = 175,647 km/h	2 Runden zurück
17. Christian Fittipaldi (Brasilien), Footwork-Ford	1.40:48,342 = 173,947 km/h	3 Runden zurück
18. Eric Bernard (Frankreich), Lotus-Honda	1.40:56,166 = 173,722 km/h	3 Runden zurück
19. Domenico Schiattarella (Italien), Simtek-Ford	1.40:39,708 = 168,917 km/h	5 Runden zurück

Schnellste Runde: Schumacher (Benetton-Ford) 1:25,040 = 187,450 km/h (17. Runde).

Schnellste Runde jedes Fahrers im Rennen: Schumacher 1:25,040 (17.), Barrichello 1:25,529 (62.), Hill 1:25,532 (10.), Irvine 1:26,259 (52.), Alesi 1:26,410 (67.), Mansell 1:26,448 (36.), Katayama 1:26,511 (59.), Panis 1:26,613 (59.), Berger 1:26,629 (40.), Morbidelli 1:26,651 (54.), Hakkinen 1:26,656 (60.), Frentzen 1:26,947 (56.), Fittipaldi 1:27,030 (25.), Herbert 1:27,040 (63.), Blundell 1:27,392 (42.), de Cesaris 1:27,635 (17.), Comas 1:27,755 (17.), Alboreto 1:27,952 (13.), Verstappen 1:28,249 (15.), Brundle 1:28,355 (7.), Zanardi 1:28,467 (67.), Martini 1:28,551 (44.), Bernard 1:29,147 (6.), Brabham 1:29,307 (21.), Noda 1:30,525 (4.), Schiattarella 1:30,912 (51.).

Entwicklung der schnellsten Runde: Hill 1:26,371 (2.), Schumacher 1:25,878 (3.), Hill 1:25,532 (10.), Schumacher 1:25,040 (17.).

WM-Stand: 1. Schumacher 86, 2. Hill 81, 3. Berger 35, 4. Hakkinen 26, 5. Alesi 19, 6. Barrichello 16, 7. Coulthard 14, 8. Brundle 12, 9. Verstappen 10, 10. Blundell 8, 11. Panis 7, 12. Frentzen, Larini, Fittipaldi je 6, 15. Katayama 5, 16. Bernard, de Cesaris, Irvine, Martini, Wendlinger je 4, 21. Morbidelli 3, 22. Comas 2, 23. Alboreto, Lehto je 1.

Konstrukteur-WM: 1. Benetton-Ford 97, 2. Williams-Renault 95, 3. Ferrari 60, 4. McLaren-Peugeot 38, 5. Jordan-Hart 23, 6. Tyrrell-Yamaha 13, 7. Ligier-Renault, Sauber-Mercedes je 11, 9. Footwork-Ford 9, 10. Minardi-Ford 5, 11. Larrousse-Ford 2.

Lauf 15 - Großer Preis von Japan - Suzuka, 6. November 1994

1. Training (inoffiziell)		2. Training (offiziell)		3. Training (inoffiziell)		4. Training (offiziell)	
1. Schumacher	1:37,951	1. Schumacher	1:37,209	1. Mansell	1:36,852	1. Brundle	1:56,876
2. Mansell	1:38,557	2. Hill	1:37,696	2. Schumacher	1:37,743	2. Frentzen	1:56,935
3. Hill	1:38,694	3. Frentzen	1:37,742	3. Hill	1:37,907	3. Schumacher	1:57,128
4. Herbert	1:39,351	4. Mansell	1:37,768	4. Hakkinen	1:38,463	4. Hill	1:57,278
5. Hakkinen	1:39,571	5. Herbert	1:37,828	5. Irvine	1:38,835	5. Irvine	1:57,760
6. Berger	1:39,712	6. Irvine	1:37,880	6. Frentzen	1:38,845	6. Hakkinen	1:58,204
7. Frentzen	1:39,812	7. Alesi	1:37,907	7. Brundle	1:38,970	7. Alesi	1:58,610
8. Alesi	1:40,007	8. Hakkinen	1:37,998	8. Alesi	1:39,062	8. Berger	1:58,926
9. Barrichello	1:40,091	9. Brundle	1:38,076	9. Herbert	1:39,063	9. Herbert	1:59,729
10. Irvine	1:40,146	10. Barrichello	1:38,533	10. Barrichello	1:39,095	10. Lehto	1:59,943
11. Brundle	1:40,379	11. Berger	1:38,570	11. Berger	1:39,262	11. Fittipaldi	2:00,084
12. Katayama	1:40,705	12. Morbidelli	1:39,030	12. Katayama	1:39,341	12. Panis	2:00,575
13. Blundell	1:41,082	13. Blundell	1:39,266	13. Zanardi	1:39,378	13. Mansell	2:00,963
14. Martini	1:41,422	14. Katayama	1:39,462	14. Panis	1:39,729	14. Comas	2:01,035
15. Lehto	1:41,423	15. Lehto	1:39,483	15. Lehto	1:39,920	15. Salo	2:01,637
16. Fittipaldi	1:41,667	16. Martini	1:39,548	16. Morbidelli	1:40,350	16. Barrichello	2:01,905
17. Morbidelli	1:41,734	17. Zanardi	1:39,721	17. Fittipaldi	1:40,432	17. Martini	2:01,929
18. Zanardi	1:41,817	18. Fittipaldi	1:39,868	18. Martini	1:40,542	18. Zanardi	2:02,077
19. Panis	1:42,168	19. Panis	1:40,042	19. Alboreto	1:41,013	19. Alboreto	2:02,219
20. Lagorce	1:42,416	20. Lagorce	1:40,577	20. Noda	1:41,066	20. Blundell	2:02,266
21. Alboreto	1:42,463	21. Alboreto	1:40,652	21. Blundell	1:41,265	21. Lagorce	2:02,780
22. Comas	1:43,224	22. Comas	1:40,978	22. Salo	1:41,495	22. Katayama	2:04,187
23. Noda	1:43,573	23. Noda	1:40,990	23. Comas	1:41,523	23. Noda	2:05,354
24. Brabham	1:43,742	24. Brabham	1:41,659	24. Lagorce	1:41,786	24. Morbidelli	2:07,293
25. Salo	1:44,913	25. Salo	1:41,805	25. Brabham	1:42,599	25. Brabham	2:09,453
26. Gachot	1:47,565	26. Inoue	1:45,004	26. Gachot	1:44,160		
27. Inoue	1:47,731	27. Gachot	1:46,374	27. Inoue	1:45,151		
28. Belmondo	1:47,812	28. Belmondo	1:46,629	28. Belmondo	1:47,771		

Nicht qualifiziert: Bertrand Gachot (Pacific-Ilmor) 1:46,374; Paul Belmondo (Pacific-Ilmor) 1:46,629.

Startaufstellung:

Michael Schumacher
Benetton B194B-Ford V8
1:37:209

Damon Hill
Williams FW16B-Renault V10
1:37,696

Heinz-Harald Frentzen
Sauber C13-Mercedes V10
1:37,742

Nigel Mansell
Williams FW16B-Renault V10
1:37,768

Johnny Herbert
Benetton B194B-Ford V8
1:37,828

Eddie Irvine
Jordan 194-Hart V10
1:37,880

Jean Alesi
Ferrari 412T1/B V12
1:37,907

Mika Hakkinen
McLaren MP4/9-Peugeot V10
1:37,998

Martin Brundle
McLaren MP4/9-Peugeot V10
1:38,076

Rubens Barrichello
Jordan 194-Hart V10
1:38,533

Gerhard Berger
Ferrari 412T1/B V12
1:38,570

Gianni Morbidelli
Footwork FA15-Ford V8
1:39,030

Mark Blundell
Tyrrell 022-Yamaha V10
1:39,266

Ukyo Katayama
Tyrrell 022-Yamaha V10
1:39,462

Pierluigi Martini
Minardi M194B-Ford V8
1:39,548

Alessandro Zanardi
Lotus 109-Honda V10
1:39,721

J.J. Lehto
Sauber C13-Mercedes V10
1:39,483

Christian Fittipaldi
Footwork FA15-Ford V8
1:39,868

Franck Lagorce
Ligier JS39B-Renault V10
1:40,577

Olivier Panis
Ligier JS39B-Renault V10
1:40,042

Erik Comas
Larrousse LH94-Ford V8
1:40,978

David Brabham
Simtek S941-Ford V8
1:41,659

Michele Alboreto
Minardi M194B-Ford V8
1:40,652

Hideki Noda
Larrousse LH94-Ford V8
1:40,990

Mika Salo
Lotus 109-Honda V10
1:41,805

Taki Inoue
Simtek S941-Ford V8
1:45,004

Geschwindigkeiten auf der Ziellinie (Freitag): Berger 280,5, Alesi 279,1, Zanardi 277,6, Salo 276,9, Hill 276,9, Lagorce 276,2, Mansell 276,2, Frentzen 275,5, Panis 275,5, Irvine 274,8, ... Schumacher 273,4 km/h. - (Samstag): Alesi 264,1, Hill 262,8, Berger 262,8, Frentzen 261,5, Panis 261,5, Irvine 261,5, Lehto 260,2, Herbert 260,2, Mansell 260,2, Schumacher 259,6 km/h.

Geschwindigkeiten am Sector 1 (Freitag): Alesi 223,6, Berger 223,1, Panis 223,1, Lagorce 221,8, Irvine 221,8, Frentzen 221,3, Barrichello 220,9, Morbidelli 220,9, Hill 220,9, Schumacher 220,4 km/h. - (Samstag): Schumacher 197,4, Herbert 196,7, Barrichello 196,4, Irvine 195,3, Fittipaldi 195,3, Hill 195,3, Frentzen 194,9, Alesi 193,5, Hakkinen 193,2, Berger 192,9 km/h. - (Sonntag): Barrichello 194,9, Hill 194,9, Schumacher 192,5, Fittipaldi 192,5, Morbidelli 191,8, Mansell 191,8, Alesi 191,5, Blundell 191,2, Frentzen 190,8, Salo 190,8, ... Berger 173,6 km/h.

Geschwindigkeiten am Sector 2 (Freitag): Zanardi 311,2, Berger 310,5, Alesi 307,7, Panis 307,7, Salo 307,7, Mansell 307,7, Hill 307,7, Frentzen 306,8, Lagorce 305,9, Lehto 305,1, ... Schumacher 299,2 km/h. - (Samstag): Panis 295,9, Frentzen 295,1, Lehto 294,3, Zanardi 294,3, Brabham 292,7, Alesi 292,7, Irvine 292,7, Hill 292,7, Berger 291,9, ... Schumacher 287,2 km/h. - (Sonntag): Salo 287,2, Comas 285,7, Zanardi 285,7, Hill 285,7, Barrichello 284,2, Panis 283,5, Irvine 283,5, Fittipaldi 283,5, Mansell 283,5, Frentzen 282,7, ... Berger 279,1, Schumacher 273,4 km/h.

Sonntag-Aufwärmtraining: 1. Brundle 1:57,837, 2. Mansell 1:57,904, 3. Frentzen 1:58,279, 4. Blundell 1:58,914, 5. Hill 1:59,297, 6. Alesi 1:59,347, 7. Schumacher 1:59,431, 8. Irvine 1:59,503, 9. Katayama 2:00,743, 10. Berger 2:00,762.

Wetter am Renntag: Teilweise heftiger Regen; 200 000 Zuschauer.

Distanz: 50 Runden à 5,864 km = 293,200 km.

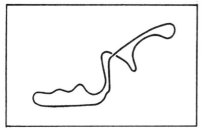

Rekorde: Training: Berger (McLaren-Honda MP4/6) 1:34,700 = 222,919 km/h (1990); Rennen: Mansell (Williams-Renault FW14B) 1:40,646 = 209,749 km/h (1992). - Distanz: Berger (McLaren-Honda MP4/6) 202,298 km/h (1991).

Boxenstops:
Salo:	14. Runde:	Reifenwechsel, Auftanken (total 40,990 sec); Platz 11 – 13
Brabham:	14. Runde:	Reifenwechsel, Auftanken (total 42,822 sec); Platz 16
Schumacher:	18. Runde:	Reifenwechsel, Auftanken (8,0 sec, total 34,569 sec); Platz 1 – 6
Frentzen:	19. Runde:	Reifenwechsel, Auftanken (total 38,930 sec); Platz 5 – 7
Blundell:	20. Runde:	Reifenwechsel, Auftanken (total 36,414 sec); Platz 6 – 9
Brabham:	20. Runde:	2. Stop, Reifenwechsel, Auftanken (total 46,126 sec); Platz 15
Hill:	26. Runde:	Reifenwechsel, Auftanken (9,2 sec, total 35,113 sec); Platz 1
Mansell:	27. Runde:	Reifenwechsel, Auftanken (9,1 sec, total 35,665 sec); Platz 4
Hakkinen:	28. Runde:	Reifenwechsel, Auftanken (total 33,630 sec); Platz 5 – 6
Alesi:	30. Runde:	Reifenwechsel, Auftanken (8,1 sec, total 35,690 sec); Platz 2 – 3
Fittipaldi:	31. Runde:	Reifenwechsel, Auftanken (total 37,541 sec); Platz 8 – 9
Irvine:	34. Runde:	Reifenwechsel, Auftanken (7,5 sec, total 35,977 sec); Platz 5
Comas:	36. Runde:	Reifenwechsel, Auftanken (total 36,863 sec); Platz 9
Schumacher:	41. Runde:	2. Stop, Reifenwechsel, Auftanken (7,0 sec, total 32,831 sec); Platz 1 – 2

Ausfälle:
Lehto:	1. Runde:	Motorschaden, Feuer; Platz 15
Noda:	1. Runde:	Motorschaden; Platz 26
Inoue:	4. Runde:	Unfall; Platz 24
Katayama:	4. Runde:	Unfall auf der Zielgeraden; Platz 13
Herbert:	4. Runde:	Unfall; Platz 3
Alboreto:	11. Runde:	Dreher, kein Öldruck mehr, Motor abgestorben; Platz 20
Martini:	11. Runde:	Kollision mit Lagorce; Platz 19
Lagorce:	11. Runde:	Kollision mit Martini; Platz 18
Berger:	11. Runde:	Wasser im Motor (Elektrikdefekt); Platz 9
Morbidelli:	14. Runde:	Unfall; Platz 8
Brundle:	14. Runde:	Unfall; Platz 6
Barrichello:	17. Runde:	Getriebe-Elektrikdefekt; Platz 14
Blundell:	27. Runde:	Motorschaden; Platz 9

Stand nach 1 Runde: 1. Schumacher, 2. Hill, 3. Frentzen, 4. Herbert, 5. Alesi, 6. Mansell, 7. Irvine, 8. Brundle, 9. Hakkinen, 10. Berger.

Stand nach 13 Runden: 1. Schumacher (76,232 km in 38:53,291 = 117,617 km/h), 2. Hill –6,863, 3. Alesi –13,026, 4. Mansell –17,560, 5. Frentzen –19,163, 6. Brundle –20,768, 7. Hakkinen –25,987, 8. Morbidelli –31,244, 9. Blundell –35,468, 10. Irvine –41,879.

Stand nach 25 Runden: 1. Hill (146,600 km in 1.05:54,534 = 133,456 km/h), 2. Alesi –26,331, 3. Schumacher –30,024, 4. Mansell –31,235, 5. Hakkinen –54,804, 6. Irvine –1:13,853, 7. Frentzen –1:21,744, 8. Fittipaldi –1:40,549, 9. Blundell –1:45,041, 10. Comas –2:03,608.

Stand nach 38 Runden: 1. Schumacher (222,832 km in 1.32:03,628 = 145,229 km/h), 2. Hill –3,306, 3. Alesi –44,215, 4. Mansell –49,850, 5. Irvine –1:22,463, 6. Hakkinen –1:34,574, 7. Frentzen –1:37,294, 8. Fittipaldi –2:17,192, 9. Comas –2:43,359, 10. Panis –1 Runde.

Ergebnis:
1. Damon Hill (England), Williams-Renault 1.55:53,532 = 151,796 km/h
2. Michael Schumacher (Deutschland), Benetton-Ford 1.55:56,897 = 151,722 km/h 3,365 zurück
3. Jean Alesi (Frankreich), Ferrari 1.56,45,577 = 150,668 km/h 52,045 zurück
4. Nigel Mansell (England), Williams-Renault 1.56:49,606 = 150,581 km/h 56,074 zurück
5. Eddie Irvine (Irland), Jordan-Hart 1.57:35,639 = 149,599 km/h 1:42,107 zurück
6. Heinz-Harald Frentzen (Deutschland), Sauber-Mercedes 1.57:53,395 = 149,224 km/h 1:59,863 zurück
7. Mika Hakkinen (Finnland), McLaren-Peugeot 1.57:56,517 = 149,158 km/h 2:02,985 zurück
8. Christian Fittipaldi (Brasilien), Footwork-Ford 1.56:51,227 = 147,536 km/h 1 Runde zurück
9. Erik Comas (Frankreich), Larrousse-Ford 1.57:07,255 = 147,199 km/h 1 Runde zurück
10. Mika Salo (Finnland), Lotus-Honda 1.57:38,177 = 146,554 km/h 1 Runde zurück
11. Olivier Panis (Frankreich), Ligier-Renault 1.57:41,269 = 146,490 km/h 1 Runde zurück
12. David Brabham (Australien), Simtek-Ford 1.57:10,846 = 144,121 km/h 1 Runde zurück
13. Alessandro Zanardi (Italien), Lotus-Honda 1.57:17,049 = 143,994 km/h 2 Runden zurück

Schnellste Runde: Hill (Williams-Renault) 1:56,597 = 181,054 km/h (24. Runde).

Schnellste Runde jedes Fahrers im Rennen: Hill 1:56,597 (24.), Schumacher 1:56,679 (44.), Mansell 1:57,912 (25.), Irvine 1:58,095 (31.), Alesi 1:58,438 (24.), Frentzen 1:59,612 (19.), Hakkinen 1:59,831 (24.), Blundell 2:00,437 (20.), Fittipaldi 2:00,456 (26.), Comas 2:01,088 (40.), Salo 2:01,811 (43.), Panis 2:02,413 (39.), Brabham 2:03,105 (41.), Zanardi 2:04,371 (26.), Brundle 2:04,733 (13.), Morbidelli 2:06,206 (13.), Barrichello 2:07,632 (13.), Berger 2:11,960 (2.), Herbert 2:12,194 (2.), Katayama 2:16,655 (2.), Martini 2:19,252 (2.), Lagorce 2:20,381 (2.), Alboreto 2:21,689 (2.), Inoue 2:21,978 (2.).

Entwicklung der schnellsten Runde:Schumacher 2:02,421 (11.), 1:58,020 (16.), 1:57,285 (17.); Hill 1:56,912 (20.), 1:56,597 (24.).

WM-Stand: 1. Schumacher 92, 2. Hill 91, 3. Berger 35, 4. Hakkinen 26, 5. Alesi 23, 6. Barrichello 16, 7. Coulthard 14, 8. Brundle 12, 9. Verstappen 10, 10. Blundell 8, 11. Panis, Frentzen je 7, 13. Larini, Fittipaldi, Irvine je 6, 16. Katayama 5, 17. Bernard, Wendlinger, de Cesaris, Martini je 4, 21. Mansell, Morbidelli je 3, 23. Comas 2, 24. Alboreto, Lehto je 1.

Konstrukteur-WM: 1. Williams-Renault 108, 2. Benetton-Ford 103, 3. Ferrari 64, 4. McLaren-Peugeot 38, 5. Jordan-Hart 25, 6. Tyrrell-Yamaha 13, 7. Sauber-Mercedes 12, 8. Ligier-Renault 11, 9. Footwork-Ford 9, 10. Minardi-Ford 5, 11. Larrousse-Ford 2.

Lauf 16 – Großer Preis von Australien – Adelaide, 13. November 1994

1. Training (inoffiziell)		2. Training (offiziell)		3. Training (inoffiziell)		4. Training (offiziell)	
1. Hill	1:16:751	1. Mansell	1:16,179	1. Mansell	1:16,802	1. Schumacher	1:32,627
2. Schumacher	1:16,894	2. Schumacher	1:16,197	2. Schumacher	1:17,301	2. Hill	1:33,792
3. Hakkinen	1:17,072	3. Hill	1:16,830	3. Berger	1:17,383	3. Berger	1:33,818
4. Mansell	1:17,233	4. Hakkinen	1:16,992	4. Hakkinen	1:17,481	4. Alesi	1:33,905
5. Brundle	1:17,357	5. Barrichello	1:17,537	5. Alesi	1:17,491	5. Mansell	1:33,988
6. Irvine	1:17,502	6. Irvine	1:17,667	6. Katayama	1:18,041	6. Morbidelli	1:35,136
7. Katayama	1:17,579	7. Herbert	1:17,727	7. Brundle	1:18,107	7. Hakkinen	1:35,432
8. Panis	1:17,781	8. Alesi	1:17,801	8. Herbert	1:18,197	8. Blundell	1:35,462
9. Herbert	1:17,798	9. Brundle	1:17,950	9. Hill	1:18,364	9. Frentzen	1:35,623
10. Blundell	1:17,834	10. Frentzen	1:17,962	10. Barrichello	1:18,434	10. Herbert	1:35,712
11. Barrichello	1:17,869	11. Berger	1:18,070	11. Frentzen	1:18,543	11. Fittipaldi	1:35,790
12. Berger	1:18,123	12. Panis	1:18,072	12. Irvine	1:18,651	12. Panis	1:36,222
10. Frentzen	1:18,270	13. Blundell	1:18,237	13. Morbidelli	1:18,775	13. Lehto	1:36,245
14. Alesi	1:18,284	14. Zanardi	1:18,331	14. Lehto	1:18,894	14. Brundle	1:36,246
15. Fittipaldi	1:18,449	15. Katayama	1:18,411	15. Martini	1:18,996	15. Martini	1:36,257
16. Lehto	1:18,756	16. Alboreto	1:18,755	16. Salo	1:19,353	16. Alboreto	1:36,498
17. Morbidelli	1:18,809	17. Lehto	1:18,806	17. Blundell	1:19,362	17. Katayama	1:36,628
18. Martini	1:18,977	18. Martini	1:18,957	18. Fittipaldi	1:19,591	18. Lagorce	1:37,393
19. Salo	1:19,052	19. Fittipaldi	1:19,061	19. Zanardi	1:19,645	19. Barrichello	1:37,610
20. Lagorce	1:19,069	20. Lagorce	1:19,153	20. Panis	1:19,726	20. Zanardi	1:39,179
21. Alboreto	1:19,263	21. Morbidelli	1:19,610	21. Noda	1:20,472	21. Salo	1:43,071
22. Zanardi	1:19,300	22. Salo	1:19,844	22. Alboreto	1:20,812	22. Deletraz	1:44,155
23. Brabham	1:20,457	23. Noda	1:20,145	23. Brabham	1:21,728	23. Noda	1:47,569
24. Noda	1:21,837	24. Brabham	1:20,442	24. Gachot	1:22,123		
25. Gachot	1:22,129	25. Deletraz	1:22,422	25. Schiattarella	1:22,350		
26. Schiattarella	1:22,477	26. Schiattarella	1:22,529	26. Deletraz	1:22,489		
27. Belmondo	1:24,099	27. Belmondo	1:24,087	27. Belmondo	1:23,125		
28. Deletraz	1:24,741	28. Gachot	7:40,317	28. Lagorce	1:23,165		

Nicht qualifiziert: Paul Belmondo (Pacific-Ilmor) 1:24,087; Bertrand Gachot (Pacific-Ilmor) 7:40,317.

Startaufstellung:

Nigel Mansell
Williams FW16B-Renault V10
1:16,179

Michael Schumacher
Benetton B194B-Ford V8
1:16,197

Damon Hill
Williams FW16B-Renault V10
1:16,830

Mika Hakkinen
McLaren MP4/9-Peugeot V10
1:16,992

Rubens Barrichello
Jordan 194-Hart V10
1:17,537

Eddie Irvine
Jordan 194-Hart V10
1:17,667

Jean Alesi
Ferrari 412T1/B V12
1:17,801

Johnny Herbert
Benetton B194B-Ford V8
1:17,727

Martin Brundle
McLaren MP4/9-Peugeot V10
1:17,950

Gerhard Berger
Ferrari 412T1/B V12
1:18,070

Heinz-Harald Frentzen
Sauber C13-Mercedes V10
1:17,962

Olivier Panis
Ligier JS39B-Renault V10
1:18,072

Mark Blundell
Tyrrell 022-Yamaha V10
1:18,237

Ukyo Katayama
Tyrrell 022-Yamaha V10
1:18,411

Alessandro Zanardi
Lotus 109-Honda V10
1:18,331

Michele Alboreto
Minardi M194B-Ford V8
1:18,755

J.J. Lehto
Sauber C13-Mercedes V10
1:18,806

Christian Fittipaldi
Footwork FA15-Ford V8
1:19,061

Pierluigi Martini
Minardi M194B-Ford V8
1:18,957

Franck Lagorce
Ligier JS39B-Renault V10
1:19,153

Gianni Morbidelli
Footwork FA15-Ford V8
1:19,610

Hideki Noda
Larrousse LH94-Ford V8
1:20,145

Mika Salo
Lotus 109-Honda V10
1:19,844

David Brabham
Simtek S941-Ford V8
1:20,442

Jean Deletraz
Larrousse LH94-Ford V8
1:22,422

Domenico Schiattarella
Simtek S941-Ford V8
1:22,529

Geschwindigkeiten auf der Ziellinie (Freitag): Mansell 237,4, Alesi 236,8, Hill 236,8, Lagorce 236,3, Salo 236,3, Zanardi 235,8, Frentzen 235,3, Katayama 235,3, Berger 234,8, Panis 234,3, ...Schumacher 230,3 km/h. – (Samstag): Alesi 226,4, Panis 226,4, Mansell 225,9, Hill 225,5, Lehto 223,1, Lagorce 223,1, Salo 222,2, Berger 221,8, Hakkinen 221,5, Zanardi 220,9, ... Schumacher 219,5, Frentzen 219,1 km/h. – (Sonntag): Alesi 237,9, Berger 236,3, Panis 236,3, Lagorce 236,3, Salo 235,8, Mansell 235,3, Hill 235,3, Zanardi 234,3, Frentzen 233,3, Hakkinen 232,3, ... Schumacher 229,8 km/h.

Geschwindigkeiten am Sector 1 (Freitag): Alesi 229,8, Katayama 228,8, Mansell 228,8, Hill 228,8, Berger 226,4, Zanardi 226,4, Irvine 225,9, Blundell 225,5, Hakkinen 225,0, Schumacher 225,0, ... Frentzen 221,8 km/h. – (Samstag): Schumacher 201,1, Berger 199,6, Mansell 198,2, Hill 196,7, Alesi 194,2, Brundle 187,5, Hakkinen 187,5, Alboreto 185,6, Martini 185,2, Katayama 183,7, ... Frentzen 175,9 km/h. – (Sonntag): Alesi 228,3, Berger 227,8, Mansell 227,8, Hill 226,9, Lagorce 225,9, Panis 225,0, Blundell 225,0, Katayama 225,0, Schumacher 224,1, Zanardi 223,6, ... Frentzen 221,3 km/h.

Geschwindigkeiten am Sector 2 (Freitag): Frentzen 296,7, Mansell 296,7, Hill 295,1, Salo 294,3, Panis 293,5, Zanardi 292,7, Alesi 291,9, Irvine 291,9, Lagorce 291,1, Katayama 291,1, ... Berger 288,0, Schumacher 281,0 km/h. – (Samstag): Frentzen 287,2, Panis 286,5, Lagorce 286,5, Mansell 285,7, Hill 285,7, Lehto 285,0, Alesi 282,0, Schumacher 282,0, Blundell 282,0, Katayama 282,0, ... Berger 279,1 km/h. – (Sonntag): Zanardi 301,7, Hill 301,7, Panis 300,0, Alesi 299,2, Berger 297,5, Mansell 297,5, Salo 296,7, Lehto 295,9, Frentzen 295,1, Lagorce 295,1, ... Schumacher 290,3 km/h.

Sonntag-Aufwärmtraining: 1. Mansell 1:16,377, 2. Alesi 1:16,866, 3. Schumacher 1:17,153, 4. Brundle 1:17,290, 5. Hakkinen 1:17,584, 6. Hill 1:17,643, 7. Barrichello 1:17,694, 8. Katayama 1:17,945, 9. Irvine 1:18,038, 10. Blundell 1:18,167, ... 13. Frentzen 1:18,234, 16. Berger 1:18,480.

Wetter am Renntag: Leicht windig, bewölkt, 19° C; 150 000 Zuschauer.

Distanz: 81 Runden à 3,780 km = 306,180 km.

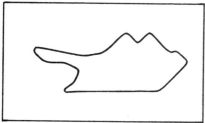

Rekorde: Training: Senna (McLaren-Ford MP4/8) 1:13,371 = 185,468 km/h (1993); Rennen: Hill (Williams-Renault FW15C) 1:15,381 = 180,523 km/h (1993). – Distanz: Senna (McLaren-Ford MP4/8) 173,183 km/h (1993).

Boxenstops:

Schiattarella:	9. Runde:	Reifenwechsel, Auftanken, Probleme mit der Schaltung (total 9:47,176 sec); Platz 25 – 26
Blundell:	14. Runde:	Reifenwechsel, Auftanken (total 23,574 sec); Platz 12 – 16
Fittipaldi:	15. Runde:	Reifenwechsel, Auftanken (total 23,997 sec); Platz 14 – 18
Alesi:	17. Runde:	Reifenwechsel, Auftanken (6,4 sec, total 23,884 sec); Platz 6 – 10
Zanardi:	17. Runde:	Reifenwechsel, Auftanken (total 25,098 sec); Platz 11 – 13
Schumacher:	18. Runde:	Reifenwechsel, Auftanken (7,4 sec, total 22,473 sec); Platz 1
Hill:	18. Runde:	Reifenwechsel, Auftanken (7,4 sec, total 22,855 sec); Platz 2
Lehto:	19. Runde:	Reifenwechsel, Auftanken (total 27,735 sec); Platz 12 – 20
Panis:	20. Runde:	Reifenwechsel, Auftanken (total 26,634 sec); Platz 9 – 10
Brabham:	21. Runde:	Reifenwechsel, Auftanken (total 31,194 sec); Platz 18 – 19
Brundle:	25. Runde:	Reifenwechsel, Auftanken (7,6 sec, total 25,408 sec); Platz 6 – 8
Frentzen:	25. Runde:	Reifenwechsel, Auftanken (7,6 sec, total 26,121 sec); Platz 8 – 10
Mansell:	26. Runde:	Reifenwechsel, Auftanken (8,5 sec, total 25,801 sec); Platz 3 – 6
Salo:	26. Runde:	Reifenwechsel, Auftanken (total 34,369 sec); Platz 15 – 18
Martini:	27. Runde:	Reifenwechsel, Auftanken (total 25,613 sec); Platz 12 – 15
Lagorce:	27. Runde:	Reifenwechsel, Auftanken (total 25,382 sec); Platz 16 – 17
Hakkinen:	28. Runde:	Reifenwechsel, Auftanken (total 25,769 sec); Platz 3 – 6
Barrichello:	28. Runde:	Reifenwechsel, Auftanken (total 22,672 sec); Platz 4 – 5
Deletraz:	29. Runde:	Reifenwechsel, Auftanken (total 27,490 sec); Platz 20
Berger:	34. Runde:	Reifenwechsel, Auftanken (7,4 sec, total 23,634 sec); Platz 3 – 4
Fittipaldi:	35. Runde:	2. Stop, Reifenwechsel, Auftanken (total 24,612 sec); Platz 12 – 13
Panis:	38. Runde:	2. Stop, Reifenwechsel, Auftanken (total 23,861 sec); Platz 7
Zanardi:	38. Runde:	2. Stop, Reifenwechsel, Auftanken (total 24,523 sec); Platz 9 – 10
Alesi:	39. Runde:	2. Stop, Reifenwechsel, Auftanken, Motor abgestorben (total 1:11,633 sec); Platz 3 – 9
Deletraz:	39. Runde:	2. Stop, "Stop and Go"-Strafe (total 15,719 sec); Platz 18
Alboreto:	40. Runde:	Reifenwechsel, Auftanken (total 28,606 sec); Platz 12 – 13
Brabham:	46. Runde:	2. Stop, Reifenwechsel, Auftanken (total 30,278 sec); Platz 16
Blundell:	48. Runde:	2. Stop, Reifenwechsel, Auftanken (total 23,570 sec); Platz 8 – 9
Lehto:	49. Runde:	2. Stop, Reifenwechsel, Auftanken (total 28,572 sec); Platz 14 – 15
Barrichello:	50. Runde:	2. Stop, Reifenwechsel, Auftanken (total 23,474 sec); Platz 4 – 5
Fittipaldi:	51. Runde:	3. Stop, Reifenwechsel, Auftanken (total 24,366 sec); Platz 10 – 11
Brundle:	52. Runde:	2. Stop, Reifenwechsel, Auftanken (7,0 sec, total 24,119 sec); Platz 4 – 5
Frentzen:	53. Runde:	2. Stop, Reifenwechsel, Auftanken (total 27,524 sec); Platz 7 – 8
Deletraz:	53. Runde:	2. Stop, Reifenwechsel, Auftanken (total 30,075 sec); Platz 15
Mansell:	54. Runde:	2. Stop, Reifenwechsel, Auftanken (8,7 sec, total 25,078 sec); Platz 1 – 2
Hakkinen:	54. Runde:	2. Stop, Reifenwechsel, Auftanken (6,7 sec, total 24,311 sec); Platz 3
Lagorce:	54. Runde:	2. Stop, Reifenwechsel, Auftanken (total 26,627 sec); Platz 13 – 14
Martini:	55. Runde:	2. Stop, Reifenwechsel, Auftanken (total 25,519 sec); Platz 10 – 11
Berger:	57. Runde:	2. Stop, Reifenwechsel, Auftanken (7,0 sec, total 23,684 sec); Platz 1
Barrichello:	58. Runde:	3. Stop, "Stop and Go"-Strafe (total 14,014 sec); Platz 4 – 5
Panis:	58. Runde:	2. Stop, Reifenwechsel, Auftanken (total 23,290 sec); Platz 6
Alesi:	59. Runde:	2. Stop, Reifenwechsel, Auftanken (13,4 sec, total 30,759 sec); Platz 6 – 9
Hakkinen:	62. Runde:	3. Stop, "Stop and Go"-Strafe (total 14,020 sec); Platz 3 – 4
Alboreto:	65. Runde:	2. Stop, Reifenwechsel, Auftanken (total 26,798 sec); Platz 12 – 17

Ausfälle:

Herbert:	14. Runde:	Kollision mit Irvine, Lenkung defekt, Getriebeschaden; Platz 14
Irvine:	16. Runde:	Motorschaden; Platz 7
Morbidelli:	18. Runde:	Ölpumpe leck; Platz 15
Noda:	19. Runde:	Ölleitung defekt, Motor-Getriebeschaden; Platz 21
Schiattarella:	22. Runde:	Schaltprobleme; Platz 21
Katayama:	30. Runde:	Dreher auf der Geraden; Platz 11
Schumacher:	36. Runde:	Kollision mit Hill; Platz 1
Hill:	36. Runde:	Kollision mit Schumacher, Reifenschaden links vorne, Radaufhängung geknickt; Platz 2
Zanardi:	41. Runde:	Gaszug klemmte; Platz 14
Brabham:	50. Runde:	Motorschaden; Platz 16
Salo:	50. Runde:	Batterie leer, Elektrikdefekt; Platz 14
Deletraz:	57. Runde:	Getriebeschaden; Platz 15
Blundell:	67. Runde:	Kollision mit Frentzen; Platz 8
Alboreto:	70. Runde:	nach Kollision mit Zanardi rechte Hinterradaufhängung gebrochen; Platz 13
Hakkinen:	77. Runde:	Unfall wegen Bremsdefekts; Platz 4

Stand nach 1 Runde: 1. Schumacher, 2. Hill, 3. Hakkinen, 4. Barrichello, 5. Mansell, 6. Alesi, 7. Irvine, 8. Brundle, 9. Herbert, 10. Frentzen, 11. Berger.

Stand nach 21 Runden: 1. Schumacher (79,380 km in 27:40,956 = 172,050 km/h), 2. Hill −0,523, 3. Mansell −18,630, 4. Hakkinen −20,454, 5. Barrichello −20,976, 6. Brundle −26,556, 7. Berger −30,342, 8. Frentzen −34,183, 9. Alesi −37,585, 10. Panis −57,385.

Stand nach 41 Runden: 1. Mansell (154,980 km in 54:49,952 = 169,585 km/h), 2. Berger −1,910, 3. Hakkinen −13,049, 4. Barrichello −16,311, 5. Brundle −19,552, 6. Panis −39,910, 7. Frentzen −42,958, 8. Blundell −54,920, 9. Alesi −1:11,992, 10. Fittipaldi −1:16,440.

Stand nach 61 Runden: 1. Berger (230,580 km in 1.21:26,758 = 169,864 km/h), 2. Mansell −0,636, 3. Hakkinen −23,812, 4. Brundle −40,541, 5. Barrichello −47,728, 6. Panis −1:02,861, 7. Frentzen −1:11,697, 8. Blundell −1:12,365, 9. Alesi −1 Runde, 10. Fittipaldi.

Ergebnis:

1. Nigel Mansell (England), Williams-Renault	1.47:51,480 = 170,323 km/h	
2. Gerhard Berger (Österreich), Ferrari	1.47:53,991 = 170,257 km/h	2,511 zurück
3. Mark Blundell (England), McLaren-Peugeot	1.48:43,967 = 168,953 km/h	52,487 zurück
4. Rubens Barrichello (Brasilien), Jordan-Hart	1.49:02,010 = 168,487 km/h	1:10,530 zurück
5. Olivier Panis (Frankreich), Ligier-Renault	1.47:52,837 = 168,185 km/h	1 Runde zurück
6. Jean Alesi (Frankreich), Ferrari	1.47:54,719 = 168,137 km/h	1 Runde zurück
7. Heinz-Harald Frentzen (Deutschland), Sauber Mercedes	1.48:14,255 = 167,631 km/h	1 Runde zurück
8. Christian Fittipaldi (Brasilien), Footwork-Ford	1.49:11,528 = 166,165 km/h	1 Runde zurück
9. Pierluigi Martini (Italien), Minardi-Ford	1.48:30,692 = 165,133 km/h	2 Runden zurück
10. Jyrki Järvi Lehto (Finnland), Sauber-Mercedes	1.48:54,886 = 164,506 km/h	2 Runden zurück
11. Franck Lagorce (Frankreich), Ligier-Renault	1.49:02,814 = 164,307 km/h	2 Runden zurück
12. Mika Hakkinen (Finnland), McLaren-Peugeot	1.42:04,160 = 168,873 km/h	5 Runden zurück

Hakkinen bei Rennschluß nicht mehr im Rennen, aber gewertet.

Schnellste Runde: Schumacher (Benetton-Ford) 1:17,140 = 176,406 km/h (29. Runde).

Schnellste Runde jedes Fahrers im Rennen: Hill 1:18,206 (2.); Schumacher 1:17,822 (5.); Hill 1:17,596 (6.); Schumacher 1:17,348 (9.), 1:17,151 (10.), 1:17,140 (29.).

Entwicklung der schnellsten Runde: Schumacher 1:17,140 (29.), Hill 1:17,294 (20.), Berger 1:18,094 (48.), Mansell 1:18,167 (52.), Alesi 1:18,193 (34.), Hakkinen 1:18,632 (66.), Barrichello 1:18,674 (60.), Brundle 1:18,819 (76.), Panis 1:18,864 (60.), Blundell 1:18,909 (56.), Irvine 1:18,932 (10.), Frentzen 1:19,346 (66.), Fittipaldi 1:19,458 (47.), Katayama 1:19,592 (10.), Herbert 1:19,658 (11.), Zanardi 1:19,784 (11.), Lehto 1:20,159 (53.), Salo 1:20,164 (41.), Martini 1:20,255 (54.), Alboreto 1:20,338 (38.), Lagorce 1:20,436 (40.), Brabham 1:20,637 (14.), Morbidelli 1:20,792 (12.), Noda 1:21,961 (11.), Schiattarella 1:22,674 (16.), Deletraz 1:23,929 (3.).

Siegermarken der WM-Läufe 1950-1994
(exklusive Indianapolis, das zeitweilig zur Fahrer-WM zählte)

McLaren	104
Ferrari	104
Lotus	79
Williams	78
Brabham	35
Tyrrell	23
BRM	17
Cooper	16
Renault	15
Benetton	15
Alfa Romeo	10
Maserati	9
Matra	9
Mercedes	9
Vanwall	9
Ligier	8
March	3
Wolf	3
Honda	2
Eagle	1
Hesketh	1
Penske	1
Porsche	1
Shadow	1

Roland Ratzenberger

Geboren am 4. Juli 1962 in Salzburg/Österreich.
Gelernter Maschinenbauer (HTL). Ledig.
Wohnhaft in Monaco.

1983/84: erste Formel-Ford-Rennen in Deutschland.
1985: Elf FF-Siege in 19 Rennen. Österreichischer und Deutscher Meister sowie EM-Sieger in der Formel Ford.
1986: Gewinner des Race of Champions und als bislang einziger Deutschsprachiger Sieger im prestigeträchtigen Formel-Ford-Festival in Brands Hatch/GB.
1987: Formel 3 in England (1 Sieg) und Tourenwagen-WM auf BMW.
1988: Formel 3 in England und Britische Tourenwagen-Meisterschaft auf BMW.
1989: Formel 3000 in England (Gesamtdritter) und Gruppe C-Rennen in Japan.
1990: Japanischer Tourenwagen-Meister auf BMW, dazu Einsätze in der japanischen Gruppe C und in Formel 3000-Meisterschaft.
1991: Japanischer Tourenwagen-Meister auf BMW, Sieg beim Gruppe C-Rennen in Fuji, Rang 3 beim 24 StundenRennen von Daytona.
1992: Japanische Tourenwagen-Meisterschaft, Einsätze in der Gruppe C und in der Formel 3000.
1993: Formel 3000 in Japan, Klassensieger und Gesamtfünfter beim 24 Stunden-Rennen von Le Mans.
1994: Formel 1 bei Simtek: Nicht qualifiziert in Brasilien, Rang 11 in Aida/Japan.

Am 30. April 1994 im Training zum Grand Prix von San Marino tödlich verunglückt.

Ayrton Senna

Geboren am 21. März 1960 in Sao Paulo/Brasilien.
161 Grand Prix
41 Siege
65 Pole-Positions
87 Mal in der ersten Startreihe
19 schnellste Runden
614 WM-Punkte
Weltmeister 1989, 1990, 1991
Fuhr mit 4 Jahren erstmals Kart.

1973: Erste Go-Kart-Rennen.
1977: Panamerikanischer Kart-Meister.
1979: Kart-Vizeweltmeister.
1980: Kart-Vizeweltmeister.
1981: Britischer Formel-Ford-1600-Meister.
1982: Britischer Formel-Ford-2000-Meister, dazu EM-Titel.
1983: Britischer Formel-3-Meister, erster Formel 1-Test mit Williams.
1984: Formel 1 auf Toleman-Hart: WM-Neunter mit 13 Punkten.
1985: Formel 1 auf Lotus-Renault: WM-Vierter mit 38 Punkten (Siege in Portugal und Belgien).
1986: Formel 1 auf Lotus-Renault: WM-Vierter mit 55 Punkten (Siege in Spanien und den USA).
1987: Formel 1 auf Lotus-Honda: WM-Dritter mit 57 Punkten (Siege in Monaco und den USA).
1988: Formel 1 auf McLaren-Honda: Weltmeister mit 94 Punkten (Siege in Imola, Kanada, USA, England, Deutschland, Ungarn, Belgien, Japan).
1989: Formel 1 auf McLaren-Honda: Vize-Weltmeister mit 60 Punkten (Siege in Imola, Monaco, Kanada, Deutschland, Belgien, Italien).
1990: Formel 1 auf McLaren-Honda: Weltmeister mit 78 Punkten (Siege in USA, Monaco, Kanada, Deutschland, Belgien, Italien).
1991: Formel 1 auf McLaren-Honda: Weltmeister mit 96 Punkten (Siege in USA, Brasilien, Imola, Monaco, Ungarn, Belgien, Australien).
1992: Formel 1 auf McLaren-Honda: WM-Vierter mit 50 Punkten (Siege in Monaco, Ungarn, Italien).
1993: Formel 1 auf McLaren-Ford: Vize-Weltmeister mit 73 Punkten (Siege in Brasilien, Donington, Monaco, Japan und Australien).
1994: Formel 1 auf Williams-Renault: Dreher in Brasilien, Unfall in Japan, Unfall beim Grand Prix von San Marino.

Am 1. Mai 1994 während dem Grand Prix von San Marino tödlich verunglückt.

Schwarze Formel 1-Wochenenden

31.07.1954: Onofre Marimon (RA) auf Maserati im Training zum GP Deutschland am Nürburgring.
06.07.1958: Luigi Musso (I) auf Ferrari beim GP Frankreich in Reims.
03.08.1958: Peter Collins (GB) auf Ferrari beim GP Deutschland am Nürburgring.
19.10.1958: Stuart Lewis-Evans (GB) auf Vanwall beim GP Marokko in Casablanca.
19.06.1960: Chris Bistow (GB) und Alan Stacey (GB) auf Cooper und Lotus beim GP Belgien in Spa-Francorchamps.
10.09.1961: Wolfgang von Trips (D) auf Ferrari beim GP von Italien in Monza.
01.08.1964: Carel Godin de Beaufort (NL) auf Porsche im Training zum GP Deutschland am Nürburgring.
07.08.1966: John Taylor (GB) auf Brabham beim GP Deutschland am Nürburgring.
07.05.1967: Lorenzo Bandini (I) auf Ferrari beim GP Monaco.
07.07.1968: Jo Schlesser (F) auf Honda beim GP Frankreich in Rouen.
01.08.1969: Gerhard Mitter (D) auf Brabham-F2 im Training zum GP Deutschland am Nürburgring.

21.06.1970: Piers Courage (GB) auf De Tomaso beim GP der Niederlande in Zandvoort.
05.09.1970: Jochen Rindt (Ö) auf Lotus im Training zum GP Italien in Monza.
29.07.1973: Roger Williamson (GB) auf March beim GP der Niederlande in Zandvoort.
06.10.1973: Francois Cevert (F) auf Tyrrell im Training zum GP USA in Watkins Glen.
06.10.1974: Helmut Koinigg (Ö) auf Surtees beim GP USA in Watkins Glen.
17.08.1975: Mark Donohue (USA) auf Penske im Warm-Up zum GP Österreich in Zeltweg.
05.03.1977: Tom Pryce (GB) auf Shadow beim GP Südafrika in Kyalami.
10.09.1978: Ronnie Peterson (S) auf Lotus beim GP Italien in Monza.
08.05.1982: Gilles Villeneuve (CDN) auf Ferrari im Training zum GP Belgien in Zolder.
13.06.1982: Riccardo Paletti (I) auf Osella beim GP Kanada in Montreal.
30.04.1994: Roland Ratzenberger (Ö) auf Simtek im Training zum GP San Marino in Italien.
01.05.1994: Ayrton Senna (BR) auf Williams beim GP San Marino in Imola.

Rekorde aller Art

Das größte Starterfeld:	34 (GP Deutschland, 1953)
Das kleinste Starterfeld:	10 (GP Argentinien, 1958)
Die höchste Ausfallquote:	8 von 33 Startern im Ziel (Indy 500, 1951)
Die geringste Ausfallquote:	alle 15 Starter im Ziel (GP Holland, 1961)
Die meisten Autos im Ziel:	24 (Indy 500, 1950)
Die wenigsten Autos im Ziel:	3 (GP Italien, 1958)
Die schnellste Pole-position:	259,005 km/h (K. Rosberg im Williams-Honda beim GP England 1985 in Silverstone)
Die schnellste Rennrunde:	249,835 km/h (D. Hill im Williams-Renault beim GP Italien, 1993)
Das schnellste Rennen:	242,615 km/h (GP Italien 1971; Sieger P. Gethin auf B.R.M.)
Der kürzeste Grand Prix:	52,920 km (GP Australien, 1991; Abbruch nach 14 Runden wegen Regen)
Der längste Grand Prix:	602,140 km (GP Frankreich, 1951; 77 Runden à 7,82 km in Reims; Sieger: J.-M. Fangio in 2,25 Stunden)
Der größte Siegervorsprung:	2 Runden (GP Spanien, 1969; J. Stewart vor B. McLaren)
Der kleinste Siegervorsprung:	0,010 Sekunden (GP Italien, 1971: P. Gethin vor R. Peterson)
Der jüngste Grand Prix-Sieger:	Bruce McLaren, 22 Jahre; Sieg GP USA, 1959
Der älteste Grand Prix-Sieger:	Luigi Fagioli, 53 Jahre; Sieg GP Frankreich, 1951

Sie fuhren in die Punkteränge – und wurden disqualifiziert

Jahr	Rennen	Fahrer	Auto	Platz	Grund
1963	Reims	Graham Hill	BRM	Dritter	Am Start angeschoben
1976	Jarama	James Hunt	McLaren	Sieger	Heck 1,6 cm zu breit*)
	Brands Hatch	James Hunt	McLaren	Sieger	Unerlaubt zum 2. Start angetreten
1982	Rio	Nelson Piquet	Brabham	Sieger	Auto zu leicht
		Keke Rosberg	Williams	Zweiter	Auto zu leicht
	Long Beach	Gilles Villeneuve	Ferrari	Dritter	Irregulärer Heckflügel
	Imola	Manfred Winkelhock	ATS	Sechster	Auto zu leicht
	Zolder	Niki Lauda	McLaren	Dritter	Auto zu leicht
1983	Rio	Keke Rosberg	Williams	Zweiter	In der Box angeschoben
	Hockenheim	Niki Lauda	McLaren	Fünfter	In der Box angeschoben
1984	Zolder	Stefan Bellof	Tyrrell	Sechster	Auto zu leicht (beide Tyrrells fuhren
	Imola	Stefan Bellof	Tyrrell	Fünfter	untergewichtig – mit nach Rennen
	Monte Carlo	Stefan Bellof	Tyrrell	Dritter	aufgefüllten 100-l-Wassertanks;
	Detroit	Martin Brundle	Tyrrell	Zweiter	Ganze Saison disqualifiziert)
1985	Imola	Alain Prost	McLaren	Sieger	Auto zu leicht
1987	Adelaide	Ayrton Senna	Lotus	Zweiter	Zu große Lufteinlässe für Bremsen
1988	Spa	Thierry Boutsen	Benetton	Dritter	Verbotener Sprit
		Alessandro Nannini	Benetton	Vierter	Verbotener Sprit
1989	Suzuka	Ayrton Senna	McLaren	Sieger	Nach Kollision Strecke abgekürzt
1994	Montreal	Christian Fittipaldi	Footwork	Fünfter	Auto zu leicht
1994	Silverstone	Michael Schumacher	Benetton	Zweiter	In Aufwärmrunde überholt
	Spa	Michael Schumacher	Benetton	Sieger	Bodenplatte zu dünn

*) Disqualifikation später aufgehoben.

Wer in der Formel 1 bisher wann wie lange gesperrt wurde – und weshalb

Jahr	Fahrer	Team	Gesperrt von ...	Grund	Sperre für ...
1973	Clay Regazzoni	BRM	Team	Einsatzloses Fahren	1 Rennen
1978	Riccardo Patrese	Arrows	Sicherheitskomitee der Formel 1-Fahrer	Hauptschuldiger an der Massenkollision in Monza	1 Rennen
1984	Ayrton Senna	Toleman	Team	Unerlaubte Verhandlungen mit dem Konkurrenzteam Lotus	1 Rennen
1989	Nigel Mansell	Ferrari	Sportbehörde	Mißachtung der schwarzen Flagge in Portugal	1 Rennen
1994	Eddie Irvine	Jordan	Sportbehörde	Massenkollision in Interlagos	3 Rennen
1994	Mika Hakkinen	McLaren	Sportbehörde	Massenkollision in Hockenheim	1 Rennen
1994	Michael Schumacher	Benetton	Sportbehörde	Mißachtung der schwarzen Flagge in Silverstone	2 Rennen

1 = Disqualifikationsgrund für Michael Schumacher in Spa: die allzusehr abgeschliffene Holzbodenleiste – an einer Stelle nur 7,8 mm anstatt der vorgeschriebenen 10 mm.

Die teils umstrittene Formel-I-Technik 1994:

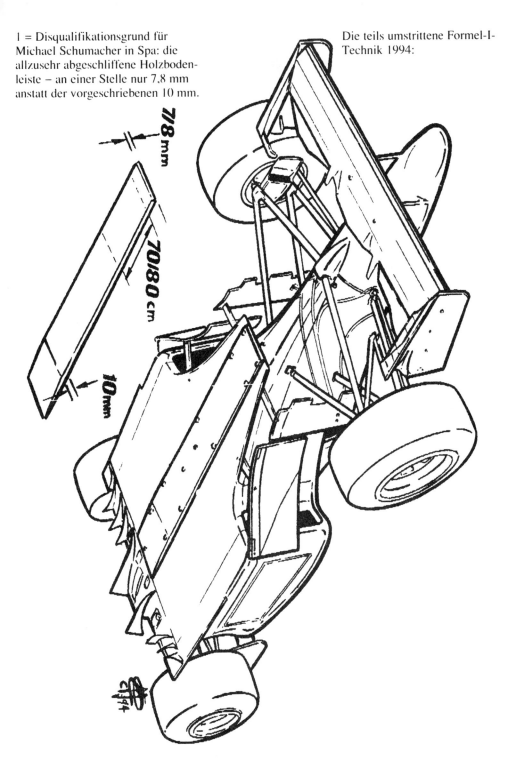

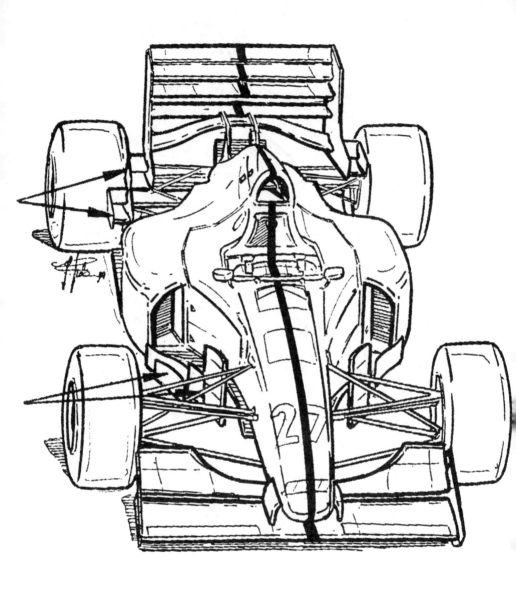

2 = der Ferrari, wie er sich in Jerez präsentierte: mit Doppelendplatten an den Flügeln vorn und hinten.

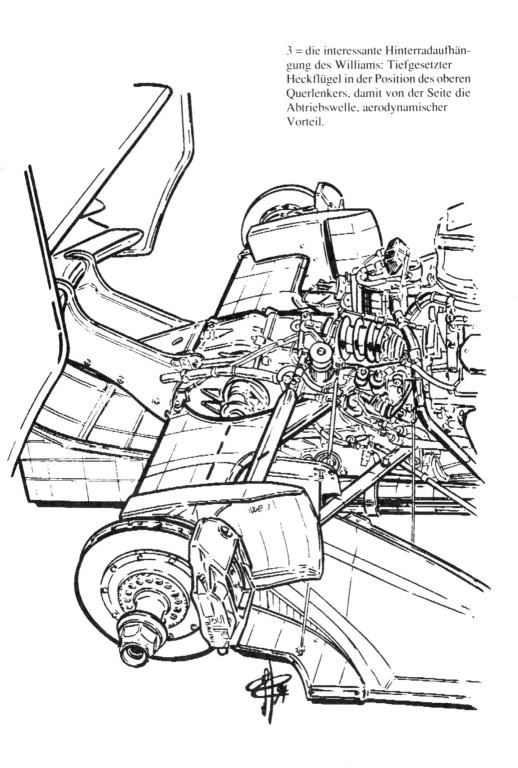

3 = die interessante Hinterradaufhängung des Williams: Tiefgesetzter Heckflügel in der Position des oberen Querlenkers, damit von der Seite die Abtriebswelle, aerodynamischer Vorteil.

4 = Holzleisten-Reglement ab Estoril: zehn Titanium-Knöpfe mit je 20 Quadratzentimeter (insgesamt 10).

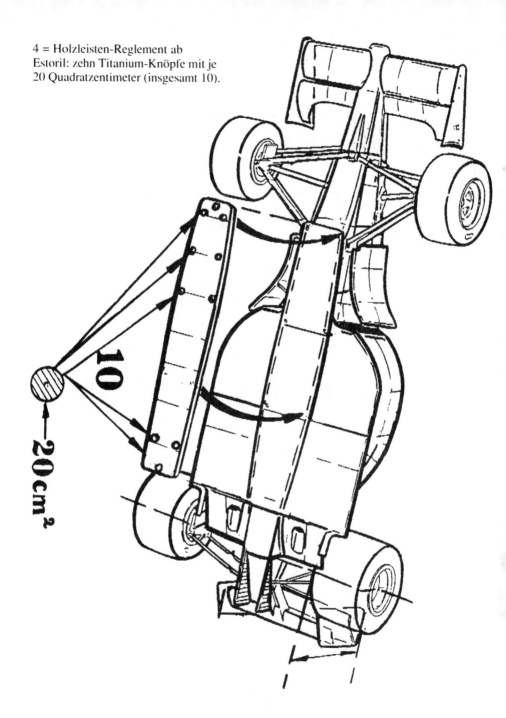